Georg Haccius

Denkschrift über die von 1887 bis 1899 abgehaltene

General-Visitation

der Hermannsburger Mission in Südafrika

Georg Haccius

Denkschrift über die von 1887 bis 1899 abgehaltene General-Visitation
der Hermannsburger Mission in Südafrika

ISBN/EAN: 9783743323902

Hergestellt in Europa, USA, Kanada, Australien, Japan

Cover: Foto ©ninafisch / pixelio.de

Manufactured and distributed by brebook publishing software
(www.brebook.com)

Georg Haccius

Denkschrift über die von 1887 bis 1899 abgehaltene

General-Visitation

Denkschrift

über die

von 1887 bis 1889 abgehaltene

General-Visitation

der

Hermannsburger Mission

in

Süd-Afrika

von

Georg Haccius.

Dritte durch einen Anhang wesentlich vermehrte Auflage.

Hermannsburg.

Druck und Verlag der Missionshandlung.

1899.

Vorrede.

Daß diese Denkschrift erst jetzt erscheint, hat darin seinen Grund, daß der Unterzeichnete während des letzten Sommers durch Predigten auf Missionsfesten so sehr in Anspruch genommen wurde, daß ihm, da er zugleich ein Pfarramt zu verwalten hatte, keine Zeit zu schriftlichen Arbeiten blieb. Das letztere mit seinen Anforderungen ließ ihn auch im Winter zu einer früheren Vollendung des Berichtes nicht kommen. Zwar, hätte es ein einfacher Bericht sein sollen, so wäre es möglich gewesen. Jedoch fühlte ich die Verpflichtung in mir, denselben so zu gestalten, daß er da,' wo Mängel in der Arbeit gefunden waren, zugleich den Weg ihrer Beseitigung darlegte, daß er nicht nur negierte und kritisierte, sondern auch positive Vorschläge der Verbesserung machte. Daß dazu — sonderlich für einen einfachen Dorfpastor — umfassende Studien nötig waren, wird gewiß jedem klar werden, der dieser Arbeit eine aufmerksame Beachtung schenkt. Ich suchte dabei alle Verhältnisse, die im Missionsleben vorkommen, zu erfassen, und stieß, je tiefer ich eindrang, desto mehr auf Fragen und Schwierigkeiten. Ich bitte deshalb allzeit zu bedenken:

Es ist die Arbeit eines Neulings. Aber es war und ist mein lebhafter Wunsch, daß dieselbe sonderlich den Missionaren draußen, die ich hiermit in Christo Jesu herzlich grüße, ein Gewinn für ihr Leben und ihre Arbeit sein möge, und daß unsere Mission dadurch eine Grundlage gewinne, aus der allerlei heilsame Ordnung als Frucht erwachsen möge zur Befestigung und zur Verbesserung. Dem HErrn, der bei der Visitation unser Schutz und Beistand, unser Halt und Trost, unser Licht und unsere Kraft gewesen, sei dieser mein Wunsch an Sein Herz gelegt, und diese geringe Arbeit befohlen, daß sie nicht vergeblich sei!

Debstedt, 3. März 1890.

G. Harcius.

Zur zweiten Auflage.

Es war eigentlich nicht unsere Absicht, eine zweite Auflage zu veranstalten. Es schien uns, als hätte die Arbeit ihren Zweck, soweit er in der Öffentlichkeit lag, erfüllt, und es sei jetzt nur unsere Aufgabe, auf dem Missionsfelde in der Stille unsere Arbeit darnach einzurichten. Die noch vielfach eingehenden Bestellungen jedoch haben uns zur nochmaligen Herausgabe der Denkschrift veranlaßt. Wir haben die dankenswerte öffentliche und private Kritik dabei ernstlich geprüft und mehrfach benutzt und zwei Karten unsers afrikanischen Missionsgebietes beigefügt. Die Fortlassung des Anhangs, der mit seiner persönliche Verhältnisse betreffenden Darlegung der Vergangenheit angehören dürfte, rechtfertigt sich dadurch von selbst.

Hermannsburg, 5. November 1891.

G. Haccius.

Vorwort zur dritten Auflage.

Seit Jahren ist die zweite Auflage unserer Denkschrift über die afrikanische General-Visitation vergriffen gewesen und wir haben gemeint, daß wir diese nicht wieder aufzulegen brauchten. Da sie jedoch häufig wieder verlangt ist und da kein geringerer als Herr Professor D. Warneck auf die Notwendigkeit des Studiums derselben für alle, welche die Geschichte und Verhältnisse der Hermannsburger Mission kennen lernen wollen, öffentlich und sonderlich hingewiesen hat, konnten wir uns der Veranstaltung einer neuen Auflage nicht länger entziehen.

Es sind gerade zehn Jahre seit der Visitation verflossen. Da dürfte die Anstellung einer Vergleichung zwischen damals und jetzt vielen Missionsfreunden willkommen sein. Wir haben dieselbe in einem Anhang der Denkschrift hinzugefügt und einen Überblick über das letzte Jahrzehnt darin gegeben. Und da wir durch die funfzigjährige Jubelfeier an einem Wendepunkt unserer Missionsgeschichte stehen, haben wir zum Schluß im Hinblick auf die so reichlich erfahrene Gnade Gottes einen Denk- und Dankstein hinzugesetzt, ein Ebenezer zum Preise und zur Ehre Gottes, mit der Inschrift: Bis hieher hat uns der HErr geholfen. Er segne unsere Mission auch fernerweit um Seines großen Erbarmens und um Seiner felsenfesten Treue willen.

Der Anhang ist für diejenigen, welche eine der ersten beiden Auflagen schon besitzen, in einer besonderen Ausgabe zu haben.

Hermannsburg, Pfingsten 1899.

Georg Haccius.

Inhalt.

Anhang.

Vorbericht.

Die Hermannsburger Mission in Süd=Afrika hat bereits einen
fünfunddreißigjährigen Bestand. Sie ist aus dem Kindesalter
heraus und hat sich schon tief eingewurzelt und weit ausge=
breitet. Sie hat manche Krisen durchgemacht und durch Gottes
Gnade überstanden. Auch aus der jetzigen Krisis wird sie durch
Sein Erbarmen geläutert, befestigt und gesegnet hervorgehen.
Dazu ihr zu helfen und Gottes Werkzeug dabei zu sein, wurden
wir, Direktor Egmont Harms aus Hermannsburg und Pastor
Georg Haccius aus Dorfmark, im Herbst 1887 von dem Mis=
sions=Ausschuß nach Afrika entsandt. Unsere Aufgabe war: eine
General=Visitation abzuhalten. Es hätte längst zu einer solchen
kommen müssen. Die inneren Zustände und die äußeren Ver=
hältnisse machten es erforderlich. Die beiden ersten Direktoren
Ludwig und Theodor Harms hatten, verhindert durch ihr
Doppelamt — sie waren zugleich und zwar in erster Linie Pastoren
von Hermannsburg — nicht hinausgehen können. Indes schon
1875 hatte Theodor Harms den Versuch gemacht, den früheren
Missions=Inspektor, nachherigen Pastor Konrad Drewes zur
Inspektion hinauszusenden, was sich jedoch zerschlug. Zehn Jahre
später waren die Verhandlungen mit dem Pastor Gottfried
Oepke in Wechold fast bis zum Abschluß gediehen, als der Tod
von Theodor Harms den Plan leider vereitelte. Da jener
dann als Kondirektor für die Hermannsburger Mission gewonnen
wurde und die Leitung übernahm, konnte Direktor Egmont Harms
ungehindert hinausgehen. Denn die Leitung lag in treuen Händen.
So ist es endlich zu der General=Visitation gekommen, die durch
die gegenwärtige Krisis gebieterisch gefordert wurde. Eine Krisis
aber war insofern vorhanden, als nach dem Tode des Superinten=
denten Hohls auf dem Missionsgebiete ein Kampf entstanden

1

war, der sich an die Namen der ausgetretenen Missionare Otte
und Hoyer knüpft, die in dem Pastor Dr. Wyneken in Edes-
heim einen Vertreter fanden und in dem von diesem heraus-
gegebenen Hannoverschen Missionsblatt zu Worte kamen. Der
Kampf hatte hüben und drüben einen sehr ernsten Charakter angenommen, und die Missionsgemeinde wurde dadurch beunruhigt.
Es galt deshalb eine gründliche General-Visitation vorzunehmen,
das Missionsgebiet, die Missionare und ihre Arbeit mit ihren Erfolgen und Mängeln genau zu erforschen, Wahrheit und Gerechtigkeit in aller Liebe und Geduld walten zu lassen, die Missionsgemeinde wahrhaft zu beruhigen und das hie und da erschütterte
Vertrauen wieder herzustellen. Nur so konnte die Mission durch
die Krisis glücklich hindurchgeführt werden. Und dann mußte dieselbe ihr zum Segen gereichen.

Am 17. Oktober 1887 verließen wir die Heimat und trafen
am 23. November durch Gottes Gnade wohlbehalten in Hermannsburg in Natal ein. Wir traten sofort in Arbeit und orientierten
uns in den ersten Tagen in Hermannsburg und in dem leider
sehr lückenhaften Archiv. Man hatte offenbar die Bedeutung eines
solchen nicht recht erkannt; sonst würde man auf die Ansammlung
der Akten besser acht gehabt haben. Es waren mit geringer
Ausnahme nur die Briefe der Missionare an den letzten Propst
Fröhling dort aufbewahrt. Aus den Zeiten von Hardeland,
Hohls und Otte war wenig vorhanden, bis uns schließlich durch
die Witwe des Superintendenten Hohls und durch den Missionar
Otte noch verschiedene Briefe eingehändigt wurden. Dieser Zu-
stand hatte übrigens seine Ursache auch darin, daß die Korrespon-
denz in einem durchaus persönlichen und nicht in einem amtlichen
Tone gehalten war. Bei dem persönlichen Charakter, der unserer
Mission in ihrer ersten Periode unter Ludwig und Theodor
Harms eigen war, ist das ja auch begreiflich. So war in der
Korrespondenz zwischen den Direktoren und Superintendenten und
wiederum zwischen diesen und den Missionaren Persönliches und
Geschäftliches mit einander vermischt. Es wird gut sein, künftig
auf eine strenge Sonderung zu halten. So wird auch die ganze
Verwaltung eine mehr und mehr sachliche werden; und künftige

Bisitationen werden leichter sein. Unsere General-Bisitation wurde durch jenen Mangel erschwert.

Leider war der Propst Fröhling einige Monate vor unserer Ankunft verstorben. Wir mußten uns deshalb selbst einführen. An seiner Statt hatte der Beirat, bestehend aus den Missionaren H. Röttcher in Müden, J. Reibeling in Ehlanzeni und dem Vorsteher der deutschen Missionsschule W. Ahrens in Hermannsburg, die Verwaltung, erledigte jedoch nur das Notwendigste. Mit diesem Beirat haben wir in der ersten Adventswoche täglich von früh bis spät gearbeitet. In der 2. Adventswoche haben wir eine Konferenz mit sämtlichen Missionaren unserer Sulu-Mission gehalten; 26 nahmen daran teil. Auf derselben wurden verschiedene Kommissionen gewählt, um einzelne wichtige Fragen vorläufig zu beraten und uns Gutachten darüber vorzulegen. Diese Beratungen betrafen hauptsächlich die Gehaltsfrage, die kirchlichen Abgaben, die Erträge der einzelnen Stationen und eine Stations- resp. Kirchenvorstands- und Gemeinde-Ordnung. Sodann wurden für sämtliche Missionare 40 Bisitationsfragen aufgestellt, die jeder schriftlich zu beantworten hatte. Und endlich wurde mit einigen Ausnahmen jedem Missionar ein Thema für eine schriftliche Arbeit gegeben, die er bis zur Schlußkonferenz einzuliefern hatte. Einige Ausnahmen fanden aber deshalb statt, weil wir mehrere Missionare für unsere Bisitation anderweitig stark in Anspruch nehmen mußten, wobei wir genügende Gelegenheit hatten, ihre Arbeitskraft kennen zu lernen.

In der Folgezeit bis Ende Mai 1888 bereisten wir dann alle Stationen unserer Sulu-Mission und nahmen die Einzelvisitation vor. Wir erstreckten dieselbe auch auf die Pastoren der deutschen Gemeinden, die mit unserer Mission in Verbindung stehen.

Bei der Sulu-Mission hat uns Missionar Röttcher, das älteste und in drei Fällen Missionar Reibeling als zweitältestes Beiratsmitglied begleitet; in Transvaal Propst Penzhorn, und auf fünf Stationen die Beiratsmitglieder Backeberg und Jordt. Diese Männer haben uns treulich zur Seite gestanden, stets unsere Reden und Fragen und die Antworten der Gemeindeglieder, Lehrer und Kirchenvorsteher verdollmetscht. So viel es nur irgend möglich war, haben

1 *

wir aber selbst gesehen, gehört, geprüft und geforscht. Dabei kam uns der Umstand sehr zu statten, daß viele Männer in den Betschuanen-Gemeinden der holländischen Sprache mächtig sind, die wir wiederum mit Hülfe des Plattdeutschen bald verstehen und einigermaßen verständlich sprechen lernten. Unser Verfahren war bei der Einzelvisitation das folgende: Wir wohnten Sonntags dem Gottesdienst bei; war die Visitation an einem Wochentage, so wurde die Gemeinde zum Gottesdienst zusammengerufen, und ließen wir auch diesen ganz wie Sonntags abhalten. Wir hörten also Liturgie, Gemeindegesang, Predigt und Katechese. Auch ließen wir durch unsern Begleiter die ganze Gemeinde katechesieren und aus dem Katechismus hersagen, um den Erkenntnißstand zu erforschen, wobei oft auf ein besonderes Lehrstück, z. B. die Lehre von den Sakramenten, genauer eingegangen wurde, wenn etwa eine krankhafte Erscheinung des Gemeindelebens aus dem Bericht über dieselbe uns kund geworden war. Danach wurde eine Verhandlung mit dem Kirchenvorstand und den versammelten männlichen Gemeindegliedern gehalten. In dieser wurde ihnen das christliche Gemeindeleben, das Schulwesen, das Verhältnis zu dem Missionar, zu den Lehrern und Kirchenvorstehern, zu den Häuptlingen und zu den Heiden betreffende Fragen vorgelegt und eingehend mit ihnen besprochen. Diesen Versammlungen legten wir große Wichtigkeit bei, und gewiß haben sie manche segensreiche Anregung gegeben und manchen nachhaltigen Eindruck hinterlassen. Sodann sind die Schulen von uns gründlich geprüft worden. Besonders haben wir auch die beiden Seminare einer genauen Revision unterzogen. Die Missionsgebäude haben wir stets eingehend besichtigt, und so weit es möglich war, sind wir auch in den Häusern der Leute gewesen und haben sie uns angesehn. Die Stationschronik und die Kirchenbücher sind von uns revidiert. Ein besonders segensreiches Stück der Einzelvisitation war endlich die Besprechung der von den Missionaren auf die Visitationsfragen gegebenen Antworten, die in vielen Fällen einen mehr seelsorgerlichen Charakter annahm. Das waren oft stille ernste Stunden, die an ihren Früchten offenbar werden müssen. Die Besprechung selbst offenbar zu machen, würde ihr den seelsorgerischen

Charakter nehmen und sich wie ein rauher Nachtfrost auf manche gute schöne Keime legen. Waren hie und da noch Einzelbesprechungen mit Gemeindegliedern nötig, so sind auch die von uns gehalten worden. Wir haben stets Gelegenheit dazu geboten, indem wir gefragt haben, ob jemand etwas Besonderes vorzubringen habe. Wir haben dabei die Erfahrung gemacht, die auch bei Visitationen in der Heimat die gewöhnliche ist, daß es nur in Einzelfällen geschieht.

Vom 17. bis 29. Juni 1888 hielten wir die große Schluß= konferenz in Hermannsburg, an der sämtliche Missionare außer Bostelmann und Gevers teilnahmen. Ersterer war durch den Ausbruch des letzten Sulukrieges und letzterer durch seinen Pfarr= dienst verhindert, da er seine deutsche Gemeinde Lüneburg und die Nachbargemeinde Bergen, deren Versorgung ihm durch die Krankheit des früheren Missionars Weber oblag, nicht so lange verlassen konnte. Auch konnte der damals leidende Missionar Hansen in Hermannsburg nur geringen Anteil an den Sitzungen nehmen. Es waren 28 Missionare zugegen. Mit dem ausge= tretenen Missionar Otte fanden Verhandlungen statt. Mit dem ausgetretenen Missionar Stoppel sollten ebenfalls Verhandlungen abgehalten werden; nach den Vorbesprechungen, die schon in Al= fredia stattgefunden, scheiterten dieselben an seiner Weigerung, die von uns gestellten Bedingungen zu acceptieren.

Nach Schluß der Konferenz und Einsetzung des Missionars Röttcher zum Superintendentur=Verweser, begaben wir uns nach Transvaal, um die Visitation unserer Betschuanen=Mission vorzu= nehmen. Wir trafen Mitte August in Saron, der Station des Propstes Penzhorn, ein. Vom 27. bis 31. August verhandelten wir mit dem Propst und dem dortigen Beirat, um uns über jenes Missionsgebiet zu orientieren. Die Brüder Jordt in Eben= ezer, Lohann in Emmaus und Wenhold in Kana nahmen an den Beratungen teil. Eine Konferenz sämtlicher Missionare hielten wir zu Anfang nicht, da wir es mit einem im ganzen wohlge= ordneten Gebiet zu thun hatten, während die Verhältnisse der Sulumission weniger geordnet und einheitlich waren. Von Anfang September 1888 bis Mitte Januar 1889 nahmen wir die Ein= zelvisitation vor und besuchten alle Stationen. Auch hier hatte jeder der Brüder die 40 Visitationsfragen und mit Ausnahme zweier ein Thema für eine schriftliche Arbet erhalten. Die Schlußkonferenz der Betschuanenmission fand vom 12. bis zum 24 Januar 1889 in Saron statt. Auch hier wurden die oben erwähnten Fragen zunächst in Kommissionen bearbeitet und dann in pleno beraten. Es fehlten von den dortigen Brüdern: Lohann, Cassier, Lüneburg und Wickert, die durch Krankheit verhindert waren.

In Natal sowohl wie hier wurde mit der großen Konferenz eine solche für eingeborene Lehrer verbunden. In Saron wurde auch eine Synode mit von den Gemeinden gewählten Deputierten gehalten. Hier wurde über die Rechte und Pflichten des Kirchen-Vorstandes, über die kirchlichen Abgaben der Gemeinden und ein eventuelles Zwangsverfahren dabei, und über die Stellung unserer Missionare zu der sogenannten bogali, dem heidnischen Kauf der Frauen, beraten.

Verhandlungen mit einzelnen unserer Missionare, sowie mit den ausgetretenen Missionaren Wurth und Fuls in Transvaal schlossen sich an. Eine Auseinandersetzung mit dem früheren Missionar Hoyer kam nicht zu stande.

Damit war unsere Aufgabe erfüllt. Anfang Februar verließen wir Saron und am 20. Februar Afrika. Heimgekehrt, erlauben wir uns nunmehr, dem Missionsausschuß und der Missionsgemeinde den Generalbericht über unsere Visitation abzustatten und bitten, denselben trotz aller Mängel wohlwollend und vertrauensvoll aufzunehmen.

Eine Veröffentlichung scheint uns wünschenswert zu sein, damit weiteren Kreisen — vor allem aber den Missionaren selber — ein Einblick in das Resultat der Visitation möglich wird.

Wir legen die Verhältnisse unserer Afrikanischen Mission in folgenden drei Teilen dar:

I. Das Arbeitsfeld,
II. Die Arbeitskräfte,
III. Die Arbeit selbst.

I. Das Arbeitsfeld.

1. Das Arbeitsgebiet.

War es der Wunsch des seligen Ludwig Harms, seine Missionare zu den Galla in Ost-Afrika zu senden, so war es doch nicht der Wille des HErrn. Dieser wies unserer Mission ihr Arbeitsgebiet in dem östlichen Teil von Süd-Afrika zu und führte sie 1854 nach Natal. Von da hat sich unsere Mission nach und nach weiter ausgebreitet und allmählich die nordöstliche Hälfte von Natal, Alfredia, einen Teil des Sululandes und den an Natal und Sululand grenzenden Teil der Südafrikanischen Republik (Transvaal) besetzt. Hier arbeitet sie unter Sulu- und Kaffer-stämmen. 1858 wies der HErr ihr ein weiteres Arbeitsgebiet unter den Betschuanen zu; und sie besetzte nach und nach die westliche Hälfte von Transvaal und den daran grenzenden Teil des jetzt unter englischer Hoheit stehenden Betschuanenlandes. Anfangs haben unsere Missionare auch bei dem König der Ba-kuena, Secele, auf Livingstone's früherem Arbeitsfelde, und unter den Bamangwato gearbeitet. Missionar Schulenburg gründete Schoschong und hat den dortigen, jetzt berühmt gewordenen König Khame getauft und getraut. Leider ist uns dies Gebiet in der Krisis unter Superintendent Hardeland verloren gegangen und von englischen Missionaren besetzt. Ein späterer Versuch, dasselbe wieder zu gewinnen, ist gescheitert. Es ist nachher viel Streit über diese Sache gewesen. Rechtlich scheint uns dieselbe so zu liegen, daß auf die Arbeit bei Secele der Londoner Mission, auf die bei den Bamangwato der unsrigen das größere Anrecht zustand. Doch gehen wir hier darauf nicht weiter ein, sondern sprechen nur unser Bedauern aus, daß damals keine weiteren Versuche einer gütlichen Vereinbarung gemacht sind; denn unserer Betschuanen= mission ist dadurch die Ausbreitung nach Westen und Norden ab= geschnitten, und das ist um so schlimmer, als eine Ausdehnung nach Osten und Süden ebenfalls unmöglich ist, weil das dortige Gebiet bereits von der Berliner Mission besetzt ist. So ist unsere Betschuanenmission auf ihr jetziges Gebiet eingeschränkt, das frei= lich noch viel Arbeit erfordert, aber doch in absehbarer Zeit eine Erweiterung notwendig macht.

Etwas anders liegen die Verhältnisse der Sulumission. Dort wird erstens noch mehr Arbeit auf dem bis jetzt besetzten Gebiete notwendig sein, und es liegt dann die Möglichkeit einer Aus= dehnung nach Norden zu den Amaswazi, Amatonga und Mate= belen und nach Süden zu den Amapondo vor. Es ist unsers Er= achtens ein Fehler gewesen, daß man in unserer Mission im gan= zen die zukünftige Entwickelung nicht genug ins Auge gefaßt, daß man hie und da Stationen zu nahe bei einander gelegt hat, statt größere Zentren mit umliegenden Filialen zu schaffen und so mit größeren Schritten vorwärts zu gehen. Das Gebiet unserer Sulumission liegt zwischen dem 29. und 32. Längen= und dem 27. und 31. Breitengrad, das der Betschuanenmission zwischen dem 25.—29. Längen= und 24.—27. Breitengrad.

Die Völker, unter denen unsere Mission arbeitet, zerfallen in zwei große Sprachstämme, die jedoch verwandt sind: die Sulu und die Betschuanen. Die Sulusprache wird in verschiedenen Dia= lekten in Natal, Sululand und dem östlichen Transvaal gesprochen. Doch hat sich bereits eine Schriftsprache gebildet, die im wesentlichen überall die gleiche ist. Außer dieser müssen die Missionare die englische und die holländische Sprache verstehen. Da jene Teile unter englischer Regierung stehen, ist die englische Sprache unter den Weißen die herrschende. Doch wohnen dort auch viele hol= ländische Buren; und die sog. Orlamschen Kaffern haben deren Sprache angenommen. Da der Pongolokreis, in dem auch Sulu wohnen, und der nordwestliche Teil des früheren freien Sululandes,

der einige Jahre hindurch die sog. Nieuwe=Republik bildete, aber
jetzt mit Transvaal verbunden ist, zu der Südafrikanischen Repu=
blik gehören, ist die dortige offizielle Sprache die holländische.
So ist also in der Sulumission die Bekanntschaft mit den ge=
nannten drei Sprachen unerläßlich.

Ju der Betschuanenmission müssen die Missionare vor allem
das Sechuana lernen, das auch in viele Dialekte zerfällt, die aber
in unserem Missionsgebiet nur wenig von einander verschieden sind.
Auch dort ist bereits durch Übersetzungen eine Schriftsprache vor=
handen, die jedoch, weil die Übersetzungen von mehreren Gesell=
schaften gemacht sind, noch nicht einheitlich fixiert ist. Die herr=
schende Sprache unter den Weißen ist die holländische, die auch
von vielen, namentlich männlichen Betschuanen verstanden und
gesprochen wird. Doch ist der Handel größtenteils in englischen
Händen, drum müssen auch die Missionare der Betschuanenmission
dreier Sprachen mächtig sein.

Verschieden wie in der Sprache sind die Sulu und Betschuanen
auch in ihrem Volkscharakter, in ihrer Religion, in ihren Sitten,
wenn auch manches Gemeinsame darin vorhanden ist. Sehr ver=
schieden sind sie in ihren Wohnungsverhältnissen. Denn während
die Sulu in einzeln liegenden Kraalen wohnen, leben die Bet=
schuanen in großen Städten beisammen. Meistens baut sich ein
ganzer Stamm, oder doch ein großer Teil desselben, gemeinsam
an. Freilich haben die Buren in Transvaal durch das sog.
Plakkerwed versucht, die Betschuanen zu zerstreuen und auf die
einzelnen Bauerplätze zu verteilen. Da sie aber durch die Kon=
vention mit England vom Jahre 1884 gezwungen sind, ihnen
Lokationen zur Ansiedelung anzuweisen, ist es ihnen nicht ge=
lungen, und jenes Gesetz ist bis jetzt zur Ausführung kaum ge=
kommen. Die Betschuanen ziehen fast überall in die Lokationen zu=
sammen. Für die Mission ist das bedeutungsvoll und für die Mis=
sionsarbeit eine Erleichterung. So hat auch unsere Mission bis
jetzt keinen Schaden durch jenes Gesetz erlitten, und wir sehne
getrost der weiteren Entwickelung entgegen.

Sollen wir noch ein Wort über den Namen hinzufügen, so
ist es das Richtigste, weil die überwiegende Menge der Heiden in

dem erſten Arbeitsgebiete Sulu ſind, dieſes: die Sulumiſſion zu
nennen. Hinſichtlich des anderen Gebietes iſt eine Meinungsver=
ſchiedenheit über den Namen vorhanden. Ein geringer Teil unſerer
Miſſionare hält auch den von der Berliner Miſſion für die Völker
ihres Arbeitsgebietes in Transvaal eingeführten Namen: „Baſſuto“
für den richtigen. Doch giebt die Mehrheit, wenigſtens für unſere
Stämme dem Namen: „Beçuana“ den Vorzug. Auch wollen
die Stämme ſelbſt den Namen „Baſſuto“, welcher von den er=
obernden Sulu herrühren ſoll und die verächtliche Bedeutung
„Knechte“ hat, nicht gelten laſſen und ziehen den, von der eng=
liſchen Miſſion eingeführten Namen „Beçuana“ entſchieden vor.
Aus dieſem Grunde und weil der Name „Beçuana in unſerer
Miſſion traditionell geworden iſt, halten auch wir es für richtiger,
den in unſere neuen Statuten eingeführten Namen Baſſutomiſſion
wieder abzuändern und unſer zweites Arbeitsgebiet das der „Bet=
ſchuanenmiſſion“ nach wie vor zu benennen.

Die Zweiteilung unſerer Miſſion iſt durch die Verhältniſſe
gegeben. Nachdem wir dieſelben draußen kennen gelernt haben,
können wir es nur für richtig halten, daß beide Gebiete nicht
mehr eine Miſſion unter einer lokalen Verwaltung bilden, ſondern
zwei getrennte ſelbſtändige Miſſionsgebiete ſind. Beide ſind zu
ſehr von einander verſchieden und ſind auch räumlich zu weit
von einander getrennt. So hat denn auch in früheren Jahren
die Leitung der Betſchuanenmiſſion von Natal aus mancherlei
Unzuträglichkeiten im Gefolge gehabt. Die Auswahl der Sta=
tionen, die Ausdehnung des Miſſionsgebiets, die Vertretung der
Miſſion den Behörden gegenüber, eine regelmäßige gründliche Vi=
ſitation, eine ordnungsmäßige Verwaltung des Kaſſenweſens u. ſ. w.
— alles das macht die ſelbſtändige Verwaltung eines jeden Ge=
bietes erforderlich. Ein jedes muß ſein Zentrum in ſich ſelber
haben. Die Einheit beider Miſſionen wird genügend durch die
einheitliche Verwaltung von Deutſchland aus gewahrt.

Das Gebiet der Sulumiſſion iſt kein zuſammenhängendes und
abgerundetes. Die Stationen Hermannsburg, Emtombeni, Eh=
lanzeni mit Emakabeleni, Etembeni, Müden mit Emhlangana,
Neu=Hannover, Kirchdorf mit Wilhelmsburg liegen im Zuſammen=

hang und bilden ein abgerundetes Ganzes. Empangweni und Nazareth liegen isoliert. Die erste dieser beiden Stationen ist ins Berliner Missionsgebiet vorgeschoben; Nazareth liegt durch die Station der schottischen Gordon Memorial=Mission von unserm Gebiet getrennt, und grenzt nach der andern Seite an schwedisches Missionsgebiet. Doch ist die Station, die das Eigentum des Missionars Dedekind, und von ihm nach seiner Flucht aus dem Sululande gekauft und gegründet war, zu einem billigen Preise von unserer Mission übernommen. Endumeni, der Platz des alten Missionars Schütze, der bisher auch als Missionsstation aufgeführt wurde, glaubten wir nicht übernehmen zu dürfen, weil derselbe sich für die Mission als ungeeignet erwies. Doch setzt der Missionar Schütze, der, weil er auf eigenem Platze wohnt, auf den Gehalt verzichtet hat, unter der Leitung unsers Superintendenten seine Missionsarbeit weiter fort. Der alte ausgetretene Missionar Müller, der ebenfalls in jener Gegend wohnt, treibt auf seiner Farm auch noch Missionsarbeit in Verbindung mit uns. Diese Arbeit ist den beiden ergrauten Männern Lebensbedürfnis, wird aber mit ihrem Tode eingehen. In Anbetracht dessen haben wir das günstig gelegene Nazareth übernommen; denn wir müssen in jener Gegend eine Station haben, wie aus folgenden drei Gründen hervorgeht. Erstens: Nazareth stellt die Verbindung zwischen unserm Missionsgebiet in Natal und dem jenseits des Büffelflusses in der Südostecke von Transvaal her. Zweitens: Nazareth liegt neben der Lokation eines bedeutenden Kaffernstammes, der auf der andern Seite bereits von unserer Station Ehlanzeni aus missioniert wird. Drittens: In der Nähe von Nazareth, in Helpmakaar, wohnen viele Deutsche, die im Anschluß an unsere Mission eine Kirchgemeinde gebildet haben, welche vorläufig von Nazareth aus geistlich versorgt wird, und an der wiederum die Missionsstation einen Halt hat.

Ein Anhängsel an unsere Mission ist Alfredia mit seinen beiden Stationen Marburg und Elim. Eben=Ezer haben wir als selbständige Station eingehen lassen, da uns kein Bedürfnis dazu vorhanden schien. Sie kann als Filiale von den beiden andern aus versorgt werden. Seiner weiten Entfernung und Abgelegen=

heit wegen, welche die Verwaltung schwierig macht, haben wir dies Gebiet ein Anhängsel genannt. Dasselbe steht ganz und gar nicht mit unsern übrigen Missionsgebieten in Verbindung; eine solche ist auch nicht herzustellen. Doch hat der HErr vielleicht die Brüder dorthin geführt, weil er weiter gehende Absichten hat. Im Pondoland arbeiten erst wenig Missionare. Überdies siedeln sich dort jetzt auch manche deutsche Kolonisten an. So scheint es uns ein gewiesener Weg zu sein, unser Missionsgebiet ins benachbarte Pondoland auszudehnen; — um so mehr, als wir durch zwei Mitglieder der Königsfamilie der Pondo, die in Hermannsburg in Deutschland unterrichtet und getauft wurden, bereits Beziehungen zu jenem Volk haben. Würde die Ausdehnung unserer Mission ins Pondoland hinein vollzogen, so würden unsere Stationen in Alfredia als Ausgangspunkt und Basis für eine Pondomission eine große Bedeutung gewinnen.

Durch dazwischen liegende norwegische Stationen ist wiederum das Süd-Sululand von unserer Natalmission getrennt. Dort hatten wir 5 Stationen, die im Sulukriege zwischen den Engländern und Ketschwayo verlassen werden mußten. Nach Beendigung desselben wurde unsern Missionaren, welche einige von John Dunn gestellte Bedingungen hinsichtlich des Schulwesens nicht acceptieren konnten, die Rückkehr in ihr Missionsgebiet verweigert. Unsere 5 Stationen lagen sämtlich in John Dunn's, dieses zum Sulu gewordenen Engländers und dieses zum Heiden gewordenen Christen, Bezirk. Andere Bezirkshäuptlinge haben dergleichen Bedingungen nicht gestellt. Daher haben andere Missionsgesellschaften in anderen Distrikten ihre Missionsarbeit ruhig wieder aufnehmen können. Es ist das seiner Zeit so dargestellt worden, als wenn jene Verweigerung unsere Mission allein betroffen hätte. Dem ist nicht so. Den Norwegern, die ebenfalls in John Dunn's Bezirk stationiert waren, ist die Rückkehr anfangs auch verweigert, und ihr bewährter alter Missionar Oftebro ist in so schnöder Weise von John Dunn zurückgewiesen worden, daß man sich sogar in den Zeitungen Natals seiner angenommen hat. Persönliche Hülfe, die John Dunn bei Oftebro und dessen Neffen, dem norwegischen Missionsarzt, in

Krankheitszeit und bei einem Todesfalle fand, hat den Norwegern dann den Eingang wieder geöffnet. Auch soll der einflußreiche schwedische Konsul energisch für sie aufgetreten sein. Durch Unterstützung und Befürwortung seitens der deutschen Regierung, vor allem durch die Bemühungen des verstorbenen Generalkonsuls Dr. Biber in Capstadt sind auch unserer Mission unsere in Südsululand liegenden 5 Stationen wieder zurückgegeben. Bereits während unsers Aufenthalts in Afrika wurden dieselben wieder in Besitz genommen, und vorläufig durch zwei Missionare und den Katecheten Philippus besetzt. Doch wird es ratsam sein, zwei derselben zu Filialen zu machen, da sie weit von einander entfernt sind. Schmidt und Brauel. die früher in Südsululand standen, hatten inzwischen in dem angrenzenden Distrikt Natals mit Genehmigung des Superintendenten Plätze gekauft. Missionar Brauel hatte seinen kleineren Platz von 600 Acres ganz und Missionar Schmidt einen seiner Plätze 800 Acres groß geschenkweise der Mission angeboten. Den Schmidt'schen Platz — Bethesda genannt — glaubten wir nicht annehmen zu dürfen, weil derselbe uns ungeeignet und deshalb für die Mission wertlos erschien. Dagegen haben wir den sehr passenden Brauel'schen Platz — die Station Hebron — dankbar acceptiert. Da der Missionar Schmidt pensioniert ist, so haben wir in jenem Lower Tugela-District nur die Station Hebron mit dem Missionar Brauel; doch hat dieser an der Tugela eine bereits schnell aufblühende Filiale angelegt. Von Hebron aus kann viel Missionsarbeit getrieben werden. Auch ist diese Station uns deshalb wichtig, weil sie das Bindeglied zwischen unseren Missionsgebieten in Natal und Südsululand ist. Von Entombeni aus kann man zu Pferde Hebron in einem Tage erreichen, und am folgenden Tage kann man dann von Hebron aus im Südsululande sein.

Wiederum von unserm Zentralgebiet getrennt durch eine schwedische und eine englische Missionsstation liegen unsere Stationen im früheren Nordsululande, das nach der Besiegung Ketschwayo's und dem darauf folgenden Eindringen der holländischen Buren die „Nieuwe Republik" bildete und jetzt mit Transvaal vereinigt ist. Dort liegen ziemlich nahe bei einander die 5 Stationen: Emyati,

Bethel, Ekuhlengeni, Esihlengeni und Ehlomohlomo. Die sechste, Ehlobane, haben wir durch die Annexion der Buren leider verloren, obwohl dieselbe unserer Mission geschenkt, von derselben in Besitz genommen und durch die dort erfolgte Ermordung des Missionars Schröder, der auch dort begraben liegt, uns besonders wert geworden war. Da sie bei dem Eindringen der Buren unbesetzt war — die Missionare hatten fliehen müssen und waren noch nicht zurückgekehrt — wurde sie von einem Buer, dem nachherigen Präsidenten der Nieuwen Republik in Besitz genommen und behauptet; und unsere dortige Verwaltung hatte, um die 5 anderen Plätze zu retten, auf Ehlobane verzichtet. Die anderen 5 Stationen sind uns denn auch, jede etwa in der Größe von 4000 Acres, als freies Eigentum zugewiesen worden. Auch ist uns auf unsere Bitte während unsers Dortseins in der neu entstandenen Stadt Bryheid ein „Erf", d. i. ein Platz für Haus und Garten, in der Größe von ½ Acre zur Anlage einer Missionsstation und ein zweites „Erf" zur Erbauung einer Kirche für eine zu sammelnde deutsche Gemeinde zugewiesen worden. Das ist für uns einerseits deshalb wichtig, weil Bryheid der Sitz der bürgerlichen Verwaltung jenes Distriktes ist, und weil sich dort im Dienst der Weißen viele Arbeitskaffern aufhalten, andererseits deshalb, weil Bryheid das Bindeglied zwischen den vorhin genannten Stationen und den demnächst zu besprechenden am Pongolo bildet. Da jedoch das Land gegen frühere Zeiten durch die verheerenden Sulukriege und durch das Eindringen der Buren, vor denen die Kaffern weichen müssen, von Sulus sehr entvölkert ist, sind 2 von jenen 5 Stationen für die Missionarbeit entbehrlich.

Nordwestlich am Pongolo oder doch in der Nähe desselben liegen die 3 Stationen: Ekombela, Entombe und Goedehoop. Die ersteren beiden gehörten der Mission, die letztere war Eigentum des Missionars Prigge; doch hat derselbe 800 Acres der Mission zu eigen geschenkt. Die genannten drei Stationen liegen in unmittelbarer Nähe der bedeutenden deutschen Kolonieen Lüneburg und Bergen, die von Kolonisten der Hermannsburger Mission gegründet, in inniger Verbindung mit uns stehen. An den vielen Arbeits- und Dienstkaffern der deutschen, resp.

einiger holländischer Buren, und unter den vielen umwohnenden Heiden hat die Mission dort ein großes Arbeitsfeld.

Im Anschluß an diese Darlegung seien uns einige Bemer=kungen über die Kreiseinteilung der Sulumission gestattet. Früher zerfiel dieselbe in 5 Kreise: Natal, Südsululand, Nordsululand, der Pongolokreis und Alfredia. Diese Einteilung bedurfte der Änderung. Der Natalkreis muß bestehen bleiben; doch scheint es uns richtiger, die Station Hebron dem wieder neu zu bildenden Südsulukreise hinzuzufügen. Der Nordsulukreis ist mit den Sta=tionen am Pongolo zu einem Kreise verbunden worden. Die Stationen liegen nicht so weit von einander entfernt, daß eine Verbindung dadurch verhindert würde. Wenn die möglichst bald zu errichtende Station Bryheid den Mittelpunkt dieser zwei ver=einigten Bezirke bildet, so ist es sogar ein sehr passend abge=rundeter Kreis, in dem etwa gleich viel Stationen in gleicher Entfernung nach beiden Seiten liegen. Es bliebe dann nur noch Alfredia übrig, das in seinem jetzigen Bestande allerdings kaum einen selbständigen Kreis bilden könnte, aber mit etwa anzule=genden Pondostationen einen lebensfähigen Kreis ausmachen würde. Solange dies noch nicht geschehen, muß es als Anhang des Na=talkreises betrachtet werden, und die Missionare müssen mit ihren Stationen direkt unter dem Superintendenten stehn.

Wenden wir uns nun zu der Betschuanen=Mission! Die=selbe hat die westliche Hälfte Transvaals und den an dieselbe grenzenden Teil von Brittisch=Betschuanaland inne. Da die Ber=liner Bassutomission die östliche Hälfte Transvaals okkupiert hat, so schiebt sich das Gebiet derselben zwischen unsere Sulu= und Betschuanen-Mission. Eine durch Pretoria, die Hauptstadt Trans=vaals, von Nord nach Süd gezogene Linie würde etwa die Grenze bilden Dicht hinter Pretoria beginnt unser Arbeitsfeld. Das=selbe ist ein vortrefflich abgerundetes und ist von unserer Mission fast ganz okkupiert. Nur 2 Stationen der holländischen, refor=mierten Capschen Synode, der Missionare Gonin und Roux, und an den Grenzen zwei kleine Filiale der Wesleyaner und zwei noch kleinere der Londoner Mission von Curuman, resp. Ma=fifeng, schieben sich in dieselbe ein. Unsere Betschuanenmission arbeitet unter den Stämmen der Bakuena, Bakatle, Bamakau, Batlokoe, Bamaluka, Bagoluba, Baphalane, Bapo·, Barolong, Bahurutsi, Bamalete, von denen die letzteren und ein Teil der Bohurutsi in Brittisch = Betschuanaland, die übrigen in Transvaal wohnen.

Die Betschuanenmission zerfiel früher in **2** Kreise, die unter den Vorstehern **Behrens** und **Schulenburg** standen. Durch die neue Missionsordnung ist das Gebiet in drei Kreise zer= legt. Doch ist die Bildung des dritten erst jetzt zur Ausfüh= rung gekommen. Der in der Mitte liegende Kreis Rustenburg umfaßte die Stationen Rustenburg, Saron, Kana, Versaba, Ma- hanaim, Pella, Emmaus, Ebenezer und Krondal. Letztere ist durch den Fortzug des dortigen Volkes eingegangen und ist zum Filial von Rustenburg gemacht. Das Volk ist zum Teil auf den früheren Platz zurückgezogen, wo wir damals die Station Phalane hatten. Diese soll nun zunächst mit einem eingeborenen Lehrer wieder besetzt werden. Der westliche Kreis Moriko enthält die Stationen Harmshope, Limao, Melorane, Manuane, Mococli, Linokana, Polfontein, Ramaliane und Bethel. Der östliche Kreis Pretoria besteht aus den Stationen Hebron, Polonia, Potuane, Mosetla und Jericho. Demnächst soll auch Bethanie zu diesem Kreise gehören. Diese Station ist gegenwärtig wegen der Aus= nahmestellung, die der Missionsausschuß dem dortigen Missionar **Behrens** bewilligt hat, isoliert, was weder für die dortige, noch für die übrigen Gemeinden heilsam ist. Die Einheit der Mission ist dadurch gestört. Die Gemeinde fühlt sich nicht mit den übrigen Gemeinden als zu einem Ganzen gehörig, und die segensreichen, wechselseitigen Beziehungen fallen fort. Ein gewaltsames Durch= brechen dieser Isolierung würde eine Krisis hervorgerufen haben, und für die Einheit unserer Mission gefährlicher geworden sein als der jetzige Zustand. Die Gemeinde war doch unschuldig daran; lag auch die Ursache in der Stellung des Missionar **Behrens**, so ist der Fehler doch nicht dort, sondern von hier aus gemacht. Wir haben es deshalb für weise und richtig ge= halten, die Verbindung mit den übrigen Gemeinden so viel als möglich wieder herzustellen und die Gemeinde aus ihrer Isolierung herauszuheben. Wir haben ein gemeinsames Missionsfest gefeiert und eine allgemeine Synode und allgemeine Lehrerkonferenz gehalten, an der die Missionare, die Lehrer und einige Kirchenvorsteher von Bethanie teil genommen haben. Ein Gleiches wird fernerweit geschehen. Dieses Verfahren schien uns vor allen Dingen auch deshalb ratsam, weil mit dem Tode des Missionar Behrens die Ausnahmestellung von selber aufhört. Denn diese Stellung, die nicht der Gemeinde als solcher, sondern dem Missionar Behrens für sich und seine Station bewilligt ist, gilt nur für dessen Lebenszeit. Dieselbe besteht übrigens nur darin, daß Behrens nicht unter dem dortigen Superintendenten, sondern unter dem Direktor steht. Analoge Verhältnisse sind ja auch hier bei der Verlegung von Superintendenturen mehrfach vorgekommen. — Blicken wir nun auf obige Kreiseinteilung, so bietet dieselbe einen großen Vorzug der früheren gegenüber. Doch scheint uns die Abzweigung eines vierten Kreises notwendig. Der Kreis Moriko ist zu groß, und die Stationen sind zu weit von einander entfernt. Die auf dem Hochfeld liegenden Stationen müßten einen besonderen Kreis bilden, an welchen der Kreis Rustenburg die auf dem Rande des Hochfeldes gelegene Station Emmaus abgeben müßte. Der Kreis Rustenburg würde dafür die Station Morgensonne hinzubekommen, die von der Mission angekauft ist. Sie ist zwar keine Station für Heidenmission, sondern enthält die Schule der Missionarskinder, aber sie muß doch in die Verwaltungsbezirke eingegliedert werden.

Wie für den aufmerksamen Leser aus Vorstehendem zu ersehen ist, liegt es uns daran, auf eine größere Konzentration hinzuarbeiten. Es ist ja offenbar in unserer Mission der Fehler eines planlosen Vorgehens vorhanden. Man hat hüben die Verhältnisse nicht genügend gekannt, und drüben hat man sich oft mehr von den Erfordernissen des Augenblicks leiten lassen. Auch sind in der Periode des ersten Aufblühens zu viel Missionare hinübergesandt; die mußten placiert, und Arbeitsgebiete für sie geschaffen werden. Schwerlich würde man sonst manche Stationen so nahe bei einander angelegt haben. Man hätte manche Plätze zu Filialen gemacht; denn verschiedene derselben, wie

2

Alt-Müden und Eben-Ezer in Alfredia, 2 der Nord- und 2 der
Süd-Sulustationen, auch Bersaba, Mocoeli und Krondal sind als
selbständige Stationen unnötig, wie denn auch durch die Not
oder sonstige Verhältnisse bereits mehrere als solche wieder aufgegeben sind, deren Zahl wir noch vermehrt haben. Es scheint
uns richtiger zu sein, — wie ja auch bei der Missionierung unseres Vaterlandes geschehen — die Stationen nicht zu nahe bei
einander, sondern in etwas größerer Entfernung von einander
anzulegen, jeder Station dann das umliegende Gebiet als Mis-
sionsfeld zuzuweisen, in diesem Gebiet Predigtplätze und Filiale
zu gründen, und später bei Ansammlung größerer Mengen Ge-
taufter einzelne Gemeinden abzuzweigen. In den älteren Sta-
tionsverzeichnissen unserer Mission finden sich eine Reihe Namen,
die nachher verschwunden sind; in der Sulumission: Isafa und
Emtandozweni in Alfredia, Itaka im Nordsulukreis, Zoar am
Pongolo; in der Betschuanenmission: Tara, Leporro, Mabotse,
Matlare, Likhalan, Thaba Lenong, Pata Lecopa, Kolobeng, Cuane.
Teils waren dieselben ungünstig angelegt und sind später verlegt.
Teils — und das ist bei den westlichen Betschuanen oft vorgekommen — verzog das Volk von dem Platz, und der Missionar
folgte ihm. Hinsichtlich Leporros, das der frühere Missionar
Fuls gegründet hatte, kam eine gütliche Vereinbarung zwischen
ihm und dem Direktor zu Stande, der zufolge die Mission gegen
eine Entschädigung ihr Anrecht auf den Platz aufgegeben hat.
Die obigen Stationen haben also zu existieren aufgehört.

Durch unser Missionsgebiet verteilt liegt eine nicht unbedeutende Anzahl deutscher Gemeinden, die für unsere Missionsarbeit
nicht unwichtig sind. Wir müssen deshalb das Verhältnis zu
denselben hier kurz berühren. Es sind die Gemeinden Hermannsburg, Neu-Hannover, Kirchdorf, Marburg und Helpmakaar in
Natal, Lüneburg und Bergen in Transvaal. In letzterem Lande
sind in Vryheid und in der Nähe von Rustenburg, auf dem Gebiet unserer früheren Station Krondal, solche Gemeinden in der Bildung begriffen. Diese Gemeinden sind zum weitaus größten Teil
aus unserer Mission hervorgegangen. Sie sind durch die früheren
Kolonisten unserer Mission gegründet; nur in Neu-Hannover be-

stand schon vorher eine kleine deutsche Ansiedelung. Und durch
Zuzug, namentlich aus den Kreisen der heimatlichen Missionsge=
meinde, sind sie bedeutend angewachsen. Einer hat den anderen
nachgezogen, Verwandte und Freunde der Missionare und Kolo=
nisten und die heranwachsenden Kinder derselben haben sie ver=
mehrt. An diesen deutschen Gemeinden, die teilweise zu großer
Wohlhabenheit gekommen sind, hat unsere Mission eine bedeu=
tungsvolle Stütze. Das Verhältnis derselben zur Mission ist im
ganzen ein sehr erfreuliches. Wie die Mission ihnen geistliche
Gaben, Segnungen und Kräfte zuführt — sie werden sämtlich
durch Missionare, die entweder ihre Pastoren geworden sind oder
sie nebenbei amtlich bedienen, geistlich versorgt, — so empfängt wie=
derum die Mission aus diesen Gemeinden vielerlei irdische Gaben
und Unterstützungen. Mancher Heide ist durch deutsche Bauern
gewonnen und der Mission zugeführt. Und je mehr Einfluß die
deutschen Kolonisten gewinnen, je mehr die Macht und das An=
sehen der blühenden deutschen Kolonieen wächst, desto mehr wird
auch die Macht und das Ansehen der deutschen Mission gehoben,
die Stellung und der Einfluß unserer Missionare verstärkt.

In dem beschriebenen Missionsgebiete arbeitet unsere Mis=
sionsgesellschaft nicht allein, sondern berührt sich mit verschiedenen
Missionsgesellschaften. In Natal bietet das Arbeitsfeld ein buntes
Bild. Ich nenne nicht alle dort arbeitenden Missionen, sondern
nur die, mit denen die unsere sich räumlich berührt. Es sind
die Berliner Mission, die Schwedische, die Norweger; die von
dieser losgelöste Mission des verstorbenen Bischof Schreuder, jetzt
der beiden Brüder Astrup, denen sich unser früherer Mis=
sionar Otte angeschlossen hat, und die eine isolierte Stellung
einnehmen, die Gordon=Memorial=Mission, die Amerikanische und
die Englische Natal= und Sulu=Mission. Das Gebiet unserer
Betschuanenmission dagegen bietet ein einheitlich abgerundetes Ar=
beitsfeld. Dort berühren wir uns nur an den Grenzen mit der
Berliner Bassutomission, mit der reformierten Mission der Capschen
Synode, mit der Londoner Mission und der der Wesleyaner.
Auch liegt dort die völlig isolierte Jesuitenstation Fleischfontein,
die jedoch gar keine Bedeutung hat.

Unser Verhältnis zu den genannten Missionsgesellschaften ist im ganzen ein freundschaftliches, besonders zu denen, die auf dem Grunde des lutherischen Bekenntnisses stehen, wozu wir, wenn auch ihre Oberleitung innerhalb der unierten Kirche liegt, doch um des Bekenntnis-Gelübdes willen, das die Missionare unterschreiben*), die Berliner Mission rechnen müssen; ferner die Norweger und die Schweden. Auch ist das Verhältnis zu den Missionaren der Capschen Synode ein besonders gutes. Gemeinsamkeit der Arbeit findet unter den verschiedenen Missionsgesellschaften wenig statt. Eine jede arbeitet für sich und geht ihren eigenen Weg. Auch hat eine jede ihre eigenen Gesangbücher, Katechismen und dergl. Nur die durch die englische Bibelgesellschaft verbreiteten Bibelübersetzungen sind ein gemeinsames Band. Auch sind in unserer Sulumission, namentlich in den ersten Zeiten, Übersetzungen der Norweger gebraucht. Wie die übrigen lutherischen Missionen, so ist auch die unserige zu den gemeinsamen Konferenzen, welche die englischen Missionen regelmäßig in Natal abhalten, der Verschiedenheit des kirchlichen Standpunktes wegen, nur eine losere Beziehung eingegangen; doch sind dieselben mehrfach durch Deputierte beschickt. Bei allem Festhalten am Bekenntnisse könnte darin jedoch noch mehr geschehen. In manchen Dingen ließe sich doch eine Gemeinsamkeit der Praxis erreichen. Auch könnte dadurch zum Schutz der Missionsarbeit, zur Abwendung etwa schädlicher Staatsgesetze resp. Übergriffe von Beamten und dergl. manches geschehen. Durch gemeinsames Vorgehen sämtlicher Missionen ließe sich vielleicht manches Übel abwenden und manches Gute gewinnen. Vor allem aber, däucht

---

*) Die Missionare der Berliner Gesellschaft müssen folgenden Revers vor ihrer Aussendung unterschreiben: „Nachdem ich N. N. . . . die nötige Ausbildung erhalten habe und nun als Missionar von ihr nach Süd-Afrika ausgesandt werden soll, so gelobe ich . . . öffentlich und besonders keine andere Lehre zu treiben, als die in den kanonischen Schriften Alten und Neuen Testaments nach dem Bekenntnisse der lutherischen Kirche, namentlich der unveränderten Augsburgischen Konfession und dem Katechismus Lutheri gegründete. . . . Den Inhalt des vorstehenden Reverses erkenne ich für recht und gelobe dessen Beachtung als vor dem HErrn feierlich und ohne allen Vorbehalt durch meines Namens Unterschrift."

uns, wäre ein größerer Zusammenschluß der lutherischen Missionen wünschenswert, wozu wir auch die Anregung zu geben versucht haben Es ist doch das Ziel, eine gemeinsame lutherische Kirche unter den Eingebornen Süd-Afrikas zu errichten; und das müssen sämtliche Missionen stets im Auge haben.

Das Arbeitsgebiet unserer Mission würde sich nach vorstehender Darlegung in folgender Weise gestalten.

I. Die Sulu-Mission.

1. Der Natal-Kreis.

Hermannsburg, Ehlanzeni mit Emakabeleni, Etembeni, Müden mit Emhlangane, Emtombeni, Nazareth, Empangweni, Neu-Hannover, Kirchdorf mit Wilhelmsburg.

Anhang: Alfredia.
Marburg und Elim mit Ebenezer.

2. Das Südsululand.

Hebron, Emlalazi mit Inyezane, Emvujini, Endhlovini mit Endhlangubo.

3. Der Nordsulukreis.

Bethel mit Emyati, Ekuhlengeni, Esihlengeni, Ehlomohlomo, Vryheid, Entombe, Ekombela, Goedehoop.

II. Die Betschuanen-Mission.

1. Der Kreis Rustenburg.

Rustenburg mit Krondal und Phalane, Saron, Kana, Morgensonne, Ebenezer, Bersaba, Mahanaim, Pella.

2. Der Kreis Pretoria.

Bethanie, Hebron, Polonia, Potuane, Mosetla, Jericho.

3. Der Kreis Moriko.

Harmshope, Melorane, Linao, Mocoeli, Manuane, Linokana.

4. Der Hochfeldkreis.

Emmaus, Bethel, Ramaliane, Polfontein.

2. Die Arbeitsstätten.

Die Arbeitsstätten sind die Stationen. Haben wir vorher dieselben in ihrem Verhältnis zum Ganzen schon berührt, so liegt es uns nun ob, näher auf die Stationen im Einzelnen einzugehen.

Bei der Anlage einer Station sind zunächst zwei Fragen zu berücksichtigen. Erstens: ist die Lage günstig für die gegenwärtige Anlage? Zweitens: ist die Lage günstig für die zukünftige Entwicklung? — Bei der Anlage der Stationen unserer Sulumission ist die zweite Frage nicht immer in gebührender Weise mit in Betracht gezogen. Man hatte anfangs dieselben in der Nähe vieler Heiden angelegt und hat geglaubt, damit das Rechte getroffen zu haben. Aber die Heiden sind nicht seßhaft, sie ziehen oft je nach Bedürfnis an andere Plätze; es ist für sie ein Geringes, ihre dürftigen Kraale zu verlassen und neue aufzubauen. Wenn sie aber Christen werden, so werden sie zugleich seßhaft gemacht. Sie lernen, bessere Häuser zu bauen und den Ackerbau durch ordentliche Bearbeitung und Bewässerung des Landes verständiger zu betreiben. So schaffen sie sich eine Heimstätte, die sie nicht verlassen mögen und auch nicht so leicht verlassen können; sie würden dadurch Verluste erleiden. Allmählich vermehrt sich die Zahl der Christen; eine Gemeinde wird gesammelt; es entsteht ein Dorf, das um die Kirche und Schule her angebaut wird. Die Bedürfnisse wachsen; die Anforderungen an den Platz, auf dem sie wohnen, werden größer. Genügt der Platz nun nicht, so ist die Sammlung einer Gemeinde nicht möglich; die Leute sind genötigt, fortzuziehen und sich an anderen Orten anzusiedeln. Dadurch entfernen sie sich von Kirche und Schule, von der Aufsicht des Missionars und von dem Leben der Gemeinde mit seinen Segnungen, seinen Ordnungen und seiner Zucht. Sie kommen in allerlei Gefahren für ihre irdische Existenz und für ihr geistliches Leben, geraten in ein unstätes Treiben und fallen wohl gar zurück ins Heidentum. Solcher Leute unter den christlichen Kaffern, die nirgends recht seßhaft sind, giebt es genug. Sie sind ein bedenkliches Element in Süd-Afrika. Durch die Gold- und Diamantenfelder, die eine starke Anziehungskraft ausüben, wächst ihre Zahl. Hätten sie eine feste Heimat, zu der sie immer wieder zurückkehrten, so würden sie stets wieder Seelsorge und Seelenpflege finden und in Zucht und Ordnung kommen; wenigstens zeigt es sich, daß diejenigen, die auf Stationen eine Heimat haben, weit mehr gegen die angedeuteten Gefahren geschützt sind. Es ist also wichtig, die zukünftige Entwicklung bei der Gründung einer Station mit ins Auge zu fassen und dieselbe so anzulegen, daß dort eine Gemeinde gesammelt werden kann. Mit anderen Worten: Der Platz muß Raum genug haben; und es müssen nicht nur Heiden dort sein, sondern auch fließendes Wasser, das in Afrika eine besonders große Bedeutung hat, Ackerland, Weide und womöglich ein Holzbusch. Ist das nicht hinreichend vorhanden, so ist die Anlage der Station verkehrt, und der Platz wird früher oder später aufgegeben werden müssen. Das mußte man in unserer Mission auch erst lernen, und ohne Lehrgeld ist es nicht gegangen. Verschiedene aufgegebene oder verlegte Stationen sind Zeugnis davon. Es hat, wie die Brüder sagen, an warnenden Stimmen nicht gefehlt; sie haben aber anfangs keine Beachtung gefunden. Die später gegründeten Stationen sind zum Teil vorzüglich angelegt.

Auch hat man zuerst nicht genug bedacht, wie wichtig der Landbesitz werden würde. Man hat damals nur kleine Grundstücke für die Mission erhalten und hat sich damit zufrieden gegeben, (500 Acres, ja zum Teil nur 100 Acres). Ein solcher Platz aber ist nicht hinreichend zur Anlage einer großen Station resp. eines christlichen Dorfes; und doch ist diese bei den Sulukaffern wenigstens durchaus notwendig. Kleine Stationen genügen wohl für die Gegenwart, aber nicht für die Zukunft. Man hätte damals weit mehr Land zu billigen Preisen bekommen können; doch man ließ die gute Zeit vorüber gehen. Natal bevölkerte sich mehr und mehr; englische und holländische Ansiedler nahmen das Land in Besitz, und in weitaus den meisten Fällen sind diese keine Freunde der Mission, sondern hindern deren Arbeit. Manche Stationen wurden dadurch immer mehr eingeengt. Da mußte

man denn den Grundbesitz teuer kaufen, und das hat unserer
Mission viel Sorge und Not bereitet. Besser war es mit den
Stationen, die an oder in Lokationen liegen, d. h. in den von
der englischen Regierung den Kaffern als Wohnplatz angewiesenen
Bezirken. Da konnte man auf der Station mit weniger Grundbesitz aus; denn den Kaffern stand die Lokation zur Verfügung.
Und doch war auch das nicht genügend. Denn die Lokation
bietet nicht genügende Sicherheit für die Zukunft und nicht genügende Freiheit für die Entwicklung. Am besten war es
immer, eigenen Grundbesitz zu erwerben. Da konnte man die
Getauften ansiedeln und um Kirche und Schule sammeln. Man
gewann dadurch einen festen Kern zur Gemeindebildung und
sichere Stützpunkte für die weitere Missionsarbeit. Die Anlage
großer Stationen ist für die Sulumission nach unserer Ueber-
zeugung das Richtigste. Nachdem man den Fehler des Anfangs
erkannt, hat man denselben wieder gut zu machen gesucht. Wir
haben jetzt eine Reihe großer schöner Stationen, die unser freies
Eigentum sind — Hermannsburg, Neu-Müden, Empangweni,
Emtombeni, Hebron, Nazareth, Marburg, Elim, Goedehoop
und die 10 Sulustationen. Hinsichtlich Ekombelas konnte das
Besitzverhältnis noch nicht fest geregelt werden. Wird die
Station als unser Eigentum anerkannt, so ist auch sie jener
Zahl hinzuzurechnen. Die übrigen Stationen der Sulumission,
wie auch 100 Acres von Empangweni und Marburg, sind uns
von der Regierung zum Missionsgebrauch übergeben. Sie sind
also nicht unser freies Eigentum. Sobald wir aufhören, Mission darauf zu treiben, ist die Regierung berechtigt, das Land
wieder zurückzuziehen. Solange wir dasselbe jedoch zu Missionszwecken verwenden, kann es uns nicht entzogen werden.
Ebenso sind die Lokationen, die an einige Stationen grenzen,
uns als alleiniges Arbeitsfeld überwiesen. Bei Ehlanzeni ist
dieselbe 11000 Acres groß; in den übrigen Fällen meistens ca.
6000 Acres.

Anders sind die Verhältnisse unter den Betschuanen, weil
diese eine andere Wohnungsweise haben. Die Sulus leben auf
zerstreuten Kraalen familienweise beisammen. Die Stämme der

Betschuanen siedeln sich in großen Städten an. Oft wohnt der ganze Stamm um seinen König her auf einem großen Platze. Will nun der Missionar für den Stamm eine Station anlegen, so hat er gar keine Wahl. Er muß sich nahe bei der Heidenstadt anbauen und seine Kirche und Schule möglichst dicht an dieselbe legen; denn die Heiden sind träge; weite Wege lieben sie nicht. Freilich muß der Missionar auch da mit der Auswahl des Platzes sehr vorsichtig sein, damit die Station, wenn sie sich vergrößert, bestehen kann. Denn wenn auch nicht alle, so werden doch viele der Getauften aus dem Getriebe der Heidenstadt herausziehen und um die Station her ein christliches Dorf anlegen wollen, und manche werden überdies von auswärts kommen. Gelingt es dem Missionar, Einfluß auf den König zu gewinnen, so kommt ihm das dabei sehr zu statten. Ist der König feindlich, so wird die Missionsarbeit durch das Nicht=zusammenwohnen viel Hinderung erfahren.

Auch die Betschuanen sind von Haus aus nicht seßhaft. Haben sie einen Platz mit ihrem vielen Vieh gehörig ausgenutzt, so ziehen sie gern weiter. Auch nötigt sie oft der Wassermangel dazu. Da muß denn auch die Station verlassen werden, und verfällt. Die Gegend am Notuane und Kolobeng ist voller Missionsruinen. Livingstone ist es dort mit Seccele so gegangen. Und manche unserer westlichen Brüder haben aus solchem Grunde oftmals wandern und immer wieder neue Stationen anlegen müssen. Hat ein Missionar sich einem Stamme zugesellt und gehört so gleichsam mit zu demselben, so ist es wichtig, daß er bei der Neuwahl eines Wohnungsplatzes den König ernstlich berät, damit ein möglichst gut situierter Platz gewonnen wird.

Die in Transvaal wohnenden Betschuanenstämme haben freilich jetzt keine Wahl mehr, da das ganze Land von Buren besetzt ist. Ja, dort konnte es vorkommen, und ist uns mit Melorane so gegangen, daß ein Buer den von dem Stamm besetzten Platz, den er noch niemals in Besitz genommen, als sein Eigentum reklamiert und bei seiner Regierung darin Unterstützung findet, so daß der Stamm, wenn er nicht sehr hohe Miete zahlen

wollte, weichen mußte. Vielfach gerieten anfangs nach dem Eindringen der Buren und der Okkupation des Landes die Stämme
in ein solches Abhängigkeits- und Mietsverhältnis, wovon die
Zerstreuung und Zersplitterung derselben die Folge war. Darum
mußten in der ersten Zeit auch die Missionare auf solchem ge=
mieteten Grund und Boden wohnen. In Potuane ist das noch
heute der Fall; doch braucht nicht der Missionar, sondern nur der
Stamm die Miete zu zahlen. Wir hoffen jedoch, daß auch dieser
Platz bald angekauft werden kann. Auf allen übrigen Stationen
besteht kein solches Mietverhältnis mehr. Dort haben unsere Mis=
sionare eine segensreiche Thätigkeit entfaltet, wofür ihnen die be=
treffenden Stämme zu großem Dank verpflichtet und auch herzlich
dankbar sind, wie uns das mehrfach ausgesprochen worden ist.
Die Missionare haben die Könige veranlaßt, Plätze zu kaufen,
haben dieselben für sie und mit ihnen ausgesucht und haben das
ganze Kaufgeschäft besorgt. Auch haben sie, da die Eingebornen
nicht das Recht juristischer Persönlichkeiten hatten, so daß die
Plätze nicht auf ihren Namen eingetragen werden konnten,
dieselben auf den Namen der Mission oder ihren eigenen
schreiben lassen. So waren die Missionare die rechtlichen Ver=
treter ihrer Könige. Dadurch gewannen die Stämme eigene
Wohnplätze und wurden frei von dem Druck der einzelnen Buren,
der oft nur schwer zu tragen war. Auch dehnten sie sich durch
den Ankauf benachbarter Plätze allmählich weiter aus. Da sie
besser als eingewanderte weiße Leute zahlen konnten, so verkauften ihnen die benachbarten Buren meistens gern. Sie haben
oft erstaunliche Preise bezahlt, erstaunlich im Verhältnis zu weißen
Leuten, erstaunlich im Verhältnis zu dem Wert des Platzes, wenn
man diesen lediglich für sich selbst betrachtet; für sie jedoch waren
die Preise nicht zu hoch, denn, da sie dadurch einen zusammenhängenden Komplex von Grundbesitz bekamen, hatte der einzelne Platz für sie einen weit höheren Wert, und das Zahlen
wurde ihnen nicht schwer. Sie brauchten nur von ihrem Vieh=
reichtum eine Anzahl Ochsen hinzugeben, so hatten sie oft schon
den Kaufpreis in Händen; und war das noch nicht genug, so
sandte der König eine Schar seiner Leute auf die Diamanten=

und Goldfelder, die ihm in kurzer Zeit den Betrag verdienten. Durch solche Platzankäufe kamen die Stämme zu eigenem Besitz. Die zerstreuten Glieder sammelten sich wieder um ihren König. Der Stamm als solcher war damit in seinem Bestande gerettet und hatte eine gesicherte Existenz. Auf dem eigenen Platze war der König Herr, und das ganze Volkswesen konnte sich wieder freier entfalten. Das war ein Großes. Unsere Missionare hatten aber dabei nicht nur dieses, sondern noch ein höheres Ziel im Auge; das Missionsinteresse selber bewog sie dazu. Denn, je freier und unabhängiger das Volk, desto ungehinderter und freier konnte auch die Missionsarbeit getrieben werden. So machten sie es denn stets zur Bedingung, daß für die Anlage einer Station dem Missionar ein entsprechender Raum abgegeben werde. Um darin ganz sicher zu sein, haben sie in allen solchen Fällen einen Teil der Kaufsumme bezahlt und einen dem entsprechenden Teil des Platzes in Besitz genommen. Bei derartigen Vereinbarungen haben sie gewöhnlich auch die Bedingung gestellt, daß der König keiner andern Missionsgesellschaft den Zutritt zu jenen Plätzen gestatten dürfe. Diesem Umstande ist es wesentlich mit zuzuschreiben, daß unser Arbeitsgebiet bis jetzt noch unberührt geblieben ist. Und wie wichtig das ist, lehrte uns ein Fall. Ein anmaßender junger Häuptling auf einem Platze, an den unsere Mission keinerlei Eigentumsrecht hat, und auf dem sie mit Erlaubnis des verstorbenen Häuptlings sich niedergelassen hatte, verlangte über eine Sache, die die Mission nichts anging, in einem Streit, den er mit seinen Nachbarn hatte, das Zeugnis eines alten Missionars, der früher dort stationiert gewesen war. Als dieser auf seinen Wunsch nicht gekommen war, wandte er sich in ziemlich unverschämter Weise an den Direktor und verband damit die Drohung, er werde sonst andere Missionare zu seinem Volke auf die Station rufen. Sein Wunsch ist übrigens unseres Wissens jetzt erfüllt. Wir sehen daraus, wie nützlich jene Platzankäufe auch für die Mission gewesen sind.

Als nun vor einigen Jahren das bereits erwähnte Plakkerwed erschien, entstand die Befürchtung, daß das ganze eben geschilderte Verfahren vergeblich gewesen; doch hat sich dieselbe als grundlos

erwiesen. Da die Regierung verpflichtet ist, den Betschuanen=
stämmen feste Lokationen zu geben, war es für sie das Einfachste,
jene Plätze als Lokationen anzuerkennen, da sie dann kein Land
für dieselben herzugeben brauchte. Und wiederum war es so
für die Stämme das Beste. Denn das gekaufte Land, — weil
es ihr Eigentum ist, — kann ihnen nicht wieder genommen
werden, was andernfalls immerhin möglich war und bei der zu=
nehmenden Einwanderung von Europäern oder bei einer etwaigen
Entdeckung von Gold in den betreffenden Lokationen leicht hätte
geschehen können. Inzwischen ist nun auch von der Regierung
eine Kommission eingesetzt, welche die Rechte der Kaffern vertritt,
und auf deren Namen alle bisherigen Besitztitel der Kaffern um=
geschrieben, resp. neu eingeschrieben werden.

Die Dinge liegen demnach so: daß unsere Mission unter den
Betschuanen Stationen hat, die auf den Stämmen gehörigen Plätzen
liegen, die aber doch Eigentum der Mission sind, weil dieselbe einen
Teil des Kaufpreises bezahlt hat. Ebenezer freilich hat der Mis=
sionar aus eigenen Mitteln angekauft; doch ist der Betrag auf die
Mission übernommen, so daß nun auch diese Station das Eigen=
tum unserer Mission geworden ist. Die Stationen, bei denen das
dargelegte Verhältnis stattfindet, sind: Saron, Pella, Mahanaim,
Kana, Ebenezer, Hebron, Jericho, Emmaus und Ramaliane. Doch
haben wir auch Stationen, bei denen der ganze Platz, sei es nun
ein größerer Platz, wie Bethanie, Bersaba, Bethel und Morgen=
sonne, oder ein Erf, wie Polonia, der Mission gehört, weil sie
denselben voll bezahlt hat. In Polonia freilich haben es die Pol=
nischen Missionsfreunde für Hermannsburg gethan. In Bethanie
sind die umliegenden Plätze von dem König angekauft und in
dessen Besitz. Bersaba ist mit Genehmigung des Superinten=
denten von Backeberg angekauft und von der Mission zum
Einkaufspreise übernommen. Morgensonne war im Besitz von 7
Missionaren, die eine Privatschule darauf hielten. Mit dieser
wird der Platz jetzt in den Besitz der Mission übergehen, da der
Ausschuß auf den Antrag des Direktors den Ankauf beschlossen
hat. Anders liegen die Verhältnisse in Rustenburg. Dort ist
uns zu Missionszwecken ein sogenanntes Erf, das ist ein kleinerer

Landkomplex übergeben. Die Station ist darauf errichtet, und einige christliche Familien haben sich darauf angebaut. Dieser Grund und Boden bleibt so lange unser unveräußerliches Eigentum, als derselbe zu Missionszwecken benutzt wird. Auf allen übrigen Plätzen, — also in Mosetla, Potuane, Polfontein, Linokana, Manuane, Mocoeli, Limao, Harmshope und Melorane — hat die Mission kein Eigentum. Die Station ist auf dem, von dem betreffenden Stamm besetzten Gebiet mit Genehmigung des Königs und, wo das, wie innerhalb der Südafrikanischen Republik nötig war, mit Genehmigung der Regierung angelegt. Der König sieht den Missionar als zu seinem Volke gehörig an. Dieser hat für sein Vieh an dem Weideland des Stammes Anteil und erhält hinreichend Garten- und Ackerland.

Für Landankäufe ist seitens unserer Mission eine Summe von 167 620 Mark ausgegeben. Die Schuld, die jetzt noch auf dem Grundbesitz ruht, beträgt 127 360 Mark. Nach meiner Berechnung besitzen wir in Afrika 68 561 englische Acres Land, welches jetzt einen weit höheren Wert repräsentiert, namentlich seit es zum Teil kultiviert und mit guten Gebäuden besetzt ist. Die englische Regierung bezahlt zu jeder Zeit 10 s. pro Acre (= 10 Mark); demnach repräsentierte der Grundbesitz, niedrig gerechnet einen Wert von etwa 685 610 Mark, wobei Gebäude und Anlagen noch gar nicht in Betracht gezogen sind. Übrigens sind die Landpreise in Afrika in stetem Steigen begriffen. Wir bemerken noch, daß wir nur denjenigen Grundbesitz berechnet haben, der unser freies, veräußerliches Eigentum ist. Zur Missionsarbeit sind uns außerdem noch 33 049 Acres übergeben. Wegen dieses bedeutenden Grundbesitzes halten wir den zukünftigen Bestand der Hermannsburger Mission in Afrika für einen sehr gesicherten. War früher hier und da die Ansicht verbreitet, als sei derselbe in hohem Grade kritisch, so müssen solche Befürchtungen vor dem Thatbestand verschwinden.

Das Besitzverhältnis auf den Stationen Transvaals ist jetzt in der Regelung begriffen. Das Eigentum der Mission, wenn sie einen Teil des Kaufpreises bezahlt hat, ist noch nicht überall genau bestimmt. Für die gesamten übrigen Stationen sind die

Besitztitel in den Händen der Missionare. Für die Sulumission
sind dieselben von einem Rechtsanwalt in Pieter=Maritzburg geprüft. Derselbe schreibt in einem Gutachten vom 10. Oktober
1888: „Die Besitztitel der Mission, — vielleicht mit Ausnahme
der noch nicht registrierten Stationen in der Britischen Kolonie
Sululand, — sind ebenso unantastbar und juristisch sicher, wie
der Titel eines westfälischen Grundbesitzers zu seinem Erbgut.“
Die Verhältnisse in Süd=Sululand aber sind überhaupt erst jetzt
in der Organisation begriffen.

In der Sulumission sind fast alle unsere Stationen von einer
solchen Beschaffenheit, daß der Missionar und eine mehr oder
weniger große Gemeinde darauf leben kann. Nur bei Alt=Müden,
Emhlangane und Emakabeleni ist das nicht der Fall. Darum
empfiehlt es sich, diese Plätze zu Filialen zu machen und nur mit
eingeborenen Lehrern zu besetzen, was auf den beiden letzten Stationen auch bereits geschehen. In Alt=Müden hat sich der alte
Bruder H o l s t e so eingelebt, daß es ihm schwer sein würde, den
Platz zu verlassen. Auch würde er bei seinem Alter auf einer
anderen Station kaum noch verwendbar sein, während er hier
bei seiner großen Treue nicht ohne Segen wirkt; seine Gemeinde
hat sich an ihn gewöhnt. Doch muß die Station später ein Filial von Neu=Müden werden. Zur Ansiedlung von Getauften und
Ansammlung größerer Gemeinden sind besonders geeignet: Neu=
Müden, Empangweni, Entombeni, Marburg, Elim, Nazareth,
Ekombela, Entombe, die Süd=Sulustationen, und von den Nord=
Sulustationen: Ekuhlengeni, Esihlengeni und Ehlomohlomo. Bethel und Empati liegen von Farmen eingeengt und sind selbst
gute Bauerplätze; deshalb würde sich, da sie als Stationen jetzt
überflüssig sind, ihr Verkauf empfehlen. Denn Ekuhlengeni liegt
von beiden nicht weit entfernt und genügt dem Bedürfnis. Durch
den Verkauf jener beiden Plätze aber würden wir einen nicht
unbedeutenden Teil der Landschulden in Natal decken können.
Ein eigen Ding ist es mit Hermannsburg. Dieser Platz, die
erste unserer Stationen, ist seiner Zeit angekauft, um als Ausgangspunkt für die Sulumission zu dienen. Er ist das auch geworden, aber ist seitdem auch der Mittelpunkt unserer Sulumission

geblieben. Dazu jedoch, und ebenso zur eigentlichen Missions=
arbeit ist er nicht recht geeignet. Er liegt nicht im Zentrum jenes
Gebietes. Auch wäre es für die Superintendentur besser, wenn
dieselbe mit einer großen, lebensfähigen Kaferngemeinde verbunden
wäre; dann stände der Superintendent auch so recht in der eigent=
lichen Missionsarbeit, und das ist für seine Wirksamkeit notwendig.
Doch hat Hermannsburg wiederum den Vorzug einer gesunden
Lage und den der Tradition. Sonst ist die Station für einen
Bauerplatz besser geeignet und könnte bei ordentlicher Ausnutzung
viel aufbringen. Jetzt müssen mehrere Missionare, mehrere Lehrer,
die große Schule für die Missionarskinder, einige Witwen, ver=
schiedene Pächter und eine Kaferngemeinde von dem Platze leben.
Da kann sich vor allem die letztere nicht in rechter Weise ent=
wickeln. Hermannsburg ist aber nun einmal der geschichtlich ge=
wordene Mittelpunkt; viel Geld ist in den Platz hineingesteckt;
zahlreiche Gebäude stehen darauf. Darum wird es bei dem jetzigen
Verhältnis sein Bewenden haben müssen.

In der Betschuanenmission war früher Bethanie und ist jetzt
Saron der Mittelpunkt geworden. Bethanie war durch seine
blühende Entwicklung und durch die Stellung des Missionar
Behrens früher mit Recht der eigentliche Vorort. Doch liegt es
nicht genug im Mittelpunkt, und ist, seit Missionar Penzhorn
Propst geworden, auch nicht mehr der Sitz der Verwaltung.
Penzhorn wohnt in Saron. Saron liegt im Mittelpunkt.
Darum verdient Saron den Vorzug. Man könnte darüber
streiten, ob nicht Rustenburg als Verkehrszentrum der dortigen
Gegend reichlich so geeignet dazu wäre. Aber dort ist nur
eine kleine, in Saron jedoch eine große blühende Kafernge=
meinde. Und das ist für den Superintendenten wichtig; er steht
dort mitten im Missionsleben. Auch ist Rustenburg von Saron
aus leicht zu erreichen. Was sonst die Verhältnisse der Stationen
unter den Betschuanen anbetrifft, so ist noch folgendes zu bemerken:
Die meisten derselben sind so beschaffen, daß das Ackerland künst=
lich bewässert werden kann; so sind sie ertragsfähig, und die
Missionare haben auf ihnen ein mehr oder weniger gutes Aus=
kommen. Mittelmäßig ist es mit Manuane, Mocoeli, Polfontein,

Ramaliane, Bethel, Pella und Jericho bestellt. Trockene Stationen, die gar nicht bewässert werden können, sind Harmshope,
Limao, Mosetla und Potuane. Dort haben die Missionare in
regenloser Zeit einen schweren Stand, da sie oft wenig oder
gar nicht säen und ernten können. Doch ist dort meistens die
Viehweide gut, die wiederum auf manchen der anderen Stationen
nicht ausreichend ist. — Von großer Bedeutung kann für unsere
Mission der Platz von Bethel werden. Sollte es sich herausstellen,
daß das dort entdeckte Gold der Ausbeutung wert ist, so würde
es sich empfehlen, den Platz zu verkaufen; doch so, daß die Erhaltung einer Station gesichert ist. Wir bedürfen dort keines
großen Platzes, da die Station zur geistlichen Versorgung der im
weiten Umkreise auf den Farmen wohnenden Dienstkaffern, und
weniger zur Ansiedlung einer großen Gemeinde bestimmt ist. Letzteres würde auch deshalb nicht möglich sein, weil die Regierung
den Platz nicht als Lokation anerkennen wird. — Die Station Krondal mußte als solche aufhören. Der Platz war von Joseph Mofoke
angekauft, der sein Volk dort anzusiedeln gedachte. Leider konnte er
ihn nicht halten und mußte ihn deshalb verkaufen. Jetzt ist dort
ein mit einem eingeborenen Lehrer besetztes Filial von Rustenburg.

Was nun die Ertragsfähigkeit der Stationen für die Mission anbetrifft, so ist von den sogenannten trockenen Stationen,
ferner von den Stationen, wo die Mission nur einen teilweisen
Besitz hat, und auch von denen, wo das Land uns als Grant
von der Regierung gegeben ist, für die Mission kein überschüssiger
Ertrag zu erwarten. Diese werden den Missionar mehr oder
weniger ernähren. Dagegen müssen die übrigen der Missionskasse Einnahmen zuführen. Meistens wird das durch die sogenannte Taxe, die von den Leuten zu heben ist, geschehen. Auf
einzelnen Stationen aber wird auch durch Viehzucht ein Gewinn
zu erzielen sein. Auf Chlomohlomo wird jetzt ein Versuch damit
gemacht. Und Esihlengeni, für das ein Missionar nicht disponibel
war, ist fürs erste ganz verpachtet. Daß auch die Kaffern, die
sich auf Missionsgrund anbauen, und Missionsland bebauen und
ausnutzen, eine wenn auch nur mäßige Pacht zahlen, ist durchaus
in der Ordnung. Denn wenn sie fleißig sind, kommen sie vor-

wärts. Und wenn sie auch viel über Armut klagen, so ist das nicht so schlimm; es ist eben kein hübscher Charakterzug bei ihnen, daß sie gern nehmen, aber nicht gern geben mögen; darum müssen sie zur Erkenntnis und Erfüllung ihrer Verpflichtungen erzogen werden. Bedrückt werden sie durch eine mäßige Miete, sei es nun Hüttentaxe oder Landpacht, keineswegs; und die Mission wird in Fällen der Not auch nie hart mit ihnen verfahren. Bisher ist in dieser Hinsicht noch wenig in unserer Mission geschehen, während die Berliner Mission darin energischer vorgegangen ist. Nur in Müden, Empangweni und Emtombeni ist bis jetzt eine Taxe aufgebracht. Wo aber die Kaffern auf Bauerplätzen, ja selbst auf Privatplätzen der Missionare wohnen, sind sie von denselben dazu herangezogen. In Transvaal war wenigstens überall eine kirchliche Abgabe eingeführt. Doch wird man auf solchen Stationen, die Eigengrund der Mission sind, auch dort Mietgeld von ihnen fordern müssen, wie es in Berseba bereits geschieht. Gelegentlich der Visitation ist denn auch vielfach hierauf hingewiesen worden; einer direkten Opposition sind wir dabei nicht begegnet. Freilich sind die Kaffern stark im Jasagen; in wie weit sie willig sind, muß die Ausführung in diesen Jahren zeigen. Aber jedenfalls muß fleißig darauf geachtet werden, den großen Grundbesitz für die Mission so nutzbar als möglich zu machen. Und dafür muß auf jeder Station der Missionar, als ihr verantwortlicher Verwalter, sorgen. Um das zu können, muß er praktische Tüchtigkeit haben. Und die ist im großen und ganzen unseren Brüdern nicht abzusprechen. Es ist das natürlich nicht bei allen gleich. Aber die meisten haben ihre Stationen jetzt wohl angelegt; und viel Fleiß und Geschick tritt uns in der Kultur des Landes, in der Anlegung von Wasserleitungen, in der Anpflanzung von Obstbäumen und Nutzholz und dergl. entgegen. So ist es auch mit den Gebäuden. Die Brüder haben da mit wenig Mitteln teilweise Außerordentliches geleistet. Sie haben größtenteils sich der Arbeit nicht geschämt und haben oft unter vielen Schwierigkeiten bei der großen Hitze mit ihren eigenen Händen die Gebäude aufgeführt. In der ersten Zeit haben sie die Hülfe der Kolonisten dabei gehabt; und das ist für jene Zeit, in der sie noch keine Hülfe aus ihren Gemeinden hatten, hoch anzuschlagen. Für jene erste Periode ist der Kolonisations-Gedanke des sel. L. Harms ein außerordentlich praktischer gewesen. Freilich manche der gemeinsam errichteten Gebäude bestehen nicht mehr. Teilweise haben die Stationen verlegt werden müssen. Andere hat der Sulukrieg zerstört. Aber einige sind noch heute vorhanden. Wir nennen vor allem das erste große Haus in Hermannsburg. Als der Kommunismus 1869 aufgehoben wurde, fiel diese Hülfe für die Missionare weg. Sie waren auf sich selbst angewiesen, und viele haben sich's dabei redlich sauer werden lassen. Es ist wohl kaum ein Fall vorgekommen, wo ein Missionar darin nicht fleißig und thätig gewesen wäre. Auch haben in vielen Fällen die Gemeinden treulich geholfen; freilich nicht, ohne daß der Missionar sie ernstlich treiben und beaufsichtigen mußte. Doch haben wir auch da einige erfreuliche Ausnahmen. Ganz überlassen kann noch heute kein Missionar den Eingeborenen solche Arbeit. Als die Gemeinden größer wurden und mehr Anforderungen an die geistliche Arbeit stellten, als dazu manche der Brüder älter wurden und solche saure Arbeit nicht mehr leisten konnten, hatten sie mehrfach andere Hülfe nötig und mußten Handwerker dazu nehmen. Aber auch in den Fällen hat die Aufführung der Gebäude — namentlich einiger großen Kirchen — der Mission wenig oder nichts gekostet. Geldbewilligungen zu Bauten sind nur zu wenigen Malen gemacht, und namentlich von älteren Missionaren oft gar nicht begehrt. Sie haben sich auf andere Weise zu helfen gewußt. Teils haben sie ihre eigenen Mittel hineingesteckt, teils haben sie besondere Geschenke dazu empfangen von hüben und drüben, teils haben die Gemeinden dazu bezahlt; in einigen Fällen haben auch die Könige — selbst heidnische Fürsten — bedeutende Beiträge dazu geliefert. Unter den Betschuanen suchen diese jetzt sogar eine Ehre darin, eine schöne Kirche auf der Station zu haben. Männer wie Mokatle in Saron, Jakobus in Bethanie, ja jetzt Cuantle, der durchaus kein Freund der Mission ist, und nach dem Brande der Kirche in Linokana, Ikalafeng sind besonders zu nennen.

So sind die Gebäude auch fast überall schuldenfrei; nur die Kirchen in Elim und Kana sind noch nicht ganz bezahlt.

Wenn nun die Missionare ihre eigenen Mittel zu den Gebäuden verwandt haben, beanspruchen sie dann nicht Entschädigung? Es wurde befürchtet, daß sie derartige Forderungen an die Mission stellen möchten. Aber das ist nicht geschehen. Nur in zwei Fällen meinten Missionare eine solche beanspruchen zu können. Einer derselben meinte, unsere Praxis sei verkehrt, und stellte die Berliner Praxis als die richtige hin. Für die Verhältnisse jener Mission mag es auch so sein. Unsere Mission aber ist von Anfang an anders zugeschnitten. Unsere Missionare sollen selbst mit Hand an's Werk legen und sollen auch in dieser Hinsicht ihren Völkern ein Vorbild sein. Es ist das ein bedeutendes Stück der Erziehung eines Volkes, die ja eine Hauptaufgabe des Missionars sein muß.

Es wurde dann auch von allen unsern Missionaren in Natal und von allen übrigen in Transvaal auf der Konferenz öffentlich ausgesprochen, daß man an diesem Grundsatz festhalten und diese Praxis auch ferner ausüben wolle, und daß man keinerlei Ansprüche auf Entschädigung seitens der Missionsgesellschaft erhebe, — weder jetzt, noch im Todesfall; auch solle das von ihren Erben nicht geschehen; vielmehr übergäben sie alle Gebäude der Mission rückhaltlos zu deren Eigentum.

Solcher Gesinnung gegenüber aber möchten wir um so mehr darauf dringen, daß die Missionskassen drüben in den Stand gesetzt werden, die in der neuen Missionsordnung zur Anlage einer neuen Station ausgesetzten 30 Pfd. St. auch wirklich in Zukunft auszahlen zu können, was bisher nur in einigen besonderen Fällen möglich gewesen ist. Zur Erhaltung der Gebäude erhält der Missionar jährlich 5 Pfd. St. Das ist aber im Verhältnis zu den Kosten eine geringe Summe, namentlich da, wo die Zerstörung z. B. durch die Ameisen eine so schnelle ist, und da, wo — wie auf dem Hochfeld — Bauholz nur mit viel Kosten und Mühe zu bekommen ist.

So sind also alle Gebäude, — Kirchen, Schulen und Wohnhäuser, — Eigentum der Mission. Nur in den wenigen Fällen, wo sie auf der Mission nicht gehörigem Grund und Boden errichtet sind, und wo, wie in Saron und Limao, die Häuptlinge viel dazu beigetragen haben, könnte das a u s s c h l i e ß l i c h e Eigentum fraglich sein, obschon der Missionar die Hauptarbeit daran gethan hat. Irgend ein Streit in einem Fall dieser Art ist bis jetzt noch nicht vorgekommen und ist auch nicht zu befürchten.

Stellen wir nun die Gebäude unserer Stationen zusammen, so ergiebt sich das folgende Verhältnis:

Wir haben in der Sulumission: 16 Kirchen, 27 Wohnhäuser für die Missionare und 8 Schulhäuser;

in der Betschuanenmission: 22 Kirchen, 26 Wohnhäuser und 16 Schulhäuser.

Dabei sind jedoch die Wohnungen der eingeborenen Lehrer nicht mitgerechnet, weil nur einige derselben der Mission gehören.

Die Kirchen sind, wenn auch einfach, so doch zum Teil recht schön, groß und geräumig. Die kleineren sind in der Form von Häusern, die größeren in kirchlichem Style erbaut, wobei der gotische Baustyl vorherrscht. Hervorzuheben sind besonders die Kirchen von Hermannsburg, Marburg, Elim und Ehlanzeni in Natal; und die von Saron, Kana, Hebron, Ebenezer und Polonia in Transvaal; auch die den deutschen Gemeinden gehörenden Kirchen von Neu-Hannover und Kirchdorf, und die schönste von allen in Lüneburg. Aber auch die Kirchen von M ü d e n, Emtombeni, Ekuhlengeni, Goedehoop, Ekombela und Entombe, sowie die von B e t h a n i e, B e r s a b a, Rustenburg, E m m a u s, Bethel, R a m a l i a n e, Polfontein, Linokana, M a r u a n e, Limao, Mococli und P e l l a waren in gutem Zustande. — (Die durch den Druck hervorgehobenen, waren groß und geräumig, die übrigen kleinere Gebäude.) Leider ist die Kirche von Linokana, die erst vor kurzem bedeutend vergrößert war, und die neue große Kirche von Hebron durch Blitzschlag eingeäschert; doch sind beide bereits wieder aufgebaut.

Baufällige Kirchen sind nur in Etembeni und Hebron in Natal und in Harmshope und Mosetla in Transvaal; doch wird in Hebron bereits eine neue gebaut. In Nazareth und Ehlomohlomo waren noch gar keine vorhanden, weil in ersterem

Ort nur eine kleine, in letzterem noch gar keine Gemeinde bestand. In Nazareth ist jedoch nun eine im Bau begriffen. In Potuane ist die zu kleine Kirche inzwischen ebenfalls vergrößert. In Mahanaim ist auch das Bedürfnis nach einem Erweiterungsbau vorhanden. Die meisten der Kirchen sind ohne Türme, wie man es vielfach in Afrika sieht. Das Baumaterial ist dort sehr teuer; darum sucht man zu sparen, wo es möglich ist. Und Türme zu bauen ist keine leichte Aufgabe. Die Missionare sind froh, wenn sie mit den Kirchen fertig sind. Doch finden sich mehr oder weniger hohe und schöne Türme in Hermannsburg, Neu-Hannover, Kirchdorf, Marburg, Elim, Ehlanzeni und Lüneburg. In der Betschuanenmission war nur in Ramaliane ein Türmlein vorhanden.

Das Innere der Kirchen ist einfach und würdig. Bis auf wenige Ausnahmen fanden wir überall Ordnung und Sauberkeit. Zur Ausschmückung haben unsere Missionare wenig Mittel zur Verfügung gehabt. Was vorhanden ist, haben sie aus eigenen Mitteln beschafft oder von Missionsfreunden in der Heimat geschenkt bekommen. Ein Altar ist in jeder Kirche, Kanzeln in allen größeren vorhanden; nur in 12 kleineren Kirchen fehlten sie, dort predigten die Missionare vom Altare aus. Besondere Taufsteine fanden wir nur in 4 Kirchen, in den übrigen wurden Taufbecken auf den Altar gesetzt. Diese waren zum großen Teil würdige und nur zum Zweck der Taufe bestimmte Schalen; doch mußten sich auf manchen Stationen die Missionare mit Schalen aus ihrem Hausgerät behelfen. Schenkungen von Taufbecken seitens der Missionsfreunde wären darum sehr erwünscht. Die Abendmahlsgeräte waren in den meisten Fällen recht gut. Dieselben sind vielfach aus den Kreisen der Missionsfreunde geschenkt worden. Patenen und Kelche von Silber oder doch versilbert waren überall. Nur in 2 Fällen wurde ein Porzellanschälchen und in einem Fall ein Weinglas benutzt. Auch Weinkannen fanden wir schon mehrfach vor. Größerer Mangel war an Altarleuchtern. Der Altar- und Kanzelschmuck war überall würdig, vielfach von den Missionsfrauen selbst beschafft, verschiedentlich von Missionsfreunden geschenkt.

Glocken sind fast überall, manche groß und schön; viele sind jedoch klein und haben mehr den Ton einer Bahnhofs- denn einer Kirchenglocke. In zwei Fällen half sich der Missionar mit einem Stück alten Eisens, an das er schlug, und in einem anderen mit einer Trompete. Da bis jetzt wenig Kirchtürme erbaut sind, so hängen die Glocken meistens in einem neben der Kirche erbauten Glockenturm oder turmartigen Gerüst; auf einigen Stationen waren sie in einem Baume angebracht. Kirchenstände sind nur in wenigen Kirchen vorhanden. Bei der Sitzweise des Volkes liegt kein großes Bedürfnis dazu vor. Die Männer pflegen sich wohl kleine Stühle zu machen, sonst sitzen sie meistens auf dem Boden. Doch wird, je mehr die Kultur vordringt, desto mehr die alte Sitte schwinden und das Bedürfnis nach Kirchenständen wachsen. Bis jetzt sind solche nur in den deutschen Kirchen in Hermanns- burg, Neu-Hannover, Kirchdorf, Lüneburg, Bergen und in den Missionskirchen zu Saron und Rustenburg vorhanden, auch in Etembeni fanden wir einige, aus der alten Kirche in Hermanns- burg dorthin überführt.

In den Kirchen der deutschen Gemeinden waren die Kirchen- stände in einer der Lüneburger Kirchen-Ordnung nicht entspre- chenden Weise an die Gemeindeglieder verteilt. Man muß dabei bedenken, daß diese Gemeinden freie Gemeinden sind, die das ganze Kirchenwesen erst geschaffen und große Opfer gebracht haben. Auch kann die Lüneburger Kirchen-Ordnung nur hinsichtlich des speziell Kirchlichen Anwendung auf sie finden. Und da der An- schluß an unsere Mission ein mehr freiwilliger, und unsere Direk- tion nur eine Aufsichtsstellung zu ihnen hat, so müssen wir darin, wie in den sonstigen äußerlichen Verhältnissen die Entscheidung den Gemeinden selbst überlassen.

Auf die Begräbnisplätze muß im ganzen noch mehr Sorg- falt verwandt werden; viele fanden wir ohne Einfriedigung vor. Eingefriedigte, und zum Teil schöne Gottesäcker waren in Her- mannsburg, Neu-Hannover, Kirchdorf, Elim, Marburg, Alt- Müden, Emtombeni, Bethanie, Hebron, Potnane, Mosetla, Po- lonia, Ebenezer, Emmaus, Linokana, Harmshope und Mannane. In Empangweni lag er innerhalb der Einfriedigung der Station. Von den übrigen waren viele ordentlich und sauber gehalten. Doch bedürfen sie der Einfriedigung, damit das Vieh die Gräber nicht zerstört. Einzelne, — es waren jedoch nur wenige — waren leider nicht ordentlich und gut gehalten. Es ist freilich dabei zu bedenken, daß Unkraut und Gras dort besonders stark wuchert. Gewiß kann der Missionar die Reinhaltung des Gottesackers nicht besorgen, das verlangt auch niemand; aber er muß acht darauf haben und muß die Gemeinde dazu erziehen. Auch muß der Kirchenvorstand angehalten werden, darüber Aufsicht zu führen. Fast in allen Fällen, wo der Missionar selbst liebe Familienglieder dort ruhen hatte, waren die Friedhöfe mit Sorgfalt gepflegt. Aber er muß es auch da thun, wo dies nicht der Fall ist. Denn in kirchlichen Dingen heißt es: „Wer sind meine Mutter, Bruder und Schwester?" Christus aber zeigte auf sie alle und sprach: „Die den Willen thun Meines Vaters im Himmel, die sind Meine Mutter, Bruder und Schwester." Es wird auch — wie manche Fälle zeigen — nicht so schwer sein, die Gemeinde zur Reinhaltung ihres Gottesackers zu erziehen. Viel kommt dabei auf die erste Zeit an, damit sich schon früh eine feste Sitte bildet. Man lege zuerst einen kleinen Friedhof an, teile ihn in 2 Hälften ab, so daß nicht Große und Kleine durcheinander liegen; das giebt ein unordentliches Aussehen! Weitere Abteilungen jedoch mache man nicht! Namentlich mache man keinen Unterschied zwischen Weißen und Schwarzen! Will der Missionar gern, daß seine Familie bei einander liege, so ist ein solcher Wunsch berechtigt. Dann reserviere er sich dazu einen Raum, aber er trenne ihn nicht von den anderen Gräbern, so daß nicht der Gedanke entsteht, daß er sich über sie erhebe! Den ganzen Raum umziehe man mit einer Steinmauer oder einer sonstigen Einfriedigung! Man kann auch einen Graben ziehen und einen Erdwall dahinter aufwerfen, oder eine Einfriedigung aus Draht machen, die freilich schwerer in gutem Zustand zu halten ist. In Linokana fanden wir eine dichte hohe Rosenhecke um den Friedhof, was einen sehr lieb= lichen Anblick darbot. Zu dem Friedhof und auf demselben lege man einen Weg an! Um die Gräber gegen die Schakale und auch gegen das Vieh zu schützen, sind sie vielfach ganz mit Steinen belegt, es macht das keinen schönen Eindruck. Ist die Stätte eingefriedigt, so bedarf es dessen nicht; man kann dort ordentliche Gräber von Erde aufwerfen, sie mit Gras überziehen und auch sonst schmücken. Es würde gut sein, einen oder zwei Kirchenvorsteher für den Friedhof besonders verantwortlich zu machen. Der Gottes= acker ist die Stätte, da unsere Toten der Auferstehung entgegen= schlummern. Es ist ein Zeugnis unsers Glaubens den Heiden gegenüber, wenn wir diese Stätte pflegen. Wir sprechen damit aus, daß unsere Toten für uns nicht gestorben sind.

Kommen wir nun zu den Schulhäusern, so ist folgendes zu bemerken. In den meisten Fällen — namentlich in kleinen Ge= meinden — war kein besonderes Schulhaus vorhanden. Da wurde die Kirche auch als Schullokal benutzt. Vielfach ist da, wo man eine neue größere Kirche hat bauen müssen, die alte Kirche zum Schulhaus eingerichtet, was wir nur billigen können. Auf einigen Stationen hatte der Missionar ein Schulzimmer in seinem eigenen Hause oder in einem Nebenhause angelegt. In Ehlanzeni war das Schulzimmer angebaut. Im ganzen sind neue Häuser für Schulzwecke erst an wenigen Stellen erbaut. Besondere Schul= häuser waren in Hermannsburg, Neu=Hannover, Elim, Bethanie, Bersaba, Ebenezer, Rustenburg, Saron, Kana, Pella, Harmshope, Linokana, Limao, Ramaliane und Emmaus. In Hebron und Kana, wo neue Kirchen erbaut sind, wurden die alten zum Schulhaus eingerichtet. In Ehlanzeni wurde ein neues Se= minargebäude errichtet, in Bersaba war ein solches vorhanden. Da, wo Lehrer aus den Eingeborenen angestellt waren, hatten dieselben überall besondere Wohnungen. Doch müssen diese Lehrer noch recht dazu erzogen werden, ihre Wohnungen gut im Stande zu erhalten und besser einzurichten, damit sie auch in ihrer Häuslichkeit den anderen Christen Vorbilder sind. Es ist das ja bei dem vielfach geringen Gehalt schwer für sie; durch besondere Gaben seitens der Missionsfreunde könnte ihnen dazu geholfen werden; es wird das den ganzen Stand heben. In einigen Fällen war auch schon Fleiß darauf verwandt. Ich würde den Missionaren empfehlen, die Lehrer öfter in ihren Wohnungen aufzusuchen und oft auf die Bedeutung des Äußeren hinzuweisen.

Wie verhält es sich aber mit den Wohnstätten unserer
Christen? Da die Sulu in zerstreut liegenden Kraalen wohnen,
so verlassen sie mit dem Heidentum zugleich auch ihre heidnische
Wohnstätte und bauen sich auf der Station an. Dadurch ent=
stehen auf den Sulustationen christliche Dörfer. Bei den Betschu=
anen herrscht eine verschiedene Praxis. Liegt die Station von
der Heidenstadt entfernt, so tritt dasselbe Verhältnis ein. Weitaus
die meisten Christen ziehen dann aus der Heidenstadt heraus und
bauen sich um die Station her an. Auch da wird also ein christ=
liches Dorf gebildet. Liegt aber die Station unmittelbar neben
der Heidenstadt, so bleiben die Christen vielfach unter den Heiden
wohnen. Manche freilich ziehen doch heraus, und diese wie solche,
die von auswärts kommen, bauen sich ebenfalls um die Station
her an. So haben wir das Doppelverhältnis: Christen, die in
einem Dorf zusammen wohnen, und Christen, die in der Heiden=
stadt bleiben. Wir haben dadurch auf fast allen Stationen we=
nigstens kleine Christendörfer. Nur in Harmshope, Limao und
Mocoeli ist das noch nicht der Fall. Die Stellung unserer Mis=
sionare zu dieser Frage ist auch noch eine verschiedene. Freilich die
meisten sind für das Herausziehen der Christen aus der Heiden=
stadt, doch einzelne halten es für richtiger, daß sie darin wohnen
bleiben. Jene meinen, daß die Versuchung zum Rückfall ins
Heidentum zu groß ist, wenn sie unter den Heiden bleiben. Und
wo das Heidentum noch nicht gebrochen ist, wo es seine Macht
noch entfaltet, ist das gewiß richtig. Da wird sich die Anlage
eines Dorfes empfehlen. Auch das spricht dafür, daß dann der
Missionar besser im Stande ist, Zucht und Ordnung zu halten.

Jene anderen aber meinen, daß die Christen, wenn sie unter
den Heiden bleiben, einen größeren Einfluß auf letztere ausüben,
und ihre Aufgabe, ein Sauerteig unter ihnen zu sein, besser er=
füllen können. Und dem ist auch so. Es sind deshalb meines
Erachtens die jedesmaligen Verhältnisse der Gemeinden ins Auge
zu fassen. Liegt die Station unmittelbar neben der Heidenstadt,
und ist die Macht des Heidentums schon gebrochen, wie es
vielfach der Fall, so lasse man die, so es wollen, ruhig unter
den Heiden wohnen, nehme sie aber in besondere Aufsicht und

Pflege, um sie gegen die Gefahr zu schützen und zu stärken! Sonst aber unterlasse man es ja nicht, christliche Dörfer anzulegen, wie ja auch bisher geschehen!

In manchen Fällen fanden wir auf Missionsgrund noch heidnische Kraale, so in Ehlanzeni, Entombeni, Etembeni, Müden, Emhlangane, Empangweni, Marburg, Hebron, in Südsululand, auf den Nordsulustationen, in Ekombela, Bersaba, Bethel, Bethanie und Hebron. Wo der Stationsgrund Eigentum der Mission ist, müssen auch die dort wohnenden Heiden Hüttentaxe, also Pacht zahlen, und das ist nicht mehr als in der Ordnung. Ebenso müssen sie der Stationsordnung unterworfen sein, soweit dieselbe nicht spezifisch christlich, sondern mehr eine bürgerliche Ordnung ist. Einen Zwang christlicher Art auf sie auszuüben, wozu ja freilich dem Missionar, als Platzherrn, das Recht nicht abgesprochen werden kann, scheint nicht ratsam. Wir trafen es mehrfach, daß z. B. die Heiden gezwungen waren, den Gottesdienst zu besuchen; das erschien uns bedenklich. Dagegen glauben wir, daß man sie zwingen könnte, ihre Kinder zur Schule zu schicken, doch würden wir auch da Vorsicht empfehlen, und eigentlichen Zwang nur zur Erhaltung der bürgerlichen Ordnung ausüben, aber um so mehr mit dem Zwang der Liebe auf sie eindringen, um sie für das Christentum zu gewinnen. Solche Kraale muß der Missionar besonders oft besuchen und den Heiden in Not und Trübsal mit thatkräftiger Hülfe beistehen. Er muß freilich auch mit aller Strenge auf Zucht und Ordnung und auf die Erfüllung ihrer Verpflichtungen halten; aber die Leute müssen merken, daß es ein großer Unterschied ist, ob ein Missionar ihr Baas ist oder ein Bauer. Es sollte darin freilich kein Unterschied zwischen einem Missionar und einem anderen christlichen Weißen sein. Da aber durch die Sünde derselbe leider doch vielfach vorhanden ist, so muß der Missionar um so mehr acht haben auf sich selbst, und sich selbst in Zucht halten, daß er in erster Linie nicht das Recht, sondern die Liebe zur Geltung zu bringen sucht. Er wird zwar oft Enttäuschungen und Undankbarkeit erfahren. Aber das ist allen Missionaren zu allen Zeiten so gegangen, und unser HErr und Meister hats in vollstem Maße erfahren müssen. Das sollen

wir nie vergessen. Und es ist besser, lieber neunmal Enttäu=
schungen zu erfahren, als einmal durch ein hartes Verfahren eine
Seele zu Bitterkeit und Opposition zu drängen. Wir sagen: durch
ein hartes Verfahren; nicht durch ein strenges. Denn zwischen
Strenge und Härte ist noch ein großer Unterschied. Strenge
aber wird zur Härte, wo sie nicht mit der Liebe gepaart ist.

Und auf noch Eins möchten wir hinweisen: Den Christen,
und ebenso sehr den Heiden gegenüber, deren Platzherr der Mis=
sionar ist, oder die bei ihm in Arbeit stehen, sei er vor allen
Dingen gerecht. Für Gerechtigkeit haben auch die Heiden ein sehr
feines Gefühl, und nichts stößt die Leute mehr zurück als eine
ungerechte Behandlung. Der Missionar sei gerecht, gleichmäßig
und konsequent in den Verpflichtungen, die er ihnen auflegt, und
in den Forderungen, die er an sie stellt; ebenso sehr aber auch in
der Erfüllung der Verpflichtungen, die er gegen die Leute hat, z. B.
in der Lohnauszahlung und in den Strafen, die er auszuführen etwa
genötigt ist, wobei die Prügelstrafe doch wohl eines Missionars
nicht würdig ist. Es sind da in einzelnen Fällen Überschrei=
tungen des rechten Maßes vorgekommen. Jedoch haben wir im
ganzen in dieser Hinsicht die Praxis unserer Mission in einem
befriedigenden Zustande gefunden. Der Missionar muß auch als
Platzherr nie vergessen, daß sein eigentliches Amt das eines Mis=
sionars ist. Sein Regiment und Zucht muß er mehr als Vater
denn als Platzbaas ausüben, daß die Leute nicht in der Knecht=
schaft, sondern in der Kindschaft zu ihm stehen, auch wenn sie
unartige Kinder sind. Es ist gewiß oft sehr schwer, dabei die
richtige Grenze inne zu halten. Aber in dem Geist des HErrn,
der kein weichlicher, schwacher Geist ist, sondern ein Geist der
Liebe, der Kraft und der Zucht, wird es, muß es gehen.

Die Arbeitsstätte eines Missionars wird sich demnach also ge=
stalten, daß er auf einer Station fest angestellt ist, lebt und wirkt.
Daraus werden sich je nach den Verhältnissen die verschiedensten
Verpflichtungen für ihn ergeben. Der Missionar, der keinen
Platz zu verwalten hat, wird es darin am leichtesten haben, wäh=
rend für den Missionar auf einem großen Platz verschiedene neue
Aufgaben zu der seines eigentlichen Missionsberufes hinzukommen.

Um die Station her werden sich Filiale und Predigtplätze bilden, deren Zentralpunkt die Station ist. Von hier aus hat der Missionar jene zu versorgen. Über die Art und Weise solcher Arbeit werden wir weiter unten sprechen. Hier handelt es sich nur um die Arbeitsstätte. Nach dieser Seite hin ist in unserer Mission nicht genug geschehen. Eine derartige Einrichtung der Arbeits= stätten muß mehr und mehr ins Auge gefaßt werden. Nur wenn die Station neben einer großer Heidenstadt liegt, und der Missionar in dieser die Stätte seiner Wirksamkeit findet, ist zur Anlegung von Filialen und Predigtplätzen kein Bedürfnis vor= handen, es sei denn, daß um die Stadt her andere kleine Städte desselben Volks liegen, wie das z. B. bei Saron und einigen anderen Orten der Fall ist. Augenblicklich ist das Verhältnis der Stationen, Filiale und Predigtplätze in unserer Mission das auf der am Schluß dieses Teiles folgenden Tabelle verzeichnete. Doch sind verschiedene der Predigtplätze erst durch unsere Anregung entstanden, auch einige Stationen zu Filialen gemacht. Alt= Müden ist bereits als Filiale aufgeführt. Aus der Vergleichung der Tabelle geht hervor, daß das Verhältnis noch nicht das rich= tige ist. Unsers Erachtens wird das Zahlenverhältnis ein solches sein müssen, daß die Zahl der Predigtplätze die größte ist, so daß also ein weiterer Kreis von Predigtplätzen um den festen Kern der Station her gebildet wird. Gewinnen einige von diesen Predigtplätzen größere Bedeutung, sammeln sich dort Gemeinden, und sind dieselben so weit entfernt, daß sie zu den regelmäßigen Gottesdiensten und Sakramentshandlungen auf der Station nicht kommen können, so sind Filiale zu bilden und dort regelmäßige Gottesdienste einzurichten. Viele unserer Missionare sind sich bis= her über den Unterschied zwischen Filialen und Predigtplätzen nicht klar geworden. Wir fassen denselbigen in obiger Weise auf. Nach dieser Auffassung wird sich die Tabelle in Zukunft etwas anders gestalten. Die für die Sulumission ist hinsichtlich der Filiale schon jetzt als zutreffend anzuerkennen; doch hoffen wir, daß sich auf beiden Missionsgebieten die Zahl der Predigtplätze bis zu der nächsten Visitation bedeutend gehoben haben wird.

I. Zulumission.

Stationen.	Filiale.	Predigt-plätze.
1. Hermannsburg	Greytown	—
2. Ehlanzeni	1. Emakabeleni, 2. Angelegen, 3. Pakwe, 4. Melkbem	5
3. Etembeni	—	1
4. Müden	1. Alt-Müden, 2. Emhlangane	1
5. Empangweni	Koplegde	1
6. Neu-Hannover	—	1
7. Kirchdorf	Wilhelmsburg	—
8. Emtombeni	—	1
9. Nazareth	—	1
10. Marburg	—	2
11. Elim	Ebenezer	—
12. Hebron	An der Tugela	2
13. Emvujini	—	—
14. Emlalazi	Inyezane	—
15. Endhlovini	Endhlangubo	—
16. Bethel	—	—
17. Ekuhlengeni	Emyati	2
18. Esihlengeni	—	—
19. Ehlomohlomo	—	—
20. Vryheid	—	—
21. Goedehoop	—	—
22. Entombe	—	3
23. Ekombela	—	1
23	**14**	**21**

II. Betſchuanenmiſſion.

Stationen.	Filiale.	Predigt- plätze.
1. Saron	1. Matau, 2. Nuanamali	—
2. Morgenſonne	—	—
3. Ruſtenburg	1. Krendal, 2. Phalane	2
4. Rana	Tſitſing	—
5. Ebenezer	2	3
6. Berſaba	—	5
7. Mahanaim	—	1
8. Pella	—	—
9. Bethanie	1. Marokane, 2. Makolekue, 3. Koloni	1
10. Hebron	—	—
11. Polonia	2	3
12. Potuane	—	3
13. Moſetla	—	—
14. Jericho	—	1
15. Harmshope	—	—
16. Melorane	1	—
17. Limao	—	—
18. Mocoeli	—	—
19. Manuane	—	—
20. Linokana	—	—
21. Emmaus	—	—
22. Bethel	Menamekali	—
23. Ramaliane	Marutong	4
24. Polfontein	3	—
24	**18**	**23**

II. Die Arbeitskräfte.

Jedem der beiden Missionsgebiete steht jetzt ein Superintendent vor. Bis zu der Neuordnung, die nach dem Tode des Superintendenten Hohls eintrat, war für beide Gebiete nur ein Superintendent da. Damals wurde auch der Titel Propst eingeführt. Doch ist man in Afrika gegen denselben, und wir möchten die Wiedereinführung des Titels Superintendent empfehlen, der ja auch in unserer Lüneburger Kirchen-Ordnung, die für unsere Mission die geltende, gegeben ist. Der Titel Propst ist für Deutsche verständlich, aber nicht für Engländer und Holländer Der Name Superintendent aber ist diesen bekannt und bei allen anderen Missionen in Übung.

Die beiden ersten Superintendenten Hardeland und Hohls hatten zu viel Vollmacht; meines Erachtens war ihnen zu viel überlassen und wurde ihnen zu wenig Verantwortung abgefordert. L. und Th. Harms setzten so großes Vertrauen in sie, daß sie sie im ganzen nach eigenem Ermessen schalten und walten ließen. Gewiß ist das in mancher Hinsicht der Mission zu gute gekommen, ist ihr aber auch vielfach nachteilig geworden. Hardeland sowohl wie Hohls haben ihre Bedeutung für unsere Mission gehabt, und ohne Frage ist beiden vieles zu verdanken. Sie haben aber auch ihre Fehler gemacht. Und war ihre Gewalt eine ziemlich unumschränkte, so bildete sich mehr und mehr eine Reaktion heraus, mit der die nach Hohls' Tode entstandene Krisis, die sich an den Namen Otte knüpft, im engsten Zusammenhange steht. Otte, der die Geschäfte des Superintendenten führte und zum Nachfolger bereits bestimmt war, der im ganzen das richtige Ziel im Auge hatte, scheiterte an der Art, wie er dasselbe zu erreichen suchte. Er war dem Posten nicht gewachsen. Er hatte kein Talent zum Regieren. Ihm fehlte die nötige Ruhe und Sicherheit. Auch ließ er sich zu sehr in das Parteigetriebe ein. Darum war er unhaltbar. Und weil er zu weit über's Ziel hinschoß, entstand wiederum eine Reaktion gegen ihn, der er unterlag.

Unter ihm wurde die Zweiteilung durchgeführt, und für die Sulumission und für die Betschuanenmission je ein Propst ernannt. In Sululand wurde es Fröhling, der, obschon er früher auf gleichem Wege mit Otte sich befand und in einer gewissen Reaktion gegen Superintendent Hohls stand, nachher der Reaktion gegen Otte angehörte, zu sehr mitten in dem Parteikampf und nicht ruhig und klar über demselben stand, so daß er in der Leitung der Mission jener Bewegung zu sehr Rechnung trug. Sonst lag auch ihm das Wohl der Mission am Herzen, und er hat nach Kräften treulich versucht, dieselbe durch die schwere Krisis hindurchzuführen. Und jedenfalls ist es ihm gelungen, die Ruhe so ziemlich wiederherzustellen. Auch hat er namentlich Ordnung zu schaffen gesucht. Er ist dann bald gestorben und ist dadurch mancherlei Kollisionen entgangen, die ohne Frage im Lauf der Jahre gekommen wären.

Dann trat das Provisorium ein, das noch heute besteht. Wie viel besser aber kann jetzt von hier aus die Mission geleitet werden, seit der Direktor Personen und Stationen, Gemeinden und Verhältnisse persönlich kennen gelernt hat!

Die Betschuanenmission wurde bis dahin von 2 Vorstehern über je einen Kreis im Auftrage des Superintendenten geleitet. Es waren das die Missionare Behrens und Schulenburg. Ihre Stellung war eine unklare. Faktisch haben sie, namentlich Behrens, eine viel größere Macht ausgeübt, als hier bekannt war. Der Superintendent hatte sie zu seinen Stellvertretern gemacht und sie Vize-Superintendenten genannt. Der Grund lag in den Verhältnissen, und darin, daß die ganze Verwaltung überhaupt von oben herab in allen Instanzen eine weniger klar bestimmte und in ihren Rechten und Pflichten nicht fest formulierte war, sondern einen durchaus persönlichen Charakter trug. Es

ist nicht zu verkennen, daß hierin eine Hauptursache des nachherigen Behrens'schen Konfliktes liegt. Mit der Einführung
der neuen Missions-Ordnung fiel diese Stellung der Vorsteher hin.
Es wurde ein Propst ernannt, und nicht Behrens oder Schulenburg, sondern Missionar Penzhorn mit dem neuen Amt
betraut. Da Behrens der Vorgesetzte Penzhorns gewesen
war, und nun Penzhorn der Vorgesetzte von Behrens wurde,
brach gleich nach Penzhorns Ernennung der Konflikt aus,
Behrens fühlte sich verletzt; er behauptete, es sei ihm die ganze
Sache über den Kopf genommen. Er forderte eine Ausnahmestellung, und die ist ihm, wie bereits erwähnt, durch den Ausschuß bewilligt worden.

Der zweite Vorsteher, Schulenburg, für den es ja allerdings auch leichter war, hat sich gleich von Anfang an willig in
das neue Verhältnis gefunden und gefügt und hat keinerlei Klage
über dasselbe geführt.

Missionar Penzhorn also hat das Amt der Superintendentur seitdem in Händen und steht mit seinem Beirat in erfreulicher Harmonie. Mit Ruhe und Umsicht versteht er die Geschäfte
zu führen und hat sich den schwierigen Aufgaben seines Amtes
im ganzen gewachsen gezeigt. Zwar drückt ihn die Last desselben,
und er trägt Verlangen davon entbunden zu sein. Aber wir
stehen in einer Übergangs-Periode. Da müssen wir uns vor
Übereilungen hüten und vorhandene bewährte Kräfte zu erhalten
suchen. Im Übrigen hat die neue Missionsordnung nur zu sehr
recht, wenn sie theologisch gebildete Superintendenten und womöglich einen General-Superintendenten verlangt. Die Anforderungen an das Ephoren-Amt steigen je mehr und mehr.
Mancherlei Neu-Ordnungen, die gemacht werden müssen, erfordern umfassende Kenntnisse. Freilich sind diese allein auch nicht
ausreichend um uns tüchtige Superintendenten zu geben. Die
Erfahrung muß hinzukommen. Deshalb sollte man keinem jenes
schwierige verantwortungsvolle Amt übertragen, der nicht zuvor
einige Zeit auf einer Station nicht nur die Sprache, sondern auch
den Missionsdienst und das Missionsleben kennen gelernt hat.
Dann aber wird ein theologisch gebildeter Superintendent der

4

Miffion zum Segen fein. Und die Miffionare werden fich feiner Autorität williger unterordnen als einem Ephorus, der aus ihrem eigenen Kreife hervorgegangen, namentlich je mehr er es mit des Herrn Hülfe verfteht, nach 1. Timoth. 3, 1 ff. und 5, 1 fein Bifchofsamt zu führen. Diefes Ziel müffen wir mit Energie zu erreichen uns beftreben, wie denn auch von vielen Miffionaren das Verlangen darnach geäußert worden ift.

Jedem Propft zur Seite fteht fein Beirat, beftehend aus drei Miffionaren, die von den übrigen frei gewählt wurden. Bis- her war die Wahl auf den engeren Kreis des Propftes befchränkt, doch haben die Miffionare mit großer Majorität um eine Aus- dehnung der Wahlen auf alle Kreife gebeten. Das fcheint auch uns das richtige Verhältnis zu fein.

Der Beirat beftand fchon zur Zeit des Superintendenten Hohls. Doch hatte derfelbe damals wenig Bedeutung, weil geringe Befugniffe. Jetzt ift das anders geworden; die Rechte und Pflichten deffelben find erweitert und genau beftimmt. Seit- dem hat fich diefes Inftitut gut bewährt. Der Beirat ift oft in Funktion getreten und ift nicht eine Befchränkung, fondern eine Stärkung der Autorität des Superintendenten geworden.

Die einzelnen Kreife werden durch die Vorfteher geleitet, die dem Superintendenten untergeordnet find. Da auch deren Rechte und Pflichten früher nicht genau beftimmt waren, haben fie in der Sulumiffion wenig Bedeutung gewonnen. Ja, der großen Macht des Superintendenten gegenüber ift das Vorfteheramt fchließlich immer mehr eingefchlafen und verloren gegangen. Wir fanden dort eigentliche wirkliche Vorfteher nicht mehr. In der Betfchuanenmiffion hatte, weil der Superintendent fern war und nicht oft kommen konnte, das Vorfteheramt gerade die gegen- teilige Entwickelung genommen, wie bereits erwähnt wurde. Durch die neue Ordnung ift daffelbe in die rechte Stellung gerückt, und durch die Vifitation find wieder überall Vorfteher eingefetzt. Schulenburg war der einzige in unferer ganzen Miffion. Jetzt hat der Kreis Pretoria in Transvaal in Kaifer und der Nordfulukreis in Prigge feinen Vorfteher bekommen. Auf den Konferenzen ift eine Vorfteherordnung zufammengestellt und hat die Zustimmung der Brüder gefunden. Auch wünschte die Mehrheit, daß der Vorsteher von den Missionaren gewählt würde. Uns scheint das das Richtigste zu sein, damit wir nicht einen zu sehr bureaukratischen Mechanismus haben, der in der Mission noch gefährlicher ist, als in der heimatlichen, in ihren Ordnungen schon lange bestehenden Kirche. Sicherheit für die Direktion ist genug vorhanden dadurch, daß die Bestätigung der Wahl von ihr abhängig ist, dadurch, daß der Vorsteher ja bestimmte Instruktionen erhält, an die er gebunden ist, dadurch, daß er unter der Aufsicht des Superintendenten steht, und dadurch, daß dieser von der Direktion ernannt wird.

Haben wir zu Anfang dieses Abschnitts einen Blick auf die leitenden Persönlichkeiten geworfen, so kommen wir nun zu den Hauptpersonen, zu den eigentlichen Missionaren, von denen vier als Pastoren an deutschen Gemeinden angestellt sind, die mit unserer Mission in Verbindung stehen; die übrigen arbeiten alle auf den verschiedenen Stationen. Jene vier stehen im Verbande mit der Sulumission; in der Betschuanenmission besteht ein solches Verhältnis nicht. Es sind Stielau=Kirchdorf, Oltmann=Neu Hannover, Gevers=Lüneburg, und Johannes=Bergen. Gevers ist nicht als Missionar ausgebildet, sondern von vorn herein für eine deutsche Gemeinde bestimmt, wie er denn auch zu dem weiten Kreise derjenigen Missionszöglinge gehörte, die auf ihre eigenen Kosten die Ausbildung in Hermannsburg empfangen. Die anderen sind als Missionare ausgebildet und ausgesandt und dann jenen deutschen Gemeinden für den Pfarrdienst überlassen worden. Doch stehen sie mit ihrer amtlichen Thätigkeit unter der Aufsicht unserer Mission. Die Visitation hat sich also auch auf sie erstreckt.

Die Zahl der eigentlichen Missionare beträgt in der Sulumission 26.

Von diesen 26 waren drei, nämlich Ahrens, Hohls und Schiering nicht ordiniert. Ersterer steht dem Schulwesen in Hermannsburg vor. Letztere sind erst 1857 ausgesandt und waren vorläufig zur Aushülfe auf Ehlanzeni stationiert.

4*

Außerdem sind noch zwei Lehrer an der Schule in Her=
mannsburg angestellt.

Ferner sind Bartels und Schmidt pensioniert; und der
alte Missionar Schütze, der auf seinem eigenen Platze lebt und
missioniert, ist, da er keinen Gehalt bezieht, aus dem engen Ver=
bande der Missionare ausgeschieden. Doch steht seine Arbeit
unter unserer Aufsicht. Weitere Ansprüche aber erhebt die Mis=
sion nicht an ihn.

In der Betschuanenmission arbeiten, den Superintendenten
eingerechnet, 28 Brüder. Von diesen stand Wickert als Lehrer
der deutschen Schule in Morgensonne vor. Er hatte einen ge=
borenen Afrikaner zur Hülfe. Schepmann ist Seminarlehrer.
Backeberg II., W. Behrens II., und G. Behrens III. standen
als zweite Missionare in Bersaba, Bethanie und Saron. Diese
sind sämtlich ordiniert. Missionar Zimmermann ist bald nach
unserer Abreise pensioniert. Ausgebildet sind alle, — außer den
drei Lehrern, von denen der erste die philologische, der zweite die
seminaristische Ausbildung in Deutschland und der dritte die
Lehrer=Ausbildung in der Kap=Kolonie empfangen hat, — in der
Missions=Anstalt zu Hermannsburg. Die Ordination haben die
meisten von den Konsistorien zu Stade und Hannover, einige von
Th. Harms in Hermannsburg und die letztausgesandten von
den Pröpsten in Afrika empfangen. Letzteres scheint uns bei den
jetzigen Verhältnissen richtig zu sein, zumal in der Betschuanen=
mission schon jetzt die Ordination nicht gleich, sondern nach zwei
Jahren erfolgt, nachdem die jungen Brüder ein Examen, das sich
hauptsächlich auf ihre Sprachleistungen bezieht, bestanden haben.
Wir möchten die Einführung eines solchen Examens auch für
die Sulumission dringend empfehlen.

Eine Introduktion hat bisher nur in einzelnen Fällen, meist
nur bei den Pastoren an deutschen Gemeinden stattgefunden.
Die Missionare sind eben meistenteils auf Plätze gestellt, wo noch
keine Gemeinde vorhanden war, wo sie erst eine solche sammeln
mußten. Doch werden die Fälle sich jetzt mehren, Neubesetzungen
und Versetzungen werden immer häufiger vorkommen. Da ist
darauf zu achten, daß die Introduktion nicht unterbleibt. Die=

selbe ist bei den Missionaren vom Vorsteher, bei den Vorstehern
vom Superintendenten und bei dem Superintendenten von einem
dazu besonders durch den Direktor zu bevollmächtigenden Missio=
nar im Beisein zweier Assistenten vorzunehmen. Es ist das Vor=
schrift unserer Kirchenordnung und wird wesentlich dazu beitragen,
das Ansehn des Amtes in den Gemeinden zu heben. Vor ihren
und der Heiden Augen wird durch solche Handlung das Wort
Gottes zum Ausdruck gebracht: „Ich sende dich unter die Hei=
den —". Und welche Glaubensstärkung liegt darin für die Träger
des Amtes selbst!

Unsere Missionare sind Glieder der evangelisch=lutherischen
Kirche, wie denn auch aus ihrer Wirksamkeit dort eine lutherische
Kirche hervorgehen soll. Sie sind verpflichtet auf die Bekennt=
nisse derselben. Bei dem ersten Kursus, der nach Eintritt der
Separation in Hermannsburg examiniert und ordiniert wurde,
scheint die formelle Verpflichtung auf die Bekenntnisse versäumt
zu sein. Doch ist bei der Ordination ernstlich auf dieselbe hin=
gewiesen, und die betreffenden Missionare haben uns erklärt, daß
sie sich deshalb in eben demselben Maße an die Bekenntnisse ge=
bunden halten, wie die anderen Brüder, die die Verpflichtung
auch formell übernommen haben.

Überdies ist jedem der Missionare unter den Visitations=
fragen die Frage vorgelegt: Wie stehen Sie zu dem Bekenntnisse
unserer evangelisch=lutherischen Kirche? Alle haben sich in ihrer
Antwort aufs neue zu demselben bekannt. Auch waren die Pre=
digten und Vorträge, die wir von ihnen gehört, wie die Arbeiten,
die wir von ihnen gelesen haben, mit demselben in Übereinstim=
mung. Es sind natürlich verschiedene Schattierungen da und
das scheint namentlich hinsichtlich der Stellung zum Gesetz im
allgemeinen, und speziell zu dem Sonntage der Fall zu sein.
Das aber ist nur zu sehr begreiflich, wenn man bedenkt, daß es
Hermannsburger Missionare sind. Und es ist vielmehr als ein
gutes Zeichen für die Selbständigkeit und Klarheit mancher unter
ihnen anzuerkennen, daß sie zu dem Verstehen unseres Bekennt=
nisses hindurchgedrungen sind.

Überhaupt ist nicht zu verkennen, — und das ist eine freu=

dige Beobachtung, die wir gemacht, — daß unsere Missionare einerseits noch voll und ganz echte Hermannsburger Kinder sind, andererseits aber an Engherzigkeit und Einseitigkeit, die ihnen als Zöglingen etwa anhaftete, verloren und eine größere Sicherheit und Freiheit gewonnen haben. Das Leben draußen in der weiten Welt hat die Ecken mehr oder weniger abgeschliffen. Ein öffentlich gewordener Streit wegen des Bekenntnisses ist in unserer Mission eigentlich nur einmal vorgekommen. Zwar sind auch die Wellen der Hoyer'schen Streitigkeiten in die Öffentlichkeit gedrungen. Denselben legen wir jedoch nach dieser Seite hin am wenigsten Bedeutung bei; wir sehen sie nur als Zänkereien an, zumal das persönliche Verhalten Hoyers nicht mit seinen Behauptungen übereinstimmt. Aber der Streit, der sich an den Namen unseres früheren Missionars Moë knüpft, hat allerdings dadurch öffentliche Bedeutung gewonnen, daß er zur Entlassung Moë's geführt hat. Moë's vom Bekenntnis abweichende Lehre über die Person Christi, über die Versöhnung und über die Rechtfertigung waren öffentlich bekannt geworden; und da er dieselbe verteidigte, war sein Bleiben in der Mission nicht mehr möglich. Es war das ein Verlust für dieselbe, da Moë ein begabter, tüchtiger und eifriger Missionar gewesen ist; aber es war ein unabwendbarer Verlust. Da er noch heute an seinem Standpunkt festhält, war seine Wiederaufnahme unmöglich. Mit den Missionaren anderer Missionsgesellschaften, die nicht auf dem lutherischen Bekenntnis stehen, haben unsere Missionare keine Kirchengemeinschaft, aber einen freundlichen Verkehr. Mit den lutherischen Missionen haben sie zunächst für ihre Gemeinden Sakramentsgemeinschaft.

Daß unsere Mission ihr evangelisch-lutherisches Bekenntnis und ihre lutherische Art mit Entschiedenheit festhält und immer mehr ausprägt, ist nicht nur eine Pflicht der Treue, sondern ist auch wichtig und bedeutungsvoll. Man hat wohl gemeint, man solle die Differenzen und Streitpunkte der Heimat nicht auf das Missionsgebiet übertragen. Was will man damit sagen? Gewiß wäre es falsch, Apologetik und Polemik draußen zu treiben. Dazu sind die meisten der jungen Gemeinden nicht reif; und dazu liegt auch nicht oft Veranlassung vor. Freilich muß man da, wo die Christen an Erkenntniß reifer sind, oder etwa durch Sendlinge der Sekten oder der römisch-katholischen Kirche ein Anlaß gegeben ist, wo also ein Angriff vorliegt, sich seiner Haut wehren und die Gemeinde schützen. In solchen Fällen, von denen unsere Mission bis jetzt ziemlich verschont geblieben ist, muß man die Christen auch über die Unterscheidungslehren aufklären. Aber das meinen wir: Die Lehre muß klar sein; und klar ist die lutherische Lehre. Und die Gemeinden müssen fest gegründet werden; das geschieht durch die lutherische Lehre.

Lutherische Lehre treiben heißt aber für uns nicht, die Augs= burgische Konfession und die Schmalkaldischen Artikel oder gar die Concordienformel zum Gegenstand der Predigt und Lehrthätigkeit machen, sondern das heißt, kurz gesagt: den kleinen Katechismus Dr. Martini Lutheri fleißig treiben von A bis Z. Lernen die Leute den gründlich, so daß sie ihn auch ordentlich verstehen, so haben sie eine ausreichende Heilserkenntniß und sind fest gegründet in der Lehre. „Nur Christum aus dem Evangelio treiben", wie manche im Gegensatz zu uns betonen, das heißt zurückgehen auf den Anfang; das heißt, die hohe Gnadengabe Gottes, die Er uns unter der Leitung des Heiligen Geistes und in der schweren Arbeit und Kampf unserer Väter geschenkt hat, verachten. Sollen denn später die afrikanischen Christen den ganzen Weg erst wieder durchmachen, den die Kirche mit Seufzen hat gehen müssen? — Wer die lutherischen Bekenntnisse geringschätzt, der giebt damit zu erkennen, daß er den Weg, den die Kirche ge= gangen, für einen Irrweg hält. Hat Gott uns auf eine lichte Höhe geführt, sollen wir dann wieder heruntersteigen und die Gemeinden sich am Fuße derselben anbauen lassen? Sollen wir sie auch den Berg wieder — wer kann sagen, mit wie viel Beschwerden und Kämpfen und unter wie großen Gefahren — erklimmen lassen? Nein, wir bauen sie auf der lichten Höhe an, auf die der HErr uns geführt hat; das heißt: Wir treiben voll und ganz mit Fleiß und Treue den lutherischen Katechismus mit ihnen. Die Resultate dieses Unterrichts liegen auch auf der Hand. Ich meine, daß unsere Gemeinden einen guten Fonds der Er=

kenntnis haben, und daß sie dadurch gefestigt und geschützt sind gegen allerlei Wind der Lehre, wie denn auch die Sekten in unsern Gemeinden bis jetzt nichts ausgerichtet haben; und doch sind die Methodisten auf einigen Stationen unserer Betschuanenmission thätig. Auch liegt eine römisch-katholische Station innerhalb unseres Gebietes, hat aber bis jetzt keinen schädlichen Einfluß ausgeübt. Unsere Christen nehmen Anstoß daran, daß diese die Bibel verbietet. „Wir sind Bibelleute", sagen sie, „und wollen die Bibel lesen". Es ist auch nicht zu befürchten, daß sie Einfluß gewinnen werden. „Ihr seid zu spät gekommen", sagte unser alter Missionar Schulenburg zu dem Jesuitenpater; und er gab es zu.

Kommen wir nun auf den Bildungsstand unserer Missionare, so ist folgendes das Resultat unserer Beobachtung. Unsere Missionare stehen in der Mehrheit etwa auf der Bildungsstufe unseres jetzigen Lehrerstandes. Was durch die Anstalts-Ausbildung von Einseitigkeit an ihnen ist, wird durch die vielen Reisen, durch das Leben draußen in der weiten Welt, durch den Verkehr mit allerlei Volk, mit Hoch und Niedrig, durch die vielseitigen Anforderungen, die an sie herantreten, nach und nach abgeschliffen. Der Missionar bewegt sich freier, er ist an Selbständigkeit gewöhnt, ja, zu derselben gezwungen; so tritt er auch sicherer auf. Durch seine selbständige Stellung, durch seine schöpferische Thätigkeit, durch die leitende, herrschende Macht, die jeder Missionar in seinem Gebiete hat, liegt jedoch die Gefahr zu großer Selbständigkeit und eines Standes-Hochmuts nahe. Es giebt freilich auch viele Gegengewichte, die in den Staub ziehen. Die Drangsale und Mühsale des Missionslebens, der Mangel an Anerkennung, ja die offenbare Verkennung, die oft zur Verachtung wird, bringen Demütigung genug mit sich.

Die häusliche Einrichtung und das häusliche Leben ist im ganzen dem einer christlichen Lehrerfamilie auf dem Lande zu vergleichen. In einzelnen Fällen erhob es sich zu dem eines einfachen ländlichen Pfarrhauses. Es wäre manchem unserer Brüder zu wünschen, daß er etwas mehr Bildung hätte, namentlich auch in seinem äußeren Auftreten; und daß der Ton des Hauses etwas höherer Art wäre, damit er allen alles sein könnte. Es kommen allerlei Leute zu ihm, auch solche aus den höchsten Kreisen. Finden diese in dem Hause des Missionars nicht den rechten Takt, und werden sie durch sein Benehmen abgestoßen, so setzt sich bei ihnen leicht ein ungünstiges Urteil über den ganzen Stand und über die Mission selbst fest.

Der Verkehr unserer Missionszöglinge bewegt sich zu ausschließlich im Bauernstande. Nicht, daß wir gegen diesen Verkehr wären! Keineswegs! Wir wünschen ganz entschieden, daß das bleibt. Die Bedeutung unseres prächtigen, gottesfürchtigen Bauernstandes ist für unsere Mission eine große. Aber wir möchten, daß unsere Zöglinge mehr als bisher auch in den Häusern gläubiger Christen anderer Stände aus und eingingen, damit sie es früh lernten, sich in allen Verhältnissen zu bewegen. Hierin liegt eine schöne Aufgabe für den Pastorenstand. Mancher der Missionare hat es beklagt, daß sich die Pastoren ihrer nicht mehr angenommen haben und auch jetzt nicht mehr annehmen. Manche haben ein Verlangen nach Hebung durch solchen Verkehr. Und mehrfach ist es uns ausgesprochen, wie gut es sein würde, und wie dankbar die Brüder es empfinden würden, wenn auch jetzt noch die Pastoren sich ihrer annehmen, wenn dieser oder jener Pastor mit diesem oder jenem Missionar in Korrespondenz treten, ihm Mitteilungen aus dem kirchlichen Leben und aus der theologischen Wissenschaft machen, ihm gelesene Bücher oder Zeitschriften zusenden möchte. An alledem leiden sie Mangel. Und da viele losgelöst sind von jeglichem Verkehr und auf ihrer Station eine einsame Stellung haben, ist das doppelt wertvoll und wichtig für sie.

Was die Herkunft und Ausbildung unserer Brüder anbetrifft, so hat es sich als gut und heilsam gerade für ihre Aufgabe in Afrika erwiesen, daß sie größtenteils aus dem Bauernstande hervorgegangen sind, und daß sie neben der theologischen auch eine praktische Ausbildung bekommen haben. An den afrikanischen Missionar treten zu viele Anforderungen praktischer Art heran, denen er gewachsen sein muß. Er muß nicht nur Missionar sein, das soll heißen: lehren und predigen können. Ein nicht unwesentlicher Teil der Missionsarbeit liegt auf dem Gebiet des praktischen Lebens. Die Missionare müssen Stationen gründen und verwalten. Sie müssen die Getauften zur Arbeit erziehen. Sie haben eine bedeutungsvolle Kulturaufgabe, sie müssen deshalb die Arbeit verstehen und müssen sie selber vormachen können. Sie müssen Baumeister und Handwerker, sie müssen auch Ackerbauer und Viehzüchter sein. Auf diesem Gebiet ist in unserer Mission Großes geleistet und mit geringen Mitteln viel ausgerichtet. Missionare anderer Gesellschaften haben uns mehrfach erklärt, daß sie unsere Brüder um ihre praktische Tüchtigkeit beneideten. Wir haben deshalb alle Ursache an dieser unserer Hermannsburger Weise festzuhalten.

Was nun die eigentliche Ausbildung für den Missionsberuf anbetrifft, so ist die offenbar bei den ersten durch Th. Harms herangebildeten Kursen die beste und gründlichste gewesen. Die folgenden Jahrgänge zeigen eine weniger tüchtige Ausbildung; es liegt das mit darin, daß in jener Zeit zu viele ausgesandt sind; man ist da nicht so streng in der Auswahl gewesen. Auch scheint es uns, daß bei dem Examen eine schärfere Prüfung und größere Sichtung hätte vorgenommen werden können. Es sind wirklich einige Missionare darunter, die ihrem Beruf nicht gewachsen sind, und die besser keine Missionare geworden wären. Doch haben wir auch tüchtige Leute, die ihren Platz völlig ausfüllen und durch ihre Kenntnisse und Leistungen hervorragen. Wir haben von fast allen deutsche Vorträge und Predigten gehört; und mit einigen Ausnahmen hat jeder eine schriftliche Arbeit über ein gegebenes Thema einliefern müssen. Auch haben wir Konferenzen mit ihnen gehalten, auf denen über allerlei wichtige Fragen auf Grund gehaltener Vorträge mit ihnen verhandelt wurde. Die Debatte war oft eine lebhafte, und manche verstanden es sehr wohl, ihre Gedanken klar und bestimmt auszusprechen. Doch ist das nicht jedem gegeben. Unter den Predigten waren erbauliche, gute Reden. Freilich waren auch ungenügende Leistungen darunter, wobei man jedoch bedenken muß, daß die deutsche Predigt vielen etwas völlig Fremdes geworden war, da sie nur Predigten in der Sprache der Eingeborenen zu halten haben. Was die schriftlichen Arbeiten anbetrifft, so geben wir zunächst zu bedenken, daß die Brüder auf dem Missionsfelde darin wenig Übung haben, und daß den meisten keine Hülfs= mittel zu Gebote stehen. Um so mehr hat es uns freudig über= rascht, daß eine Reihe von Arbeiten befriedigend ausgefallen sind, ja, daß mehrere derselben eine hervorragende Tüchtigkeit zeigen. Es soll jedoch dabei nicht verschwiegen werden, daß andererseits auch gänzlich ungenügende Arbeiten darunter sind, die den Be= weis liefern, daß die betreffenden Brüder nicht im stande sind, eine gute, schriftliche Arbeit zu machen. Ein großer Mangel zeigte sich bei Abfassung der Konferenz=Protokolle, besonders in Transvaal. Freilich ist es ja schwierig, ein gutes Protokoll zu führen, wie jeder weiß, der solche Arbeit kennt. Und die Brüder haben gar keine Übung darin. Es wäre deshalb gewiß gut, wenn sie schon als Zöglinge darin geübt würden, und wenn man um solcher Übung willen auf die Abfassung der Konferenz=Protokolle mehr Gewicht legte.

Die eigentliche Tüchtigkeit unserer Missionare liegt, meines Erachtens, in der Predigt=Thätigkeit und in der Gemeinde=Wirk= samkeit. Es sind recht tüchtige Prediger unter ihnen. Frei= lich könnte bei manchen die Vorbereitung auf die Predigt eine bessere sein. Doch darüber sprechen wir im folgenden Kapitel noch weiter. Wir erwähnen es hier nur. Wir wünschen schrift= liche Ausarbeitung der Predigt gewiß auch um dieser selbst willen, vor allem aber um der geistigen Arbeit willen, die darin steckt. Zwingt sich ein jeder Bruder jede Woche seine Predigt schriftlich auszuarbeiten, so wird nicht nur die Predigt sehr gewinnen, son= dern er selbst übt sich regelmäßig in angestrengter geistiger Arbeit. Denn es ist offenbar, daß das Arbeiten mit der Feder in der Hand viel gründlicher ist, als das bloße Meditieren. Das aber möchten wir wünschen, daß unsere Missionare, die so wenig Zeit und auch so wenig Anregung zu schriftlicher Arbeit haben, diese regelmäßige, wöchentliche Arbeit übten, damit sie und die sie hören, den Segen derselben erfahren.

Ein Mangel ist es, daß unsere Brüder mit einigen Ausnahmen nicht genug Missionare sind. Wir haben das ebenfalls im folgenden Kapitel weiter auszuführen. Und ein Mangel liegt ferner darin, daß sie nicht genügend für die Schularbeit ausgerüstet sind. Sie müssen ja eine umfassende Schulthätigkeit ausüben. Sie haben alle selber Schulen; sie haben Taufschule und Abendmahlsschule, Konfirmandenunterricht und Kinderschule zu halten. Dann müssen sie Lehrer aus dem Volke heranbilden. Sie müssen ein neues Schulwesen begründen und ausgestalten, und sind doch kaum im Stande dazu. Es ist zu bewundern, wie sich manche von ihnen trotzdem hineingearbeitet haben. Namentlich da, wo eine Regierung vorhanden ist, die sich des Schulwesens annimmt, die Unterstützungen für dasselbe giebt, dann aber auch die Schulen durch einen Schulinspektor revidieren läßt, ist es auch um des willen dringend nötig, tüchtige schulkundige Missionare zu haben.

Und wie ist es mit den Sprachkenntnissen unserer Brüder bestellt? Alle unsere Missionare ohne Ausnahme sprechen die Sprache der Sulu oder Betschuanen und können in derselben predigen und lehren. Nur der Missionar in Rustenburg muß sich der holländischen Sprache bedienen, nicht weil er das Sequana nicht sprechen könnte, sondern um der dortigen Gemeinde willen, die größtenteils aus sogenannten Orlamschen Kaffern besteht, die sich der holländischen Sprache bedienen. Also alle unsere Missionare reden die Sprache des Volkes, unter welches sie gesandt sind. Das ist eine erfreuliche Thatsache, und darin zeigt sich unsere Mission als eine deutsche. Denn die deutschen Missionare geben sich überall die Mühe, die Sprache der Völker zu erlernen, unter denen sie arbeiten. Von den englischen Missionaren kann man das nicht allgemein sagen; unter denen sind viele gründliche Sprachkenner, aber auch viele, zum Teil bedeutende Missionare, die nur durch Dollmetscher reden. Das thut keiner der unserigen. Freilich sind unter unseren Missionaren wohl nur wenige, die die Sprache wissenschaftlich sich zu eigen gemacht haben; dazu fehlt ihnen die sprachliche Vorbildung. Sie haben die Sprache mehr praktisch erfaßt. Sie haben sie weniger aus Büchern, als vor allem von dem Volk gelernt. Sie haben in ganz anderer Weise wie die meisten Missionare anderer Gesellschaften unter dem Volk und mit dem Volk gelebt, haben mit den Leuten gearbeitet, gebaut, gesäet, geerntet u. s. w., so daß auch manche sehr in die Eigentümlichkeit der Ausdrucksweise eingedrungen sind; und die Kaffern sagen von ihnen: Sie sprechen wie wir. Wir haben eine gar nicht geringe Anzahl von Missionaren, die der Sprache hinreichend mächtig sind, und die nicht nur vor Christen, sondern auch vor Heiden predigen können. Denn vor den Christen ist es leichter als vor den Heiden, weil erstere schon unterrichtet und mit der Ausdrucksweise der Missionare vertraut sind. Die Heiden aber kennen dieselbe nicht. In der Sulumission sind es 7, in der Betschuanenmission 9 Brüder, die für hervorragend tüchtige Sprachkenner gelten. Die übrigen sprechen die Sprache so, daß die Gemeinden, die sich an ihre Ausdrucksweise gewöhnt haben, sie gut verstehen können. Und wenn den Heiden nicht jedes Wort oder jeder Satz klar wird, so können doch auch diese den Inhalt genug verstehen. Einige sollen freilich recht schwach in ihren Leistungen sein. Zwei derselben sind pensioniert. Sehr förderlich für ihre sprachlichen Leistungen ist die oben erwähnte Einrichtung des zweiten Examens. Es hat sich dabei gezeigt, daß die jungen Missionare sich ernstlich des Sprachstudiums beflissen haben.

Eine besondere Tüchtigkeit unserer Missionare liegt, wie schon gesagt, auf dem Gebiet der Gemeindewirksamkeit. Selbst aus dem Volk hervorgegangen, verstehen sie ausgezeichnet mit dem Volk umzugehn. Auch stehen sie den Leuten nicht nur im Ornat gegenüber, sondern arbeiten mit ihnen im Arbeitskittel. Freilich treten dadurch noch ganz anders, als es bei einem Pastor je möglich ist, die Schwächen und Fehler an die Öffentlichkeit. Jenen sehen die Leute meistens nur in der Kirche, Schule und an den Krankenbetten; die Missionare aber beobachten sie im alltäglichen Leben. Doch bringt sie auch grade das einander näher. Und es ist nicht zu befürchten, daß die Autorität des Amtes darunter leidet. Die Erfahrung haben wir nicht gemacht. Es liegt da viel an der Persönlichkeit. Bei diesem Zusammenleben üben sie manchen segensreichen Einfluß aus. Wenn sie den Leuten helfen, ihre Häuser zu bauen, Wasserschloten anzulegen, ihr Land zu kultivieren, so sehen jene den Thatbeweis darin, daß die Missionare ein Herz für sie haben. Sie werden dadurch Zutrauen gewinnen.

So hat uns denn fast überall das Verhältnis unserer Brüder zu ihren Gemeinden und umgekehrt ganz besonders gefallen. Und der gute Stand des Gemeindelebens ist nicht zum geringsten Teil diesem Verhältnis zuzuschreiben.

Kommen wir nun auf den Lebenswandel und das sittliche Verhalten unserer Missionare, so müssen wir folgendes als das Ergebnis unserer Beobachtungen hinstellen.

Der Wandel ergiebt sich aus der Gesinnung, das äußere aus dem inneren Leben. Es ist schwer, den Sinn zu erkennen. Wir sind es nicht, die Herz und Nieren prüfen. Wir wollen deshalb über den Herzensstand keines einzelnen urteilen; ein jeder steht und fällt seinem HErrn. Es würde auch schwer für uns gewesen sein, während des verhältnismäßig kurzen Zusammenseins ein sicheres Urteil darüber zu gewinnen, zumal ein jeder sich bei einer Visitation ganz naturgemäß und unbewußt von seiner besten Seite zeigt. Bewußt, mit Absicht, ist das unserer Überzeugung nach wohl nie geschehen. Versteckt, verborgen ist wohl nichts vor uns; ein solches Vertrauen haben wir zu unseren Missionaren. Es wäre das auch nicht ihrer Art gemäß. Abgesehen davon, daß ein rechter Christ sich dessen nicht schuldig machen wird, ist es auch nicht die Art des deutschen Bauernstandes, aus dem sie hervorgegangen. Das Annehmen eines falschen Scheins ist eine Sünde, die man in den gebildeten Ständen häufig findet, die beim Bauer aber selten ist. Dieser kann sehr zurückhaltend und verschlossen sein. Was er nicht sagen will, das sagt er nicht. Aber verstellen wird er sich nicht; einen falschen Schein anzunehmen, — dazu ist er zu redlich und zu stolz. So ist es auch fast nirgend der Fall gewesen, daß die Missionare viel Wesens um uns, speziell um ihren Direktor gemacht hätten. Wir sind freundlich und gastlich überall aufgenommen; aber wir hatten auch den Eindruck, daß die Missionare von dem Ernst und der Bedeutung der Visitation durchdrungen waren. Wir sind der Überzeugung, daß wir in solchem Vertrauen im ganzen und großen nicht fehlgegangen sind, glauben deshalb auch, den richtigen Eindruck von ihrem Leben und Treiben empfangen zu haben. Der Missionar befindet sich draußen in einer gefährlichen

Lage. Es ist gewiß, daß der Satan gegen diese Männer, die ihm sein bis dahin unbestrittenes Gebiet streitig machen, die ihm seinen Thron umstoßen und sein Reich für Christum erobern wollen, einen besonderen Zorn hat. Es wird ihm alles daran liegen, seine Herrschaft zu behaupten, und wo möglich seine Gegner, die kleine Schar der Knechte JEsu Christi in seinen Schlingen zu fangen. Die Missionare sind deshalb vielen ernstlichen und kräftigen Versuchungen ausgesetzt. Und sie sind auch schwache Menschen und stehen vereinzelt da. Sie haben den alten Adam in sich mit seinen bösen Lüsten und Begierden, mit seiner Trägheit und Unlust zum Guten. Und wie wird ihnen der Kampf erschwert durch Mühsal und Trübsal, durch die oft so saure Arbeit, durch die oft Jahre lange Erfolglosigkeit derselben, durch Mangel und Entbehrungen! Unsere Missionare haben es wahrlich schwer genug gehabt. Keine Mission hat ihre Missionare so gering dotiert, und in dem letzten Jahrzehnt haben sie sich noch einen bedeutenden Abzug gefallen lassen müssen. Am schwersten haben es die Sulumissionare gehabt, die Jahrzehnde lang vergeblich gearbeitet haben. Auch ist zu beachten, daß unsere Missionare vielfach der Aufsicht und Leitung entbehrten, namentlich der Seelenpflege und Seelenführung, die sie so nötig gehabt hätten, und nach der sie so sehnlich verlangten. Hatten sie als Zöglinge die seelsorgerliche Leitung in solchem Maße, wie es wohl in wenig Missionsanstalten der Fall, hatten sie hier einen geistlichen Vater, der ihnen aus dem reichen Schatz seines Lebens mitteilte, was sie bedurften, der sie mit klarem Auge, mit starker Hand und mit einem liebebrünstigen Herzen als seine Kinder leitete, so hatten sie drüben nichts von alle dem. An Stelle des patriarchalischen Verhältnisses, das Harms für seine Mission wünschte, trat durch Hardeland ein kirchenregimentliches, das bisweilen in einer zu scharfen Weise ausgeführt wurde. Und dessen Ton ist der herrschende geblieben. Die Superintendenten und Vorsteher haben es nicht verstanden, die rechte Weise zu finden. Und so kam es, daß die Missionare nicht zu der rechten Freiheit und Selbständigkeit erzogen wurden. Einerseits waren sie zu sehr untergeordnet und mußten fast einen knechtischen Gehorsam leisten. Andererseits waren sie zu sehr auf sich selbst angewiesen und mußten nach eigenem Ermessen und Gutdünken handeln. Manche haben Rat und Weisung gesucht und haben sie nicht gefunden. Das Eine war so gefährlich wie das Andere. Es ist nur zu verwundern, daß dabei nicht mehr Unordnungen vorgekommen sind. Ich sagte, unsere Missionare hätten das schmerzlich empfunden; — sie haben es uns mit Thränen ausgesprochen. Darum waren sie auch dankbar und offen, als wir nun den seelsorgerischen Ton anschlugen. Auch darauf weisen wir noch hin, daß die Missionare einer großen Hülfe entbehren, die für Pastoren in der Christenheit in dem regelmäßigen Verkehr mit Amtsbrüdern, in dem sie umgebenden kirchlichen Leben und in den nicht zu unterschätzenden Einflüssen der gläubigen Kreise ihrer Gemeinden vorhanden sind. Alles das, was wir soeben dargelegt haben, ist bei der Beurteilung in die Wagschale zu legen.

Es ist nicht zu verkennen, daß Mißstände eingerissen waren. Bei manchen Missionaren hatte unter den Sorgen für die eigene Familie mehr und mehr ein irdischer Sinn Platz gegriffen, und die Selbstsucht hatte die Liebe Christi aus dem Mittelpunkt des inneren Lebens verdrängt. Man soll sich nicht hinter anderen verstecken, um sich zu entschuldigen; das wollen wir auch nicht. Da es aber vielfach so angesehen wird, als wenn in unserer Mission die Habsucht und der Geiz zu ganz besonders schlimmen Zuständen geführt hätten, so halten wir es für unsere Pflicht, darauf hinzuweisen, daß man bei anderen Missionen, namentlich in Süd-Afrika dieselbe Klage hört; und doch leben die Missionare anderer Gesellschaften in besseren Verhältnissen als die unserigen. Dieser Umstand aber beweist es klar, daß die Ursache nicht in der Beschaffenheit grade unserer Missionare, sondern in der Lage derselben und in den afrikanischen Verhältnissen liegt. Manche haben Handel getrieben. Ich sage: manche; denn sie haben es nicht alle gethan. Auch haben es manche schon seit langem nicht mehr gethan. Aber nicht darin, daß sie Handel getrieben haben, besteht ihr Unrecht; — sie konnten nicht anders, sie mußten es; — sondern darin, daß sie die richtige Grenze nicht eingehalten haben, daß sie zu weit gegangen sind. In vielen Gegenden konnten sie in den erſten Zeiten ohne Tauſchhandel nicht beſtehn; das Geld hatte dort keinen Wert. Den Tagelohn für die Arbeit und den Preis für das, was ſie kauften, konnten ſie nur mit Waren bezahlen. Dabei ſind dann einzelne über die Grenze des Nötigen hinaus= gegangen. Die Leute trugen ihnen mehr zu, als ſie bedurften, und haben ſie oft geplagt, ſo daß ſie dieſelben nicht anders, als durch Eingehen des Handels los werden konnten. Und anderer= ſeits, wenn das auch nicht der Fall war, die günſtige Gelegenheit war vor der Thür, und die ward ihnen zur Verſuchung, nicht nur zu kaufen um des Bedürfniſſes, ſondern auch um des Ge= winnes willen. Ausgegangen aber auf den Handel ſind ſie nicht, wie allgemein verſichert wird. Das iſt nur in einzelnen Fällen beim Viehankauf geſchehen, aber hätte auch da nicht ſein ſollen, wenn es nicht dringend nötig war. In drei Fällen haben Miſ= ſionare auch einen Laden gehabt, doch muß man ſich darunter nicht einen Laden vorſtellen, wie ihn Handelsleute haben. Sie haben eben Sachen in größeren Quantitäten in ihren Häuſern vorrätig gehabt. In dem einen Falle hatte ein Miſſionar, der aus unſerer Miſſion ausgetreten war, den Laden auf ſeiner eigenen Farm. Der zweite Fall war durch die Abſetzung des Miſſionars erledigt, für die jedoch erſchwerende Umſtände vorlagen. Der dritte Fall iſt durch Aufgabe des Kaufgeſchäfts beſeitigt worden. Unerlaubte Gegenſtände ſind dabei nicht verkauft; wenigſtens hat das nicht nachgewieſen werden können. In einem Falle iſt von einem Branntweinverkauf die Rede geweſen. Ein eigentlicher Verkauf deſſelben aber hat nicht ſtattgefunden. Doch iſt der Miſ= ſionar ſeinem Häuptling gegenüber zu ſchwach und unvorſichtig geweſen, weshalb ſeine ſchon von Th. Harms vollzogene Ab= ſetzung von uns beſtätigt iſt. In drei Fällen hat man von einem Gewehrverkauf geſprochen. Zwei der betreffenden Miſſionare waren verſtorben, der dritte Fall hat ſich als unbegründet erwieſen. Ein Pulververkauf hat in Natal, wo er verboten war, gar nicht ſtatt= gefunden. Im Sululand haben die Miſſionare vor dem Kriege Pulver zur Bezahlung ihrer Arbeitskaffern verwandt. Ohne das, ſo verſichern ſie, hätten ſie damals keine bekommen können. Doch haben ſie das Pulver nur in geſetzmäßiger Quantität aus Natal mitgebracht. Und in dem Falle, wo ein nicht von Natal, sondern von der Delogoabay ins Sululand gekommener fremder Händler auf einer Station verstarb, ist der Pulvervorat desselben (= einige Flaschen voll) in den Händen des Missionars verblieben, da ihm der geringe Nachlaß desselben als Vergütung für eine lange Pflege überwiesen war. Er hat das Pulver unter den Brüdern verteilt.

Um das richtige Urteil über den Handel zu gewinnen, müssen wir noch bemerken, daß die Missionare anfangs durch den Kommunismus, der in unserer Mission herrschte, zu demselben genötigt waren. Im Kommunismus wurden auf Superintendent Hardeland's Anweisung große Vorräte angeschafft und auf den Stationen aufgestapelt; die mußten dann zum allgemeinen Besten verhandelt werden. Dadurch sind die Missionare zuerst auf die Handelsbahn gekommen. Sie sagten, sie hätten gedacht, was für die allgemeine Kasse nicht sündlich sei, könne auch für den einzelnen kein Unrecht sein. Damit freilich bewiesen sie, daß der Blick ihnen getrübt war. Aber das ist wiederum dabei zu beachten, daß nach Aufhebung des Kommunismus die vorhandenen Vorräte unter die Brüder verteilt und ihnen auf ihren Gehalt angerechnet wurden, so daß sie wohl oder übel dieselben zu Gelde machen mußten. Es ist schwerer, auf einer einmal betretenen Bahn umzukehren, zumal wenn Vorteile damit verbunden sind, als dieselbe von vornherein niemals zu beschreiten. Und endlich ist zu beachten, daß, als wegen der Geldkalamitäten die Gehaltszahlungen unregelmäßig, und später mit Abzug erfolgten, unsere Missionare von dem Superintendenten Hohls gradezu auf den Handelsweg verwiesen wurden, indem er ihnen erklärte: die Mission kann euch nicht helfen, helft euch selbst! Es war das gewiß nicht in dem Sinne, weder von Ludwig noch von Theodor Harms, die mehrfach aufs ernstlichste vor dem Handelsgeist und vor dem Reichwerdenwollen gewarnt haben. Schon von Ludwig Harms liegen einige ergreifende Warnungsschreiben vor. Aber Hohls war in einer schlimmen Lage. Es wurden immer mehr Missionare ausgesandt, und die ihm zugewiesene Einnahme stieg nicht in gleichem Maße. Er konnte den Brüdern nicht ge recht werden. Als die Abzüge eintraten, wurde seine Lage noch schwieriger. Er suchte sich durch Spekulationen zu helfen, bei denen er betrogen wurde. Dadurch wurde die Verwirrung erst recht groß. Die Missionskasse erlitt Verluste, unter denen auch die Missionare wieder leiden mußten. Sie haben das in Stille getragen, aber um so empfindlicher und verbitternder war für sie der Sturm, der sich bald nach Hohl's Tode durch ihre Verkläger hüben und drüben wider sie erhob. Eine schonende Hand hätte jene Zustände anfassen müssen. Ein radikales Verfahren war vom Übel.

Ähnlich ist auch der Ankauf eigener Plätze seitens mancher Missionare zu beurteilen. Für die jüngeren Brüder ist ein solcher kaum möglich, da die Plätze jetzt weit höher im Preise stehn. Es sind vor allem ältere Brüder, die Besitzer eigener mehr oder weniger großer Farmen sind. Während die übrigen Missionare auf den Stationen wohnten, lebten 9 auf ihren eigenen Plätzen und arbeiteten dort für die Mission. Diese alle haben ihre Plätze ganz oder doch teilweise der Mission zum Verkauf, ja einzelne zum Geschenk angeboten, und es ist mit ihnen, entweder durch Annahme des Geschenks — wie bei Brauel und Prigge — oder durch Ankauf des Platzes — wie bei Dedekind, Backeberg und Jordt, — oder durch Versetzung — wie bei Lilie, oder durch Pensionierung — wie bei Bartels und Schmidt — das Verhältnis nach den neuen Statuten geregelt, denen zufolge kein Missionar auf seinem eigenen Platze wohnen soll. Missionar Schütze ist, wie bereits erwähnt, als aktiver Missionar ausgeschieden. Warum aber haben die Brüder sich Plätze gekauft? Und warum haben manche auf ihren eigenen Plätzen und nicht auf den Missionsstationen gewohnt? Die zweite Frage muß ich zuerst beantworten, damit wird auch die erste teilweise schon beantwortet sein. Ich muß dabei auf schon früher erwähnte Vorgänge zurückkommen. Als die Missionare aus dem Sululand vertrieben waren, wußten sie zum großen Teil nicht, wo sie bleiben sollten. Die Stationen in Natal waren besetzt. Sie baten Superintendent Hohls vergeblich, aus Missionsmitteln neue ankaufen zu dürfen. Er konnte ihnen nicht helfen, so suchten sie sich selber zu helfen, und kauften sich eigene Plätze; die es

5*

konnten, ohne, die übrigen mit Schulden. Das war die Ursache manches Platzkaufs und zugleich des Wohnens nicht auf der Sta=tion, sondern auf der eigenen Farm. Doch ist, wie gesagt, dieses Mißverhältnis jetzt abgestellt. Eine andere Ursache war folgende: Manche Missionare hatten Privatvermögen. Bei den überaus bil=ligen Landpreisen konnten sie dasselbe gar nicht besser und sicherer als in Plätzen anlegen. Und eben dadurch konnten sie auch am besten für ihre Kinder sorgen. Die Verhältnisse sind eben in Afrika ganz anders als in Europa. Wer dort keinen festen Boden unter den Füßen hat, befindet sich in einer sehr gefährlichen Lage und kann leicht zu Grunde gehn. Soll man die Kinder ein Handwerk lernen lassen? Aber warum sollten sie nicht auch Bauern werden? Ist der Bauernstand nicht der erste, den Gott gemacht? Ist er nicht der edelsten und besten einer? Überdies kosten die Lehrjahre, wenn nicht mehr, so doch ebensoviel, wie damals ein Platz. Vor allem aber, das Handwerk hat in Afrika noch keinen goldenen Boden. Wie mancher geht als Handwerker hinaus, und die Verhältnisse nötigen ihn, ein Bauer zu werden. Oder sollen sie ein Geschäft anfangen? Auch das will erlernt sein, und ein großes Anlagekapital gehört dazu. Vor allem aber ist das Geschäftsleben in Afrika noch ein sehr unsicheres. Wer heute ein blühendes Geschäft hat, dem kann morgen der Boden unter den Füßen fort gezogen sein. Auch birgt dies Leben große Gefahren und Versuchungen in sich durch den Schwindelgeist, der seit Auffindung der Diamant= und Goldfelder die Geschäftswelt Afrikas mehr und mehr ergriffen hat. Einem so unsicheren und gefährlichen Leben die Kinder auszusetzen, ist für die Eltern nicht möglich. Zudem, in welche Gefahren geraten sie hinsichtlich ihres Seelenlebens, wenn sie sich ihr Brod hier oder da suchen müssen! Wie ist es dort mit den kirchlichen Verhältnissen? Es giebt der traurigen Beispiele genug, wo grade auch Missionarskinder ver=kommen und zu Grunde gegangen sind. Wir kennen die Ver=hältnisse eines berühmten Missionars einer anderen Gesellschaft, dessen Familie es jetzt tief beklagt, daß der Vater seiner Zeit den Landankauf verachtet hat. Die Sorge um die Kinder ist der Hauptgrund, der die Missionare zum Platzankauf bewogen hat.

Ihren Kindern eine gesicherte Existenz zu verschaffen, haben sie eigene Farmen erworben; um ihnen einen Halt an deutscher, lutherischer Kirche und Schule zu geben, haben sie sich in der Nähe von Missionsstationen oder von deutschen Gemeinden angekauft. Und so haben es nicht nur die unserigen gemacht. Unter den Missionaren fast aller Gesellschaften finden wir Ähnliches. Männer mit berühmten Namen, auch bekannte deutsche Missionare sind in Afrika Großgrundbesitzer. Es ist also der Platzankauf an und für sich nicht zu tadeln, sondern auch hier nur die Überschreitung des rechten Maßes und eine etwa dadurch herbeigeführte Vernachlässigung des Missionsberufs. Und das ist es, was wir bei einzelnen beklagen, daß sie durch den Ankauf und die Bewirtschaftung ihrer eigenen Plätze zu sehr in Anspruch genommen wurden, daß ihr Sinn dadurch zu sehr auf das Irdische gerichtet war, und die Missionsarbeit darunter litt. Nach dem Tode des Superintendenten Hohls hat auch hier die schonende, feste, sichere Hand gefehlt, die aus den vielen Verwirrungen heraus in die gesunde rechte Bahn überführte. Der Kampf, der durch die Missionare Otte und Hoyer herbeigeführt wurde, drängte immer mehr auf ein Radikalverfahren hin. Hierin liegt der Grund der traurigen Streitigkeiten und Parteiungen, die in unserer Mission vorhanden waren. Diese, die viel Staub aufgewirbelt haben, brachten es zuwege, daß die Liebe unter den Brüdern mehr und mehr erkaltete, und an ihre Stelle Verbitterung und Feindschaft trat. Zwei Parteien standen einander gegenüber, von denen jede zu weit ging. Es trat eine heftige Erregung der Leidenschaften ein, die viele mit fortriß; und ein Kampf entbrannte, aus dem wohl nur wenige unverwundet hervorgegangen sind. Wir treffen da ein Verklagen und Verleumden, liebloses Urteilen und Splitterrichten auf beiden Seiten. Hin und her wogte der Kampf. Es handelte sich hauptsächlich um die eben dargelegten Verhältnisse. Andere Anklagen schwererer Art sind gegen unsere Missionare nur vereinzelt erhoben worden. Dieselben sind teils durch den Tod, teils durch den Austritt, teils durch die von uns vorgenommene Untersuchung erledigt. Und was die Handelssünden und dergl. anbetrifft, so ist, wenn wir den gesamten Stand unserer Missionare beurteilen wollen, nicht zu vergessen, daß es sich dabei nur um einige der Brüder und nicht um alle handelt. Viele sind weder Besitzer von Plätzen, noch haben sie gehandelt. Und diejenigen, die darin zu weit gegangen sind, haben ihre Reue darüber bezeugt. Ob bei ihnen allen eine wirkliche Erkenntnis und deßhalb eine innere Umkehr stattgefunden hat, wird die Zeit lehren.

So liegt denn jene traurige Periode hinter uns. Dieselbe hat unsere Mission in allen ihren Fugen erschüttert, aber sie hat auch ihren Segen gehabt. Sie hat demütigend und hat reinigend gewirkt; sie hat uns große Gefahren schmerzlich erkennen lassen, und hat uns die Sünden und Fehler aufgedeckt. Mancher ist aus seiner Erschlaffung aufgerüttelt; und das ist ein Gewinn. Der Missionssinn war nicht erstorben, sondern nur erschlafft. Unsere Missionare bedurften der Anregung, der Aufmunterung, der Kräftigung, der Belebung. Als die Anregung und Stärkung ihnen wurde, trat das deutlich genug hervor. Als wir ihnen mit offenen Herzen entgegen kamen, schlossen sich uns auch die Herzen auf; und wir durften mehr wie einmal hören und sehen, daß noch edle Begeisterung und der Drang der Liebe Christi vorhanden ist. Und fehlt es unseren Missionaren an idealem Schwung, an dem vorwärts treibenden Impuls, so ist ein anderer, nicht zu unterschätzender Charakterzug bei ihnen hervorzuheben, das ist ein geduldiges, bescheidenes, festes, treues Ausharren, oft unter den schwierigsten und drückendsten Verhältnissen. Es ist gewiß, daß das noch mehr Selbstverleugnung erfordert, als eine kühne, opferfreudige That. Es ist doch anzuerkennen, daß unsere Missionare trotz aller Nöte und Gehaltsabzüge an ihrem Dienste festgehalten haben, und daß die, welche am schlechtesten gestellt waren, darin am zähesten gewesen sind. Sie haben ihre nieder-sächsische Abstammung nicht verleugnet. Auch haben wir bei der Visitation keinerlei Opposition gefunden. Es ist uns alten er-grauten Männern gegenüber sehr schwer geworden, als jüngere Leute auf gemachte Fehler und vorhandene Schäden hinzuweisen. Da uns aber das Amt dazu aufgelegt war, haben wir's gethan; und die Brüder haben sich sagen lassen. Ja, einer der am härtesten Getadelten sprach mit Thränen die Bitte aus: „Haben Sie hinfort ein scharfes Auge auf mich!"

Einen erfreulichen Eindruck hat fast überall das Familienleben unserer Missionare auf uns gemacht. Ihre häusliche Einrichtung ist im ganzen einfach und würdig. Weder darin, noch in der Kleidung und in den Genüssen ist uns Üppigkeit und Luxus entgegen getreten. Man bewahrt darin den guten, alten Hermannsburger Sinn. Im ganzen haben wir, einzelne Ausnahmen abgerechnet, den Eindruck gewonnen, daß sie ihren Häusern wohl vorstehen. Die Frauen sind meistens stille, fleißige, treue Hausfrauen, die ganz ihren Kindern und ihrem Haushalt leben, und in ihrem Wandel wie in ihrer Arbeit den Getauften ein gutes Vorbild geben. Da die Frau die Seele des Hauses ist, so wäre es zu wünschen, daß manche unserer Missionarsfrauen im stande wären, dem Hause einen etwas höheren Ton zu geben. Die Männer sind durch ihr Amt in ihrem Stande gestiegen; die Frauen und das durch dieselben beeinflußte häusliche Leben darf sie nicht wieder herabzuziehen. Auch müßten manche unserer Missionarsfrauen mehr Gehülfinnen ihres Mannes in der Mission sein; und dazu müßten sie die Sprache lernen. Das haben nur einzelne von ihnen gethan, vielen ist es wohl nicht möglich gewesen, sie sind bei dem Küchenkaffrisch stehen geblieben. Was die Mütter sein sollten, sind jetzt vielfach in erfreulicher Weise die erwachsenen Töchter geworden: die Gehülfinnen ihrer Väter in der Armen- und Krankenpflege, ja, beim Unterricht und in der Erziehung der Jugend. Die Kindererziehung ist eine christliche und echt deutsche. Die heranwachsende Jugend in den Häusern unserer Missionare hat uns im ganzen wohl gefallen. Sie wird zu Gottesfurcht, zu Einfachheit, Bescheidenheit und fleißiger Arbeit streng erzogen, und das vierte Gebot wird ihnen ernstlich eingeprägt. Nur darauf wäre hinzuweisen, daß man die Söhne bei der schweren Arbeit vor der Gefahr der Verbauerung bewahre, ohne sie des Segens, der in der Arbeit liegt, zu berauben. Indem unsere Missionare im großen und ganzen ihren Häusern wohl vorstehen, beweisen sie nach 1. Tim. 3, 4 und 5, daß sie im stande sind, die Gemeinde Gottes wohl zu versorgen. Wir glauben deshalb

alle Ursache zu haben, daß wir, wenn wir auf die Hauptarbeits=
kräfte unserer Mission blicken, der Zukunft vertrauensvoll entgegen=
sehen dürfen. Wir müssen uns der Brüder nur ernstlich annehmen,
müssen sie zu fördern und zu stärken suchen, müssen sie durch
treue Fürbitte stützen und müssen der Mission die Hände füllen,
auf daß sie im stande ist, an den Missionaren ihre Schuldigkeit
zu thun, und ihnen nicht einen Gehalt mit Abzug, sondern ihren
vollen Gehalt und zwar einen höheren denn jetzt zu geben, so daß
sie mit ihren Familien ohne Sorgen leben können. Je weniger
die Mission den Arbeitern ihren Lohn verkürzt, je mehr sie den be=
rechtigten Anforderungen der Missionare Genüge leistet, desto mehr
wird dann auch sie in der Lage sein, strenge Anforderungen zu
stellen. Der Gehalt, den unsere Missionare jetzt beziehen, ist ent=
schieden zu gering. Die Missionare sämtlicher anderen Missions=
gesellschaften erhalten mehr. Bei den Engländern und Schweden
beträgt er 200 Pfd. St. und darüber. Als ich auf einer schotti=
schen Missionsstation war und die Kaffernschule besuchte, an der
ein nicht fachmäßig ausgebildeter weißer Lehrer angestellt war,
fragte ich nach seinem Gehalt. Derselbe betrug 100 Pfd. St.
außer freier Wohnung. Ich äußerte mein Erstaunen über die Höhe
der Summe. „O — sagte der Missionar — für das Geld würden
wir keinen ausgebildeten Lehrer bekommen können." Nun,
solche Verhältnisse hat keine deutsche Mission. Aber doch sind auch
sämtliche deutsche Missionare anderer Gesellschaften weit besser be=
soldet. Es ist denn auch viel darüber verhandelt worden und
ein Weg ins Auge gefaßt, der in gerechter billiger Weise die
Gehaltsverhältnisse regelt. Jedem Missionar soll ein bestimmter
Teil der Station zu eigenem Gebrauch zugewiesen, dieser soll
in seinem Ertragswert taxiert und dem Missionar auf seinen
Gehalt angerechnet werden; das dann an dem Gesamtbetrag noch
Fehlende erhält er aus der Missionskasse. Dadurch aber wird
eine gerechtere Verteilung beschafft; die auf schlechten Stationen
angestellten sind nicht im Nachteil gegen diejenigen, die auf guten
Stationen wohnen. Der Gesamtbetrag des Gehaltes aber muß
erhöhet werden. Dahin ist mit großem Ernst zu streben als zu
einem Ziele, das zu erreichen wir vor Gott schuldig sind. Be=

greiflicher Weise kann man nicht mit einem Anlauf dahin kommen Die Missionare müssen ihren Glauben und ihr Vertrauen in der Geduld beweisen.

Die Missionare sind die eigentlichen Arbeitskräfte. Doch bedürfen sie Hülfsarbeiter. Der Dienst des Missionars ist ein sehr schwieriger, seine Arbeit ist eine vielseitige und umfangreiche. Im Anfang genügt seine Kraft allein. Bald aber wächst ihm die Arbeit über den Kopf, und er muß Hülfe haben. Es müssen noch andere Arbeitskräfte beschafft werden. Da liegt der Gedanke nahe, etwa eingewanderte Christen, seien es nun Deutsche, Engländer oder Holländer als Gehülfen anzustellen. Das ist oft erwogen, und vielfach ist der Versuch gemacht, aber in den meisten Fällen mißlungen. Wer nicht nach Afrika hinausgeht, um den Missionsdienst zu seinem Lebenszweck zu machen, hat Beweggründe irdischer Art. Weitaus die meisten derer, die dort einwandern, sind entweder solche, die bald zu eigenem Besitz und Reichtum kommen wollen, oder solche, die eine in Europa verlorene Existenz dort wieder zu gewinnen hoffen, oder sie sind Abenteurer. Solche Leute aber sind für die Missionsarbeit, die selbstlosen, opferfreudigen Sinn erfordert, nicht zu brauchen. Es giebt natürlich Ausnahmefälle; es kann ja sein, daß dieser oder jener mit einem christlichen Lebenswandel Ernst macht und keinen demoralisierenden Einfluß auf die jungen Christen ausübt; in dem Falle möchte er ja als Gehülfe des Missionars verwendbar sein. Wenn aber derartige Voraussetzungen nicht zutreffen, so lasse man von solchen Versuchen! Der Fälle sind zu viel, in denen der Missionar betrogen ist, in denen er bitteren Undank geerntet hat, in denen der angenommene Gehülfe des Missionars ein Gehülfe des Satans geworden ist, der Unkraut unter den Waizen gesäet und großes Ärgernis gegeben hat. Die Missionsstation wird oft von solchen Weißen als Zufluchtsort aufgesucht, und mancher Missionar hat geglaubt, den Versuch ihrer Rettung machen zu müssen. Aber man vergesse nicht: die Missionsstation ist keine Rettungsstation für heruntergekommene Weiße, sondern ist für die armen Kinder Ham's bestimmt. Wer diesen ihren Zweck fest im Auge behält, wird keine Experimente machen, und sich der

Hülfe weißer Leute, die nicht im eigentlichen Missionsdienst stehen, nur mit großer Vorsicht bedienen.

Aber Hülfe muß der Missionar haben, andere Arbeitskräfte müssen beschafft werden. Da liegt nun nichts näher, als aus den getauften Heiden sich Gehülfen zu erziehen. Das hat Paulus gethan, und darin ist ihm die Mission nachgefolgt. Diese Praxis ist stets von Erfolg gekrönt gewesen, — auch bei uns. Das nächste ist, daß der Missionar sich ältere bewährte Christen aus seiner Gemeinde zu Gehülfen wählt, die er dann zu Kirchenvor= stehern einsetzt. Sobald aber die Gemeinde aus dem Stadium der Unmündigkeit herausgetreten und zu einer gewissen Reife er= zogen ist, wird er die Kirchenvorsteher unter seiner Leitung von der Gemeinde selber wählen lassen. Da die Bildung, Erziehung und Leitung des Kirchenvorstandes ein Stück der Wirksamkeit des Missionars ist, gehen wir hier nicht näher darauf ein, son= dern sprechen davon im folgenden Teil, in dem wir von der Ar= beit des Missionars handeln. Hier soll nur betont werden, daß wir den Kirchenvorstand für eine hervorragende Arbeitskraft zur Hülfe des Missionars halten.

Auf einzelnen Stationen hat man den Versuch gemacht, frei= willige Helfer als Evangelisten zu verwenden. Das ist besonders in Ekuhlengeni, Saron und Potuane geschehen. Befähigte, treue Christen haben sie Sonntags unter die Heiden ausgehen lassen, um diese zum Gottesdienst zu laden und auch, um ihnen das Evangelium zu verkündigen. Hierbei muß mit großer Sorgfalt verfahren werden. Der Missionar muß diese Männer vor dem Sonntage, etwa am Sonnabend zu sich kommen lassen, und den Abschnitt des Wortes Gottes, den sie verkündigen sollen, genau mit ihnen durchnehmen. Es ist nicht genug, daß sie etwa am Sonntag Vormittag die Predigt hören und dann das Gehörte wiedergeben; eine spezielle Vorbereitung in jedem einzelnen Fall ist dringend notwendig. Am besten werden sich dazu geschichtliche Stoffe aus dem Alten und Neuen Testamente eignen, die sie mit Anschluß einiger Erklärungen und Ermahnungen einfach wieder zu erzählen haben. Vor dem Halten eigentlicher Predigten müssen sie sich hüten. Wenn aber diese Hülfskräfte in der rechten Weise

herangebildet werden, sind sie eine Hülfe, die nicht zu unterschätzen ist. Es wird nicht schwer sein, in allen Gemeinden solche
Männer zu finden. Der Trieb zur Ausbreitung des Reiches
Gottes ist in den erweckten Christen vorhanden. Und bei der
natürlichen Redebegabung jener Völker kann man viel dadurch
erreichen. Man sollte in unserer Mission diese Hülfsquelle noch
mehr benutzen und sich mit Fleiß auf die Heranbildung freiwilliger Helfer legen.

Die Hauptsache aber ist die Heranbildung berufsmäßiger Arbeitskräfte, die Ausbildung eingeborener Katecheten und Evangelisten. Wir hatten zur Zeit der Visitation deren 12 in der Sulumission, jetzt ist ihre Zahl um 6 vermehrt. Alle 18 sind auf
dem Seminar in Ehlanzeni ausgebildet. Von den 28 Lehrern
der Betschuanenmission sind 18 seminaristisch ausgebildet, die
übrigen 10 haben die betreffenden Missionare sich selbst zugezogen.
Die Anstellung der letzteren ist nur ein Notbehelf. Unsere Erfahrungen mit diesen Helfern sind im ganzen befriedigend. Hervorzuheben ist, daß die Sulukatecheten in ihren Leistungen sowohl
wie in ihrem Lebenswandel die der Betschuanenmission übertreffen.
Besondere Sündenfälle, die ein öffentliches Ärgernis waren und
die Entlassung aus dem Dienst zur Folge hatten, sind unter ersteren
gar nicht, unter letzteren jedoch leider einige Male vorgekommen.
Es hat das einerseits seinen Grund in der größeren Schlaffheit und Nachgiebigkeit der Betschuanen und andererseits darin,
daß der Übertritt zum Christentum in der dortigen Mission weit
leichter ist, so daß ernstliche Bekehrungen, die einen völligen Bruch
mit dem bisherigen Leben erfordern, unter der jetzigen jüngeren
Generation seltener sind. Es ist da mancher, der mit dem Strome
schwimmt. Bei den Sulu aber ging es nach Matth. 11, 12:
„Die Gewalt thun, reißen das Himmelreich zu sich". Auch haben
sie auf dem dortigen Seminar eine weit schärfere Probezeit durchmachen müssen. Die härtere Arbeit und der schwere Kampf, den
sie in Ehlanzeni hatten, fehlte auf dem Seminar in Bethanie.
Unsere Sulukatecheten, namentlich Männer wie Joseph, Tobias, Daniel, Benjamin, Philippus, machen mehr
den Eindruck von Männern in Christo. Doch wollen wir nicht

verhalten, daß auch unter den Katecheten der Betschuanen einige tüchtige hervorragende Arbeitskräfte sind, und daß die Mehrheit uns keine Ursache zu Klagen, mancher sogar zur Freude gegeben hat. Diese eingeborenen Helfer sind alle als Lehrer und Katecheten beschäftigt. Sie bedienen die Kinderschulen, und helfen den Mis= sionaren bei dem Unterricht der Katechumenen. Die meisten der Sulukatecheten haben nebenbei den Evangelistendienst, während dieser bei den Betschuanen in der Regel von Kirchenvorstehern versehen wird. Sie gehen zur Predigt aus unter die Heiden, vertreten den Missionar bei Gottesdiensten auf der Station, oder haben auf den Filialen regelmäßige Gottesdienste zu halten. Wie einstimmig bezeugt wird, und wie die Erfolge beweisen, übertrifft ihre Predigtthätigkeit ihre Schularbeit. Sie sind direkt von der Mission angestellt und empfangen von dieser ihren Gehalt, der von 12 bis zu 24 Pfd. St. pro Jahr steigt. Daneben haben sie meistens Ackerland und Weide auf der Station, so wie freie Wohnung, die sie sich jedoch vielfach erst selbst erbaut haben. Es ist wichtig, daß ein Teil ihrer Besoldung in Land besteht; sie werden dadurch in den Stand gesetzt, ihren Lebensunterhalt durch eigene Arbeit zu erwerben. Und der Ackerbau bewahrt sie vor dem verderblichen Müssiggang, wozu sie sonst Gelegenheit genug haben. Es ist das ja ein Hauptprinzip unserer Mission, das sich hinsichtlich der Missionare bewährt hat. Dasselbe muß ernstlich auch auf unseren Lehrerstand angewendet werden. Die Besoldung ist übrigens eine so verschiedene, daß sie einer Regelung bedarf, damit ein gerechter Ausgleich stattfindet. Es ist gewiß nicht gut, ihnen eine hohe Besoldung zu geben, aber in manchen Fällen scheint uns der Gehalt zu niedrig zu sein. 15 Pfd. St. neben Land und Wohnung dürfte als Anfangsgehalt das Mini= mum sein. Gewiß wäre es richtig, eine allmälige Steigerung bis etwa zu 30 Pfd. St. eintreten zu lassen. Wünschenswert ist es, die Mission von dieser Gehaltsausgabe zu entlasten, und die= selbe den Gemeinden aufzulegen. In diesem Punkte sind sie am leichtesten zu der Erkenntnis ihrer Verpflichtungen zu bringen. In der Betschuanenmission ist das auf einzelnen Stationen bereits mit Erfolg geschehen. Eines weiteren Eingehens auf die Katecheten

enthalten wir uns an dieser Stelle und kommen bei der Darlegung der Missionsarbeit auf sie zurück. Das Gesamtverhältnis
aber unserer Arbeitskräfte ergiebt sich aus folgender Tabelle. Wir
bemerken zu derselben, daß unter den Missionaren keine Ärzte,
Missionshandwerker oder sonstige Gehülfen des Missionars mit-
gezählt sind, die er sich etwa zur Aufsicht über die Arbeitskaffern,
zur Hülfe bei der Verwaltung der Station oder dergl. engagiert
hat, sondern nur die speziell für den Missionsdienst ausgebildeten
und von der Mission angestellten europäischen Arbeitskräfte. Unter
der Rubrik der besoldeten eingeborenen Gehülfen sind nur diejenigen
gezählt, die den Dienst der Mission als ihren Lebensberuf versehen und deshalb dafür besoldet werden. Unter den unbesoldeten
sind diejenigen zu verstehen, die entweder freiwillig, aber regelmäßig und dauernd dem Missionar in der Verkündigung des
Evangeliums helfen, oder in das Kirchenvorsteheramt gewählt
sind, für das sie keinen Lohn empfangen. In der von D.
Grundemann in seiner Statistik der evangelischen Mission gegebenen Rubrik „Eingeborene Gehülfen" müßten die besoldeten
und unbesoldeten Helfer unserer Mission zusammen angegeben
werden; denn alle vollziehen ihren Helferdienst amtlich. Wir haben
demnach in unserer afrikanischen Mission

unter den Sulu ꝛc. 26 Missionare,	38	eingeborene Gehülfen,
unter den Betschuanen 28 „	130	„ „
54 Missionare,	168	eingeborene Gehülfen.

Die Verteilung derselben auf die einzelnen Stationen zeigt
folgende Übersicht.

I. Sulumiſſion.

Stationen.	Miſſionare.	Eingeborene Gehülfen. besoldete.	unbesoldete.
1. Hermannsburg	4	1	2
2. Ehlanzeni nebſt Filialen	3	5	—
3. Etembeni	1	—	1
4. Müden nebſt Filialen	2	2	6
5. Empangweni	1	2	2
6. Neu = Hannover	1	1	—
7. Kirchdorf nebſt Filial	1	1	—
8. Entombeni	1	—	—
9. Nazareth	1	—	—
10. Marburg	1	1	2
11. Elim	1	—	2
12. Hebron	1	1	—
13. Emvuyini	1	—	—
14. Emlalazi reſp. Inyezane	1	1	—
15. Endhlovini reſp. Endhlangubo	—	—	—
16. Bethel reſp. Emyati	1	1	1
17. Ekuhlengeni	1	—	1
18. Eſihlengeni	—	—	—
19. Ehlomohlomo	1	—	—
20. Vryheid	—	—	—
21. Goedehoop	1	—	1
22. Entombe	1	—	3
23. Ekombela	1	—	1
23	**26**	**16**	**22**
		38	

II. Betschuanenmission.

Stationen.	Missionare.	Eingeborene Gehülfen. besoldete.	unbesoldete.
1. Saron	2	1	8
2. Morgensonne	1	—	-
3. Rustenburg mit Krondal	1	2	6
4. Kana	1	2	4
5. Ebenezer	1	2	4
6. Bersaba	3	—	3
7. Mahanaim	1	1	4
8. Pella	1	1	3
9. Bethanie	2	8	7
10. Hebron	1	1	3
11. Polonia	1	2	4
12. Potuane	1	1	3
13. Mosetla	1	1	3
14. Jericho	1	1	3
15. Harmshope	1	1	2
16. Melorane	1	—	3
17. Limao	1	—	1
18. Mocoeli	1	—	2
19. Manuane	1	1	4
20. Linokana	1	1	3
21. Emmaus	1	2	6
22. Bethel	1	1	8
23. Ramaliane	1	2	6
24. Polfontein	1	—	9
24	**28**	**31**	**99**
		130	

III. Die Arbeit.

Wir gehen nun zu der Arbeit auf dem großen Arbeitsfelde unserer afrikanischen Mission über und wollen versuchen, dieselbe darzulegen, wie wir sie draußen beobachtet haben in Kirche und Schule, nach innen und außen, in den Gemeinden und unter den Heiden, in Haus und Feld, in kirchlicher und in kultureller Hinsicht.

1. Die Missionsarbeit.

Wir betrachten zunächst die eigentliche Missionsarbeit im engeren Sinne, und verstehen darunter die Arbeit, wie sie an den Heiden geschieht. Die Arbeit an den Christen zur Erbauung der christlichen Gemeinden werden wir im Folgenden zum Unterschiede von jener die Kirchen-Arbeit nennen. Wir bitten also unter dem Ausdruck „Missions-Arbeit" die Thätigkeit nach außen zur Berufung und Bekehrung der Heiden und unter dem Ausdruck „Kirchen-Arbeit" die Thätigkeit nach innen, die Arbeit an den bereits Getauften, an den christlichen Gemeinden zu verstehen.

In der ersten Periode unserer Mission war die Missionsarbeit die ausschließliche, soweit nicht die eigene Seelenpflege der Missionare und die Erbauung der kleinen Missionsgemeinde, die von hier ausgesandt war, und dortiger ortsansässiger deutscher Lutheraner eine kirchliche Thätigkeit notwendig machte. Sobald aber heidenchristliche Gemeindlein entstanden, erforderte die Kirchen-Arbeit immer mehr Zeit und Kraft. Und wenn die Gemeindlein zu Gemeinden erwuchsen und an Zahl zunahmen, trat die Kirchen-Arbeit mehr und mehr in den Vordergrund. Es galt nun eine doppelte Thätigkeit: nach außen und nach innen zu entfalten. Und es ist den Missionaren oft schwer geworden, öfter auch nicht gelungen, die rechte Weise darin zu finden. Es ist ja gewiß wahr, daß die kirchliche Arbeit eine ganz besondere Aufmerksamkeit und Pflege erfordert. Und gerade auch bei der ersten Gemeinde= bildung kommt besonders viel darauf an. Die Fortsetzung und Erweiterung des Unterrichts, die Erziehung und Zucht, die Ein= führung christlicher Ordnungen, die Bildung christlicher Sitte er= fordert die größte Sorgfalt und eine hingebende Thätigkeit. Sind die jungen Gemeinden schlecht, so kann der Missionar seine ganze Arbeit damit untergraben. Und das wird sich bis in unabseh= bare Zeit hinein rächen. Darum haben unsere Missionare auch besonderen Fleiß darauf verwandt; und es ist ihnen diese Arbeit im ganzen wohl gelungen.

Aber die eigentliche Missionsarbeit darf nicht darunter leiden, sondern muß daneben unausgesetzt fortgeführt werden. Die Ent= wicklung der Missionsarbeit ist nun in unserer Mission im wesent= lichen die folgende: Die Missionare gingen aus auf die Kraale der Kaffern und Sulu und in die Städte der Bet= schuanen. Sie predigten dort das Evangelium, er= bauten auf den Stationen kleine Kirchen und luden die Heiden zu den Gottesdiensten. Das Ausgehen und Einladen, sowie das Pre= digen auf den Kraalen fand in der ersten Zeit regelmäßig statt. Bei dem Predigen auf den Kraalen verfuhren sie in freierer Weise. Sie nahmen meist die Geschichte von Jesu und auch Geschichten des Alten Testamentes, erzählten dieselben und knüpften mah= nende und einladende Worte daran. Der Erfolg unter den Kaf= fern und Sulu war ein geringer stellenweise sogar gleich Null. Sie mußten hier erleben, daß sie mehr und mehr auf Gleichgültig= keit, ja, auf Widerstand stießen. Die Heiden entzogen sich ihnen. Sie gingen ihnen aus dem Wege. Ja, sie verließen den Kraal, wenn die Missionare kamen, so daß sie oft unverrichteter Sache wieder fortgehen mußten. Es hatte das seinen Grund in der Herzenshärtigkeit der Heiden, in dem Stolz sonderlich der Sulu. Sie hatten ein gewaltiges, mächtiges Reich; sie bedurften nicht des Himmelreichs. Sie hatten einen stolzen, mächtigen König

6

in Panda und nachher in Ketschwayo. Sie wollten keinen König, den sie nicht einmal sehen konnten, der ihnen nichts Irdisches brachte, und ihnen noch dazu lästige Verpflichtungen, wie das Aufgeben ihrer Weiber ꝛc. auferlegte.

Die Kraalarbeit erwies sich als vergeblich. Da schlugen die Missionare einen anderen Weg ein, der war erfolgreicher. Dieser wurde hinfort im wesentlichen die Praxis unserer Sulumission. Man beschränkte sich auf die Station. Die Missionare nahmen zu ihrer Arbeit auf derselben, Ackerbau und Viehzucht, Arbeits= kaffern an, und an diese wandten sie ihre Missionsarbeit. Man führte sie zu den Gottesdiensten, zu den täglichen Morgen= und Abendandachten und nahm sie in besondere Pflege und Zucht. Und wer von ihnen die Taufe begehrte, erhielt den Taufunterricht. Doch wurde darin kein Zwang angewandt. Meistens kamen aber auf die Stationen nur solche, die nach der Taufe verlangten. Auch die Kaffern, deren Kraale im Gebiet der Station lagen, suchte man heranzuziehn. Dabei verfuhren die Missionare ver= schieden. Einige ließen denselben völlige Freiheit. Andere rich= teten eine Platzordnung auf und gaben bestimmte Gesetze. Sie duldeten keine heidnischen Gelage und übten einen Zwang hin= sichtlich des Besuchs der Gottesdienste aus, indem sie die Heiden verpflichteten, mehr oder weniger regelmäßig an denselben teil zu nehmen. Doch hat das selten zur Bekehrung, bisweilen aber zum Fortziehn der Heiden aus dem Stationsgebiet geführt. Die eigentlichen Erfolge hatten die Missionare unter den Arbeitskaffern, wie schon dadurch begreiflich ist, daß diese teils aus anderen Gegenden waren und nicht so durch Familien= und Stammes= zusammenhang, wie das bei den in den Kraalen wohnenden Heiden der Fall war, zurückgehalten wurden. Vor allem aber hatten die Missionare auf dieselben einen weit stärkeren Einfluß, da sie täg= lich mit ihnen zusammen waren, Zucht an ihnen übten und ihnen Wohlthaten erwiesen. Sie erhielten für ihre Arbeit Kost und Obdach, Decken und Kleidung, und dann auch Lohn. Es wurde von dem Missionar nicht geduldet, daß sie unbekleidet auf der Station sich aufhielten. Es ist dabei in vereinzelten Fällen vor= gekommen, daß die Löhnung der Arbeit der Kaffern nicht entsprach). Das wirkte dann schädigend auf die Stellung des Missionars und auf seine Thätigkeit. Doch darf man dabei nicht vergessen, daß die Ansprüche der Kaffern oft sehr hoch, ihre Arbeit hingegen oft sehr gering ist. Die Art der Arbeit ist ihnen meistens ja auch zunächst ganz unbekannt. Der Missionar muß ihnen die Arbeit erst lehren, und das ist eine große Geduldsprobe. Auch kann er sich, wenn sie die Arbeit gelernt haben, selten auf ihren Fleiß und Tüchtigkeit verlassen. Er muß stets vorarbeiten und beaufsichtigen. Nicht selten schaden ihm die Leute mehr, als sie nützen. Namentlich haben sie viel Zeit nötig, bis sie eine Arbeit wirklich vollenden. Es fehlt ihnen an Ausdauer. Die Männer sind auch das Arbeiten nicht gewohnt, da es bei den Heiden hauptsächlich von den Weibern geleistet wird. Schwatzen, Lachen, Scherzen und Faullenzen steckt ihnen in Fleisch und Blut. Die Missionare haben sich deshalb durch Aufnahme von Arbeitskaffern auf die Stationen oft eine große Last aufgeladen. Sie hätten mit einer geringen Zahl, mit wenigen tüchtigen Leuten, viel mehr ausrichten können. Aber da der Zweck der Aufnahme von Arbeitskaffern besonders die Missionsarbeit war, so durften sie weder abweisen, noch auswählen, sondern mußten nehmen, wer kam, und mußten behalten, wer bleiben mochte. Oft freilich liefen sie wieder fort, da ihnen die Arbeit und Zucht nicht gefiel. Aber viele sind auch geblieben, haben gelernt und sind getauft. Unsere Gemeinden in der Sulumission sind wesentlich aus solchen Arbeitskaffern hervorgegangen. So hat sich diese Praxis bewährt. Leicht war sie nicht und stellte große Anforderungen an den Missionar. In gewisser Weise ist es leichter, auszugehen auf die Kraale und dort zu predigen. Ist die Predigt zu Ende, so geht der Missionar wieder fort. Hier aber muß er Tag und Nacht auf die Leute achten, muß sie stündlich erziehen und in Zucht halten. Das erfordert viel Arbeit in Geduld und Ausdauer und ist ein langsamer Weg zum Ziel. Und noch Eins ist dabei ins Auge zu fassen, was bei dieser Praxis von großer Bedeutung ist. Die Frau des Missionars, die nicht mit ausgehen kann, wird hier zur Gehülfin des Mannes. Sie bekommt die Mädchen in die Küche, oft mehr, als sie beschäftigen kann. Da kommen diese

6*

denn mit ihrer Unreinigkeit und ihrem Ungeziefer in das Haus herein, haben dort ihre Arbeit, Essen, Trinken und Schlafstatt. Da muß der natürliche Mensch sich oft überwinden, und Selbstverleugnung, Sanftmuth und Geduld üben. Und welchen Einfluß gewinnt die „Missis" auf die Weiber und die jungen Mädchen! Da knüpft sich oft ein Band persönlichen Vertrauens, ein Band der Liebe und Anhänglichkeit, das rührend ist. Wie Kinder hängen sie an der „Missis"; und das führt sie zu Christo. Oft werden die Arbeitskaffern auch mit der Familie des Missionars eng verbunden. Große Liebe zu den Kindern ist den Kaffern eigen. Sie sehen die Kinderzucht. Die Kinder sprechen ihre Sprache besser als die Eltern. Und wachsen sie heran, so gewinnen die Söhne, und sonderlich die Töchter einen großen Einfluß auf die Kaffern. Sie arbeiten mit ihnen; sie sprechen und singen mit ihnen; sie teilen ihre Freuden und ihre Leiden; kurz sie leben zusammen. Und das führt zu Christo.

Und diejenigen, die nun auf der Station erzogen sind, sind vielfach dort geblieben, haben geheiratet und ein christliches Hauswesen gegründet. Ihr eigenes Familienleben ist unter den Augen des Missionars entstanden und wird unter seinem Einfluß und in Verbindung mit seinem Familienleben geführt. Das ist auch ein Mittel, das sie bei Christo festhält.

Diese christlichen Familien sind dann wiederum ein Halt für andere geworden. Heiden, die später gekommen und als Arbeitskaffern auf die Station aufgenommen sind, haben bei ihnen gewohnt und verkehrt und mit ihnen gelebt und an ihnen Halt und Stütze gefunden.

So können wir diese Praxis in unserer Mission nur gut heißen und an derselben festhalten. Ist sie doch auch die Basis, nicht nur für die Bekehrung der Eingeborenen, sondern auch für die Bildung von Gemeinden geworden. Ohne dieselbe würde eine Gemeindebildung unter den Kaffern und Zulu kaum möglich gewesen sein.

Und doch — so däucht uns — hätte das Ausgehen auf die Kraale nicht aufhören dürfen. Begreiflich ist es, daß man dabei müde geworden ist. Aber man kann doch nicht sagen, daß es

ganz erfolglos war. Es sind doch einzelne dadurch wirksam zu
Christo gerufen und sind dem Ruf gefolgt. Und man kann nicht
wissen, ob nicht die Saat dann angefangen hätte aufzuschießen,
sobald die allerdings bis zum Tode Ketschwayos sehr ungünstigen
Verhältnisse günstig geworden waren. Jetzt sind sie günstig.
Eine andere Zeit ist gekommen. Das Heidentum ist zu Schanden
geworden. Die harten Mauern sind gefallen, mit denen das
Suluvolk sich abschloß gegen alle Einflüsse von außen und somit
auch gegen die Missionsarbeit. Einzelne der Missionare hatten
dann auch die Berufung der Heiden durch Ausgehen, durch Aussenden ihrer Kirchenvorsteher oder der Seminaristen oder anderer
Getauften, durch Predigen unter den Heiden und Anlage von
Predigtplätzen fortgesetzt oder doch wieder aufgenommen. Und
jetzt ist es allgemein wieder in Gang gekommen. Es ist nun die
rechte Zeit dazu. Und wie bei anderen Missionsgesellschaften ein
neuer Anlauf genommen wird, so auch bei uns. Die Aussendung
von Evangelisten, seien es berufsmäßige oder freiwillige, findet jetzt
auf vielen Stationen statt und wird, da sie sich nun erfolgreich
beweist, immer energischer betrieben werden müssen. Wir müssen
dafür sorgen, daß immer mehr berufsmäßige Evangelisten herangebildet und den Missionaren zur Hülfe gegeben werden. Die
Arbeit wächst ihnen über den Kopf. Die Kirchenarbeit erfordert
schon eine ganze Kraft. Und da die Heiden geneigter sind zu
hören, auch hier und da sich ein Verlangen nach Lehrern regt,
so müssen wir thun, was wir können, um dieses Verlangen zu
stillen, und müssen ausgehen oder aussenden, um die Seelen der
Heiden zu gewinnen. Die Netze müssen weithin ausgeworfen
werden. Es ist das um so wichtiger, als auch von anderer Seite
mehr geschieht als früher. Denn einerseits dringen die katholischen
Trappisten in Natal vor, und andererseits hat unter den dortigen
holländischen Buren eine Erweckung stattgefunden. Während dieselben früher kein Herz für die Kaffern hatten, sondern sie be-
drückten und der Mission mehr Hinderung als Förderung berei-
teten, so sind jetzt manche Kreise unter ihnen, über die jene
Erweckung gekommen, von Eifer erfüllt, die Kaffern für Christum
zu gewinnen. Es ist das ja sehr erfreulich. Aber diese Erweckung

und ebenso die Missionsthätigkeit der Buren ist methodistischer
Art; es tritt dadurch eine Kollision mit unserer lutherischen Mission
ein. Da die Kaffern empfänglich sind für methodistische
Treibereien, so liegt hier eine Gefahr, der nur dadurch begegnet
werden kann, daß unsere Missionare an Eifer nicht hinter jenen
zurückstehen, daß sie ihnen zuvorzukommen suchen, daß sie fleißig
und treulich beim Taufunterricht die rechte Lehre treiben und die
Lernenden zu möglichst klarer Erkenntnis führen, und daß sie in
der Predigt nach der besten Weise trachten, um lauter und rein
das Evangelium zu verkünden, den Zuhörern aus den Heiden
dasselbe möglichst anschaulich und verständlich zu machen und ihnen
zum Herzen sprechen.

Bei den Betschuanen ist die Weise unserer Mission vielfach
eine andere gewesen, als bei den Sulu und Kaffern. Das hat
seinen Grund in der schon dargelegten Verschiedenheit des Volks=
lebens. Die Missionare haben sich hier bei den großen Städten
niedergelassen und fanden dadurch gleich eine ganz andere Auf=
nahme. Manche der Könige — und mehr und mehr alle —
wollten aus irdischen Gründen gern einen Missionar haben, wie
denn solche ihnen auch sehr nützlich gewesen sind. Dabei hatten
die Missionare den Vorteil, daß sie gleich größere Scharen von
Zuhörern hatten. Da die Betschuanen sich in ihrem Charakter
empfänglicher erwiesen und durch ihre Geschichte mehr für die Auf=
nahme des Evangeliums von der Erlösung und der herrlichen
Freiheit der Kinder Gottes bereitet waren, so bildeten sich bald
Gemeinden, und diese wuchsen schnell. Dadurch trat die Mis=
sionsarbeit, so weit sie ein Ausgehen, Suchen und Berufen der
Heiden erfordert, mehr zurück. Es war dasselbe hier auch nicht
eine solche Notwendigkeit, wie bei den Sulu und Kaffern. Denn
das Gotteshaus war den Heiden vor Augen, sie hörten die
Glocken läuten, sie sahen den Missionar und die Leute zur Kirche
gehen. Sie sahen, daß die Könige im ganzen den Missionaren
geneigt waren. Sie sahen auch die Erfolge des Christentums
vor Augen. Kurz, durch das alles wurden sie berufen. So be=
stand die Missionsarbeit meistens in der Berufung der Heiden
durch die Predigt im Gotteshause, durch gelegentliche Vermahnungen

und Einladungen der Heiden, und in dem Taufunterricht, der
bei den größeren Scharen hier viel mehr Zeit und Kraft erfor=
derte. Die Anlage großer Stationen, um Arbeitskaffern zu ge=
winnen und zu beschäftigen, war hier nicht nötig. Und so finden
wir diese Praxis unserer Sulumission in der Betschuanenmission
nicht. Aber es sind doch neben den großen auch kleinere Städte
und Niederlassungen vorhanden, und auf den hin und her zer=
streut liegenden Farmen der Buren wohnen sogenannte Platz=
kaffern. Diese letzteren gehören zum Teil den Betschuanenstämmen
an, sind aber vielfach auch Orlamsche Kaffern, die aus Hotten=
totten und anderen Stämmen oder aus Mischung derselben hervor=
gegangen sind. Manche Missionare erstreckten ihre Missionsarbeit
auch auf diese und legten Predigtplätze und Filiale an. Andere
beschränkten sich zunächst auf die großen Städte. Auch Paulus
hat letzteres gethan in der richtigen Erkenntnis, daß dadurch
große Lebenszentren geschaffen werden, von denen aus sich das
Christentum dann ganz von selbst weiter in die umliegenden
Kreise verbreiten werde. Aber unsere Missionare müssen jetzt je
mehr und mehr auch diese in ihren Bereich ziehen und müssen,
wo sie selbst durch ihre viele Arbeit verhindert sind, darnach
trachten, helfende Evangelisten zu haben. Man muß fleißig darüber
nachsinnen und es zum Gegenstand der Beratung auf Konferenzen
machen, wie die Missionspredigt und wie der Taufunterricht am
besten nutzbar gemacht wird. Denn die Predigt und der Tauf=
unterricht sind die beiden Hauptstücke der eigentlichen Missions=
arbeit. Und da scheint es uns, daß man bei der Missionspredigt
im Unterschied von der Kultuspredigt, von der Predigt vor der
Christengemeinde, sich nicht an die Perikopen binden, sondern frei
verfahren soll. Man muß sich da vor allem an das Evangelium
halten. Da nehme man das Leben Christi, erzähle aus dem=
selben eine einzelne Geschichte, lege dieselbe aus und bringe sie
in die Herzen! Man hüte sich dabei vor Allegorisieren, sondern
behandle die Geschichten einfach, wie sie sind! Man wähle ein=
zelne Stellen aus, die von Christo und seinem Erlösungswerk
handeln! Auch aus dem Alten Testamente nehme man solche
Geschichten, die den Heiden verständlich sind! Man zeige ihnen

daraus, wie das Heidentum mit seinem Götzendienst und mit seinem Sündenleben überall dem Gerichte Gottes verfallen ist, und daß der rechte Gott ist zu Zion! Und dann komme man immer wieder auf die Offenbarung des allein wahren Gottes in Christo Jesu, Seinem Sohne! Die Heidenpredigt muß, unsers Erachtens, immer wieder auf das Zentrum zurückführen, sie mag ausgehen, von wo sie will. Wichtig scheint es uns grade bei der Missionspredigt, — viel mehr als bei der Kultuspredigt, — an die Erlebnisse der Heiden anzuknüpfen. Solche Predigten werden oft Gelegenheitspredigten sein. Man schließe sich dabei möglichst ihrer Weise an, rede in Bildern und Gleichnissen und sei in der Ausdrucksweise so einfach wie möglich. Es kommt bei der Missionspredigt nicht so sehr auf die Form an; eine solche Predigt braucht nicht Thema und Teile zu haben; aber ein bestimmtes Ziel muß sie immer haben, das Ziel, daß sie zu Christo führt. Auch muß die Predigt des Gesetzes hier zurücktreten. Man achte darauf, daß die Evangelisten und andere Getaufte, wenn sie zu den Heiden reden, das Gesetz nicht zu stark treiben! Sie haben eine Neigung dazu.

Besonderen Fleiß verwende man auf den Taufunterricht! Nach den gewonnenen Erfahrungen haben wir uns überzeugt, daß unsere Mission nicht zu hohe Anforderungen stellt. Wir wissen wohl, daß man in manchen Missionen nicht so viel verlangt. Doch ist die Praxis der lutherischen Mission (so der Berliner, Norweger und Schweden) im wesentlichen die gleiche. Bei den englischen Missionaren sind die Anforderungen sehr gering. Gewiß würde man dadurch fürs erste viel größere Erfolge erzielen, man würde Massentaufen erreichen, namentlich wenn man auch hinsichtlich der sonstigen Bedingungen — z. B. der Polygamie — gelinde wäre. Aber Massentaufen sind stets zum Schaden der Kirche gewesen. Es ist deshalb wichtig, daß man bei der Taufe sehr vorsichtig ist, damit man nicht ungenügend unterrichtete, unklare, unreife Christen bekommt. Diese werden nachher leicht wieder zurückfallen ins Heidentum. Der Schaden, der dadurch angerichtet wird, ist unberechenbar. Deshalb kann man nicht Fleiß und Sorgfalt genug auf diesen Unterricht verwenden.

Man sage auch nicht: man müsse es den Heiden leicht machen, zur Taufe zu kommen, und in die Zeit nach der Taufe den Hauptunterricht legen. Das wird in vielen Fällen mit großen Schwierigkeiten verbunden, ja oft unmöglich sein. Die meisten kommen von auswärts auf die Station. Dort müssen sie unterhalten werden oder sich selbst unterhalten. Am schwierigsten ist das, wenn es ganze Familien sind. Doch ist es notwendig, sie eine Zeit lang auf der Station zu haben, damit sie an dem regelmäßigen Unterrichte teilnehmen können und mit ihrem ganzen Lebenswandel unter der Aufsicht des Missionars, resp. seines Gehülfen sind. Die Taufe ist das Ziel. Wenn sie dieselbe erreicht haben, bleiben zwar manche auf der Station, aber viele, namentlich junge Leute, gehen wieder fort in ihre Heimat oder in den Dienst bei Weißen, oder in neuerer Zeit mehr und mehr auf die Gold- und Diamantfelder, wo sie großen sittlichen Gefahren ausgesetzt sind. Es kommt deshalb alles darauf an, daß sie vor der Taufe auf das Fleißigste und Sorgfältigste unterrichtet werden. Und dahin geht die Praxis unserer Mission.

Zwar herrscht im einzelnen dabei Verschiedenheit; aber im ganzen nimmt man es bei uns mit der Taufvorbereitung sehr ernst.

Zunächst behandelt man ausgewählte biblische Geschichten, etwa wie sie hier für die Unterstufe der Volksschule bestimmt sind. Es herrscht bei dieser Auswahl keine Gleichheit. Der Superintendent Hohls hatte einmal den Versuch gemacht, eine solche herbeizuführen. Das von ihm gemachte Verzeichnis ist jedoch nicht überall bekannt geworden. Im ganzen konnten wir seiner Auswahl zustimmen. Wir haben die Brüder darauf hingewiesen, eine Gemeinsamkeit herbeizuführen, und haben dieselbe auch durch Vorträge über den Taufunterricht und Beratungen in einer Kommission ins Werk zu setzen gesucht. Nicht alle biblischen Geschichten sind für den Taufunterricht geeignet. Es kommt darauf an, leicht verständliche und behaltbare Geschichten aus dem Alten Testamente zu wählen und das Leben JEsu in reichem Maße zu behandeln. Dieselben Geschichten wird man auch für die Heidenpredigt verwenden können.

Ferner wird der Kleine Katechismus behandelt, und zwar die
vier ersten Hauptstücke. Einzelne Missionare — aber nur sehr we=
nige — zogen auch das fünfte Hauptstück in den Bereich dieses
Unterrichts. Das konnten wir nicht gut heißen. Die betreffenden
Brüder hatten die Praxis, die Zulassung zum heiligen Abend=
mahl der Taufe bald folgen zu lassen, während die überwiegende
Mehrheit zwischen der Taufe und dem ersten Empfang des heiligen
Abendmahls eine längere Periode, ein halbes bis ein ganzes Jahr
verstreichen läßt und in dieser erst den Abendmahlsunterricht giebt.
Und das ist das Richtige.

Was nun die vier ersten Hauptstücke betrifft, so war auch
da die Behandlung verschieden. In einem Distrikt ließ man
nur den Text derselben ohne die Erklärung lernen. Sonst wur=
den überall auch die Erklärungen dem Gedächtnis eingeprägt.
Wo man das letztere that, machte man jedoch Ausnahmen.
Man forderte es nur von den jungen und begabteren Katechu=
menen und erließ es den Alten und Schwachen. Diesen suchte
man die zehn Gebote, die drei Glaubens=Artikel und das Vater=
unser im Wortlaut zum Eigentum zu machen und ein Verständ=
nis von der Kraft und dem Segen der heiligen Taufe beizubringen.
Von den jüngeren aber forderte man mehr und verfuhr im ganzen
dabei ziemlich streng. Man suchte ihnen zunächst den Wortlaut
einzuprägen, dann das Wortverständnis zu gewinnen; und, wo
es ging, suchte man sie auch tiefer in das Verständnis einzu=
führen. Meistenteils mußte man sich mit dem Wortverständnis
begnügen. Stellenweise aber erreichte man auch mehr; und die
Prüfungen, die wir abhielten, haben uns bisweilen in ihren Re=
sultaten überrascht.

In dem lutherischen Katechismus haben wir einen großen
Schatz. Die Katechumenen werden durch denselben klar und fest
in der Lehre. Das zeigt sich den Katholiken und der Mission der
Sekten gegenüber. Zwar haben wir einige Übertritte aus unserer
Mission in die katholische Kirche und in die Sekten zu beklagen,
sonderlich in letzter Zeit, wo die Trappisten in Natal eine starke
Propaganda machen. Dieselben sind aber vereinzelt. Im ganzen
haben sich unsere Christen solchen Einflüssen gegenüber fest gezeigt.

Neben dem Unterricht in der biblischen Geschichte und dem Katechismus ist der im Singen wichtig. Dadurch werden die Katechumenen in den Liederschatz eingeführt. Und da sie gerne singen und namentlich Lieder leicht behalten, werden sie dadurch mit allerlei geistlichen Gedanken und Schätzen auf das Leichteste erfüllt, zu einem frischen, fröhlichen geistlichen Leben angeregt, resp. darin erhalten und gestärkt.

Der Lese-Unterricht wird in unserer Mission fast überall mit dem Taufunterricht verbunden; und das konnten wir nur billigen. Man sage nicht: das ist zu viel, und das gehört nicht dahin. Selbstverständlich kann man nicht das Lesen als notwendige Bedingung für die heilige Taufe fordern; das thut man auch nirgends Bei Alten und Schwachen verlangt man es überhaupt nicht. Aber sonst darf man, auch bei Frauen, diese Forderung unseres Erachtens nicht unterlassen, namentlich bei den Männern und jungen Leuten nicht. Es ist auch nicht schwer, dieselbe durchzuführen, da jene Völker im ganzen leicht lesen lernen. Es ist aber deshalb so wichtig, weil die Christen sonst nicht im stande sind, Bibel und Gesangbuch zu gebrauchen.

Den Taufunterricht giebt der Missionar selber. Nur in einzelnen Fällen, z. B. auf Filialen, ist derselbe dem Lehrer übertragen. Aber dann müssen die Katechumenen einige Zeit vor der Taufe auf die Station kommen, damit der Missionar selber die letzte Hand an ihre Vorbereitung lege.

Nach vollendetem Unterricht findet eine Prüfung der Katechumenen statt, vielfach eine doppelte. Im allgemeinen ist es nämlich Praxis in unserer Mission, daß der Vorsteher des Kreises eine Prüfung mit denselben vornimmt. Die Ansichten sind darin verschieden. Manche Missionare wünschen diese Prüfung nicht. Sie sagen: sie seien allein befähigt und auch allein berechtigt, über die Zulassung zum Sakrament zu entscheiden. Und in der Hauptsache stimmen wir ihnen darin zu. Dieses Recht soll nicht beeinträchtigt werden. Aber Zulassung zum Sakrament ist zugleich die Aufnahme nicht nur in die Einzelgemeinde, sondern auch in die Kirche, zunächst in die Gemeinschaft unserer Mission. Insofern hat auch die Gemeinschaft, wie sie durch die leitenden

Organe vertreten wird, ein Anrecht, Garantien für die Aufnahme zu fordern. Daraus ist die Ordnung entstanden, daß die
Katechumenen vor der Taufe von dem Superintendenten oder
dem Vorsteher geprüft und nach einer Beratung desselben mit
dem Missionar zum Sakramente zugelassen werden. In der
ersten Periode unserer Mission bis zur Amtsführung Otte's
ist dabei das Recht des Superintendenten zu stark betont und
das Recht des Missionars oft hintenan gesetzt. Das konnten wir
nicht billigen. Uns scheint es das Richtige zu sein, die Prüfung
durch den Missionar allein vornehmen und die Prüfung durch den
Superintendenten oder Vorsteher vor der einzelnen Handlung fallen
zu lassen. Das Recht der letzteren scheint uns durch die jährliche Visitation genügend gewahrt, und das Recht der Gesamtheit gegenüber der Einzelgemeinde durch dieselbe hinreichend geschützt zu sein. Bei der Visitation hat der Superintendent das
Recht, die Katechumenen zu prüfen und überhaupt eine Katechis-
mus-Prüfung mit der Gemeinde vorzunehmen. Ist der Missionar
nicht fleißig und gründlich in der Vorbereitung der Katechumenen,
so wird sich das dabei herausstellen.

Bedeutungsvoll ist die Prüfung der Katechumenen durch
den Missionar. Diesem ist ja freilich bekannt, wie viel die einzelnen wissen. Aber die Prüfung soll auch vor der Gemeinde
die Reife derselben konstatieren. Dabei ist die Frage aufgeworfen, ob dieselbe öffentlich im Gottesdienst gehalten werden
soll. Das ist in unserer Mission bisher nirgend geschehen und
hat auch seine Bedenken, da die Gemeinde selbst noch recht un-
reif ist, und die Katechumenen an derartige öffentliche Handlungen ganz und gar nicht gewöhnt sind. Auch bedenke man,
daß oft Alte und Frauen unter ihnen sind, die in ihren Leistungen begreiflicher Weise hinter den jungen Leuten zurück geblieben sind. Wie leicht könnte die Pietät verletzt werden, wenn
sie beim Hersagen Falsches sagten, oder stecken blieben, wenn
sie gar keine oder dumme Antworten gäben! Der Kaffer ist
lebhaft in seinen Empfindungen und in dem Ausdruck derselben; er lacht leicht. Wir können es deshalb nur gut heißen,
daß man in unserer Mission diese Prüfungen nicht in den

öffentlichen Gottesdienst gelegt hat und nicht vor der ganzen Gemeinde hält, obschon ja vieles dafür sprechen würde.

Den öffentlichen Charakter hat man in vielen Fällen diesen
Prüfungen dadurch gegeben, daß man die Kirchenvorsteher und
auch wohl andere verständige und erfahrene Gemeindeglieder hin-
zugezogen hat. Dadurch ist die Gemeinde in dem zuständigen
Organ an der Prüfung beteiligt. Die Teilnahme jener Männer
ist wichtig für die Gemeinde, innerhalb welcher sie nachher von
der Prüfung erzählen; und sie ist wichtig für den Missionar
selber. Denn wenn auch die Kirchenvorsteher kein Stimmrecht
hinsichtlich der Zulassung zur Taufe haben können, so muß sich
der Missionar doch mit ihnen beraten. Und jene Männer werden
meist über die sittliche Reife ein besseres Urteil haben als jener.
Sie lernen die Leute genauer kennen; sie beobachten sie in
ihrem Lebenswandel. Sie hören auch, was die übrigen in der
Gemeinde über sie sagen. Durch sie wird der Missionar Gutes
und Schlechtes hören und darnach sein Urteil bilden können.
Der Kaffer ist klug, er weiß sich zu verstellen und gut zu sprechen.
Der Missionar kann leicht getäuscht werden, namentlich da, wo
viele Katechumenen sind, und dieselben nicht unter seinen Augen
auf der Station, sondern in der Gemeinde oder gar unter den
Heiden wohnen. Geht einer auf unsittlichen Wegen, hält er sich
zu Gelagen oder sonstigem Treiben der Heiden, — jene bemerken's.
Und auch die Gründe, die ihn zum Begehren der Taufe bewegen,
ihnen bleiben sie nicht verborgen. Denn es ist nicht allemal das
Heilsverlangen, oft treibt die Selbstsucht, die Habsucht, die Ehr-
sucht, der Hochmut sie dazu. Die Klugen unter den Heiden
sehen's ja bald ein, daß auch allerlei irdische Vorteile mit dem
Christentum und seiner Bildung verbunden sind. Das kann sich
vor dem Missionar verbergen. Der große Eifer im Unterricht,
den oft gerade solche, die unlautere Motive haben, beweisen, die
überraschenden Fortschritte bestechen den Missionar. Aber vor jenen
Leuten können sie ihre Beweggründe auf die Dauer nicht so leicht
verbergen. Darum ist es gut, die Beobachtung des Wandels der
Katechumenen und die Zucht derselben mit zu einer Amtspflicht
der Kirchenvorsteher zu machen.

Schwierig wird die Entscheidung über die Zulassung zur Taufe oft durch die Polygamie. Dabei tauchen Fragen auf, die nicht so leicht zu beantworten sind, in denen darum auch unter den verschiedenen Missionsgesellschaften, ja innerhalb der einzelnen, ja auch innerhalb der unserigen, eine verschiedene Praxis besteht. Es ist ja nicht zu verkennen, daß den heidnischen Völkern der Eintritt in die Kirche bedeutend erleichtert würde, wenn die Mission die Polygamie da, wo sie ist, bestehen ließe. Das ist auch die Meinung, und dahin geht die Praxis mancher Missionare. So wurde noch jüngst auf der großen allgemeinen Missionskonferenz in London durch den Bischof von Sululand (Mr. Mackenzie) ein dahin gehender Antrag gestellt, der jedoch scheiterte. In unserer Mission hat Superintendent Hardeland diese Ansicht vertreten, und es hat je und je einige Missionare gegeben, die derselben beipflichteten, die da meinten, man könne auf Grund der Schrift die Polygamie bei denen, die in solchem Verhältnis sich befinden und die Taufe begehren, bestehen lassen und müsse nur das Eingehen eines polygamischen Verhältnisses innerhalb der Gemeinde entschieden verwehren. Wo in unserer Mission einzelne Brüder diese Anschauung hatten, ist es bei der in sehr vorsichtiger Weise zurückgehaltenen Meinung geblieben, was wir anerkennen wollen; und auch nicht ein Fall in der Praxis ist vorgekommen, wo man die Polygamie geduldet hätte. Man wäre damit auch der sehr bestimmten Ansicht der Brüder Harms entgegen getreten. Und in der überwiegenden Majorität ist deren Anschauung auch die unserer Missionare, mit der auch wir uns übereinstimmend erklärten.

So ist es also Praxis in unserer Mission, daß ein Mann, der mehrere Weiber hat, dieselben bis auf eine vor der Taufe entlassen muß. Es wird ihnen das oft sehr schwer, und viele scheitern daran. Es kommt mancher dem Reiche Gottes nahe; aber um seiner Weiber willen kann er sich nicht zu dem letzten Schritt entschließen und geht wieder zurück. Er mag nicht mit Gewalt es an sich reißen, er mag die Glieder nicht abhauen, die ihm ein Ärgernis sind. Das Abthun der Polygamie ist aber um deswillen nötig, weil dieselbe sich nicht mit dem Christentum verträgt, in dem allein die Monogamie bestehen kann; und um deswillen, weil die Polygamie den Mann mit Ketten im Heiden= tum festhält. Ohne Zweifel würden seine Weiber sein Herz wieder in das Heidentum zurückziehen. Die Polygamie ist unter jenen Völkern gerade ein Hauptbollwerk des Heidentums. Da kann nur ein entschiedener Bruch helfen. Und deshalb ist es wichtig und richtig, diesen Schritt gerade vor der Taufe thun zu lassen.

Aber wie ist es in Todesgefahr? Soll man da nicht da= von abstehen? Warum da noch eine Bedingung aufstellen, die doch keine Bedeutung mehr hat? Wir sagen: Nein, auch da fordere man eine Entsagung von der Polygamie. Denn keiner kann's wissen, ob nicht doch noch Genesung eintritt. In einem Falle, wo es sich um den König Mokatle handelte, der schon über 80 Jahre alt und lange kränklich war, der dem Christentum sehr nahe stand und doch sich nicht zu dem entscheidenden Schritt entschließen konnte, dessen Taufe bei dem weitreichenden großen Ansehn des Königs von bedeutendem Einfluß sein mußte, ging der betreffende Missionar mit sich zu Rate, ob er von jener Be= dingung abstehen könne. Den Tod hatten alle vor Augen. Aber der Missionar entschied sich dafür, gerade bei dem König von der alten Regel nicht abzuweichen. Als er nun die Frage, was er mit seinen Weibern machen wolle, an den König richtete, hatte dieser den Kampf innerlich schon überwunden und war entschieden: sie sollten nicht mehr seine Weiber, sondern seine Kinder sein; das heißt, er wolle sie aus dem ehelichen Verhältnisse entlassen, aber für sie sorgen wie für seine Kinder. Und nach der Taufe ist er genesen und lebt noch heute, — und nun in der Mono= gamie. Wie folgenschwer wäre es gewesen, wenn der Missionar nicht fest an der Regel gehalten hätte! Die Heiden wissen es schon gar nicht anders, als daß die Polygamie mit der Taufe aufhört. Ein Abweichen davon würde großes Ärgernis und Verwirrung in sämtlichen Gemeinden anrichten. Es ist schon feste kirchliche Sitte geworden. Auch würden die Missionare bei laxer Praxis einen schweren Stand haben. Denn die Gemeinde würde die Inkonsequenz drückend empfinden, daß den einen die Polygamie erlaubt sei, den anderen nicht. Sie würden mit unerbittlicher Logik sagen: Ist es vor Gott nicht erlaubt, so kann es auch keine Ausnahmefälle geben. Hier ist meines Erachtens ein Punkt, bei dem es entschieden heißt: Nein ab und Christo an! Und man kann in den meisten Fällen voraussetzen, daß diejenigen, die vor der Taufe diese Probe bestehn, es ernst meinen mit ihrer Seelen Heil. Man bekommt in ihnen nicht schwankende Rohre, sondern solche Christen, die schon einen Sturm bestanden haben und in demselben bewährt sind.

Aber welche der Frauen soll der Mann behalten? Bei dieser Frage fanden wir verschiedene Praxis. Die zuerst genommene, — sagen die einen. Die sogenannte große Frau, — sagen die anderen. Diejenige, die etwa mit ihm zum Christentum übertritt, — sagen die dritten. Diesen Ansichten gemäß haben die Missionare ihr Verfahren eingerichtet.

Bei den eingehenden Verhandlungen, die wir auf beiden großen Konferenzen dieser Frage gewidmet haben, kam immer mehr die Anschauung zur Geltung, daß, wenn eine der Frauen mit dem Manne zugleich die Taufe begehrt, jedenfalls die dritte Ansicht den Vorzug verdient. Im ganzen aber müsse man sagen: es sei nach den ernsten Beratungen des Mannes mit dem Missionar und etwa den Kirchenvorstehern diesem selber zu überlassen. Er muß es entscheiden, welche Frau ihm die liebste ist; in Beziehung auf welche also das, was die christliche Ehe erfordert, das wirkliche Liebesverhältnis zwischen beiden Eheleuten vorhanden ist. Wir können uns nicht auf die heidnischen Rechtsanschauungen über das Eheverhältnis einlassen. Da ist in den meisten Fällen nicht die zuerst genommene die eigentliche Frau, sondern oft ist es eine andere. Wollten wir nun sagen: die zuerst genommene muß er behalten, so würden wir den Mann, namentlich einen König, in die schwierigste Lage bringen. Denn die ist oft nicht aus königlichem Stamme. Und doch muß die Frau, die den Nachfolger gebiert, aus königlichem Geschlechte sein. Auch ist die erste Frau oft viel älter. Der Mann käme dadurch später in schwere sittliche Gefahren, wie wir Beispiele dafür erlebt haben. Wollten wir erklären: die sogenannte große Frau soll er behalten; so würden wir auch da wieder in Schwierigkeiten kommen. Denn die Frage, welche denn die „große Frau" ist, wird nicht immer gleich beantwortet. Bei den Zulu und bei den Betschuanen herrschen darin verschiedene Rechtsverhältnisse. Will die Mission die Frage entscheiden, welche Frau der Mann behalten soll, und darüber ein Gesetz machen, so kommt sie aus den Schwierigkeiten gar nicht heraus, sondern immer tiefer hinein. Und geht es Jahre lang gut, so kommt dann ein Mal ein Fall, der die ganze Theorie über den Haufen stößt.

Darum scheint es uns das Richtige zu sein: über diese Frage entscheidet die Mission nicht. Sie berät darin den Mann, und dann überläßt sie ihm nach den Rechtsverhältnissen seines Volkes und nach der Stimme seines Herzens in Verbindung mit der seines Gewissens die Entscheidung.

Aber wie wird es gehalten, wenn ein Weib die Taufe begehrt, das in einem polygamischen Verhältnis lebt?

Wir begegneten in dieser Frage zwei verschiedenen Anschauungen. Eine strenge Ansicht hatten meistens solche, denen dieser Fall noch nicht vorgekommen war; eine mildere herrschte bei denen, die schon vor solcher Entscheidung gestanden und die Schwierigkeit derselben erfahren hatten. Manche wollten entschieden ein Heraustreten aus dem ehelichen Verhältnis fordern: das Weib müsse den Mann verlassen, und wenn er sie nicht lassen wolle, müsse sie fliehen. Die anderen erklärten: das sei nicht durchführbar und könne auch nicht gefordert werden. Das Verfahren derselben ist folgendes: Meldet sich ein solches Weib zur Taufe, so nehmen sie dieselbe in den Taufunterricht auf. Ist sie reif zur Taufe, so verhandeln sie allein mit ihr und suchen sich zu vergewissern, ob sie den HErrn und ihrer Seele Heil mehr liebt, als den Mann, stellen ihr vor, daß die Polygamie nicht mit der christlichen Ehe stimmt, und fragen sie, ob sie bereit sei, das Verhältnis zu lösen. Ist sie dazu nicht bereit, so schieben sie die Taufe auf und suchen sie weiter zu belehren. Geht sie zurück, so behalten sie sie im Auge in der Hoffnung, daß sie später zur Erkenntnis kommt. Geschieht dies, so muß sie zunächst selber versuchen, den Mann zu ihrer Entlassung zu bestimmen, was die Mission demselben auf alle Weise erleichtern muß. Es

7

ist vorgekommen, daß der Missionar dem Manne das Vieh, mit
dem er sich sein Weib gekauft hatte, zurückzahlte. Sind diese
Bemühungen vergeblich, so muß der Missionar — und hierbei
werden ihm wiederum die Kirchenvorsteher sehr nützlich sein —
den Mann zur Entlassung der Frau zu bestimmen suchen. Es
wird das in den meisten Fällen von Erfolg sein, da die heidnischen Männer Frauen, die Christen werden, nicht behalten
wollen. Ist aber dieses Bemühen erfolglos, so sind zwei Fälle
möglich, und sind beide in unserer Praxis vorgekommen. Entweder die Frau flieht; in dem Falle muß der Missionar ihr eine
Zufluchtsstätte auf der Station gewähren, wo sie unter seinem
Schutze steht; doch darf er sie nicht mit Gewalt festhalten.
Oder die Frau kehrt zu ihrem Manne zurück. Auch in diesem
Falle haben unsere Missionare der Frau, wenn sie innerlich bereit war, die Taufe nicht verweigern zu können geglaubt. Aber
der Frau muß dann ganz besondere seelsorgerliche Pflege und
Aufsicht gewidmet werden, damit sie in den Gefahren des polygamischen Lebens auf dem heidnischen Kraal nicht in das Heiden-
tum zurückfalle. Dann kann sie dem Manne oder anderen der
Weiber zum Segen werden. Man kann hier wohl die Regel
St. Pauli 1. Cor. 7, 13 ff. anwenden. Und deshalb haben wir
dieser Praxis zugestimmt, so daß dieses Verfahren jetzt das allgemein gültige in unserer Mission geworden ist.

Die Taufe selbst wird überall im öffentlichen Gottesdienst
nach Maßgabe der Lüneburger Kirchenordnung gehalten. Dieselbe findet nach der Liturgie vor dem Predigtliede statt. Die
Katechumenen sitzen um den Altar her. Der große Exorzismus
war nirgend in Übung, wohl aber in einzelnen Fällen der kleine,
der in der Lüneburger Kirchenordnung lautet: „Fahr aus du
unreiner Geist, und gieb Raum dem Heiligen Geist", der nach
dem signum crucis gesprochen wurde. Als Lektion wurde fast
überall der Taufbefehl, die Taufverheißung und die Worte Christi
über die Wiedergeburt aus Wasser und Geist Joh. 3, 5 verlesen.
Einige Missionare verlasen auch Marc. 10, 13 ff. und beriefen
sich dabei auf Matth. 18, 3: „Wahrlich, Ich sage euch, es sei
denn, daß ihr euch umkehret und werdet wie die Kinder, so werdet

ihr nicht in das Himmelreich kommen". Doch haben wir die Fortlassung dieses Abschnittes, als der Kindertaufe angehörend, bestimmt. Der Lektion folgte stets eine freie Rede, in der die Bedeutung der Taufe dargelegt, und die Katechumenen zu einem guten Bekenntnis vor Gott und der Gemeinde, zum treuen Fest= halten am Glauben und zu einem Wandel in der Nachfolge Christi ermahnt wurden. Auf das Gebet des HErrn, bei dem die Katechumenen niederknieten, und das vielfach mit Handaufle= gung über ihnen gesprochen wurde, und auf das Votum: „Der HErr behüte deinen Eingang und Ausgang" — folgte die Ab= renuntiation und das Glaubensbekenntnis. Meistens wurden die= selben in Frageform ihnen vorgelegt, und sie antworteten mit: Ja. In einigen Fällen sagten sie den Glauben im Chore her. Dann folgte die Frage: willst du getauft sein? und darnach die Taufe selbst, wobei häufig ein Kirchenvorsteher oder andere Ge= meindeglieder assistierten. Die Täuflinge empfingen dieselbe teils stehend, teils knieend. Das letztere geschah am häufigsten und ist gewiß vorzuziehen. Das votum posthaptismale machte den Schluß. Eine Konsekration des Wassers, ähnlich der der Ele= mente beim heiligen Abendmahl haben wir nur in einem Falle vorgefunden, und dieselbe, als über die Kirchenordnung hinaus= gehend, abgestellt. Den Namen wählten sich die Taufbewerber selbst und nannten ihn auf Befragen des Missionars, dem sie denselben jedoch zur Billigung schon früher vorgelegt hatten. Meistens sind in unserer Mission biblische, oder auch englische, holländische, ja deutsche Namen in Brauch. Doch kommen auch Namen ihres Volkes vor, die die Missionare acceptieren, falls die Bedeutung derselben nicht eine spezifisch heidnische oder aus anderen Gründen verwerfliche ist.

Die Kleidung der Täuflinge war stets eine passende; eine besondere Tracht ist dabei nirgend vorgeschrieben.

Der Tauftag ist ein Freudentag für die Gemeinde. Gott sei Dank, haben wir nirgend bemerkt, daß er ein Anlaß zu weltlichen Freuden geworden ist. Um dem auch fernerhin vorzubeugen, em= pfiehlt es sich, den Tauftag irgendwie besonders auszuzeichnen. Einige Missionare pflegen die Getauften Nachmittags in ihrem

7*

Hause wieder um sich zu sammeln und ihnen durch Erzählungen, Gesang und Gebet geistliche Freude zu bereiten.

Mit der Taufe ist die nächste Arbeit des Missionars, die Missionsarbeit im engeren Sinne, abgeschlossen. Aus der Sammlung der Getauften entsteht die christliche Gemeinde. Und innerhalb derselben beginnt die eigentliche Kirchen-Arbeit, zu der wir uns nun wenden.

2. Die Kirchen-Arbeit.

Die amtlichen Handlungen werden mehr oder weniger nach der Lüneburger Kirchen-Ordnung gehalten; diese ist die maßgebende Ordnung in unserer Mission. Sie ist von Ludwig Harms dazu bestimmt, und die Missionare sind — wenn auch nicht alle formell — auf dieselbe verpflichtet. Bei den meisten hat eine solche ausdrückliche Verpflichtung vor den Konsistorien in Stade und Hannover stattgefunden. Später ist ihnen diese Pflicht vom Direktor aufgelegt. Doch ist ihnen die Ausübung des Exorcismus und des großen Bannes stets untersagt. Es war Ludwig Harms Gedanke von Anfang an, die Mission möglichst eng mit der heimatlichen Landeskirche zu verbinden und sie unter das Kirchenregiment derselben zu stellen, was letzteres jedoch seiner Zeit abgelehnt hat. Dieses Bestreben des Gründers unserer Mission geht auch daraus hervor, daß er dem Superintendenten Hohls auf eine Anfrage nach verschiedenen Maßnahmen die Ebhard'sche Sammlung von Kirchengesetzen und Konsistorialverfügungen sandte mit der Aufgabe, sich so viel als möglich darnach zu richten. Das ist nun allerdings nicht geschehen, war auch in den meisten Dingen für eine Missionskirche nicht möglich. Aber die Lüneburger Kirchen-Ordnung ist nach wie vor die Basis der Kirchen-Arbeit. Freilich ist dieselbe, so wie sie ist, nicht in allen Fällen passend für eine Missionskirche. Sie ist unter ganz anderen Voraussetzungen gemacht und war bei der engen Verbindung von Kirche und Staat zugleich Landesordnung. Sie enthält nicht nur kirchliche, sondern auch bürgerliche Bestimmungen. Wir haben es draußen aber mit einer Kirche zu thun, die als solche in gar keiner Verbindung mit dem Staate steht, die aus den Heiden ihre Glieder sammelt und Gemeinden heranbildet und diese unter ganz verschiedenartigen Verhältnissen ausgestaltet. Die Missionare sind von uns befragt worden, wie sie in den Fällen verfahren, in denen die Bestimmungen der Lüneburger Kirchenordnung ihnen nicht anwendbar erscheinen, oder die überhaupt gar nicht in derselben vorgesehen sind. Die Antwort ist eine verschiedene gewesen. Die Einen haben sich Anweisungen von ihren Vorgesetzten erbeten; andere haben sich nach der Praxis benachbarter Missionare, z. B. der Norweger, gerichtet und haben die von Bischof Schreuder herausgegebene Agende benutzt; andere haben selbständig im Geist der Lüneburger Kirchenordnung zu verfahren gesucht; und einzelne haben nach ihrem eigenen Gutdünken gehandelt. Dadurch ist in unserer Missionspraxis eine große Buntscheckigkeit entstanden, es fehlt an Einheit. Besonders ist das in der Sulumission der Fall. Die dortigen Brüder haben diesen Mangel selbst drückend empfunden und auf Konferenzen schon allerlei Vorarbeiten für die Zusammenstellung und Übersetzung einer Agende gemacht. In der Betschuanenmission hat die raschere Entwicklung schon eher dazu geführt. Dort haben sie seit 1879 eine in der Betschuanensprache verfaßte Agende, welche eine Trauordnung, Taufordnung, ein Formular für Einsegnung der Wöchnerinnen und die ausgeführte Liturgie für den sonntäglichen Gottesdienst und für die Feier des heiligen Abendmahls enthält. Damit ist ein guter Anfang gemacht. Aber es fehlen noch Bestimmungen über die Konfirmation, die Beerdigung, die Beichte und die Absolution, die Kirchenzucht u. s. w. Die nächsten Jahre werden unserer Mission auf diesem Gebiete viel Arbeit bringen. Auf Grund der gemachten Vorarbeiten ist für beide Missionen eine ausführliche Agende aufzustellen, die im Geist der Lüneburger Kirchenordnung und in möglichstem Anschluß an die Bestimmungen derselben zu machen ist.

An jedem Sonntag werden überall zwei Gottesdienste

gehalten, der Hauptgottesdienst am Vormittage und der Nach=
mittagsgottesdienst. Die Zeit für den ersteren war fast überall
10 Uhr, für den letzteren 3 Uhr. Auf einigen Stationen wurde
der Hauptgottesdienst jedoch erst um 12 Uhr gehalten. Als Grund
dafür gaben die Missionare an, daß bei einem späteren Anfang
mehr Heiden kämen. Doch haben wir bei unsern Rundreisen
einen Unterschied in der Hinsicht nicht bemerkt. Wo der Gottes=
dienst um 10 Uhr begann, war die Teilnahme der Heiden keine
geringere, wie auch die Missionare bezeugen. Es ist deshalb eine
Gleichheit auf den Stationen herzustellen. Fast überall ging dem
kaffrischen ein deutscher Familiengottesdienst vorauf. Und Mor=
gens und Abends wurde, wie an den Wochentagen, die Gemeinde=
andacht gehalten. Diese letztere ist fast aller Orten in Übung.
Auf einzelnen Stationen nur ist sie aufgegeben. Der Besuch der=
selben ist ein sehr verschiedener; stellenweise recht gut, ist er auch
stellenweise sehr dürftig; meistens sind es Frauen und Schulkinder,
die daran teilnehmen. Eine große Bedeutung hat die Gemeinde=
andacht in dem Anfangsstadium gehabt; sie wird eine solche auch
immer bei Anlage neuer Stationen behalten. Wo die Gemeinde
noch klein ist und aus den Arbeitskaffern des Missionars erwächst,
wo diese dicht um die Kirche herum auf der Station wohnen,
wo sie noch um den Missionar als Hausvater gleichsam eine
Familie bilden, hat die Gemeindeandacht einen großen Segen und
dient zum täglichen, festen Zusammenschluß der Gemeinde. Wenn
diese aber allmählich den Familiencharakter verliert, wenn sie an
Zahl und somit auch an räumlicher Ausdehnung zunimmt, so
daß die Leute weitere Wege zur Kirche haben, wenn ihre Ver=
hältnisse sich heben, und damit die tägliche Arbeit für die Familie
zunimmt, wenn die einzelnen Gemeindeglieder selbständige Haus=
väter werden, dann dürfte unsers Erachtens die Zeit der Gemeinde=
andachten vorüber sein. Dann muß an Stelle derselben die Haus=
andacht treten, und jeder Hausvater seines Hauspriestertums
warten. Diese Erkenntnis hat denn auch einzelne Missionare der
Betschuanenmission bereits zur Abschaffung der Gemeindeandacht
veranlaßt, und für die größeren Gemeinden derselben dürfte das
zu empfehlen sein. Jedoch lasse man für die Dienstkaffern und

die Taufschüler eine gemeinsame Andacht bestehen, lasse auch den Schulunterricht mit einer Schulandacht beginnen! In den Abendstunden werden meistens Gesangübungen und Bibelstunden Ersatz dafür bieten. Wochengottesdienste fehlen in unserer Mission fast ganz. Wir fanden sie nur auf 3 Stationen. Auf vielen derselben werden auch keine Fastengottesdienste gehalten. Die Ursache dieses Mangels sind eben die Gemeindeandachten gewesen, die hinreichend Ersatz dafür boten. Wo diese letzteren aufhören, sind die kirchenordnungsmäßigen Nebengottesdienste einzuführen. Die zweiten Festtage werden überall gefeiert. Kleinere Feste sind in der Weise der heimatlichen Kirche an dem auf den Tag fallenden resp. folgenden Sonntage gehalten. Vesper=Gottesdienste finden in Hermannsburg an jedem Sonnabend, auf einzelnen Stationen am Abend vor Pfingsten auf dem Gottesacker und in der Kirche am Sylvesterabend statt. Die Christvesper am Abend vor Weihnachten wird fast überall gehalten. Als Bußtag ist nur der Karfreitag gefeiert. Die allgemeine Einführung der in der Kirchenordnung vorgeschriebenen Bußtage dürfte zu empfehlen sein. Missionsfeste werden vielfach gefeiert und erfreuen sich einer regen Teilnahme. Deutsche und kaffrische Gottesdienste wechseln an denselben ab. Zu den letzteren wird regelmäßig auch einer der älteren schwarzen Lehrer herangezogen. Meistens werden alle Gottesdienste in der Kirche gehalten, doch hat man hie und da schon einen wohlgelungenen Versuch gemacht, die Nachmittagsgottesdienste ins Freie zu verlegen. Fast überall werden die Missionsfeste an demselben Tage wie das in Hermannsburg in der Heimat gehalten, so daß die Muttergemeinde und die Töchter in der Heidenwelt im Geiste vereinigt gemeinsam Herzen und Hände erheben zum Beten, Loben und Danken. Wir möchten diese Sitte deshalb festgehalten sehen; doch wünschen wir nicht, daß man sich knechtisch daran bindet. Die Hauptsache ist doch die Belebung des Missionsinteresses und die Vereinigung der Gläubigen, auch verschiedener Gemeinden zu gemeinsamer Freude in dem HErrn. Wo es dieser Zweck erforderlich macht, ist deshalb die Auswahl eines anderen Tages zu erstreben. Dann kann man auch mehr Missionsfeste für kleinere Kreise feiern, was bisher durch das große Zentralmissionsfest vielfach verhindert wurde.

Wir gehen nun zu der Einrichtung der Gottesdienste über. Die Liturgie ist im wesentlichen die der Lüneburger Kirchen= ordnung. Dieselbe beginnt meistens mit dem von der Gemeinde gesungenen Introitus, wobei jedoch bis jetzt nur auf einigen Sta= tionen der Betschuanenmission die nach den Zeiten des Kirchenjahres verschiedenen, in der Sechuana=Agende verzeichneten Introiten in Übung sind. Eine allgemeine Einführung derselben ist vorzu= nehmen, was nach den gemachten Erfahrungen bei der großen Sangeslust nicht schwierig sein wird. Wo der Introitus noch nicht eingeführt ist, wird statt dessen ein Gemeindelied gesungen. Das Kyrie und das „Ehre sei Gott in der Höhe" u. s. w. sind allge= mein in Brauch. Lebhafte Beteiligung der Gemeinde, welche dabei von ihren Sitzen aufsteht, findet bei der Liturgie statt. Nach dem „Ehre sei Gott in der Höhe" singt die Gemeinde das in beide Sprachen übersetzte Lied: „Allein Gott in der Höh' sei Ehr'", und zwar vielfach alle 4 Verse. Das dürfte Sonntag für Sonn= tag zu viel sein und etwa nur zur Auszeichnung der Festtage passen; für gewöhnlich hingegen dürfte der erste Vers genügen. Dann folgen der Gruß, die Kollekte, und die erste Lektion mit abschließendem Hallelujah; nach einem Gemeindegesang die zweite Lektion mit dem „Lob sei Dir, o Christe!" Die vom Altar aus verlesenen Lektionen hört die Gemeinde fast überall stehend an. Bei der Vorlesung des Predigttextes jedoch, die eine nochmalige Lesung des Evangeliums ist, bleibt dieselbe vielfach sitzen. Die Christen lesen in der Bibel nach und behalten diese aufge= schlagen vor sich, um der Behandlung des Textes besser folgen zu können. Dann folgt eventuell die Taufe; sonst nach der Vor= bereitung durch ein Gemeindelied die Predigt, die mit einem freien Gebet begonnen wurde und in ein solches auslief. Das Vaterunser, bisweilen einige Abkündigungen und der Friedens= wunsch schlossen sich an. Nach einem Gesangverse folgte, wenn kein Abendmahl war, die Schlußliturgie, bestehend aus Gruß, Antiphone, Kollekte und Segen. Es ist erfreulich, daß die Liturgie bereits soweit eingeführt und Eigentum der Gemeinden gewor= den ist. Doch fehlt fast überall das Glaubensbekenntnis; nur auf wenigen Stationen ist es in Brauch. Auf einer war der im ganzen gelungene Versuch gemacht, es in der in Hermannsburg üblichen Weise zu singen. Es wird das nicht überall möglich sein, würde sich auch wohl nicht für jeden Sonntag eignen; dagegen scheint uns ein allgemeines Sprechen desselben wohl durchführbar. In den Gemeindeversammlungen haben wir vielfach zum Schluß das Vaterunser gemeinsam beten lassen, was einen feierlichen Eindruck machte. Auch hat uns das in Bayern übliche gemeinsame Sprechen des Glaubensbekenntnisses stets tief bewegt. Wir möchten, daß es in unserer Mission allgemeiner Brauch würde. Die Festtage könnte man durch den Gesang desselben auszeichnen. Das freie Gebet am Schlusse der Predigt enthielt stellenweise auch die üblichen Fürbitten. Vielfach war dasselbe jedoch zu subjektiv gehalten und entbehrte der festen Form und der Objektivität des allgemeinen Kirchengebetes. Es ist wünschenswert, daß ein solches ausgearbeitet wird, welches die Fürbitten für die Kirche und ihre Prediger, für die Mission, ihre Vorgesetzten und ihre Diener, für die heimatliche Missionsgemeinde, für die Obrigkeit des Landes der betreffenden Mission, für den König des betreffenden Stammes, für den Hausstand und alle die dazu gehören, für die Schule, für die Katechumenen und für die Leidenden zu enthalten hat. Auch ist die Einführung spezieller Danksagungen und Fürbitten besonders wünschenswert. Bis jetzt sind fast überall nur die Aufgebote üblich. Die speziellen Fürbitten haben ihre große Bedeutung für die Hebung des gemeinsamen christlichen Lebens.

Der Nachmittagsgottesdienst verläuft sehr einfach. Nach einem Gesange wird vom Altar aus ein Sermon gehalten, entweder auf Grund der Epistel des Tages, wie denn Morgens fast überall über das Evangelium gepredigt wird, oder auf Grund eines Abschnittes des Katechismus, der dem Volk vorgelesen wird. Meistens folgt dann eine Katechese über das Durchgenommene. Beides ist in Gemäßheit der Lüneburger Kirchenordnung, indem diese das Erstere für die Nachmittagsgottesdienste der Städte und an den Festtagen auch für die Dörfer, das Letztere für die Sonntag-Nachmittage auf den Dörfern vorschreibt. Für unsere Missionsverhältnisse scheint uns dieses entsprechend. Die Lüneburger Kirchenordnung hat bei der Katechismuslehre vor allem die Jugend im Auge. Doch schärft sie die Teilnahme der Erwachsenen dringend ein. In unserer Mission ist mehrfach mit gutem Erfolg der Versuch gemacht, auch die Erwachsenen an der Katechese zu beteiligen, was wir überall empfehlen möchten. Der Missionar ging katechesierend die Reihen entlang. Die Teilnahme war bei Männern und Frauen im ganzen eine lebhafte. Auch bei der Visitation haben wir es so gehalten und vielfach die ganze Gemeinde durch unsern Begleiter katechesieren lassen. Es wird schwer für die Missionare sein, darin den rechten Ton zu treffen und die Erwachsenen richtig zu behandeln. Darin liegt eine gewisse Gefahr. Es ist das eine Arbeit, die deshalb mit fleißigem Gebet und rechter Weisheit geübt werden muß. Dann aber wird sie segensreich sein. Es scheint uns, als würde es gut sein, die Nachmittagsgottesdienste durch einige liturgische Stücke, etwa im Anschluß an die Vesperform der Kirchenordnung, reicher auszugestalten.

Der Besuch dieser Gottesdienste ist bis jetzt noch ein recht guter. Nur hier und da wird über ein Abnehmen desselben geklagt. Das wird noch mehr stattfinden, wenn die Missionare ihn nicht besonders pflegen. Nicht durch Zwang, nicht durch Gebote, sondern nur dadurch, daß dem Volke Lust und Liebe dazu gemacht wird, werden die Nachmittagsgottesdienste auf dem jetzigen Stande zu halten sein. Hier und da wurden dieselben, ebenso wie die Gemeindeandachten, vom Missionar nicht im Ornat, sondern im schwarzen Anzug gehalten. Es geschah das von solchen, die die Katechese mit der ganzen Gemeinde hielten, um sich freier innerhalb derselben bewegen zu können. Doch scheint es uns nicht passend zu sein. Die Feier bekommt dadurch einen zu sehr schulmäßigen und verliert den gottesdienstlichen Charakter und mit demselben ihre Weihe. Auch wird der Missionar im Ornat sich selber wie die Gemeinde besser in Zucht und in rechter Andacht halten können.

Der Gemeindegesang steht in unserer Mission in Blüte. Daran kann man es merken, daß dieselbe eine Tochter der lutherischen, der singenden Kirche und auch, daß sie ein Kind Hermannsburg's ist. Darin verleugnet sie ihren Ursprung nicht.

Wir haben eine singende Mission. Viele Gesänge sind samt ihren Melodien Eigentum der Gemeinden geworden, wie man sie denn auch oft auf den Feldern und in den Häusern bei der Arbeit hören kann. In den Kirchen ist anfangs der Missionar selber der Vorsänger. Bald aber findet sich dieser und jener in der Gemeinde, der dieses Amt übernehmen kann. Meistens ist's der Lehrer oder ein Kirchenvorsteher. Die Vorsänger führen ihre schwierige Aufgabe nicht nur mit großem Eifer, sondern auch mit Geschick und Würde aus. Verlegen und ängstlich sind sie nicht dabei. Das kennen sie nicht. Sie wissen derartige Aufgaben mit einem auffallenden Anstand und Takt durchzuführen. Die Gemeinde ist leicht zu leiten, weil das Singen ihre Lust ist, und sich alle lebhaft daran beteiligen. Hört man ihre eintönigen unmelodischen Volksgesänge, so sollte man's nicht glauben, daß diese Völker so viel Liebe und Begabung zum Gesange haben. Überall, mit Ausnahme von zwei Stationen, wurde ohne Begleitung eines Instrumentes gesungen. In Hermannsburg ist früher die Orgel dazu gespielt, doch geschah das jetzt nicht mehr. In Bethanie und Linokana wurde auf dem Harmonium begleitet. Wir können nicht sagen, daß es zur Hebung des Gesanges wesentlich beitrug. Der Gesang stand auch sonst dem auf jenen beiden Stationen nicht nach. Nur einen Vorteil dürfte es haben, und der ist allerdings nicht gering anzuschlagen: die Gemeinde wird durch das Instrument an der Melodie festgehalten und darf sich keine Abweichungen erlauben. Je sangeslustiger die Menschen sind, desto mehr sind sie dazu geneigt. Wir leiden in der Heimat unter der tief eingewurzelten Verschiedenheit der Melodien. Fast jedes Dorf hat seine Besonderheiten. Die Ansätze dazu sind in unserer Mission auch bereits vorhanden. Da gilt es aufpassen und bei der Einübung der Melodien sorgfältig und Sonntag für Sonntag fest und treu sein. Und hat man kein Instrument, durch das man die Sänger zum Gehorsam zwingen kann, so muß man sonst keine Mühe scheuen, um eingerissene Abschweifungen auszumerzen und keine neue zu gestatten. Wichtig ist dazu die Ausarbeitung und Einführung eines einheitlichen Choralbuches, die auch beschlossen und bereits in Vorbereitung ist. Auch

möchten wir noch darauf hinweisen, daß, so schön der vierstim=
mige Gemeindegesang ist, man doch den einstimmigen nicht un=
terschätzen soll, der seine besondere Gewalt hat. Uns will be=
dünken, daß derselbe dem gewöhnlichen, sonntäglichen Choralgesang
mehr entsprechend sei.

Gehen wir nun zu der Predigtthätigkeit der Missionare
über! Bei manchen haben wir die Überzeugung gewonnen, daß
sie es mit der Vorbereitung auf die Predigt ernst und genau
nehmen; bei anderen haben wir jedoch den Eindruck gehabt, daß
sie sich darin zu sehr gehen, und es an der hier so besonders
notwendigen Treue fehlen lassen. Die Vorbereitung besteht
meistens in der Durchnahme des deutschen, resp. kaffrischen
Textes nach einem Bibelwerk, dem Lesen anderer Predigten, dem
Nachdenken über den Text, wie derselbe am besten praktisch für
die Gemeinde und für etwa anwesende Heiden zu verwenden sei,
dem Aufschreiben von Thema und Teilen und auch hie und da
der Hauptgedanken. Manche aber begnügen sich mit weniger,
und wir fürchten wohl kaum mit Unrecht, daß sie ziemlich schnell
und leicht darüber hingehen. Einzelne freilich gehen gründlicher
zu Werk, denken über die beste Ausdrucksweise nach und sam=
meln sich die Beispiele und Gleichnisse, die sie verwenden wollen.
Schriftliche Ausarbeitung der Predigten kommt selten vor. Man
sagt, man habe keine Zeit dazu, und das ist bei manchen wirklich
der Fall, denn sie haben eine kaum zu bewältigende Arbeitslast,
namentlich wenn sie keine Hülfskräfte haben, und außer der spe=
ziell amtlichen Thätigkeit die ganze Schularbeit und die Bewirt=
schaftung der Station auf ihren Schultern liegt. Ich weiß, daß
solche Brüder die Nächte zu schriftlichen Arbeiten haben verwen=
den müssen. Aber von allen kann man das nicht sagen. Andere
könnten bei ernstlicher Selbstzucht schon die Zeit dazu finden.
Aber sie scheuen die angestrengte schriftliche Arbeit, deren Wert
und Segen sie nicht erkennen, und die sie nicht recht anzufassen
verstehen, wie sie denn auch niemals recht darin geübt sind. Die
Predigtvorbereitung aber kann nicht ernstlich und sorgfältig genug
gemacht werden; denn wie viel hängt grade von der Predigt
ab! Die Predigt ist der Hauptnerv der ganzen Missionsarbeit.

„Gehet hin und prediget", sagt der HErr. Wie ganz anders aber muß eine solche Predigt beschaffen sein als eine Predigt vor einer Gemeinde der heimatlichen Christenheit! Drum kann das Lesen einer noch so guten Predigt aus unsern Predigtbüchern keine genügende Vorbereitung sein. Zur eigenen Erbauung und um den Text aufs eigene Gemüt wirken zu lassen, ist es heilsam und gut. Aber die Predigtaufgabe, die der HErr dem Missionar gestellt, erfordert eigene Arbeit. Man hüte sich vor dem Nachsprechen wenn auch noch so guter fremder Gedanken! Und ebenso hüte man sich vor allerlei Hülfsbüchern mit ihren Predigtentwürfen und Dispositionen! Man kommt dadurch zu sehr in einen Schematismus hinein, der für die Missionspredigt sonderlich gefährlich ist. Und das ist gewiß: eine einfältige, treue, eigene Arbeit hat mehr Wert und wird mehr gesegnet, als eine angeeignete fremde, mag diese auch noch so gut sein. Sie kann nicht so von Herzen kommen, sie kann nicht so der Ausdruck eigener Überzeugung sein. David legte Sauls Rüstung schleunig wieder ab, als er in den Kampf ging. Also auf eigene treue Arbeit müssen wir dringen. Der Missionar muß sich vor allem gleich klar machen, wie er den Text seiner Aufgabe gemäß verwenden will. Er braucht nicht den ganzen Text auszulegen und anzuwenden, er braucht auch nicht Thema und Teile zu haben. Aber er muß ein bestimmtes Ziel und einen geordneten klaren Gedankengang haben. Das Material muß er vorher fleißig sammeln: die biblischen Geschichten, die er verwenden, die Gleichnisse und Bilder, durch die er seine Gedanken veranschaulichen, die Worte, in denen er schwierige Begriffe klar legen will. Dem Missionar, der in der Sprache und Anschauungsweise des Volkes lebt, wird das ja leichter. Aber wie viele sind denn das? Und die sind erst nach langen Jahren und mit viel Arbeit dahin gekommen. Die meisten sind jedenfalls noch nicht so weit, und man lernt niemals aus. Die Predigt aber ist ein so ernstes bedeutungsvolles Ding, daß die Vorbereitung auf dieselbe den größten Fleiß und eine Treue bis ins Kleinste erfordert, — Woche für Woche, Jahr für Jahr. Und um dieser Treue willen, um sich selbst zu solcher Treue zu zwingen, zu erziehen, sich darin zu üben und zu befestigen, müssen wir die schriftliche Ausarbeitung der Predigt jedem Missionar auf das Dringendste anraten, der nur irgend Zeit dazu hat. Gegen das Vorlesen der schriftlich ausgearbeiteten Predigt, wie es in der englischen Kirche und Mission üblich ist, müssen wir uns entschieden erklären. Das wird wenig Eindruck auf die Christen, am wenigsten auf die Heiden machen. Ein freier Vortrag Auge in Auge muß es sein. Nur dann ist der Prediger im stande, wie es oft nötig sein wird, seine Rede den Hörern anzupassen, und nicht einen Vortrag vor ihnen zu halten, sondern ein lebendiges Zeugnis abzulegen. Soll er denn die schriftlich ausgearbeitete Predigt wörtlich memorieren? Anfangs, wenn er der Sprache noch nicht mächtig ist, muß er das gewiß. Beherrscht er aber die Sprache erst, so möchte es genügen, daß er den Gedankengang, die schwierigen Ausdrücke, die anzuwendenden Bilder, Gleichnisse und Geschichten fest in sein Gedächtnis prägt. Und dann gehe er mit Gebet getrost auf seine Kanzel, so wird der HErr Seinem getreuen Knecht die Lippen aufthun, daß sein Mund Seinen Ruhm verkündige! Wir haben von sämtlichen Missionaren teils deutsche, teils kaffrische Predigten gehört. Der Vortrag war im ganzen schlicht und einfach, ruhig und würdig, der Ton herzlich und warm; dem Inhalt nach waren die deutschen Reden sehr verschieden an Wert; und so sind es auch nach Aussage unserer Begleiter und Dolmetscher die kaffrischen Predigten gewesen. Die Leute hörten jedoch überall still und aufmerksam zu, und es wird auch manches geringe Wort seinen Segen gehabt haben, weil es eine Verkündigung des göttlichen Wortes war. Manchem aber unserer Brüder ist es gegeben, die Herzen der Hörer zu ergreifen und zu bewegen und eine bedeutende Predigtthätigkeit zu entfalten. Und wie denn unsere Brüder Männer des Volkes sind und deshalb anschaulich zu reden verstehen, und wie sie zu den Füßen eines Meisters der volkstümlichen Predigt gesessen haben, so glauben wir doch, trotz dem, was wir oben ausgeführt haben, daß ihre Predigtarbeit im Durchschnitt keine geringe ist, und daß sie zu den besseren ihrer Leistungen gehört.

Von ihrer katechetischen Arbeit glauben wir das nicht. Gut zu katechesieren ist ja bekanntlich sehr schwer, und um so schwieriger, je schlechter die Schüler sind. Es erfordert das ebenfalls eine sorgfältige Vorbereitung und eine treue Übung. Unsere Missionare haben das Katechesieren nicht genug gelernt. Einige haben sich mit zähem Fleiß hineingearbeitet. Anderen aber fehlt die Anleitung, sie wissen es nicht anzufangen. Sie unterschätzen deshalb den Wert der Methode und ebenso die Bedeutung gründlicher, spezieller Vorbereitung. Sie meinen, der Augenblick muß die Frage geben. Sie strengen sich dann sehr bei der Katechese an. Aber es ist zu bedauern, wie viel Kraft und Zeit dabei nutzlos verschwendet wird. Demgemäß sind denn auch die Resultate. Mit viel größerer Anstrengung erreichen sie nicht so viel, als ein geschickter Katechet mit weniger Mühe. Keiner unserer Missionare sollte deshalb eine Katechese ohne Vorbereitung halten, sondern jeder sich auf das Ernstlichste im Katechesieren üben. Am meisten hilft die tägliche Übung. Diejenigen der Missionare, welche Katecheten haben, sollten deshalb diesen den Schulunterricht nicht ganz überlassen, sondern etwa, wenn nicht allen, so doch den Religionsunterricht der Oberstufe für sich selber reservieren.

Gehen wir nun zu den verschiedenen kirchlichen Handlungen über, so haben wir über die Handlung des Taufsakramentes schon oben gesprochen, da wir die Taufe der Erwachsenen als den Abschluß der Missionsarbeit im engeren Sinne darstellten. Wir hätten hier nur noch der Kindertaufe und der Nottaufe zu gedenken. Die erstere findet mit seltenen Ausnahmen stets am ersten Sonntage nach der Geburt statt und wird nach der zweiten Lektion im Hauptgottesdienst gehalten. Dieselbe verläuft ganz wie die Taufe der Erwachsenen, nur daß das Kinderevangelium als Lektion verwandt wird. Gevattern hat man 2—3, in einzelnen Fällen auch 4 zugelassen. Bei Auswahl derselben wird im ganzen mit Sorgfalt verfahren. Die Nottaufe ist selten vorgekommen und meistens von den Missionaren selber verrichtet. Wir fanden es nur auf wenig Stationen so, daß einzelne Personen, etwa der Lehrer und die Kirchenvorsteher, für dieselbe besonders instruiert waren, was in Zukunft geschehen muß, um so mehr, da keine Hebammen vorhanden sind. Der Anstellung einer solchen in den Gemeinden bedarf es bis jetzt noch nicht; die Frauen

helfen sich gegenseitig. Auch bringen die Mütter gewöhnlich die
Kinder schon selber zur Taufe. Eine besondere Einsegnung der=
selben findet bis jetzt nur auf wenigen Stationen statt. Doch ist
sie allgemein einzuführen.

Der Kindertaufe folgt die Konfirmation. Die Zulassung
zu derselben ist bis jetzt durch keine Bestimmung geregelt. Die
Missionare haben deshalb meistens in heimatlicher Weise das
vollendete 14. Lebensjahr als das geeignete Konfirmationsalter
angesehen. Oft sind die Konfirmanden auch älter gewesen, —
16—17 Jahre alt. Wir halten es für gut, die Bestimmung
darüber dem gewissenhaften Ermessen des Missionars zu über=
lassen, da die körperliche wie geistige Entwickelung eine sehr ver=
schiedene ist, — und etwa nur das Minimum von 14 Jahren
zur allgemeinen Pflicht zu machen.

Der Konfirmation geht regelmäßig der Vorbereitungsunter=
richt voraus, der zu verschiedenen Zeiten erteilt wird, je nachdem
der Tag der Konfirmation gehalten wird. Dieser ist in manchen
Fällen der Sonntag nach Ostern wie in der Heimat. Vielfach
aber richtet er sich nach dem Bedürfnis, und die Konfirmation
wird gehalten, wenn die Kinder genügend vorbereitet sind. Je
mehr die Zahl der Konfirmanden wächst, desto mehr wird auch
die Regelung des Konfirmandenunterrichtes und die Feststellung
eines allgemeinen Konfirmationstages erforderlich. Die Zeit des
Unterrichts ist in der Regel ein halbes Jahr. Da, wo der Mis=
sionar selber den Schulunterricht, oder doch den der Oberstufe
hat, ist sie auch wohl kürzer und umfaßt etwa 3 Monate. Er
hat sich dann auf die Lehre von den Sakramenten, von dem
Amt der Schlüssel, und auf die seelsorgerliche Bereitung beschränkt.
Sonst ist der Gegenstand des Unterrichts der ganze Katechismus
Lutheri. Der Unterricht muß in eine Prüfung der Konfirmanden
auslaufen. Einer solchen durch den Superintendenten reden wir
nicht das Wort. Dieselbe würde auch bei den weiten Entfernungen
mit zu viel Schwierigkeiten verbunden sein. Dagegen soll die
Konfirmanden=Prüfung in einem Gottesdienste, etwa am Sonntag=
Nachmittage vor der Konfirmation stattfinden. Die Konfirmation,
bei der die Kinder vor dem Altar auf Bänken sitzen sollen, fügt

sich in den Rahmen des Hauptgottesdienstes ein in der Weise, daß an Stelle der Predigt von der Kanzel eine der Bedeutung der Feier angemessene Rede vom Altar aus gehalten wird, die sich an die Gemeinde, an die Eltern und an die Kinder wendet. Die Wiederholung der Abrenuntiation dürfte nicht hierher gehören, wie sich dieselbe auch in keiner der lutherischen Kirchenordnungen findet. Das Glaubensbekenntnis ist von den Kindern gemeinsam zu sprechen, und die Frage, ob sie den Glauben in einem frommen Wandel beweisen, und ob sie, damit solches geschehen möge, die Gnadenmittel fleißig gebrauchen wollen, sind dem anzufügen und von den Konfirmanden mit einem kurzen Gelöbnis zu beantworten, wobei der hie und da übliche Handschlag, den die alte Kirche nicht kennt, fortzulassen ist. Bei der Einsegnung war vielfach die aus der sakramentalen Auffassung der Konfirmation erwachsene Formel in Brauch, die der altlutherischen Meinung nicht entspricht. Es findet hier keine neue Mitteilung des Heiligen Geistes statt. An Stelle jener Formel ist eine der sonst üblichen mit den Missionaren zu vereinbaren. Wir enthalten uns hier, eine solche vorzuschlagen, da die Tradition dabei zu berücksichtigen ist. Daß die Einsegnung, mit Handauflegung und einem Bibelspruch verbunden, knieend vor dem Altar empfangen wird, können wir nur billigen. Der Einsegnung hat die Fürbitte der Kirche nachzufolgen und ist dazu das aus der Kalenberger Kirchenordnung stammende, in der heimatlichen Kirche übliche Gebet an Stelle eines freien Gebetes allgemein in Brauch zu nehmen. Den Abschluß des Konfirmations-Gottesdienstes bildet die Feier des heiligen Abendmahls. Es ist wünschenswert, auch die Eltern und Gevattern der Kinder zur Teilnahme an demselben anzuregen.

Für den bei uns üblichen Ausfall des Nachmittagsgottesdienstes an dem Tage ist kein Grund vorhanden. Wir möchten, daß dem von vorn herein in unserer Mission vorgebeugt würde. Durch den Nachmittagsgottesdienst ist dem Einreißen von allerlei Unsitten ein Riegel vorgeschoben. Davon ist übrigens bis jetzt in der Mission noch nichts zu spüren.

Dem Konfirmandenunterricht der in ihrer Kindheit Getauften

entsprechend ist der Abendmahlsunterricht derjenigen, die als Erwachsene die heilige Taufe empfangen haben. Derselbe ist überall
in Übung und wird nach Bedürfnis gehalten; d. h. wenn erwachsene Getaufte für den Empfang des anderen Sakramentes
vorzubereiten sind. Doch ist die Praxis dabei eine verschiedene
und infolge dessen die Dauer desselben kurz oder lang. Einzelne
Missionare nehmen bereits sämtliche fünf Hauptstücke im Taufunterricht durch, was nicht zu billigen ist. Die haben nach demselben nur eine kurze Vorbereitung auf den Empfang des heiligen
Abendmahls. Andere nehmen vor der Taufe die vier ersten
Hauptstücke und lassen nachher nur die Lehre von der Beichte,
vom Amt der Schlüssel und vom heiligen Abendmahle folgen.
Andere wiederum nehmen den ganzen Katechismus von neuem
durch, suchen ihre Schüler dadurch in der Lehre zu befestigen und
in der Erkenntnis nach Kräften zu fördern. Bei diesen nimmt
der Abendmahlsunterricht eine längere Zeit in Anspruch, und
findet die erste Zulassung zur Kommunion erst nach einem halben,
ja nach einem ganzen Jahre statt. Wir verkennen nicht, daß das
mitunter seine Bedenken und Schwierigkeiten hat; für solche, die
von ferne gekommen sind, dürfte es schwer sein, so lange auf der
Station gehalten zu werden. Das mögen dann Ausnahmefälle
sein. Aber wo es zu erreichen ist, möchten wir der letztgenannten
Praxis den Vorzug geben. Der Abendmahlsunterricht ist dann
ähnlich dem Konfirmandenunterricht, der ja auch den ganzen Katechismus umfassen soll. Hier scheint uns das noch wichtiger zu
sein. Man bedenke, daß die Kinder zuvor den etwa achtjährigen
Schulunterricht durchlaufen haben, daß aber jene nur einige Zeit
vor der Taufe unterrichtet werden. Auch wachsen die Kinder in
christlicher Umgebung auf, jene aber kommen direkt aus dem
Heidentum und sind oft schon sehr abgestumpft. Auch hat der
Taufunterricht stets das bestimmte Ziel vor Augen und ist demgemäß eingerichtet. Und wenn Christus in Verbindung mit dem
Taufbefehl sagt: „Lehret sie halten alles, was Ich euch befohlen
habe", — so fordert Er damit eine ausgedehntere Lehrthätigkeit,
als sie im Taufunterricht stattfindet. Dieser kann gar nicht tief
in die christliche Lehre einführen, er wird sich mit Erreichung des

Wortverständnisses begnügen müssen. Deshalb muß ein voll-
ständiger Katechismusunterricht der Taufe nachfolgen und mit
einer tieferen Einführung in die heilige Schrift durch Bibellesen,
Erlernung von Bibelstellen und weiteren biblischen Geschichten
verbunden werden. Bibelstellen werden im Taufunterricht nur
wenig gelernt, da man genug mit dem Katechismus-Text zu
thun hat; die Zahl der biblischen Geschichten ist dort auch nur
eine sehr beschränkte. Der Segen einer solchen Wiederholung
und Erweiterung des Unterrichts ist ein bedeutender. Es ist der
Segen der Befestigung in der Lehre und damit auch der Befestigung im Glauben. Je fester das Herz ist, desto machtloser werden
die Versuchungen des Heidentums und die Anfechtungen sektirerischer Richtungen sein; desto weniger Abfälle und Rückfälle wird
man zu beklagen haben. Wir glauben, daß der verhältnismäßig
gute Stand unserer Getauften und das Festhalten derselben wesentlich mit eine Frucht fleißigen Katechismusunterrichts ist. Die
Mission sollte deshalb Leuten, die von ferne kommen, die Teilnahme an diesem Unterricht nach Kräften erleichtern. Zuletzt
hat derselbe in die spezielle Vorbereitung auf die Beichte und
das heilige Abendmahl auszulaufen und dann mehr und mehr
einen seelsorgerlichen Charakter anzunehmen. Der Lehrer tritt nun
in dem Missionar zurück, und der Beichtvater tritt hervor.

Daß unsere Missionare mit ihrer Arbeit es treu meinen, kann
man auch daraus sehen, daß sie auf manchen Stationen auch
später nach dem Empfang des heiligen Abendmahls eine besondere
Vorbereitung voraufgehen lassen, die Missionar Volker in einer
Abhandlung über die Beichte dringend empfiehlt. Nicht nur vor
der ersten Kommunion, sondern vor jeder Kommunion findet im
Anschluß an die Gemeindeandacht am Sonnabend-Morgen, hier
oder da sogar die ganze Woche hindurch, für die, so zum Sakrament gehen wollen, ein kurzer Unterricht statt, — eine Ein-
richtnng, die nur zu loben ist.

Das heilige Abendmahl wird stets im Hauptgottesdienst gehalten und bildet den Höhepunkt und krönenden Schluß
desselben. Während die Heiden hinausgehen, was jedoch nicht
überall durchgeführt wird, bleibt die ganze Gemeinde gegenwärtig

8*

und nimmt stehend an der Liturgie teil. Während der Distri=
bution setzt sie sich nieder und begleitet die Feier mit dem Ge=
sang von Abendmahlsliedern, wobei in einigen Gemeinden, —
anderen zum guten Beispiel, — leise gesungen wurde, was durch
den Gegensatz zu dem noch kurz vorher lauten, vollen Gemeinde=
gesang ergreifend wirkte. Wir müssen überhaupt bekennen, daß
wir in der Heimat nie in solchem Maße einen Eindruck davon
gewonnen haben, daß die heilige Kommunion der Höhepunkt
des Gemeindegottesdienstes ist, als in unsern schwarzen Ge=
meinden. Die Abendmahlsgäste sammeln sich auf dem Chor und
knieen beim Vaterunser und der Recitation der Einsetzungsworte,
— vielfach auch beim Empfang des Sakramentes — nieder.
Die Männer und Frauen treten gesondert herzu; hie und da
läßt die ledige Jugend den Verheirateten den Vortritt. Die
ernste andächtige Haltung der Kommunikanten hat uns durchweg
einen guten Eindruck gemacht. Auch war die Kleidung dabei
überall eine würdige. Das schwarze oder doch dunkle Abend=
mahlskleid ist vielfach schon feste Sitte geworden. Unsere Mis=
sionare haben sich „der feinen, äußerlichen Zucht" nicht minder
ernstlich angenommen, als der würdigen inneren Bereitung der
Abendmahlsgäste. Die Liturgie ist fast überall die der Kirchen=
ordnung, nur an einzelnen Orten ist sie noch nicht voll durchge=
führt. Eingeleitet wird sie durch das Offertorium: Schaffe in
mir, Gott, ein reines Herz. Dann folgt die Präfation mit dem
Sanctus, welches die Gemeinde singt. Die unsern Kirchen=
ordnungen eigene Ermahnung für die Kommunikanten wird in
der Betschuanenmission aus der Agende vorgelesen. In der Sulu=
mission, der eine solche fehlt, halten die Missionare in der Weise,
wie Ludwig Harms es machte, eine kurze Anrede. Das
Vaterunser und die Einsetzungsworte werden gesungen. Da die
Lüneburger Kirchenordnung keine Spendeformel vorschreibt, so
haben die Missionare die in Hermannsburg übliche eingeführt:
Nehmet hin und esset (trinket), das ist der wahre Leib (das
wahre Blut) unsers HErrn JEsu Christi .. Nach Empfang
des Sakramentes treten die Kommunikanten in ihren Platz zurück,
wo sie stehend ein stilles Dankgebet sprechen. Wir haben auch

gesehn, daß dabei im Drang der Freude dieser oder jener nieder=
kniete. Mit dem Gruß, der Antiphone: Danket dem HErrn ...,
der altkirchlichen Abendmahlskollekte und dem Segen wird die Feier
geschlossen. Vielfach jedoch findet vor dem Ausgang noch der
Wechselgesang statt: „Gehet hin, die ihr gebenedeit und in
Christo auserwählt seid! gehet hin in Freuden mit Fried'! Gott
richt' all' euer Schritt'. Gesegnet ist euer Ausgang, gesegnet ist
euer Eingang, gesegnet all' euer Thun durch Christum, Gottes
Sohn. Derselb' unser HErr und Heiland führ' uns ein ins
rechte Vaterland zu Lob und Ehr' Sein'm Namen in Ewig=
keit! Amen".

Das heilige Abendmahl wird oft begehrt. Wenn die Christen
Verlangen haben, kommen sie. Abendmahlsperioden, wie in der
Heimat, haben sich bis jetzt noch nicht gebildet. Dem ist auch
fernerhin vorzubeugen. Auf einzelnen kleineren Stationen wurde
das Sakrament nur jeden ersten Sonntag im Monat gehalten,
ein Brauch, den die betreffenden Missionare aus ihrer Heimat
herübergenommen hatten. Doch wie sich das Bedürfnis nicht an
bestimmte Termine binden läßt, so kann es auch mit der Feier
des heiligen Abendmahls nicht geschehen. Die Selbstbereitung auf
dieses ist seitens der Leute eine ernste, wovon die Missionare oft
erfreuliche Beweise erfahren. So ist es Regel, daß sie nicht zum
Abendmahl gehen, wenn ein Streit zwischen ihnen in der Schwebe
ist. Auch von Kranken wird das Sakrament viel begehrt, wobei
nach der Vorschrift der Lüneburger Kirchenordnung verfahren wird.

Dem Abendmahl vorauf geht stets die Beichte und Ab=
solution. Ohne dieselbe kann keiner das Sakrament empfangen.
Die persönliche Anmeldung ist allgemeine Regel und ist mit Ent=
schiedenheit festzuhalten; der Missionar muß darauf achten, daß
dieselbe nicht leere Form ist, er muß sie durch eine vertrauliche
Besprechung bedeutungsvoll machen. Die Beichte wird am Sonn=
abend, in einzelnen Fällen auch Sonntags gehalten. Letzteres
darf nur in Ausnahmefällen gestattet sein. Die Tageszeit für
dieselbe war fast überall der Nachmittag. Auf einigen kleinen
Stationen der Sulumission fand sie Abends im Anschluß an die
Gemeindeandacht statt, was nicht zu billigen ist. Man hüte sich

hinsichtlich der Zeit für die Beichte zu viel Rücksicht auf die Leute zu nehmen! Durch solche falsche Rücksicht ist uns in der Heimat so vielfach die Sonnabendbeichte verloren gegangen. Und sonderlich in Afrika haben sie Zeit genug. Sie gehen doch auch nicht jeden Sonntag, sondern nur einige Male im Jahr zum heiligen Abend= mahl. Die Sonnabendbeichte ist aber nicht nur für den Pastor, sondern auch für die Kommunikanten selbst von großer Wichtig= keit. Es ist besser, daß diese beiden, doch sehr verschiedenartigen heiligen Handlungen, die Beichte und das heilige Abendmahl, nicht auf denselben Tag dicht neben einander, sondern auf ver= schiedene Tage fallen. Die ernste Vorbereitung auf die Beichte mit ihrem Selbstgericht hindert zu leicht die Seele an der Er= hebung des Glaubens, an der freudigen Hingabe an den HErrn. Die Privatbeichte ist nur auf einigen Stationen unserer Mission in Gebrauch, und auch da, ein paar Ausnahmen abgerechnet, nur in der Form, daß der Beichtende vor dem Beichtiger eine gelernte Beichte allein spricht und darauf die Privatabsolution empfängt. Die allgemeine Beichte mit allgemeiner Absolution breitet sich immer mehr aus und bürgert sich ein. Mehrfach hat man die Privatbeichte ihr zum Opfer gebracht, wo man sie zuvor gehabt und ihren Segen erfahren hatte. Freilich, es ist nicht zu ver= kennen, daß die persönliche Anmeldung und ein offenes, vertrau= liches Gespräch mit dem Beichtvater die Privatbeichte etlicher= maßen ersetzt. Aber jene Unterredung unterbleibt zu leicht; vielleicht ist der Missionar verhindert, oder er ist gar nicht daheim. Man sollte deshalb die Privatbeichte, oder sagen wir lieber die Einzel= beichte festzuhalten, respective überall einzuführen suchen. Dieselbe erfordert viel Zeit, das ist wahr; und der Missionar hat wenig Zeit. Darum muß man ihm selbige schaffen und für die genü= genden Hülfskräfte sorgen. Sollte wirklich in großen Gemeinden einmal des Volks zu viel sein, so gestattet der Paragraph 34 des 6. Kapitels der Lüneburger Kirchenordnung, daß „man des jungen Volkes ein Teil bis auf folgende Tage oder Sonntage abweise und wiederkommen heiße; jedoch daß Alte, Kranke und Schwangere nicht abgewiesen, sondern alsbald für allen anderen angenommen, gehöret und absolvieret werden". Soviel lag unsern

Vätern an der Einzelbeichte. Leider hat die lutherische Kirche der
Heimat sie und mit ihr viel verloren: den Einfluß auf die einzelnen Seelen und damit den erzieherischen Einfluß auf das Volk.
Ganz besonders wichtig ist dieser Einfluß in einer Missionskirche,
in der ja all' und jeder erst durch die Kirche erzogen werden muß.
In den kirchlichen Gemeinden der Heimat sind Leute genug, die
ihrerseits den Pastor erziehen könnten. Draußen aber findet er
zunächst keinen solchen. Er muß sie alle erziehen; und dazu hat
er die beste Gelegenheit in der Beichte, wobei wir jedoch darauf
hinweisen, daß dieselbe nur in Verbindung mit treuer seelsorger-
licher Arbeit wirksam sein kann. Die Privatbeichte in der vollen
Entwicklung ihrer Kraft beruht wesentlich auf einem persönlichen
Vertrauensverhältnis, das aus treuer Seelsorge von selber erblüht,
das dann aber auch mit viel Weisheit gepflegt sein will. Die
rechte Übung dieser Beichte ist ein schwer Stück, wohl das
schwerste Stück der Kirchenarbeit, während die allgemeine Beichte
im ganzen leicht abgemacht werden kann und auch vielfach leicht
abgemacht wird. Die Übung der Einzelbeichte wird übrigens in
der Missionskirche weit leichter sein, weil die Christen in einem
kindlichen Verhältnis zu ihrem Beichtvater stehen, der sie gezeugt
hat durch das Wort der Wahrheit, der sie weit genauer kennt,
als hier ein Pastor je seine Gemeindeglieder kennen kann. Er
hat ja die Geschichte ihrer Bekehrung selbst mit durchlebt, er kennt
die sündlichen Neigungen und die Schwachheit, er kennt die Gefahren und Versuchungen, vielleicht kennt er auch manche der
Sünden, die jene nachher gethan. Das ganze Leben liegt ja in
den einfachen Verhältnissen viel offener da vor den Augen, als
hier bei uns, wo es sich den Blicken des Seelsorgers so viel-
fältig entzieht.

Die Beichthandlung verläuft folgendermaßen: Nach einem
Gesange beginnt der Beichtiger mit dem apostolischen Gruß und
mit einem Gebet um Erkenntnis, Buße und Glauben. Nach
der Lektion eines Wortes Gottes — meist eines Bußpsalms —
hält er die Beichtvermahnung an die Anwesenden. Dann treten
diese vor den Altar, knieen nieder und bekennen sich auf die
an sie gerichteten Beichtfragen, die vielfach in eine zusammen-

gezogen sind, **zu der vom Missionar** gesprochenen Beichte. Und dieser spricht über dem Haufen die Absolution. Bisweilen findet nach der allgemeinen Absolution noch eine Applikation an die einzelnen unter Handauflegung statt. Wo die Einzelbeichte ist, verläuft die Handlung wie oben bis zur Beichtvermahnung. Dann schließt ein Gebet, Vaterunser und Segen die gemein= same Feier ab. Der Beichtiger zieht sich in die Sakristei zurück, oder läßt, wo eine solche mangelt, die, so beichten wollen, die Kirche verlassen und dann einzeln zu ihm kommen. Hier spricht jeder sein Beichtgebet, an das sich, wo es nötig erscheint, eine Beichtunterredung anknüpft. Dann empfängt er die Privat= Absolution und geht, wenn er Glauben hat, gerechtfertigt heim in sein Haus. Ist dem Beichtvater dabei ein besonderes Be= kenntnis gemacht, so hat er es als Beichtgeheimnis in Ver= schwiegenheit zu bewahren. Von einem Fall der Verletzung des= selben in unserer Mission ist uns nichts zu Ohren gekommen. Die Absolutionsformel ist die der lutherischen Kirchenordnungen, in der dem Bußfertigen nicht bloß die Vergebung Gottes ver= kündiget wird, sondern die eine direkte Lossprechung im Namen Gottes enthält in Kraft des Amtes der Schlüssel, das ist der „sonderbaren Kirchengewalt, die Christus Seiner Kirche auf Erden gegeben hat, den bußfertigen Sündern die Sünden zu vergeben, den unbußfertigen aber die Sünden zu behalten, so lange sie nicht Buße thun".

Die Kirchenzucht wächst aus der Beichte und Absolution hervor. Denn wie der HErr der Kirche die Macht der Absolu= tion gegeben hat, so auch die Gewalt, die Absolution zu versagen und die Sünde zu behalten. Die Kirchenzucht stand in der ersten Christenheit in Blüte und war ein starkes Mittel zur Erziehung und Reinigung der Gemeinden. Auch in der ersten Zeit der lutherischen Kirche stand sie in hoher Kraft. Freilich mischte sich bei der landeskirchlichen Gestaltung, welche die lutherische Kirche mehr und mehr annahm, viel bürgerliche, polizeiliche Ordnung mit hinein. In solcher Mischung finden wir dieselbe in unsern Kirchenordnungen, die zugleich Landesordnungen sind. Leider ist aus verschiedenen Ursachen (von denen wir namentlich diese Ver=

mifchung und die kirchliche Untreue hervorheben) die Kirchenzucht
in der heimatlichen Kirche in Verfall geraten. Man bemüht sich
jetzt, die noch vorhandenen Reste sorgfältig fest zu halten und zu
pflegen und wieder zu gewinnen, so viel möglich ist. Wo aber kirchliche Neubildungen eintreten, da soll man mit
Eifer darüber aus sein, gleich eine voll entwickelte, kräftige Kirchen=
zucht zu gestalten und zu entfalten, wie sie der heiligen Schrift gemäß
ist. Das ist denn auch das Bestreben der missionierenden Kirche.
Unsern Missionaren war die Lüneburger Kirchenordnung mit
auf den Weg gegeben. Dieselbe enthält eingehende Bestimmungen
über die Kirchenzucht. Die Missionare wußten dieselben den Ver=
hältnissen einer Missionskirche nicht anzupassen. Dadurch ist es
gekommen, daß sie nach ihrer eigenen Überzeugung gehandelt
haben; und dadurch war es erklärlich, daß wir eine ganz ver=
schiedene Praxis bei ihnen vorfanden. Kirchenzucht war überall
geübt. Teils war man dabei strenger, teils laxer verfahren. Man
hatte dieselbe in einigen Fällen auch auf die Nichtleistung kirchlicher
Abgaben erstreckt. Nach dem Vorgang des Missionar Behrens
in Bethanie nennt man dies Verfahren vielfach die Behrens'sche
Praxis. In der Berliner Mission hat dieselbe eine allgemeine
Einführung erfahren (cf. §. 37). „Gemeindeglieder, welche den
geordneten Gemeindepflichten mutwillig und andauernd sich ent=
ziehen, mögen, nachdem sie wiederholt und ernstlich ermahnt und
verwarnt sind, bis zur Leistung ihrer Pflichten vom heiligen
Abendmahl zurückgewiesen werden", was denn auch die Entziehung
anderer kirchlicher Rechte zur Folge hat. Gewiß liegt in der
hartnäckigen anhaltenden Weigerung der Erfüllung der kirchlichen
Pflicht auch eine gewisse Verachtung der Kirche und des HErrn.
Damit wird jene Praxis begründet. Aber doch haben unsere
Missionare in überwiegender Mehrheit derselben widersprochen.
Jene Grundsätze haben auch nur vereinzelte Anwendung erfahren.
Missionar Behrens selbst und die ihm folgten, haben sie nur in
einigen besonders schweren Fällen angewandt und sind durch die
Erfahrung der zu großen Schärfe, die darin liegt, nach und nach
milder geworden. Wir konnten diese Praxis — vor allem die
Verweigerung oder doch das Hinausschieben der Kindertaufe aus

solchen Gründen nicht billigen. Nach den Besprechungen und Verhandlungen gelegentlich der Visitation können wir sie als gänzlich beseitigt betrachten.

Sonst hat sich die Kirchenzucht nur auf die Hurerei- und Ehebruch-Sünden, auf Diebstahl, auf Teilnahme an Zauberei und an heidnischen Festen, auf Trunksucht, auf Rückfall in's Heidentum bezogen. Wir haben alle Missionare dieserhalb befragt, und wo dieselben im Kirchenbuch verzeichnet standen, uns über die einzelnen Fälle Bericht erstatten lassen. Es sind uns keine Beschwerden aus den Gemeinden etwa über zu straffe Handhabung der Kirchenzucht, oder eine Ungerechtigkeit bei derselben vorgetragen, obschon wir dazu aufgefordert haben. Nur ein solcher Fall ist in Rustenburg vorgekommen, wo ein von einem anderen Missionar ausgeschlossener Mann sich beklagte, daß der jetzige Missionar ihn nicht wieder aufnehmen wolle, obschon er unschuldig sei. Wir haben die Sache einer eingehenden Untersuchung unterzogen. Dabei stellte sich heraus, daß der Missionar Ursache genug hatte, an der Wahrheit der Aussage und an der Aufrichtigkeit der Buße jenes Menschen zu zweifeln und ihm deshalb eine längere Prüfungsfrist zu setzen. Anerkennend heben wir es hervor, daß die Missionare dabei keinen Unterschied zwischen Hohen und Niedrigen, auch nicht zwischen Weißen und Schwarzen gemacht haben. In Bethanie fanden wir den christlichen König und einen seiner Verwandten hinter den übrigen an der Kirchthür sitzen; sie befanden sich in Kirchenzucht. In einem anderen Falle hatte der Missionar einen Weißen, der sich bei ihm zum Gottesdienst und zum Sakramente hielt und mit einem Mädchen aus dem Volk Unzucht getrieben hatte, in öffentliche Zucht genommen. Ein derartiges Verfahren kann das Vertrauen zu der Unparteilichkeit und Gerechtigkeit des Missionars in Handhabung der Kirchenzucht nur stärken. — Verschieden war zunächst das äußere Verfahren. Die meisten Missionare ließen diejenigen, die sich in Kirchenzucht befanden, hinter der Gemeinde, ja hinter den Heiden, an der Kirchthüre sitzen; andere thaten das nicht. Viele ließen die Bußfertigen selber öffentlich ihre Sünden bekennen; manche thaten es für sie. Fehlerhaft war es, daß nicht die Matth. 18

und in der Kirchenordnung geforderten gradus inne gehalten
wurden, und daß die Kirchenzucht überall nur ein Zuchtmittel des
einzelnen Missionars und der einzelnen Gemeinde war. Der
große Bann ist nirgends in Ausübung gekommen, der kleine
Bann dagegen häufiger. Superintendent Hardeland hat ihn
sogar in Fällen der Disciplin gegen Missionare angewandt, z. B.
gegen die vier Betschuanenmissionare, die ihm vorläufig den Gehorsam verweigert hatten, auch in einem späteren Falle, wo er
ihn öffentlich von allen Kanzeln verlesen ließ. Durch dieses Vorgehen des Superintendenten wurden die Missionare hinsichtlich
der Handhabung des Bannes irre geführt. Und wir können
uns nicht verwundern, wenn sie in dem Zuchtverfahren Fehler
machten und bisweilen ebenfalls zu schnell zur Verhängung des
Bannes schritten. In weitaus den meisten Fällen ist die Kirchenzucht nur eine seelsorgerliche Zurückhaltung von der Absolution
und dem heiligen Abendmahl gewesen, eine Abweisung von der
Gevatterschaft und eine Verweigerung der kirchlichen Ehren bei
der Trauung. Doch ist letzteres selten nötig gewesen. War ein
Christ ins Heidentum zurückgefallen und hatte sich damit schon
selbst ausgeschlossen von der Gemeinde, so ist der Ausschluß dann
auch amtlich von der Kanzel aus erfolgt, nachdem vorhergegangene
Mahnungen zur Buße und Umkehr fruchtlos gewesen waren.

Die Kirchenzuchtsfrage ist auf den beiden großen Konferenzen
im Anschluß an die fleißigen Abhandlungen der Missionare Jordt
für die Betschuanen- und Deppe für die Sulumission einer eingehenden Beratung unterzogen. Das Ergebnis derselben sind
folgende Sätze, die hinfort für unsere Mission maßgebend sein
sollen:

Der Kirchenzucht muß stets das seelsorgerliche Verfahren voraufgehen, ohne dieses kann die Zucht ihren Zweck nicht erreichen.
Dabei handelt der Seelsorger mit dem Sünder allein und muß
alles versuchen, ihn zur Erkenntnis seiner Sünde und zur Buße
zu bringen. Hat er darin Erfolg, so muß er ihn zur Absolution
und zum Sakrament zulassen; und mit der Vergebung der Sünde
ist die Sache abgethan, vorausgesetzt, daß dieselbe kein öffentliches Ärgernis gegeben hat. In diesem Falle und in dem der

Unbußfertigkeit tritt das kirchliche Zuchtverfahren ein. Die Kirchen= zucht hat also zwei Voraussetzungen: einerseits die der Ablehnung der seelsorgerlichen Zucht durch hartnäckige Unbußfertigkeit, anderer= seits die des öffentlichen Ärgernisses. Ihr Ziel ist nicht, die Seelen zu verderben und zu strafen, sondern dieselben zu erhalten und zu erretten. Sie hat darum stets die Buße des Sünders und seine Besserung im Auge. Um dieses Ziel zu erreichen, muß sie stufenweis fortschreiten, und einen „gewissen gemessenen Pro= zeß“ durchlaufen, wie derselbe in der heiligen Schrift und in der Lüneburger Kirchenordnung Kapitel 9 geordnet ist.

Wenn die seelsorgerliche Zucht fruchtlos ist, so soll der Pre= diger zwei oder drei Zeugen mit sich nehmen, die Sache ordent= lich erforschen und den Sünder in Gegenwart der Zeugen ernstlich verwarnen und vermahnen. Wie der Prediger, so müssen auch diese zur Verschwiegenheit verpflichtet sein. Nur erfahrene christ= liche Männer sollen dazu genommen werden; am geeignetsten dazu dürften die Mitglieder des Kirchenvorstandes sein. Ist auch das vergeblich, so ordnet Christus: „Sage es der Gemeinde“, meint aber damit nicht die Einzelgemeinde, sondern die Kirche. Die Lüneburger Kirchenordnung schreibt die Anzeige bei der kirchlichen Behörde vor. Doch gilt dies Verfahren nur bei solchen Sünden, die heimlich sind, und wo der Seelsorger auf Widerstand und hartnäckige Unbußfertigkeit stößt. Bei öffentlichen Sünden aber, durch welche der Gemeinde ein Ärgernis gegeben ist, soll es nicht also gehalten werden. Welche Sünden aber sind als öffentliche anzusehn? Darüber soll der Prediger nicht allein entscheiden. Entweder es soll durch die kirchlichen Vorgesetzten festgestellt werden, oder es geschieht durch die weltliche Obrigkeit in einem ordentlichen Gerichtsverfahren. Ist auf diese Weise die Sünde als ein öffentliches Ärgernis konstatiert, so soll der Sünder auf Erkenntnis der Kirchenbehörde, das in jedem Falle einzuholen ist, in öffentliche Kirchenstrafe genommen werden. Der Missionar hat demnach die betreffende Entscheidung in keinem Falle für sich allein zu treffen, sondern hat sich zunächst an den Vorsteher seines Kreises zu wenden, der in Gemeinschaft mit dem Beirat und dem Missionar darüber zu bestimmen hat. Nur wenn die Kirchen=

zucht auf diesem Wege beschlossen ist, darf sie ausgeführt werden. Der Sünder ist dann mit öffentlicher Nennung seines Namens und seiner Sünde von dem heiligen Sakramente abzuweisen, bis er Buße thut; auch sind ihm alle Kirchenrechte zu versagen. Wenn er dieser Zucht sich still und demütig unterwirft, seine Sünde öffentlich durch den Prediger bekennt und der Gemeinde abbitten läßt, wobei die in der Kirchenordnung vorgeschriebene Form in Anwendung zu bringen ist, so soll die Kirchenstrafe auf= gehoben, und der Bußfertige, zwar nicht an demselben Sonntage, aber doch an dem Sonntage nachher zur Absolution und zum heiligen Abendmahle zugelassen werden. Wenn aber diese Kirchen= zucht vergeblich ist, und der Sünder hartnäckig die Buße weigert, oder auch wenn er durch die That seine Unbußfertigkeit bezeugt, indem er dergleichen ärgerliche Laster, um derentwillen er schon einmal in öffentliche Kirchenbuße genommen ist, aller Ermahnung und Züchtigung ungeachtet aufs neue begeht, so soll er aus der Gemeinde ausgeschlossen und als ein Heide gehalten werden. Das würde natürlich auch eintreten müssen, wenn ein Christ ins Heidentum zurückfällt. Hierüber hat nach der Schrift die Kirche, nach der Kirchenordnung die Behörde zu entscheiden. Dieselbe soll den Sünder vor sich fordern, und wenn er durch sein Nicht= erscheinen oder durch direkte Weigerung in Unbußfertigkeit und Trotz beharrt, die Exkommunikation oder den Bann über ihn ver= hängen, der dann in der vorgeschriebenen Form öffentlich von der Kanzel abzulesen ist. Die Kirchenordnung verbindet damit als Landesordnung auch allerlei bürgerliche Strafen, und weist dem Ausgeschlossenen den Platz an der Kirchthür an. Als kirch= liches Organ für die Exkommunikation würde in unserer Mission der Superintendent mit seinem Beirat anzusehen sein. Einer Entscheidung durch die Konferenz der Missionare, wie es in der Berliner Mission Vorschrift ist, können wir nicht das Wort reden, da die Konferenz keine Kirchenbehörde, sondern eine brüder= liche Vereinigung ist. Wenn aber in späterer Zeit eine kirchliche Synode gebildet wird, die ihre ständige Vertretung in einem Synodalausschuß fände, so würde die Hinzuziehung des letzteren bei der Entscheidung über den Bann anzuraten sein. Hat nun die Exkommunikation des Sünders den beabsichtigten Erfolg, daß er nämlich bußfertig umkehrt, so soll — jedoch auch das nur nach Erkenntnis der gesetzten Behörde, also des Superintendenten mit seinem Beirat — die Kirchenstrafe aufgehoben, und der Sünder zu Absolution und Abendmahl zugelassen werden. Doch soll dann nicht der Prediger in seinem Namen die Sünde der Gemeinde ab= bitten, sondern er soll es selber thun. Er soll die vom Prediger öffentlich ihm vorzulegenden Fragen beantworten, wie dieselben in der Lüneburger Kirchenordnung Kapitel 9 § 27 vorgeschrieben sind. Um ihn dahin zu bringen, soll der Missionar dem ver= lorenen Schafe als ein treuer Hirte mit sonderlichem Fleiße nach= gehen und soll das vor allen Dingen im Fall tötlicher Erkrankung thun. Ist Todesgefahr vorhanden, so soll er den Bußfertigen auf sein Begehren sogleich mit der Absolution und dem Sakra= mente bedienen, und seine Buße soll dann der Gemeinde nach= träglich öffentlich kund gethan werden. Auch soll er sich zur öffent= lichen Abbitte des gegebenen Ärgernisses für den Fall der Gene= sung willig erklären. Fährt er aber ohne Buße dahin, so soll er ohne kirchliches Geleit an einem besonderen Ort begraben werden.

Auf diese Weise scheint uns die Kirchenzucht der heiligen Schrift und der lutherischen Kirchenordnung gemäß eingerichtet zu sein. Einer unverständigen oder willkürlichen Anwendung der= selben wird gewehrt, und ihre geordnete und gerechte Handhabung wird gewährleistet. Die Mission aber wird durch solche Kirchen= zucht die Mittel in der Hand haben, zwar nicht das Unkraut aus= zurotten unter dem Weizen, — das kann sie nicht und soll sie auch nicht, — aber doch die Kirche vor dem Überwuchern des Unkrauts zu bewahren, das Böse zu dämpfen, das Gute zu stärken, das Schwache zu befestigen, manches verirrte Schaf zur Heerde zurückzuführen und manche arme Seele zu retten. Das soll sie und das kann sie durch Gottes Gnade. Dazu hat der HErr ihr das Amt der Schlüssel gegeben.

In Verbindung mit dem bisher Dargelegten steht auch die Zurückweisung vom Patenamt, zu dem keiner, der sich in Kirchen= zucht befindet, zugelassen wird. Desgleichen findet ein Zuchtver= fahren bei dem Aufgebot und der Trauung statt, das in der

Versagung der kirchlichen Ehrenprädikate und der kirchlichen Ehren-
bezeugungen (Kranz und Strauß) besteht; denn die letzteren sind
durch unsere Missionare bereits eingeführt. Solche Fälle sind
bisher nur vereinzelt vorgekommen. Denn auf die im Heidentum
verlebte Zeit kann selbstverständlich keine Rücksicht genommen
werden. Haben die Heiden sich bekehrt und die heilige Taufe
empfangen, so ist damit die Zeit des Heidentums, da sie in Un-
wissenheit sündigten, abgethan. Das Alte ist vergangen, ein
Neues hebet an. Ihr Lebenswandel unterliegt nur von dem Tage
ihrer Taufe an der Beurteilung, resp. der Zucht der Kirche.

Die Trauung erfolgt nach den Bestimmungen der Kirchenordnung.

Derselben geht das zweimalige Aufgebot voran. Eine Dis-
pensation von demselben liegt nicht in der Macht des einzelnen
Missionars, sondern ist durch seine Vorgesetzten zu entscheiden.
Dieselbe ist nur im Notfall zu gewähren. Das Aufgebot wird,
wenn die Brautleute an verschiedenen Orten wohnen, an beiden
Orten gehalten. Es ist um so wichtiger, daß darauf mit Strenge
gesehen wird, als selbst für die Kaffern, die unter christlicher Regierung leben, wenig oder gar keine bürgerliche Ehebestimmungen
getroffen sind. Die Ehe-Hindernisse sind der Kirchenordnung gemäß behandelt; nur herrscht hinsichtlich der Ehe unter Verwandten,
die bei den Kaffern und ebenso bei den Buren allgemein üblich
ist, eine verschiedene Auffassung und deshalb auch eine verschiedene Praxis unter den Missionaren.

Der Frauenkauf (das ukulobola, resp. ukuloboliza bei den
Sulu, die bogali bei den Betschuanen) ist in unserer Mission
überall verboten. Es können freilich Ausnahmefälle eintreten, wo
ein Christ ein bereits getauftes Mädchen heiraten will, deren Vater
noch Heide ist und die Heirat nicht anders als auf heidnische
Weise durch Bezahlung von Vieh zugeben will. In derartigen
Fällen muß selbstverständlich eine Ausnahme gestattet sein. Auch
können sonst bei den durchaus nicht ungeordneten, sondern durch
alte Sitte geregelten Ehe-Verhältnissen und Rechtsverhältnissen
der Heiden schwierige Fälle eintreten, die im Einzelfall durch Beratung mit anderen Missionaren und durch Anfrage bei den Vor-

gesetzten zu erledigen sind. Hinsichtlich des Kaufs aber gilt es bei
vielen bereits als Regel, daß er innerhalb der christlichen Gemeinde
nicht geduldet werden darf, und daß, wo er ohne Billigung des
Missionars dennoch geschieht, die kirchliche Trauung verweigert
wird. Das Kaufen der Frau ist so sehr gegen die christliche An=
schauung von der Stellung der Frau und von der Beschaffenheit
der Ehe, andererseits hat dasselbe so viel böse Folgen, daß die
Duldung dieser heidnischen Unsitte eine Gefahr nicht nur für die
christliche Ehe, sondern auch für das christliche Leben werden kann.

Die Trauung wird nach der Agende vollzogen. Tritt ein
Ehepaar aus dem Heidentum zum Christentum über, so findet
nach der Taufe eine entsprechende Feier die Ehe betreffend statt.
Es war dabei unter den Missionaren eine zweifache Anschauung
und Praxis vorhanden. Die einen wollten für die schon be=
stehende Ehe nur eine Heiligung und Einsegnung gelten lassen
und hatten das Formular entsprechend verändert. Die anderen
hielten die Form der Trauung fest und legten den Nachdruck dabei
auf die Zusammenfügung im Namen Gottes. Eingehende Ver=
handlungen darüber haben uns sonderlich auf der Konferenz in
Saron beschäftigt. Dieselben haben jedoch zu keiner Einigung
geführt. Da die Frage ihre Schwierigkeiten hat, bedarf sie der
weiteren Prüfung. Ich neige mich der letzteren hauptsächlich von
Behrens vertretenen Ansicht zu.

Auf einigen Stationen — so besonders bei Schulenburg
sen. — bestand die Sitte, daß die Trauung solcher Ehepaare,
sogleich am Tage der Taufe oder doch an dem nächstfolgenden
Sonntage stattfand. Es war dort keine weitere Festlichkeit
damit verbunden. Vielfach aber wollen die Leute eine solche,
gleich der Hochzeit neu verbundener Paare, dabei haben. Weil
es ihnen aber an Mitteln, etwa an dem zu schlachtenden Vieh
fehlt, wird die Trauung aufgeschoben und unterbleibt oft lange
Zeit. Das ist vom Übel. Wir haben überall Nachfrage nach
den noch nicht eingesegneten Ehepaaren gehalten, haben darauf
hingewiesen, daß eine Hochzeitsfeier durchaus nicht damit ver=
bunden zu werden braucht, und haben sie dringend zur sofor=
tigen Nachholung der kirchlichen Einsegnung angehalten. Dieselbe

wird jetzt überall erfolgt sein. Wir halten es für richtig, daß
die Trauung solcher Ehepaare stets am Tauftage oder doch am
Sonntage nach der Taufe ohne eine Hochzeitsfeier vorgenom=
men wird. Die Missionare werden auf die Bildung einer festen
Sitte hinzuwirken haben. Die Hochzeitsfeier mit ihren äußerlichen
Freuden würde leicht die ernste Bereitung auf die heilige Taufe
stören. Deshalb scheint es uns besser, daß sie ganz unterbleibt.
Natürlich kann da, wo eine Mischehe besteht, die Trauung
nicht eher eintreten, als bis beide Teile getauft sind. Eine solche
Ehe lassen unsere Missionare fortbestehen. Die Einsegnung der=
selben aber ist untersagt.

Ehescheidungen sind seitens der Missionare nicht vorgenommen,
wie das auch nicht ihres Amtes ist. Doch ist es bisweilen vor=
gekommen, daß Eheleute wegen eines Streites oder wegen Ehe=
bruchs von einander gelaufen sind. Die Sühneversuche, die dann
vorgenommen sind, haben dort wie hier verschiedene Erfolge ge=
habt. Die Herbeiziehung der Kirchenvorsteher hat sich dabei oft
erfolgreich erwiesen. Die Missionare der Sulumission klagen über
größere Herzenshärtigkeit und mehr Mißerfolge; die der Bet=
schuanenmission wissen in vielen Fällen von einem guten Erfolg
zu sagen. Wenn die Versöhnung nicht gelang, haben sie we=
gen Anwendung der Kirchenzucht und einer etwaigen Wieder=
trauung den schuldigen Teil herauszufinden gesucht. Missionar
Behrens in Bethanie hat den Versuch gemacht, durch den
christlichen König seines Stammes eine Art gerichtlicher Schei=
dung einzuführen. Sobald die Ehescheidungsfrage durch eine
christliche Regierung auch für die Kaffern gerichtlich geordnet ist,
hat die Mission sich einfach dem anzuschließen. Doch hat sie um
der Frage der Wiedertrauung willen die Scheidungsgründe zu
prüfen. Stimmen dieselben nicht mit der heiligen Schrift überein,
oder besteht überhaupt keine feste Ordnung, so hat sie ihre eigene
Norm aufzustellen, wie sie in der Lüneburger Kirchenordnung
gegeben ist. Die Entscheidung müßte etwa beim Vorsteher und
seinem Beirat liegen. Jedenfalls bedarf diese schwierige Frage
in unserer Mission der weiteren Prüfung und Regelung.

Das Begräbnis wird überall in feierlicher, würdiger

9

Weise gehalten. In weitaus den meisten Fällen wird ein Sarg angefertigt. Das thut der Missionar oder von ihm angelernte Kaffern. Wir haben mehreren Beerdigungen beigewohnt und stets würdige Särge gefunden. In einigen holzarmen Gegenden fehlen die Särge aus Mangel an Brettern. Dort wird der Tote in eine Grabkammer gebettet, so daß ein tiefes Grab und seit= wärts hinein eine Kammer gemacht wird. Dadurch wird das Aufschütten der Erde auf den Leichnam verhindert, was das Ge= fühl verletzen müßte. Bei dem Zuschütten des Grabes wird von der Seite her die Kammer bedeckt. Das Begräbnis ist meistens am Tage des Todes, spätestens, etwa im Winter, oder wenn die Todesstunde Nachmittags oder Abends war, am folgenden Tage. An dem Begräbnis beteiligt sich gewöhnlich die ganze Gemeinde. Mit Gesang, und zwar nicht nur der Kinder, sondern der ganzen Gemeinde wird der Verstorbene zu Grabe getragen. Das Ver= fahren der Missionare dabei ist verschieden, meistens so, wie sie es in Hermannsburg oder in ihrer Heimat gewohnt gewesen. Eine Leichenpredigt in der Kirche, wie die Lüneburger Kirchen= ordnung sie vorschreibt, wird nicht überall gehalten; vielfach findet eine Rede im Anschluß an eine Lektion des göttlichen Wortes am Grabe statt. Nach derselben sprechen die meisten die Formel der Petrischen Agende; einige werfen dabei drei Schaufeln voll Erde in das Grab. Das Zuschaufeln des Grabes erfolgt unter Gesang. Es erscheint uns wichtig auf Grund der Bestimmungen der Lüne= burger Kirchenordnung eine allgemeine Begräbnis=Liturgie fest= zustellen. Ob die Leichenpredigt vom Grabe in die Kirche zu ver= legen ist, erscheint uns fraglich. Bei dem meist schönen Wetter würde der längeren Feier am Grabe nichts im Wege stehn.

Von sonstigen amtlichen Handlungen kommt noch die Ein= weihung von Kirchen und Kirchhöfen vor. Es ist das stets in feierlicher Weise mit Gottes Wort und Gebet geschehen. Jeder Missionar hat es nach seiner besten Einsicht gemacht. Eine be= stimmte Ordnung ist dafür noch nicht eingeführt. Hausein= weihungen sind nur in deutschen Gemeinden vorgekommen und ähnlich vollzogen. Es würde sich empfehlen, auch die Wohn= häuser der eingeborenen Christen einzuweihen. Dabei könnte ein

Unterschied gemacht werden zwischen Wohnhäusern und Kraalen. Es würde das für die Christen ein starker Antrieb mehr sein, sich ordentliche Häuser zu erbauen. Freilich wird in Afrika sehr viel gebaut. Es würde, je mehr die Gemeinden wachsen, dadurch vielleicht dem Missionar eine zu große Last aufgebürdet werden. Doch könnte man eine bestimmte Form feststellen, in der der Hausvater selber oder einer der Kirchenvorsteher etwa im Anschluß an die erste Abendandacht die Hausweihe vornähme, so daß der Missionar nicht selber dazu verpflichtet wäre. Eine kirchliche Fürbitte aber für das neue Wohnhaus sollte stets das mindeste sein.

Es ist nun noch nötig, einen Blick auf die schriftlichen Arbeiten der Missionare zu werfen. Zunächst wäre da die Kirchenbuchführung ins Auge zu fassen. Kirchenbücher waren überall vorhanden. Auch waren dieselben mit wenig Ausnahmen sorgfältig und fleißig geführt. Man hatte zum mindesten ein Verzeichnis der Getauften, Konfirmierten, Getrauten und Gestorbenen. Vielfach hatte man ein Kommunikantenregister, und auf einigen Stationen der Betschuanenmission Verzeichnisse der Kirchenzuchtsfälle (der Ausgeschlossenen, der Wiederaufgenommenen), der ins Heidentum Zurückgefallenen, der Fortgezogenen, der Zugezogenen und ein General-Register. Das Schema hatte der frühere Missionar Hasselblatt in anerkennenswerter Weise entworfen. In Folge der Visitation ist zunächst für die Betschuanenmission ein allgemeines Schema festgestellt und in die Volkssprache übersetzt. Demgemäß sind Kirchenbücher gedruckt und bereits eingeführt. Wir haben also dort den großen Schritt gethan: Kirchenbücher in der Volkssprache einzuführen, so daß später auch Missionare aus den Eingeborenen dieselben benutzen und fortführen können, und die Kirchenbücher für alle Zeit, auch für die demnächstige Ausgestaltung der Volkskirche ihren Wert behalten. Die Sulumission muß ihrer Schwester bald darin nachfolgen. Vergleiche hierüber den Anhang S. 205!

Chroniken sollten auf jeder Station eingeführt sein. Auf einigen kleineren und neueren Stationen fehlten sie, werden aber jetzt angefertigt sein. Auf den meisten fanden wir sie vor. Vielfach waren, einer Weisung des Superintendenten Hohls zufolge, die halbjährigen, an den Direktor einzusendenden Berichte in die

9*

Chronik eingetragen. Da diese Berichte vielfach zu subjektiv gehalten sind, viel Persönliches, ja auch erbauliche Betrachtungen enthalten, hat das Buch nicht den Charakter einer Chronik, wird zu weitschweifig und enthält zu viele Wiederholungen. Wir haben deshalb diese Weise abgestellt und eine kurze übersichtliche Darstellung der Ereignisse eines Jahres am Schlusse desselben und die Hinzufügung einzelner besonderer Erlebnisse — bedeutungsvolle Bekehrungen 2c. — empfohlen.

Was die Abfassung von Büchern in der Sprache der Völker anbetrifft, so ist darin von unsern Missionaren wenig geschehen, obschon sich immermehr ein Bedürfnis darnach geltend macht. Dagegen sind mancherlei Übersetzungen angefertigt und in Brauch genommen. Die Bibel ist in der Sulumission nach der Übersetzung der amerikanischen Mission, in der Betschuanenmission nach der Moffats in Gebrauch.

Gesangbücher sind in beiden Missionen von unseren Missionaren übersetzt und zusammengestellt. Doch werden dieselben jetzt einer gründlichen Revision unterzogen.

Der Kleine Katechismus ist in beiden Missionen in den Händen des Volks. In der Betschuanenmission hat man auch den Hannoverschen Katechismus von 1862 übersetzt und eingeführt. Eine Fibel ist überall in Brauch. Für den biblischen Geschichts-Unterricht hat man die Sammlung biblischer Geschichten von dem verstorbenen Superintendenten Lührs übersetzt. So bedeutungsvoll die katechetischen Arbeiten desselben sind, so ist doch sein Historienbuch vor allen Dingen für eine Missionskirche nicht zu empfehlen. Die Auswahl der Geschichten setzt — sonderlich hinsichtlich des Lebens Jesu — schon eine ziemlich genaue Kenntnis desselben voraus. Wir müssen entschieden ein einfacheres Buch für diesen Unterricht haben. Von der Übersetzung eines Teils der Agende ist schon oben die Rede gewesen.

Mehr und mehr macht sich ein Bedürfnis nach einem kurzen Erbauungsbuch geltend, welches Morgen- und Abendgebete, Gebete für Beicht- und Abendmahlstage, für Kranke, Sterbende u. s. w. enthält. Auch ist eine Predigtsammlung ein dringendes Erfordernis, aus der bei Abwesenheit des Missionars und auf

den Filialen vorgelesen werden kann, und die auch zur häus=
lichen Erbauung geeignet ist. Jetzt sind Bibel, Gesangbuch und
Katechismus die einzigen Erbauungsbücher, die denn auch sehr
fleißig von den Christen benutzt werden. Schon mehrfach ist die
Sammlung guter Predigten von Seiten unserer Missionare ver=
sucht worden, doch bis jetzt ohne Erfolg. Die ausgearbeiteten
Predigten erschienen ihnen nicht gut genug. Die Übersetzung
einer deutschen Postille empfiehlt sich nicht. Es wäre ein dan=
kenswertes, bedeutungsvolles Werk, wenn ein Missionar, den
Gott mit besonderen Predigtgaben begnadigt hat, eine solche
Arbeit übernähme. Aber es muß der rechte Mann sein.

Nachdem wir so einen Einblick in die Kirchen=Arbeit unserer
Mission gegeben haben, fügen wir in der folgenden Tabelle einen
Überblick über die Zahl der amtlichen Handlungen während des
Jahres der Visitation (1888) an, in die wir gleich die Rubriken
über die Zahl der Gemeindeglieder, Schüler u. s. w. mit aufnehmen.

Stationen.	Tau-fen.	Kon-fir-miert.	Ge-traut.	Ausge-schlossen.	Sterbe-fälle.	Gesamtzahl aller auf der Station Getauften.
			Paare.			
1. Hermannsburg	24	—	7	2	6	567
2. Ehlanzeni und Emakabeleni	9	—	—	—	3	106
3. Etembeni	5	—	—	1	2	165
4. Müden, Emhlangane	37	2	2	4	6	620
5. Empangweni	26	6	1	3	2	180
6. Neu-Hannover	26	—	—	3	—	182
7. Kirchdorf	—	—	—	—	1	9
8. Entombeni	4	—	—	1	—	20
9. Nazareth	3	—	—	—	1	14
10. Marburg	17	2	1	—	4	155
11. Elim	4	—	—	—	—	39
12. Hebron	15	—	—	—	—	28
13. Bethel	4	1	1	—	—	27
14. Emyati	19	—	—	—	—	64
15. Etuhlengeni	6	—	1	—	—	26
16. Ehlomohlomo	—	—	—	—	—	1
17. Goede-Hoop	14	1	1	—	—	69
18. Entombe	18	2	4	—	1	195
19. Etombela	7	—	1	—	1	178
Summa	238	14	19	14	27	2349

Stationen der Sulumission.

Gegenwärtiger Bestand der Gemeinde.		Tauf-bewerber.	Schüler.	Abendmahls-genossen.	Kirchenbesuch.
Erwachsene.	Kinder.				
149	99	31	54	280	200—300
53	36	29	63	84	60—70
48	26	11	20	113	50—60
145	78	48	82	82	300
85	54	36	41	154	120—160
110	72	30	43	67	80
12	—	13	12	28	20
25	30	3	8	25	40—60
14	8	10	8	15	20—40
41	32	22	24	48	90—100
20	17	29	23	41	70—80
13	18	21	33	7	50—60
20	8	16	26	30	50—60
31	14	23	23	26	70—80
22	4	20	27	17	60—70
1	—	—	1	—	30—40
34	24	4	12	91	50
84	51	25	12	144	90—100
90	50	15	14	144	90—100
997	621	886	526	1396	1500—1830

Total 1618

Stationen.	Tau= fen.	Kon= fir= miert.	Ge= traut.	Ausge= schlossen.	Sterbe= fälle.	Gesamtzahl aller auf der Station Getauften.
			Paare.			
1. Saron	173	—	39	2	6	1038
2. Rustenburg	60	—	11	4	15	803
3. Krondal	22	10	9	3	8	419
4. Kana	64	19	5	1	10	657
5. Ebenezer	58	7	8	4	5	540
6. Berjaba	22	6	1	3	3	488
7. Mahanaim	48	2	5	1	5	285
8. Pella	101	—	20	1	17	692
9. Bethanie	80	32	9	16	20	1712
10. Hebron	37	—	3	1	15	820
11. Polonia	20	—	5	—	3	96
12. Potuane	31	—	3	1	8	266
13. Mosetla	50	16	6	3	16	841
14. Jericho	23	—	7	—	12	363
15. Harmshope	70	8	3	2	23	570
16. Melorane	28	—	3	—	5	356
17. Limao	15	—	2	1	2	265
18. Mocoeli	20	—	5	—	1	33
19. Manuane	81	3	1	9	16	667
20. Linokana	61	4	4	4	16	781
21. Polfontein	48	—	4	4	9	264
22. Ramaliane	103	7	7	4	7	809
23. Bethel	115	—	8	13	—	125
24. Emmaus	77	12	10	3	14	1079
Summa	1470	126	178	80	236	13969

Stationen der Betschuanenmission.

Gegenwärtiger Bestand der Gemeinde.		Tauf= bewerber.	Schüler.	Abentmahls= genossen.	Kirchenbesuch.
Erwachsene.	Kinder.				
400	421	24	80	638	250—300
443	277	21	40	496	50—200
127	186	20	54	223	80—200
270	310	40	136	360	200—250
c. 200	c. 287	13	90	449	200—300
206	218	21	70	361	180—200
150	156	15	32	225	100—130
230	359	23	80	338	200—250
c. 600	c. 726	72	470	844	400—500
240	430	11	156	415	200—300
71	40	5	20	76	40—100
103	116	6	48	247	100—120
294	464	15	80	394	150—300
135	197	22	36	148	150—200
301	261	5	104	855	200—300
141	171	5	65	125	50—156
34	53	3	10	105	40—60
22	34	1	7	37	60—100
340	448	22	80	716	350—400
227	256	20	40	492	200—300
159	94	8	12	245	50—90
453	306	32	60	715	200—250
c. 200	c. 200	43	25	451	50—300
c. 400	c. 400	14	140	747	200—300
5946	6413	461	1925	9902	3700—5600

Total c. 12359

3. Die Gemeindearbeit.

Eine schwere Aufgabe liegt auf dem Missionar in der Pfleg. der Gemeinde. Hat er es, insofern er noch ein Vacuum vorfindet, leichter als der Pastor hier in der Heimat, so hat er es grade dadurch aber auch viel schwerer. Der Pastor tritt in gegebene Verhältnisse ein und muß sich in dieselben einleben; das ist oft schwierig. Aber er findet geordnete Zustände, Gemeinde-Ordnungen, seit Jahrzehnden, ja seit Jahrhunderten bestehende feste Sitten und Bräuche vor. In den Gemeinden sind alte erfahrene Christen, mit denen er sich beraten kann. Er findet einen Kirchenvorstand, der die Gemeindeverhältnisse kennt, der vielleicht schon mit dem Vorgänger lange zusammengelebt, und etwa dessen rechte Hand gewesen ist. Wie ist das bei dem Missionar so ganz anders! Er findet nichts vor, nicht einmal eine Gemeinde. Und indem er diese schafft, muß er zugleich Ordnungen, Sitten, Ämter — alles neu schaffen. Es liegt ja darin ein gewisser Reiz, namentlich für organisatorisch begabte Leute, für Männer, die einen energischen, schaffensfreudigen Charakter haben. Es liegt aber auch eine Gefahr darin, namentlich da, wo die Schöpfung gelingt und Anerkennung findet, die Gefahr der Herrschsucht und Selbstüberhebung.

Wie groß sind diese Schwierigkeiten schon für einen Missionar, der Begabung für solche Gemeindearbeit hat; wie viel größer aber für den, dem diese Begabung fehlt! Die Gemeinde erwächst ihm in der Zahl der Personen ja von selbst aus den Getauften. Aber nun müssen diese gesammelt und zu einer Gemeinschaft zusammengeschlossen werden. Das geschieht zwar zunächst durch die Gottesdienste, in denen der Heilige Geist durch die Gnadenmittel sie sammelt zu der Gemeinde der Gläubigen. Aber diese Gemeinde muß auch im Übrigen gesammelt, zusammengehalten, vereinigt werden, so daß sie ein gesunder Körper wird, darin alles sich in einander füge, und ein Glied dem anderen Handreichung thue, und daß alles ehrlich und ordentlich zugehe

in der Gemeinde zu deren Besserung. Dazu muß eine Ge=
meindeordnung geschaffen werden. Alles läßt sich aber nicht durch
die Gemeindeordnung machen. Es muß eine Sitte gebildet werden;
darauf legen wir besonders großes Gewicht. Wir kennen von
der deutschen Heimat her die hohe Bedeutung kirchlicher Sitte
und wissen, welch eine große Macht sie ist. Sie gilt mehr als
geschriebene Gesetze und Ordnungen. Die Heiden haben auch ihre
Sitten guter und böser Art. Wie wichtig ist es, der heidnischen
Unsitte gegenüber eine kirchliche Sitte zu schaffen! Und wie be=
deutungsvoll wird es sein, gute Sitten der Heiden herüber zu
nehmen in die Gemeinden, sie zu veredeln und zu heiligen! Es
wird also darauf ankommen, das etwa unter den Völkern vor=
handene Gute herüber zu nehmen und zu heiligen, und daneben
Neues zu schaffen, und beides zu einer einheitlichen Sitte christ=
lichen Gemeindelebens zu verschmelzen. Es ist leicht zu erkennen,
daß das eine schwere Aufgabe ist, um so schwerer, je bedeutungs=
voller sie ist. Und doch tritt an jeden der Missionare mehr oder
weniger diese Aufgabe heran. Namentlich die Erstgesandten haben
es darin schwer. Die Nachgesandten können wieder von jenen
lernen. Ihnen kommt es zu gute, wenn sich in einer Mission
bereits eine bestimmte Praxis nach dieser Seite hin gebildet hat.
Bis aber das geschehen ist, geht es erst durch manchen miß=
lungenen Versuch hindurch.

Wie ist nun die Arbeit unserer Missionare nach dieser Seite
hin gewesen?

Wir können derselben im großen und ganzen ein günstiges
Zeugnis geben. Sie sind nicht theoretisch dabei vorgegangen,
haben sich nicht vorher eine Sitte konstruiert, die sie dann einzu=
führen bestrebt gewesen. Sie sind ja überhaupt keine Männer
der Theorie und der Studierstube, sondern Männer des Volks.
Sie sind aus den Kreisen des Volkslebens hervorgegangen, in
denen die alte Sitte noch lebt und eine große Herrschaft hat.
Diese Sitte hat auch sie früher in der Heimat beherrscht. Diese
Sitte war in sie eingedrungen von ihrer Kindheit an. Diese Sitte
lebte in ihnen. Dann waren sie nach Hermannsburg gekommen und
dort ausgebildet. In Hermannsburg konnten sie erst recht kirch=

liche Sitte kennen und schätzen lernen. Es war ein Hauptstück
der großen Gewalt, die L. Harms über seine Gemeinde und
weitere kirchliche Kreise ausübte, daß er es verstand, alte kirchliche Sitte wieder zu beleben und neue Sitte im Sinne der alten
auszubilden. Und es war ein Hauptstück seiner Pädagogik bei
Erziehung der Zöglinge, dieselben nicht vom Gemeindeleben zu
trennen und einer Anstalt einzuverleiben, sondern diese Anstalt
mit ihnen in die Gemeinde hineinzustellen, damit seine Zöglinge
in steter Verbindung mit dem Gemeindeleben blieben, dadurch
bewahrt würden vor dem Anstaltsgeist und einer Anstaltsdressur
und so aus dem kirchlichen Gemeindeleben der Heimat heraus in
die Missionsarbeit verpflanzt würden. Es hat das ja auch seine
Gefahren für die Zöglinge gehabt. Aber der Segen, der darin
lag, ist nicht zu verkennen und ist hoch anzuschlagen. Wie viel
leichter wurde es ihnen dadurch gemacht, draußen auf dem Missionsgebiet ein neues Gemeindeleben zu schaffen! Da hat mancher,
ohne daß er es wußte, sich tüchtig erwiesen, und ohne daß er
darüber Rechenschaft hätte geben können, wie er's gemacht hat,
hat er's doch gemacht mit Gottes Hülfe und hat es gut gemacht.
Ich rechne die Gemeindearbeit unserer Missionare mit zu denjenigen Arbeiten, die ihnen gut gelungen sind. Und wenn man
bedenkt, daß sie dazu keine besonderen Weisungen empfangen hatten,
so ist ihnen eine Anerkennung um so weniger zu versagen.

Ihre Arbeit war in dieser Hinsicht eine dreifache: die Erziehung, die Regierung und die Bewahrung der Gemeinde.

„Erziehe dein erstes Kind sorgfältig, es hilft dir dann die
anderen erziehen!" Dieser bekannte pädagogische Grundsatz ist
hinsichtlich der Erziehung der Gemeinde von einer durchschlagenden
Wahrheit. Wird die erste kleine Heerde gut erzogen, so wird
sie ein Salz unter dem Volke sein. Der Missionar muß nicht
zuerst und vor allem nach raschem Wachstum und Massenbe-
kehrungen trachten, sondern nach Sammlung und Erziehung einer,
wenn auch kleinen Gemeinde, die ihr Glaubensleben in der Zucht
beweist. Er muß das Hauptgewicht legen auf inneres Erstarken,
und mehr wägen als zählen. — Es wird nicht schwer sein, die
Leute dahin zu bringen, daß sie in lieblicher Weise singen können:

JEsu geh voran u. s. w., so daß vielleicht den Besuchern die Augen übergehen. Aber daß sie mit heiligem Ernst in der Nach- folge JEsu wandeln, sie dazu zu erziehen, das ist eine Aufgabe, die viel Arbeit und Geduld erfordert, die der Missionar mit täglichem Gebet und täglicher Selbstüberwindung üben muß. Darum muß er auch täglich am Platze sein. Es ist nicht gut, wenn er oft die Station verläßt. Traurige zuchtlose Zustände würden die Folge davon sein, wie man auf den Stationen der- jenigen Missionen sehen kann, die das Hauptgewicht auf schnelle Evangelisation eines Volkes legen. So kam einer unserer Mis- sionare auf eine Wesleyanische Station und fand dort betrübende Zustände. Als er den Missionar nach der Ursache fragt, ant- wortet dieser: „Wir gehen aus zum Evangelisieren und sind selten zu Hause." — Wir haben auch der Missionsarbeit das Wort geredet und mit Recht. Aber hier betonen wir die hohe Bedeutung der Erziehung der Gemeinde, die in unserer Mission mit großem Ernst betrieben ist. Das Eine steht dem Anderen nicht im Wege. Ein gewissenhafter treuer Missionar wird leicht die rechte Weise finden, zumal wenn er für die Missionsarbeit besonders die Hülfskräfte gebraucht. Die Erziehung muß er vor allem selber in der Hand haben. Ist er darin eifrig und treu, so wird er vielleicht nicht großartige Resultate in bedeutenden Zahlen aufweisen können. Darum darf man eine Mission auch nie nach den augenblicklichen unmittelbaren Erfolgen beurteilen, sondern vor allem nach ihren mittelbaren späteren Wirkungen.

Die Hauptarbeit bei der Erziehung der Gemeinde ist die Erziehung der Jugend. Über die Schularbeit werden wir in einem besonderen Abschnitt zu handeln haben; wir beschränken uns hier auf das, was außerhalb der Schule dafür geschieht. Auf fleißigen Kirchenbesuch der Jugend wird streng gehalten; wir haben über denselben nirgends Klagen gehört. Aber unsere Missionare haben noch mehr gethan, so wie sie es von dem Leben in den heimatlichen Missionskreisen her gewohnt waren und in der Zeit ihrer Ausbildung viel Freude daran gehabt hatten. Sie haben am Sonntag Abend und auch oft noch an Abenden in der Woche die Jugend um sich gesammelt zum

Gesang. Und darin haben sie vielfach treue Hülfe in ihren erwachsenen Söhnen und Töchtern oder auch in ihren Lehrern und sonstigen Christen gefunden. Auf 7 Stationen trafen wir sogar Posaunenchöre. Auf zweien waren dieselben von den schwarzen Lehrern Jakobus und Joseph gebildet; der erstere hatte sogar von seinem Gehalt die Instrumente angeschafft; dem letzteren hatte der Dorfmarker Posaunenverein dieselben geschenkt.

In dieser Hinsicht haben sich unsere Missionare große Mühe gegeben. In Folge dessen fanden wir überall eine sangeslustige Jugend, und mehr oder wenige gute, zuweilen sogar überraschende Leistungen. Bis zur Einübung des Händel'schen „Hallelujah", ja bis zum Gesang des 23. Psalms „Der HErr ist mein Hirte" von Klein mit deutschem Text war man in Saron und Bethanie gekommen. Einzelne Posaunenchöre — so namentlich in Ehlanzeni und Bethanie — hätten sich in einen Wettstreit mit den Chören der Heimat einlassen können; und ich bin ungewiß, wer den Sieg davon getragen hätte. Unermüdlich war der Eifer der Brüder. Und hätten sie darin nachlassen wollen, so würde die Unermüdlichkeit der musiklustigen Jugend sie immer wieder mit fortgezogen haben. Ja, mancher alte Missionar wurde wieder frisch und jung unter seiner Jugend. Das ist ein wichtiges Erziehungsmittel in der Mission geworden. Wir haben es dieser Praxis und diesen Sing-Versammlungen, die stets mit Gottes Wort und Gebet gehalten werden, wesentlich mit zu verdanken, daß wir im ganzen eine christliche Jugend haben, die uns Freude macht, und die in vieler Hinsicht trotz all' ihrer Schwachheit für die Jugend der heimatlichen Kirche ein Vorbild sein kann. Und wie bedeutungsvoll ist diese Jugenderziehung für die kommende Zeit! Denn die Jugend ist die zukünftige Gemeinde. Die Erziehungs-Arbeit an ihr wird ihre Frucht in der Zukunft tragen.

Die Erziehung der Gemeinde geht mit der Regierung derselben Hand in Hand. Diese ist bei den Kaffern und Sulu in Natal am schwierigsten. Bei den Betschuanen ist sie weniger schwer. Die letzteren sind es gewohnt, regiert zu werden. Durch die Knechtschaft der Buren gefügig gemacht, sehen sie in dem Weißen von vornherein ihren Herren. Auch die Kaffern Natal's und die Sulu

nennen ihn „inkosi", d. i. König und Herr. Aber bei ihnen ist
es mehr Redensart. Die Sulu haben über stolze englische Re=
gimenter gesiegt, und haben Hunderte von ihren Assageien durch=
bohrt fallen gesehn. Zwar sind sie schließlich unterworfen; aber
ihr stolzer Sinn ist noch nicht gebrochen. Darum wird auch
den Suluchristen begreiflicher Weise das Gehorchen schwerer;
sie zu regieren erfordert ein weises Herz und eine feste Hand.
Die Natalkaffern sind unter der milden Herrschaft Englands ver=
wöhnt. Unter ihnen findet man manche übermütige Köpfe, die
hoch hinaus wollen und deswegen schwerer zu regieren sind.
Darum haben sich auch unsere großen Betschuanengemeinden im
ganzen ruhiger und gleichmäßiger entwickelt, als manche der weit
kleineren in der Sulumission. Dort sind fast überall einmal mehr
oder weniger tief gehende Krisen vorgekommen, was in der
Betschuanenmission bis jetzt kaum geschehen. Durch die Gemeinde=
Versammlungen, die wir überall hielten, haben wir denselben
Eindruck gewonnen. Geradezu bewunderungswürdig verlief die
große Synode, die wir in Saron abhielten. 42 Abgeordnete
sämtlicher Gemeinden, Männer der verschiedensten Stämme, von
denen die meisten sich nie zuvor gesehn, nahmen daran teil.
Die ganze Synode, so verschiedenartig zusammengesetzt, war wie
aus einem Guß. Und doch gab es zum Teil so aufgeregte Ver=
handlungen, daß sich verschiedene in den Pausen lebhaft dispu=
tierende Gruppen bildeten. Wir haben sie nirgends die Grenzen
überschreiten gesehn; und als in einer Versammlung einer, der von
anderen empfindlich angegriffen war, sich etwas vergaß, bedurfte
es keines Wortes seitens des Vorsitzenden; nur ein Blick genügte,
und die neben ihm Sitzenden zogen den Stehenden auf seine
Bank zurück und machten ihn still. So leicht ließ er sich re=
gieren. Wir konnten den Verlauf dieser Synode nur bewundern.

Der Missionar hat ja zunächst den großen Vorzug der kirch=
lichen Autorität, der ihm seine Regierungsaufgabe erleichtert. Er
ist zwar der Knecht seines HErrn, aber der HErr hat gesagt:
„Wer euch hört, der höret Mich; und wer euch verachtet, der
verachtet Mich." Der an Autorität gewöhnte Kaffer ordnet sich
ihm deshalb im ganzen leicht und willig unter. Das soll der

Missionar dankbar erkennen und um so ängstlicher sich hüten, seine kirchliche Autorität zu mißbrauchen weder in geistlichen und noch viel weniger in irdischen Dingen. Der Missionar soll seine kirchliche, amtliche Autorität, soll sein Amtskleid als ein reines fleckenloses Gewand bewahren. Er soll niemals auftreten als Herr über die Gemeinde und soll allezeit bedenken: „Wer da will der Vornehmste sein, der sei aller Knecht". Aber er hat doch die Aufgabe der Regierung. Ist er auch nicht der Herr der Gemeinde, so muß er sie doch leiten und führen — und das um so mehr, wo nicht er auf dem Grunde der Gemeinde, sondern die Gemeinde auf Grund und Boden der Mission wohnt. Im ersten Fall, wo er auf Grund der Gemeinde oder mit der Gemeinde auf dem Grunde eines anderen wohnt, hüte er sich wohl, daß er sich nicht eine Regierung anmaßt, die ihm nicht zusteht, und er meide weltliche Händel! Wo er nichts zu regieren hat, da überlasse er es denen, welchen es zukommt, sei es die Obrigkeit des Landes, oder sei es der Fürst des Stammes. Nur sei er letzterem ein weiser verständiger Ratgeber! Aber wo die Gemeinde auf dem Grunde der Mission wohnt, wie das ja in der Sulumission überall und in der Betschuanenmission teilweise der Fall ist, da hat er zugleich eine Regierungsgewalt bürgerlicher Art auszuüben. Denn da ist der Missionar auch „Platzbaas". Da ist es oft schwer, das rechte Verfahren einzuschlagen. Ja, da kann sein Herrschen sein kirchliches Amt schädigen. Als Missionar soll er nur kirchliche Ordnungen machen und nur Kirchenzucht üben. Als Platzbaas aber muß er auch bürgerliche Ordnungen machen und bürgerliche Strafen verhängen, von denen wir schon oben geredet haben.

Einzelne unserer Missionare haben da nicht immer das rechte Verhalten finden können, indem bisweilen der Platzbaas zu stark hervorgetreten ist. Und es ist nicht zu verkennen, daß es oft sehr schwer ist. Andererseits ist auch wohl die Pflicht der bürgerlichen Regierung auf der Station nicht genügend ins Auge gefaßt worden. Dadurch aber werden die Kaffern verwöhnt. Diese Erfahrungen haben denn unsere Missionare schon mehrfach zur Abfassung von Stationsordnungen getrieben. In Alfredia stand eine solche in Kraft, in Natal war sie in Beratung. Andere hatten gar keine geschriebene Gesetze, aber doch gewisse Grund- sätze aufgestellt. Eine förmliche bürgerliche Dorfverfassung fanden wir in Bethanie. Auf der Konferenz in Natal ist eine allgemeine Stations-Ordnung für die Sulumission ausgearbeitet, und für die Betschuanenmission eine Kirchenvorstands- und Gemeinde-Ord- nung auf der Konferenz in Saron. Diese sollen in die betr. Sprachen übersetzt und in die Gemeinden eingeführt werden.

Dadurch hat jeder Missionar feste Normen, nach denen er sich bei der Regierung der Gemeinde zu richten hat. Eine we- sentliche Hülfe ist es für die Missionare, wenn sie bereits christ- liche Könige oder doch Unterhäuptlinge haben, wie das in Be- thanie, Hebron und Jericho (Jakobus), in Saron und Kana (Mokatle) bereits der Fall ist.

Eine besondere Stütze sind dieselben den Missionaren in der Bewahrung der Gemeinde. Ist doch auch diese ein Hauptstück der Regierung. Denn wer zu regieren hat, kann das Verbot alles Bösen und das Gebot alles Guten nur durchführen, wenn er zu- gleich ein Schutz und Schirm ist vor dem Argen. So wird die Ansiedelung auf der Station nur solchen Christen gestattet, die einen Entlassungsschein, womöglich nebst Zeugnis ihres früheren Missionars vorweisen können, und die sich zur evangelisch-luthe- rischen Kirche bekennen. Dadurch wird nicht nur das Eindringen sektirerischer, sondern auch das unlauterer Elemente in die Ge- meinde verhindert, wie es deren viele in Afrika giebt. Vielleicht ist's ein entlaufener Mann oder Weib; oder ein Verbrechen ist die Ursache des Wohnungswechsels. Vielleicht sucht der Betreffende sich der Kirchenzucht auf seiner Heimat-Station zu entziehen; oder er ist ein unstäter verführerischer Geist, der überall Verwirrung anrichtet. Solche suchen mit Vorliebe die Stationen auf. Ferner wird der Aufenthalt nur solchen weißen Händlern gestattet, welche die Gemeinde nicht verführen. Wie manche gewissenlose Europäer ziehen in Afrika umher, suchen durch Betrug und vor allem durch den schändlichen Branntweinhandel reich zu werden! Dieser ist überall auf unseren Stationen verboten. Die christlichen und auch bis auf einen sämtliche heidnische Könige unserer Betschuanenmission stehen darin den Missionaren treu zur Seite. Von den Häuptlingen im Gebiet der Sulumission können wir das nicht sagen. Doch ist das dort auch nicht in demselben Maße wichtig wie unter den Betschuanen, weil die Christen zum größten Teil auf unserem Grund und Boden wohnen und deshalb unseren Bestimmungen unterworfen sind. In allen Gemeinden haben wir nach dem Branntweingenuß gefragt, und wenig Klagen in dieser Hinsicht gehört. Jedoch wurde mehrfach über das Utywala-Trinken geklagt, d. i. über einen unmäßigen Genuß des Kaffernbieres. Die Versuchung dazu ist bei der großen Hitze und Dürre ja sehr stark. Auch ist nicht zu vergessen, daß jenes Getränk ein Hauptnahrungsmittel der Kaffern und deshalb nicht auf gleiche Stufe mit dem Branntwein zu stellen ist. Sie können es nicht entbehren; oder man muß ihnen ein anderes Getränk dafür verschaffen. So ist denn auch die Bereitung und der Genuß desselben nicht verboten, sondern nur der unmäßige Genuß, sowie die Anstellung von und die Teilnahme an heidnischen Trinkgelagen.

Ein spezielles Stück dieser bewahrenden Thätigkeit ist die Bewahrung der Neu-Getauften und derer, die ferne sind. Die ersteren sind als Neulinge in einer besonderen Gefahr. Sie sind erst frisch aus dem Heidentum gekommen und nicht mit einem Male los von dem alten heidnischen Wesen. Auch tritt naturgemäß nach der starken Anspannung aller Kräfte bei der Vorbereitung für die heilige Taufe, bei dem Losreißen von den alten Verhältnissen, das vielleicht mit schweren Kämpfen verbunden ist, eine Abspannung und Erschlaffung ein. Und sie hatten sich vieles von dem neuen Leben in Christo anders gedacht. Sie sind in mancher Hinsicht enttäuscht, und dem Fleisch gefällt die Zucht nicht. Auch machen die Heiden neue Versuche, sie abtrünnig zu machen, und der Teufel schleicht um sie herum und sucht sie zu verschlingen. Die Gefahren sind groß, daß sie sich zurücksehnen nach dem ungebundenen Leben und den Lüsten des Fleisches, daß sie zurückschauen, nachdem sie die Hand an den Pflug gelegt haben, daß sie sich für stark halten und meinen, daß sie stehen. Andererseits hat auch der Missionar ganz besonderen Fleiß auf ihre Vorbereitung zur Taufe verwandt. Er hat sie täglich um sich gehabt und beobachtet. Er ist nun mit ihnen zu einem gewissen Abschluß gekommen. Diese Schar der Taufschüler verläßt ihn, und eine neue tritt an ihre Stelle. Wie leicht kann es kommen, daß er sie um dieser willen mehr aus den Augen läßt! Und wie viel mehr wird das der Fall sein, wenn sie ihm auch aus den Augen kommen, wenn sie die Station verlassen, wenn sie fortziehn in die Ferne!

Um so mehr erfordern die Neu=Getauften eine besondere bewahrende Pflege. Wir haben diesen Punkt ernstlich ins Auge gefaßt. Mehrere Missionare haben Arbeiten darüber geliefert, und wir haben dieselben auf der Konferenz besprochen. Es zeigte sich dabei, daß unsere Missionare diese bewahrende Thätigkeit an den Neu=Getauften nicht unterlassen haben. Sie haben hauptsächlich durch Mahnung und Warnung in der Predigt auf dieselben zu wirken gesucht. Wo die Getauften auf der Station blieben, haben sie vielfach den Unterricht mit ihnen noch fortgesetzt. Dabei herrscht eine verschiedene Praxis, die ich bereits oben, bei der Vorbereitung auf das Abendmahl besprochen habe. Auch haben namentlich solche Missionare, die noch kleine Gemeinden hatten und mehr Arbeitskraft auf Einzelheiten verwenden konnten, die Neu=Getauften öfter um sich versammelt, z. B. wenn sie zum Abendmahl zugelassen waren und dann zum Sakrament gingen, am Sonntag Nachmittage, wo sie mit ihnen beteten, sprachen und sangen. Das ist nicht überall möglich. Wir legen das Hauptgewicht auf die Mahnung in der Predigt, in der man immer wieder auf diesen Punkt zurückkommen soll, auf den Wiederholungs=Unterricht und auf die Mithülfe des Kirchenvorstandes und der Gemeinde, wovon weiter unten die Rede sein wird.

Schwieriger ist die bewahrende Thätigkeit, wenn die Neu-Getauften fortgehn; und hier stellen wir sie gleich zusammen mit der Schar der Christen, die um Verdienstes willen fortziehen, die sich bei Weißen vermieten, die Transport fahren und namentlich derjenigen, welche die Gold= und Diamantenfelder aufsuchen. Diese Schar ist groß und wächst von Jahr zu Jahr; denn die Bedürfnisse steigern sich von Jahr zu Jahr. Das treibt sie fort; bisweilen ist's auch die Not, dürre Zeit und geringe Ernte. Oft werden sie von ihren Königen geschickt. Oft lockt sie auch nur der gute Verdienst. Dort treten sie in ein freieres Leben hinein. Sie lernen das zuchtlose Wesen kennen. Das moderne Heidentum, das die europäische Welt nach Afrika bringt, tritt mit seinem Klang und Sang, mit seinen schillernden Farben, mit seinem Gift an sie heran, das um so gefährlicher für sie ist, weil sie es nicht kennen, und weil die, die es ihnen bringen, von da her kommen, von wo auch die Missionare ihnen zugesandt sind. Es sind auch Weiße, zivilisierte Leute gleich diesen. Und was für nie geahnte Vergnügungen und Reize werden ihnen dort geboten! Wie werden sie von allen Seiten umgarnt! Wie tritt die Ver= suchung zur Fleischeslust, Unzucht und Trunksucht, zum Diebstahl, zu Lug und Trug, Spiel und Tanz an sie heran! Die alte Schlange hat in dem modernen Heidentum eine stärkere Waffe, sie wieder in ihre Gewalt zu bringen, als in dem alten, das doch mit jenem keinen Vergleich aushalten kann. Und da sind sie fern von dem Missionar, ihrem geistlichen Vater, fern von der Gemeinde und dem Vaterhause. Die beobachtenden Augen sehen sie nicht mehr, und die bewahrenden, leitenden Hände können sich nicht mehr nach ihnen ausstrecken. Hier hat der Missionar eine wichtige, aber sehr schwere Aufgabe. Was kann er thun? Was thut er? Auch das ist auf's ernstlichste immer wieder in dem Kreise der Brüder beraten. Alle haben die Augen darauf ge= richtet, es ist ihnen Herzenssache. Und sie haben es oft versucht, die Hände nach den Fernen auszustrecken.

Zunächst lassen sie die Fortgehenden nie ohne ernste Er= mahnung ziehn. Das ist nur da nicht durchgeführt, wo jene sich dem entzogen haben und heimlich gegangen sind. Aber meistens kommen die Christen vor ihrem Fortgang zum Missionar, von dem sie auch einen Paß haben müssen. Da werden sie vor ihrer Entlassung ernst ermahnt. Auch halten die Missionare darauf, daß sie bei ihrer Rückkehr sich wieder bei ihnen melden. Dabei müssen sie Rechenschaft geben über ihr Thun und Treiben, werden gefragt nach ihrem Kirchenbesuch und geistlichen Leben, ob sie Andacht gehalten, gebetet und die Bibel gelesen, ob sie nicht in Fleisches= sünden gefallen, ob sie keusch und züchtig geblieben, ob sie nicht

gestohlen haben und dergl. mehr. Auch schicken unsere Missionare
sie an die dortigen Geistlichen, falls solche vorhanden sind. Von
diesen müssen sie ein Zeugnis mitbringen, das sie ihrem heimat=
lichen Missionar bei ihrer Rückkehr einzuhändigen haben. In
Johannesburg und Kimberley sind für die dortigen Gold= und
Diamantenfelder bereits Missionare stationiert. — Aber manche
der Brüder haben noch mehr gethan, sie sind brieflich mit ihren
Gemeindegliedern in Verbindung getreten und haben auch die
Korrespondenz mit ihren Angehörigen vermittelt. Es sind ja schon
viele darunter, die schreiben können. Diese Korrespondenz hat
oft gute Früchte getragen. Es kommen leider ja auch Abfälle
vor. Manche sind leichtfertig, manche gar nicht wiedergekehrt.
Doch ist das letztere nur vereinzelt vorgekommen. Oft aber haben
unsere Missionare auch die Freude gehabt, daß solche, die in der
Versuchung gefallen waren, reuig zurückkehrten und sich besserten
Einige ergreifende Fälle hörten wir. Und noch größer war die
Freude, — und sie ist nicht selten gewesen —, wenn die Christen
unverdorben heimkehrten. Die Missionare in Kimberley haben
mir bezeugt, daß sich unter den Kaffern auf den Diamantfeldern,
die sich zu ihren Gottesdiensten hielten, besonders viele befänden,
die aus unseren Gemeinden gekommen wären. Als ich dort war
und den Missionar zu einem solchen Gottesdienst in den sogenann=
ten Compounds begleitete, fanden wir, daß eine große Zahl der
Zuhörer von verschiedenen unserer Stationen war. Auch zeigte
mir der Missionar auf den Goldfeldern seinen jugendlichen Küster,
der ebenfalls aus unserer Mission stammte. Ja es ist auch hierin
von unsern Missionaren ernst gearbeitet worden. Aber es muß
noch immer mehr geschehen. Die Brüder haben deshalb auch
bereits die Einrichtung einer jährlichen Predigtreise ins Auge
gefaßt, in der Weise, daß ein Missionar ausgesandt werden und
jene Arbeitsfelder besuchen soll. Dort soll er aus den Arbeits=
kaffern diejenigen heraussuchen, die unserer Mission angehören.
Da wird er vielen Stärkung bringen und auch manches verlorene
Schäflein finden, das er dann dem dortigen Missionar zuführen
soll, um so diesem in die Hand zu arbeiten.

Das Resultat der bisher geschilderten Gemeindearbeit wird im

Gemeindeleben offenbar. Wie ist dasselbe beschaffen? Über das Sonntagsleben und den ausgezeichneten Kirchenbesuch haben wir uns schon oben ausgesprochen und erwähnen hier nur noch, daß der Sonntag überall in den Gemeinden geheiligt wird. Es kommt den Missionaren dabei das zu Hülfe, daß auch unter den Engländern und Buren auf Sabbathsruhe streng gehalten wird. Wir haben an den vielen Sonntagen, die wir dort erlebt, von Sonntags= arbeit und Sabbathsschändung durch weltliche Lustbarkeiten oder lärmendes Treiben in unseren Gemeinden nichts bemerkt. Auch haben wir auf eingehende Nachforschungen hin weder von den Missionaren, noch aus den Gemeinden heraus Klagen darüber vernommen. Die Leute würden auch kaum viel Zeit dazu haben; durch den Besuch der Gemeinde=Andacht, der beiden Gottesdienste und der Sing= und Betstunde am Abend, sowie durch die viel Zeit erfordernden Geschäfte des Kochens und des Wassertragens für die Frauen, wie der Besorgung des Viehes für die Männer, wird der Tag hinreichend ausgefüllt. Die Frauen müssen näm= lich das Wasser meistens aus weiterer Entfernung vom Flusse her holen. Im alltäglichen Leben sind viele unserer Christen im großen und ganzen arbeitsam und fleißig und kommen daher auch weiter. Doch giebt es namentlich unter den Männern noch manche, welche die heidnische Trägheit nicht überwinden können, und die ohne den Stecken des Treibers nicht vorwärts kommen. — Über besondere Laster, die Fleischeslust ausgenommen, wird nicht geklagt. Diese kommt leider noch oft vor. Die Gefahren und Versuchungen dazu sind ganz besonders groß. Auffallend ist es, daß die Sünden der Fleischeslust sich mehr bei den älteren, als bei den jüngeren Leuten finden, und wenn meine Beobachtung richtig ist, mehr bei dem männlichen als bei dem weiblichen Ge= schlecht. Die Frauen und Mädchen machen durchweg den Ein= druck größerer Keuschheit und Zucht. Ehebruch kommt häufiger vor als Unzuchtsfälle der Jugend. Es hat das seinen Grund einerseits darin, daß letztere unter schärferer Aufsicht steht. Die Hauptursache aber ist, daß die älteren Leute, die schon Jahre lang im Heidentum gelebt haben, mit dem unsittlichen Leben desselben nicht so leicht brechen können. Was wir Ehebruch nennen, ist ja dort, wenn es nicht heimlich und mit Gewalt, sondern mit Genehmigung und Zulassung der Beteiligten geschieht, eben kein Ehebruch, keine Sünde. Besonders durch heidnische Frauen treten stärkere Versuchungen an die christlichen Männer heran, als etwa durch heidnische Männer an die christlichen Frauen und Jungfrauen. Unsere christliche Jugend führt im ganzen ein sittsames Leben. Ein zuchtloses Umhertreiben auf den Straßen wird auf keiner Station geduldet. Wir haben es nur auf einer Station bemerkt, auf der die Zucht schlaffer gehandhabt war. In kleineren Gemeinden ist es damit am besten bestellt. Je mehr dieselben anwachsen, und je weiter die Dörfer sich ausdehnen, desto schwerer wird es sein, die Jugend in der Zucht zu halten. Uneheliche Geburten kommen bis jetzt nur vereinzelt vor. Auch können die Trauungen meistens in Ehren gehalten werden, wobei ich jedoch an die im vorigen Kapitel gemachte Bemerkung erinnere. In vielen Gemeinden ist bis jetzt noch gar kein uneheliches Kind geboren. In der ganzen Sulumission kam im Jahre der Visitation ein derartiger Fall vor; das ist ½ Procent. In der Betschuanenmission wird es höchstens 1—1½ Procent betragen, während es vor zehn Jahren auch nicht mehr als ½ Procent war. Die Zunahme ist durch das Wachstum der Gemeinde und durch die häufigere Berührung mit der verderblichen europäischen Kultur auf den Goldfeldern und die dadurch herbeigeführte größere Verführung zu erklären. Das eheliche Verhältnis ist im ganzen ein friedliches. Streit und Hader kommen freilich oft vor; die Leute sind lebhaft und leicht erregt. Doch vertragen sie sich bald wieder. Schlimm und zu einem Bruche führend wird es gewöhnlich erst dann, wenn etwa noch lebende heidnische Eltern oder sonstige Verwandte der Frau sich hineinmischen und dieselbe zum Fortlaufen bereden. Die Mißerfolge bei Sühneversuchen bestehen meist in solchen Fällen. Sonstige grobe Sünden kommen nicht häufig vor. Wir wissen nur von einem Totschlage in Folge eines Trinkgelages; und leider von drei Fällen, wo junge Leute in Kimberley sich, durch andere verführt, an den so häufigen Diamantendiebstählen beteiligt hatten. Doch gestand der eine Jüngling seinem Missionar die Sünde ein und brachte den Diamant zurück. Die beiden anderen Fälle sind von jungen Leuten begangen, die schon seit Jahren von der Heimat abwesend sind und vielleicht nie dahin zurückkehren. Diese Verbrechen waren auswärts begangen. Auf der Station selbst sind bis jetzt keine Diebstähle größerer Art vorgekommen. Nur hie und da sind wohl Früchte weggenommen, doch auch das nur selten. Die Missionare könnten bei unverschlossenen Thüren und offenen Fenstern schlafen, durch die wohl Schlangen, aber keine Diebe kommen. Auch können sie Wäsche Nachts unbewacht im Freien lassen. In dieser Hinsicht herrscht bis jetzt noch volle Sicherheit. Ebenso bestehlen die Kaffern sich nicht unter einander, wie sie denn überhaupt im allgemeinen fest und treu zusammen stehn. Es ist begreiflich, daß es bei einem so zungenfertigen Volk leicht zu allerlei Hader kommt, und zwar unter den Frauen mehr, als unter den Männern. Doch nimmt das selten größere Dimensionen an. Die Gemeinschaft dagegen zeigt sich in der Teilnahme an Freuden und Leiden bei Hochzeiten, Krankheiten und Beerdigungen. Es wird das noch deutlicher aus den folgenden Schilderungen hervorgehen, in denen wir von der Liebesthätigkeit innerhalb der Gemeinde sprechen.

Mit der Armenpflege haben unsere Missionare bis jetzt noch nicht viel zu thun. Der Gegensatz zwischen Reichen und Armen hat sich bisher noch wenig herausgebildet. Das wird jedoch in der Folgezeit mehr und mehr geschehen. Die Leute sind ja im ganzen noch einfach in ihren Bedürfnissen. Dabei leben sie in einem gesegneten Lande, das ihnen bei wenig Mühe solche Erträge liefert, daß sie genug zum Leben haben. Ist einmal große Dürre und Mißernte, wie das häufiger der Fall ist, so leiden sie im ganzen alle in gleicher Weise darunter, und sind dann alle hungrig und arm. Der Gegensatz zwischen Reich und Arm besteht hauptsächlich in dem großen oder geringen Besitz an Vieh. Da ist die Armut weniger empfindlich. In Zeiten der Not werden dann freilich viele Ansprüche an die Armenpflege und Liebesthätigkeit des Missionars gemacht. Da ist oft das Elend groß. Da muß er helfen, soweit die Vorräte reichen. Aber auch er selber hat unter der Mißernte zu leiden, und kann nicht so helfen, wie er möchte. Zu einer besonderen Witwen- und

Waisen-Versorgung ist bisher noch kein Bedürfnis vorhanden gewesen. Die Witwen verheiraten sich oft wieder. Sonst finden sie bei ihren Verwandten Aufnahme. Auch können sie durch etwas Ackerbau und Viehzucht leicht ihr Leben fristen. Ebenso sind Waisenkinder bisher leicht untergebracht.

Ein größeres Arbeitsfeld bietet die Krankenpflege. Es sind ja freilich die klimatischen Verhältnisse im allgemeinen günstige; und Krankheiten sind dort nicht so viel als hier in der rauheren Gegend der Heimat. Aber doch sind je und je Kranke vorhanden. Die Missionare haben sich ihrer mit Hülfe ihrer Frauen und Töchter stets in Liebe angenommen. Wir haben nicht bemerkt, daß sie dies Gebiet vernachlässigt hätten. Auch pflegen die Kranken bald zu ihnen zu kommen oder zu schicken, da die Missionare fast sämtlich im Besitz homöopathischer Apotheken sind. Mehrere Brüder sind sogar geschickte Ärzte durch die Praxis geworden, und ihre Hülfe ist von Schwarzen und Weißen weithin begehrt. In einigen Fällen wurde der Zulauf ein so großer, daß der Missionar seine Thätigkeit einschränken mußte, damit sie ihm nicht in seiner eigentlichen Missionsarbeit hinderlich wurde. Sollte er diese Thätigkeit denn nicht ganz aufgeben? Das ist unmöglich und würde auch nicht weise sein. Zwar ist dieselbe eine Nebenbeschäftigung, aber eine solche, die ihm oft die Wege für seine Missionsarbeit bahnt. Und insoweit ist dieselbe zuzulassen, ja zu befördern. In der weiten Welt sieht man sie allgemein als etwas an, das den Missionar nicht schändet, sondern zu ihm gehört. Selbstverständlich muß er mit seiner ärztlichen Thätigkeit zurücktreten, wo ordentliche Ärzte vorhanden, also kein Bedürfnis dazu ist. Aber der Fall tritt nur in größeren Orten ein, wo ein Arzt sich halten kann. So möge denn der Missionar den Kranken auch ärztlich helfen, wenn er dazu im stande ist, und seine Hauptarbeit nicht darunter leidet! Niemals darf es jedoch aus gewinnsüchtiger Absicht geschehen. Ein solcher Missionar wäre ein untreuer Knecht. Wenn er dafür bezahlt wird, so wird man ihn darum nicht tadeln können, weil es kein unehrlicher Nebenerwerb für ihn ist; sonderlich wenn die Gehaltsverhältnisse so ungünstige sind, wie in unserer Mission. Er hat

ja überdies die Apotheken und Instrumente anzuschaffen. Da
jedoch, wo das durch die Mission geschieht, soll er auch den Erwerb durch dieselben der Mission zu gute kommen lassen, wie
denn überhaupt jeder Missionar, dem seine Mission am Herzen
liegt, sie an solchen etwaigen Nebenverdiensten Anteil nehmen
lassen wird. Das ist auch mehrfach in unserer Mission geschehen.
So war jüngst ein Missionar dadurch in den Stand gesetzt, bedeutende Summen zum Erwerb der Station und zu seinem Kirchbau anzuwenden. Aber wir sprechen von der Gemeinde-Arbeit.
Und um die Gemeinde-Krankenpflege handelt es sich. Und da
haben unsere Missionare die Praxis, daß sie innerhalb ihrer Gemeinde die ärztliche Thätigkeit frei ausüben und ihren Gemeindegliedern die Heilmittel unentgeltlich verabreichen. Jener Neben-
verdienst, den jedoch nur einzelne Missionare haben, setzt sie dazu
in den Stand. Doch erweisen sich Gemeindeglieder wohl erkennt-
lich durch kleine Geschenke, als welche Garten- oder Feldfrüchte
am geeignetsten erscheinen, deren Zurückweisung die Dankbaren
verletzen würde.

Das ist die äußerliche Seite der Sache, die übrigens den
Missionaren oft viel Zeit kostet; namentlich, wenn es sich nicht
um vereinzelte Krankheitsfälle, sondern um Massenerkrankungen
handelt. Eine sehr unangenehme Aufgabe tritt an denselben
durch das Einschleppen europäischer Krankheiten heran. Da ist
besonders die Syphilis zu nennen, die in Süd-Afrika in einer er-
schrecklichen Weise um sich greift. Durch europäisches Militär,
Matrosen und Goldsucher ist diese Krankheit dort eingeschleppt
worden; ihre Verbreitung ist durch das unsittliche Leben und
durch den Verkauf von Kleidungsstücken, namentlich alter Uni-
formen, die ein sehr begehrter Artikel sind, befördert worden.
Diese Krankheit ist wie ein fressender Rost auf das arme Kaffern-
volk gefallen. Und hier hat der Missionar viel zu thun um zu
helfen, um dem weiteren Umsichgreifen zu wehren und sie womöglich auszurotten aus seiner Gemeinde. Und es sind wohl
wenig Gemeinden, die augenblicklich nicht darunter zu leiden
hätten. Man kann es nur gut heißen, wenn die Missionare hier
thun, was in ihren Kräften steht, und keine Mühe und Arbeit

im Kampf gegen die Syphilis scheuen. Hat doch diese Krankheit ihren dunkeln unsittlichen Hintergrund.

Leider findet sich auch der Aussatz unter den Kaffern und ist ebenfalls im Zunehmen begriffen. Auch auf einer unserer Stationen wurde eine Familie durch denselben langsam vertilgt. Zur Zeit der Visitation waren nur noch zwei Töchter am Leben. Dieselben wohnten für sich allein und hatten durch den Missionar treue Hülfe und Pflege. Sonstige Fälle sind in unsern Gemeinden bis jetzt nicht vorgekommen, jedoch hie und da unter nahe wohnenden Heiden. Wie man überhaupt jetzt mehr auf diese Unglücklichen sein Auge richtet, so ist auch von unserer Mission die Frage aufgeworfen, was zu thun sei. Mit Bedauern haben wir von einer weitergehenden Thätigkeit absehen müssen, da unsere Mittel nicht einmal zur Erfüllung unserer nächsten Pflichten ausreichen.

Zu seiner eigenen Hülfe, zur besseren Erziehung, Regierung, Bewahrung und Pflege der Gemeinde haben die Missionare die Aufgabe Kirchenvorstände zu schaffen. Solche sind in unserer Mission, namentlich in den größeren Gemeinden der Betschuanenmission schon früh gebildet. In der ersten Zeit setzten die Missionare selbst vertrauenswürdige bewährte Christen in dies Amt ein. Vielfach waren dieselben jetzt schon von den Gemeinden gewählt. Es ist die Frage aufgeworfen, ob diese schon reif dazu wären und schon ein Verständnis von der Bedeutung des Kirchenvorstandes hätten. Wir halten sie für so weit gefördert. Die Erfahrungen, die wir in unserer Mission mit dem Kirchenvorstande gemacht haben, sind — mit wenigen Ausnahmen — erfreulicher Art. Meistens sind drei Kirchenvorsteher vorhanden, in einigen größeren Gemeinden steigt die Zahl bis zu sechs, in einigen kleineren sind nur zwei. Die Wahl ist stets unter Leitung des Missionars vollzogen, wobei ein einmütiges Verfahren zwischen Missionar und Gemeinde geherrscht hat. Wir haben keine Klage über Widerspruch seitens der Gemeinde gehört. Es ist begreiflich, daß der Einfluß des Missionars in der ersten Zeit ein besonders großer ist. Die zuerst Bekehrten, die nun die Ältesten der Gemeinde sind, stehen gewöhnlich in einem innigen Vertrauensverhältnis zu ihrem Missionar. Sie sind die Früchte seiner ersten Liebesarbeit,

seine erstgeborenen Kinder in Christo. Vielfach haben sie gemeinsam mit ihm die ersten Kämpfe durchgemacht, die ersten Leiden
erduldet. Das bindet zusammen. Es können ja auch später sich
noch vertrauliche persönliche Beziehungen bilden; aber je größer
die Gemeinde, je mehr das Christentum eine Macht, je stärker
der treibende Strom wird, desto vereinzelter sind solche Beziehungen. Die Zeit des Frühlings ist nur ein Mal. Das Vertrauensverhältnis, das den Missionar mit seinen Erstlingen verbindet, ist ein ganz eigenartiges. Und die Kirchenvorstände, die
aus diesem Vertrauenskreise hervorwachsen, sind unersetzbar. Wir
haben große Freude an denselben gehabt. Sie sind fast durchweg
eine wirkliche Stütze des Missionars gewesen. Wo dieser es verstanden hat, sie sich zuzuziehn und sie zu gebrauchen, da sind
sie ihm eine große Hülfe geworden. — Je wichtiger das Amt ist,
desto strenger muß auch die Auswahl der Personen sein. Nur
solche, die sich bereits in ihrem Christenwandel bewährt haben,
dürfen gewählt werden. In der neu aufgestellten Gemeinde-
Ordnung für die Sulumission heißt es darüber § 9: „Wählbar
sind aus dem Kreise der Wahlberechtigten nur solche Männer, die
sich regelmäßig zu Gottes Wort und zum heiligen Abendmahl
halten, die kein öffentliches Ärgernis gegeben, sondern ein gutes
Gerücht in der Gemeinde haben, und die in Erfüllung ihrer christlichen und Gemeinde-Pflichten mit einem guten Beispiel vorangehen." Für die Betschuanenmission sind die Bestimmungen dem
Sinne nach die gleichen. Auch das Wahlverfahren ist durch genaue Vorschriften geregelt.

Die Mitarbeit, zu welcher die Missionare die Kirchenvorsteher
herangebildet haben, ist im wesentlichen folgende: Dieselben müssen
vielfach die äußeren Dienste in der Kirche vollziehen, das Läuten besorgen, die Kirchthüren öffnen und schließen, die heiligen Geräte aufstellen, die Altarlichter anzünden. Nur auf einigen Stationen war ein besonderer Küster dazu angestellt. Es würde sich empfehlen, das überall zu thun, damit möglichst noch mehr Gemeindeglieder im Dienst der Kirche beschäftigt werden. Denn das ist eine
heilsame Zucht für sie. In Bethanie war der Kirchendienst am voll-
kommensten geordnet. Da waren neben den Kirchenvorstehern zwei

Küster und zwei Vorsänger bestellt. Meistens liegen aber diese Geschäfte noch in den Händen des Kirchenvorstandes. Sodann haben
die Kirchenvorsteher die äußere Ordnung im Gottesdienste zu
handhaben. Gewöhnlich hat einer seinen Platz an der Kirchthür
und achtet da auf Ordnung, reguliert das Aus= und Eingehn,
um Störungen zu verhindern, hat dort etwaige Kirchenbüßer
unter seiner Aufsicht, hält Zucht unter den anwesenden Heiden,
die stets hinter den Christen ihre Plätze haben und kirchliche
Zucht und Anstand noch nicht kennen. Die anderen Kirchenvorsteher haben ihren Platz unter den Christen und halten dort
auf Ordnung, verhindern Sprechen, Unruhe und allerlei Störungen, achten auf die Kinder und wecken auch wohl die Schläfer
auf. Dadurch erreichen sie es, daß in den Gottesdiensten eine
große Stille und Ruhe herrscht, wie wir es nicht oft in den heimatlichen Kirchen finden, eine Ruhe, die uns überrascht und erbaut hat. Werden Kollekten eingesammelt, so geschieht dies durch
die Kichenvorsteher, die sich mit Tellern an den Kirchthüren aufstellen und den Ertrag nachher dem Missionar einhändigen. In
Abwesenheit oder bei Erkrankung des Missionars halten — namentlich da, wo keine Lehrer, oder wo diese nicht dazu geeignet
sind, — die Kirchenvorsteher die Gottesdienste, auch wohl die
Beerdigungen, was sie mit großer Würde und Ernst verrichten,
wie wir selbst Zeugen davon gewesen sind. Natürlich treten sie
weder vor den Altar, noch besteigen sie die Kanzel, sondern stehen
frei vor der Gemeinde, oder auch an einem Pult, das in einigen
Kirchen bereits vorhanden ist. Sie lassen dann singen, verlesen
die vorgeschriebenen Abschnitte der heiligen Schrift, sprechen Gebete und halten auch wohl eine Ansprache, wenn sie von dem
Missionar dazu angewiesen sind. Manche haben ganz gute Übung
darin, da sie oft den Gottesdienst auf den Filialen besorgen und
auch wohl ausgehen unter die Heiden, um diesen das Evangelium
zu bringen. Es wird ihnen das nicht so schwer, als es Laien
in der Heimat sein würde, weil sie von Natur redebegabt sind.
Oft werden auch die Gemeindeandachten von ihnen gehalten, namentlich geschieht das auf den Filialen regelmäßig.

Eine schätzenswerte Hülfe sind sie dem Missionar in der Erziehung, Regierung und Bewahrung der Gemeinde, sonderlich bei der Erziehung der Katechumenen, bei der Bewahrung der Getauften und auch in der Krankenpflege. Sie besuchen die Kranken, lesen ihnen vor und beten mit ihnen, assistieren auch bei den Kranken-Kommunionen. Bei Schlichtung von Streitigkeiten, bei Sühneversuchen zwischen Eheleuten kann der Missionar ihren Beistand kaum entbehren. Der Kirchenvorstand ist in allem seine rechte Hand. Auch bei den kirchlichen Bauten ist er besonders thätig. Wahrhaft ergreifend ist es, daß in einer Gemeinde ein Kirchenvorsteher auf die Bitte der in den Krieg ziehenden jungen Mannschaft diese begleitete, dort ihr Halt und Trost war, täglich Andachten mit ihnen hielt und sie glücklich heimgeleitete. Wahrlich, die Mitarbeit unserer Kirchenvorsteher ist eine solche, daß wir viel Ursache haben, Gott dafür zu danken. Dieselbe ist eine Perle in der Arbeit unserer Mission. Und das alles thun sie frei und umsonst. Der Kaffer ist ja sehr geneigt bei allem zu fragen: Was wird mir dafür? Nur in einem Falle haben wir es getroffen, daß die Kirchenvorsteher zum Lohn für ihre Arbeit von den Kirchenlasten befreit waren. Doch ist dabei zu bedenken, daß von den Handleistungen oft gerade der Hauptanteil auf sie fällt. Es war bei jener Befreiung nur auf die Geldabgaben abgesehen. Doch haben wir, wie gesagt, nur einen solchen Fall vorgefunden, auch nirgends eine dahingehende Frage oder Antrag anderer Kirchenvorsteher vernommen. Auch in jenem Falle ist der Gleichheit wegen diese Bevorzugung wieder abgeschafft, obgleich sich kaum etwas dagegen sagen ließe. So ist der Kirchenvorstandsdienst ein reiner Ehrendienst in unserer Mission, und wir können den Kirchenvorständen das Zeugnis nicht versagen, daß sie die Ehre, die dieser Dienst für sie hat, erkannten und empfanden, daß sie sich dieser Ehre würdig zu zeigen suchten und mit Liebeseifer ihrem Dienste ergeben waren. Daß Kirchenvorsteher sich ihres Dienstes durch ihren Wandel unwürdig bewiesen, ist nur vereinzelt vorgekommen, aber dann sind sie sofort aus demselben entlassen. Im ganzen haben sie sich nicht nur ihres Amtes ernstlich angenommen, sondern auch darnach gestrebt, in einem frommen Wandel der Gemeinde ein gutes Vorbild zu geben.

Die Mitarbeit der Gemeinde ist eine wichtige Sache. Man muß sie von Anfang an dazu erziehen, daß sie mithilft, ihr Kirchen- und Schulwesen selbst zu erhalten und das Missionswerk weiter auszudehnen. „Eine Gemeinde, die sich selbst versorgt und dabei noch an dem allgemeinen Werke mithilft, gewinnt viel rascher an gesunder innerer Stärke und an äußerem Wachstum, als eine Gemeinde, die sich auf die Hülfe anderer verläßt. Dasselbe ist auch bei den einzelnen Christen der Fall" — schreibt der amerikanische Bischof Escher in seinem Werk: „Über Länder und Meere". Und der englische Methodisten-Missionar Swallow in China ist der Meinung, „daß die Bekehrten und jungen Gemeinden gleich von Anfang an zur Selbstunterhaltung und Teilnahme am Missionswerk gewöhnt werden sollten, es sei das nicht nur Beruf und Pflicht, sondern sogar ein Lebensbedürfnis, ja eine Lebensbedingung für sie". Daß die Gemeinden unserer Mission dazu erzogen werden können, ist unzweifelhaft. Es ist ein Charakterzug jener Völker, daß sie gern bei allem mit dabei sind. Dieser Zug muß benutzt, ausgebildet und geheiligt werden. Die Erfahrung lehrt uns, daß das sehr wohl möglich ist.

Unsere Mission hätte in der Anlage der Stationen und bei den teils bedeutenden Bauten mit ihren geringen Mitteln nicht so Großes leisten können, wenn die Gemeinden nicht treulich geholfen hätten. Natürlich muß der Missionar immer die Hauptperson dabei sein, muß sie antreiben, anführen, ihnen vorarbeiten. Aber dann kann er auch mit ihnen vorwärts kommen. Zwar wird es immer Gemeindeglieder genug geben, die sich um die Mitarbeit wegzumachen suchen. Es giebt eben überall Faule. Und es kommt auf das Herz an. So sagte auch ein Christ in einer Gemeindeversammlung der Bamalete, als wir fragten, ob sie beim Bau mithelfen wollten: „Das ist so und wird immer so sein; wer JEsum lieb hat, der wird kommen, der sieht es als einen Gottesdienst an; wer Christum nicht lieb hat, wird sich verstecken".

Wir haben überall Gemeindeversammlungen gehalten und stets dies Kapitel eingehend mit den Gemeinden besprochen. Wir haben Verständnis, namentlich für die Hülfe der Gemeinde durch Handleistungen, weniger für die Geldleistungen und die kirchlichen

Abgaben gefunden. Die Hülfe durch die That ist stellenweise eine große gewesen, und zwar durch die Männer, Weiber und Kinder. Wir haben selbst gesehen, wie junge Mädchen in langem Zuge, Hallelujah=Lieder singend, viele Körbe voll Erde herbeitrugen. Die kirchlichen Abgaben dagegen sind nicht immer regelmäßig eingeliefert. Da ist oft über säumige Zahler geklagt. In den kleinen Gemeinden der Sulumission waren dieselben bisher viel= fach nach gar nicht eingeführt. Das war ein Fehler. Man muß die Gemeinden gleich von Anfang an dazu erziehen. Dann sind auch die Schwierigkeiten geringer, als bei einer späteren Einführung. In den großen Gemeinden der Betschuanenmission waren sie ein= geführt. Wir haben stets in den Gemeindeversammlungen den Christen ihre Pflicht an das Herz gelegt, haben auch nie gehört, daß man die Beiträge für ungerecht oder hart hielte, wie die= selben denn auch die Höhe der Abgaben z. B. in der Berliner Mission nicht erreichen, in der außerdem noch Gebühren für die Amtshandlungen entrichtet werden müssen. In unserer Mission herrscht durchweg Gebührenfreiheit; nur in einem Kreise war eine Traugebühr eingeführt. Völlige Gebührenfreiheit scheint uns das Richtige zu sein. Wir geben in der unten folgenden Tabelle eine Übersicht über die kirchlichen Abgaben. Naturalleistungen sind nirgends eingeführt. Hand= und Spanndienste sind nicht zu Gelde gerechnet und in der Liste nicht mit aufgeführt. Würde das geschehen sein, so würden die Leistungen stellenweise eine bedeu= tende Höhe erreichen. Denn in der Hinsicht ist die Beihülfe der Gemeinden oft eine besonders große gewesen. Daß die Einziehung der kirchlichen Abgaben ohne Anwendung der Kirchenzucht geschehen soll, haben wir bereits im vorigen Kapitel dargelegt. Eine Ver= sagung der kirchlichen Gemeinde=Rechte dürfte die einzig richtige Antwort auf Verweigerung der kirchlichen Gemeinde=Pflichten sein. Die Mission ist darin freilich in einer schwierigeren Lage als die heimathliche Kirche, da ihr keine bürgerlichen Zwangsmittel zu Ge= bote stehen. Dieselbe ist ganz auf sich selber angewiesen. Dabei muß sie viel Geduld und Selbstverleugnung üben. Und diese wird gewiß bei Festigkeit und Strenge in den meisten Fällen zum Ziele führen. Die Versagung der Gnadenmittel und die Verweisung

von der Station aber ist hier vom Übel, weil darunter auch die
Familie leiden würde und nicht das schuldige Gemeindeglied allein.
Kollekten sind bisher in unserer Mission nur bei Missions=
festen erhoben, stellenweise aber auch das nicht einmal. Wir be=
dauern das und legen derartigen kirchlichen Sammlungen eine
hohe Bedeutung bei. In den freiwilligen Opfern und Liebesgaben
erkennen wir einen weit besseren Erweis des wahren Christen=
tums als in der willigen Zahlung bestimmter kirchlicher Abgaben.
Wir haben uns auch davon überzeugt, daß die Einführung von
Kirchenkollekten nicht vergeblich ist. Die Christen haben fast überall
an den Missionsfesten reichlich gegeben. Auch Kinder legten Geld=
stücke, die sie sich von den Eltern erbeten hatten, in die Becken.
Diese opferten also doppelt — durch ihre eigene und durch der
Kinder Hand. Wir sahen einen weinenden Knaben, der in dem
Gedränge sein Geldstück nicht hatte einlegen können. Er ruhte
nicht, bis sein Vater mit ihm zurückkehrte und ihn zu den Becken
führte. Da opferte er seine Gabe mit lachendem Angesicht. Und
in wie reichem Maße haben die Betschuanen=Gemeinden zu den
Kosten der Visitationsreise beigesteuert! Es war das ebenfalls
ein Opfern mit Freuden. Das konnte man den Gebern ansehn;
das bewiesen die opfernden Kinder; das zeigte mancher kleine
Zug. Von den Sulu=Gemeinden haben einige ebenfalls das
Ihrige gethan. Hervorzuheben ist die schwarze Gemeinde von
Neu=Hannover, wo der Lehrer Joseph Gwamanda aus
eigenem Antriebe gesammelt, und die Gemeinde von Arbeitskaffern
reichlich gegeben hatte. Das war der erste uns dargereichte Liebes=
beweis unserer afrikanischen Christenheit. Eine Übersicht über diese
Gaben geben wir am Schlusse des Kapitels.

Ein sogenannter Klingelbeutel zur regelmäßigen Einsammlung
von Gaben ist nirgends in Gebrauch. Auch möchten wir den=
selben nicht empfehlen. Dagegen scheint uns die Aufstellung eines
Gotteskastens erforderlich zu sein. Die Christen lesen in der
Schrift, wie JEsus am Gotteskasten stand und das Opfern der
Gaben beobachtete. Auch hören sie von der Ermahnung des
Apostels Paulus (1. Cor. 16, 1 u. 2) zur sonntäglichen Erlegung
einer Steuer. Darum muß auch ihnen Gelegenheit dazu geboten

11

werden. Es wird schon jetzt vorkommen und wird später bei größerer Förderung der Gemeinden häufiger sein, daß dieser oder jener das Bedürfnis hat, dem HErrn eine Gabe zu opfern. Sie könnten dieselbe dem Missionar überbringen, aber das unterbleibt leicht, weil es ihnen einen besonderen Weg zu ihm kostet. Und vor allem: für heimliche Liebesgaben muß ihnen Gelegenheit geboten werden. Darum sollte ein verschließbarer Gotteskasten in keiner Kirche fehlen. Die Aufsicht über denselben und die Verwaltung solcher Gelder übergebe der Missionar dem Kirchen- vorstande und ziehe diesen bei der Verwendung derselben heran! Auch lasse man diese Gelder wesentlich den nächsten Bedürfnissen auf der Station zu gute kommen, damit die Geber sehen, wozu das Geld verwendet wird! Das wird zur Hebung der Liebes- thätigkeit viel beitragen.

In der Kranken-, Armen-, Wittwen- und Waisenpflege muß man die Gemeinden zur Mitarbeit erziehen. Und das wird nicht schwer sein, da sie schon von ihren heidnischen Verhältnissen her daran gewöhnt sind. Von hartherziger Behandlung der Leidenden hört man auch bei den dortigen Heiden nicht viel. Jene Völker haben ein starkes Gefühl der Zusammengehörigkeit. Das Familien- Bewußtsein ist sehr entwickelt. Ja, der ganze Stamm sieht sich als eine große Familie an. Das überträgt sich erfreulicher Weise auf die Christengemeinden, in denen ein erquickliches Gemein- schaftsgefühl lebt. Sie freuen sich mit einander in den Gottes- diensten und bei Festen. An Hochzeiten beteiligt sich gewöhnlich die ganze Gemeinde. Eben so leiden sie mit einander. Die Kranken werden fleißig besucht; in der Not stehen sie einander bei. Bei Todesfällen graben sie das Grab; und die ganze Ge- meinde nimmt an dem Begräbnis teil. Das sehen sie als selbst- verständlich an.

Auch hinsichtlich der Missionsarbeit ist die Gemeinde zur Mitthätigkeit zu erziehen, — ein bedeutungsvoller Punkt! Rund um sie her ist noch das Heidentum, aus dem sie gerettet ist, das Heidentum, dessen Ende das Verderben ist, das mit Haß und vielleicht mit Verfolgung sie bedroht. Da sollen die Christen ihr Licht leuchten lassen. Sie müssen helfen zur Bekehrung der

Heiden, — nicht durch Liebesgaben an Missionsfesten allein, sondern auch durch Mitthätigkeit. Wie Christus mit ihnen Erbarmen
gehabt hat, so sollen sie gleich dem barmherzigen Samariter ihren
Brüdern, den armen Heiden, helfen mit der That. Wir haben
danach gefragt in den Gemeinde-Versammlungen, ob sie dieser
Liebespflicht sich bewußt sind. Und wir fanden, daß sie dieselbe
mehr oder weniger erkannten. Wir fanden auf einzelnen Stationen einen brennenden Eifer, die Heiden retten zu helfen; auf
anderen freilich Lauheit und Schlaffheit. Wo die Missionare selbst
die Missionsarbeit nicht genügend betrieben, war das letztere der
Fall. Wo der Missionar recht eifrig war, folgte und half ihm
auch seine Gemeinde darin. Wir haben Christen gefunden, die
ganz freiwillig ausgingen zu den Heiden, um sie zu rufen. Diese
waren erfolgreiche Bahnbrecher. Die Anregung, die durch die
Visitation und die Gemeinde-Versammlungen nach dieser Seite
hin gegeben ist, ist eine segensreiche gewesen. Seitdem ist vielfach ein größerer Eifer erwacht, und die Mitarbeit der Gemeinden
zur Rettung der Heiden ist eine regere geworden. Es kann darin
viel geschehen. Das freudige Bekenntnis des Namens Christi
vor den Heiden, der Beweis der Bekehrung in einem gottseligen
Wandel, das Suchen der Verlorenen in der Liebe Christi wird
manche Heiden zu Christo führen. Es ist uns mehrfach bezeugt,
wenn wir fragten: Wie bist du zu Christo gekommen? — daß
irgend ein Christ aus der Gemeinde, der den HErrn gefunden,
den anderen nach sich gezogen hatte. In eine Gegend, an Orte,
wohin noch kein Missionar gekommen, war das Zeugnis von
Christo durch Gemeindeglieder getragen, so daß von dort her
Heiden kamen, die die Taufe begehrten, oder daß man von dort
her den Missionar bitten ließ, zur Predigt zu kommen, oder ihnen
einen Lehrer zu senden. Aus der Geschichte der Station Bethanie
ist die Vorarbeit jenes David bekannt, der dort zuerst das
Evangelium verkündete und eine Schar um Christum sammelte,
die dann mit ergreifender Freude den Missionar Behrens auf-
nahm. David zog weiter, kehrte nach Jahren nach Bethanie
zurück, um dort zur Freude seines HErrn einzugehen. Sein An-
denken bleibt im Segen. Und Beweise solcher Mitarbeit von

11*

Christen aus der Gemeinde giebt es mehr, mögen die Früchte nun Scharen oder einzelne Seelen sein. Unsere Missionare müssen nur ein sorgsames Auge und ein warmes Herz dafür haben. Und wie sie nach wie vor dazu anregen und antreiben müssen, so müssen sie dieselbe auch unter ihrer Aufsicht halten, müssen eine etwa hier oder da entstehende größere Bewegung dieser Art unter ihre Leitung nehmen, damit dieselbe nicht in verkehrte Bahnen gerät, oder sektirerische Missionare sich ihrer nicht bemächtigen, — eine Gefahr, die oft genug vorhanden ist.

I. Sulumission.

Stationen.	Kirchliche Beiträge anno 1888.			Gaben zur Visitation.		
Hermannsburg	93 Mark	25	Pf.	— Mk.	—	Pf.
Müden	228 „	—	„	21 „	50	„
Emtombeni	27 „	—	„	— „	—	„
Empangweni	440 „	—	„	— „	—	„
Neu-Hannover	— „	—	„	34 „	75	„
Marburg	52 „	80	„	14 „	—	„
Elim	16 „	—	„	15 „	—	„
(Ebenezer)	— „	—	„	13 „	—	„
Ekombela	— „	—	„	10 „	—	„
Goede-Hoop	52 „	75	„	— „	—	„
Ekuhlengeni	10 „	—	„	— „	—	„
Bethel	10 „	—	„	— „	—	„
Summa	929 Mark	80	Pf.	108 Mk.	25	Pf.

Auf den übrigen Stationen waren bis jetzt kirchliche Beiträge noch nicht erhoben.

II. Betschuanenmission.

Stationen.	Kirchliche Beiträge anno 1888.			Gaben zur Visitation.		
1. Saron	855	Mark	50 Pf.	253	Mk.	75 Pf.
2. Rustenburg	—	„	— „	208	„	— „
3. Krondal	100	„	— „	110	„	50 „
4. Kana	729	„	50 „	131	„	75 „
5. Ebenezer	1114	„	— „	316	„	— „
6. Bersaba	580	„	— „	77	„	— „
7. Mahanaim	81	„	60 „	29	„	75 „
8. Pella	395	„	— „	110	„	50 „
9. Bethanie	2506	„	— „	710	„	— „
10. Hebron	1590	„	— „	332	„	— „
11. Polonia	—	„	— „	43	„	50 „
12. Potuane	230	„	— „	51	„	50 „
13. Mosetla	140	„	— „	80	„	50 „
14. Jericho	230	„	— „	66	„	50 „
15. Harmshope	504	„	— „	52	„	— „
16. Melorane	52	„	— „	34	„	— „
17. Limao	50	„	— „	6	„	— „
18. Mocoeli	60	„	— „	3	„	— „
19. Manwane	381	„	50 „	100	„	— „
20. Linokana	519	„	50 „	95	„	— „
21. Polfontein	278	„	— „	54	„	— „
22. Ramaliane	1011	„	— „	372	„	75 „
23. Bethel	236	75	— „	25	„	— „
24. Emmaus	561	„	— „	296	„	50 „
Summa	12205	Mark	35 Pf.	3559	Mk.	50 Pf.

4. Die Schularbeit.

Wenn wir nun von der Schularbeit sprechen wollen, so lassen wir dabei die Taufschule u. s. w. als kirchliche Arbeit außer acht, von der wir ja schon gehandelt haben, und fassen die eigentliche Schularbeit in's Auge, durch welche die christliche Jugend unterrichtet und erzogen wird. Denn sobald der Missionar eine Gemeinde gesammelt hat, sei sie auch noch so klein, so beginnt damit gleich die Schularbeit. Bei anderen, sonderlich englischen Missionsgesellschaften ist es anders. Die beginnen mit der Schularbeit. Die errichten oft mit großem Aufwande Schulen, ehe sie Getaufte, ehe sie Gemeinden haben, und zwar nicht nur Schulen für Erwachsene zur Vorbereitung auf die Taufe, sondern auch Kinderschulen. Ihr Grundsatz ist: durch die Schule zur Kirche. Die Schule ist bei ihnen ein Hauptmittel der Missionsthätigkeit. Sie sammeln die Heidenkinder in die Schulen und unterrichten sie in Religion, Lesen, Schreiben, Rechnen, Geographie und allerlei Industrie. Sie suchen die Heidenkinder in die Schulen zu locken, indem sie dieselben mit Kleidung versorgen und ihnen Geschenke machen. Dazu wenden sie bedeutende Mittel an, die ihnen ja auch weit mehr zur Verfügung stehen, als der ärmeren deutschen Mission. Auch errichten sie Kostschulen, nehmen Knaben und Mädchen darin auf, beköstigen, verpflegen und kleiden, unterrichten, erziehen und dressieren sie. Es ist begreiflich, daß es ihnen an Kindern dabei nicht fehlt. Es wird auch mancher dadurch für die Kirche gewonnen, sie erreichen oft schneller größere Zahlen der Getauften. Aber viele erhalten dadurch mehr eine englische als eine christliche Erziehung und gehen darnach wieder hinaus in's Heidentum. Wir können dieser Praxis nicht folgen. Einmal fehlen uns die Mittel dazu. Vor allem aber, — und das ist die Hauptsache, — halten wir dieselbe für verkehrt, wie denn auch der Gründer unserer Mission diese Praxis von Anfang an entschieden abgelehnt hat. Nicht aus der Schule soll die Kirche, sondern aus der Kirche soll die Schule erwachsen. Erst die Kirche — dann die Schule! Das ist der Grundsatz unserer Mission. Dadurch hat die Schule eine gesunde, sichere Basis und ist nicht blos Mittel zum Zweck, sondern eine Frucht, die aus der Kirche erwächst. Darin wissen wir uns eins mit der Praxis der alten Kirche. Das ist den Grundsätzen der Reformation gemäß. Die Schule ist uns also nicht Hauptsache, sie ist uns aber auch nicht Nebensache. Sie gehört als notwendiger Bestandteil mit zu der Arbeit des Missionars. Die Schule ist uns ein wichtiges Stück derselben. Dadurch wird sie auch vor einer falschen Entwicklung bewahrt. Denn es ist gar zu leicht, daß da, wo die Schule das Erste ist, und wo sie das Ziel verfolgt, zunächst die Heiden= kinder zu sammeln, auch dem Heidentum zu viel Rechnung ge= tragen wird, und religionslose, unkirchliche Schulen entstehen. Indien liefert uns dafür Beweise genug. Und das ist doch auch klar, daß, selbst wenn die Kirche wirklich aus der Schule hervor= wächst, diese Schulchristen, die in den Schulen dressierten Christen, später keinen festen Halt haben, keine zuverlässige christliche Cha= raktere sind. In den Anstalten zugerichtet, treten sie hinaus in das Leben mit seinen Kämpfen und Anfechtungen und kennen das Leben nicht. Mit ihrem Anstalts= und Schulchristentum werden sie leicht zu Schanden, werden von den Stürmen hin und her geweht wie schwankende Rohre. Viele fallen ab, und andere werden hin= und hergezogen und sind ohne Halt. — Wir wollen trotzdem die Kostschulen durchaus nicht verachten. Aber wir bekämpfen die Stellung und Bedeutung, die man ihnen vielfach giebt. Und wir sagen immer wieder: erst die Kirche, erst eine Gemeinde, dann die Schule aus dieser erwachsend, und zwar zunächst eine Gemeindeschule; da, wo die Verhältnisse es erfordern, vielleicht auch Kostschulen! Das aber wird selten der Fall sein. In unserer afrikanischen Mission haben wir für Kinder von Eingeborenen keine Kostschule, und wir wüßten nicht, wo und wozu wir eine solche einrichten sollten. Es wäre denn, daß man Waisenkinder darin sammeln wollte. Aber dazu liegt kein Bedürfnis vor, da die Waisenkinder leicht bei anderen Christen untergebracht werden können. Und die Familienpflege, das Auf=

wachfen der Kinder in der Gemeinde ist doch immer beffer als ein Anstaltsleben. Wie sehr ist man davon auch hier in der deutschen Heimat überzeugt und giebt stets der Familienpflege den Vorzug vor dem Anstaltsleben! Wir haben nirgends auf unserer Visitationsreise ein Bedürfnis für Einrichtung solcher Schulen erkannt und bleiben deshalb bei unserer alten Praxis der Gemeindeschule.

Die Arbeit an der Schule liegt zunächst in den Händen des Missionars. Er ist auch der Schullehrer der Station. Wo die Arbeit zunahm, und die Gemeinden wuchsen, hat der Missionar Hülfe nötig. Er sucht sich dieselbe in passendster Weise. In einigen Fällen (in Elim, Etembeni und Endumeni) war die Frau oder ein erwachsener Sohn resp. Tochter in der Schule thätig; das ging recht gut. In anderen Fällen (Marburg, Ekuhlengeni, Bethel, Ebenezer) halfen Gemeindeglieder beim Unterricht, — namentlich der Kleinen. In noch anderen Fällen (auf den Filialen von Bethanie, in Rustenburg, Potuane, Mosetla, Ramaliane, Emmaus) waren Lehrer, die der Missionar sich selbst zugezogen hatte. Die Leistungen dieser selbstgebildeten Lehrer waren zum Teil ganz befriedigend. In Hermannsburg, Neu-Hannover, Ehlanzeni, Müden, Empangweni, Emtombeni, Bethanie, Saron, Hebron, Kana, Berfaba, Jericho, Polonia, Ebenezer, Krondal, Mahanaim, Pella, Harmshope, Linokana und Emmaus waren seminaristisch ausgebildete Lehrer dem Missionar zur Seite. In Emakabeleni, Emhlangana, Wilhelmsburg und auf den Filialen von Empangweni in Natal, Bethel und Ramaliane in Transvaal hatten die Lehrer eine selbständige Stellung, jedoch unter Aufsicht des nächstwohnenden Missionars.

Zunächst also unterrichtet der Missionar selber in der Schule. Er soll diese Arbeit nicht zu gering ansehn. Wir können uns des Eindrucks nicht erwehren, daß das hie und da von den Missionaren geschehen, und daß man zu früh sich nach Hülfe umsah, wo man diese Arbeit noch allein hätte bewältigen können. Andererseits haben wir auch Missionare gefunden, die die hohe Bedeutung des Schulwesens erkannten, ein warmes Herz dafür hatten und sich desselben mit großem Eifer annahmen. Wo der Missionar Helfer hat, und diese eben nur solche sind, da soll er selbst die

Hauptarbeit thun und den Helfern nur Helferdienst anweisen. Nur da darf er die Arbeit aus der Hand geben, wo er ausgebildete Lehrer für die Schule hat. Dabei geben wir den seminaristisch ausgebildeten Lehrern den Vorzug, wollen aber die selbstgebildeten Lehrer nicht verwerfen, so lange noch ein Notstand da ist, und die seminaristisch gebildeten nicht ausreichen. Denn einige jener selbstgebildeten Lehrer standen in ihren Leistungen den anderen nur wenig nach. Aber der Abstand wird ein größerer sein, je mehr wir das Seminar und das Schulwesen heben und fördern. Noch waren die Leistungen mehrerer seminaristisch gebildeter Lehrer recht schwach, während andere gute Resultate aufzuweisen hatten.

Wo nun der Missionar die eigentliche Schularbeit nicht selbst in Händen, sondern Lehrern übergeben hat, da soll er doch, so viel es geht, sich noch der Schule widmen. Er kann das in der Weise thun, daß er einige Fächer übernimmt, vielleicht den Katechismusunterricht, der dem Lehrer noch besonders schwer wird. Oder er teilt die Schule in zwei Klassen ein, was sehr zu empfehlen, übergiebt die Unterklasse dem Lehrer, und bildet aus denen, die so weit gefördert sind, daß sie die ersten drei Hauptstücke ohne Erklärung und eine bestimmte Reihe biblischer Geschichten können, und die im stande sind, ziemlich fließend zu lesen, eine Oberklasse, die er dann selbst übernimmt. Dadurch bleibt er mit der Schule in täglicher Verbindung, er arbeitet und lebt unter den Kindern, es stellt sich ein Vertrauensverhältnis zwischen ihnen her, für das die Zeit des Konfirmandenunterrichts reichlich kurz ist. Zwei alte Missionare (Behrens und Schulenburg) haben es so gemacht und geben damit allen jüngeren Brüdern ein lobenswertes Vorbild. Wir müssen wünschen, daß dieses Beispiel Nachahmung findet. Es wird zur Hebung des Schulwesens viel beitragen. Überall wird es nicht möglich sein. Nicht jeder Missionar ist so kräftig und zäh, wie jene beiden, nicht jeder kann eine solche Masse von Arbeit bewältigen. Und der Arbeit ist oft — namentlich auf größeren Stationen — wirklich sehr viel. Eins aber ist möglich, und das muß auf jeder Station geschehen, das kann auch der vielbeschäftigtste Missionar leisten; drum muß das ernstlich gefordert werden: Der Missionar muß den Unterricht des Lehrers beaufsichtigen. Es ist eine Pflichtverletzung, wenn er den Lehrer unterrichten läßt, ohne sich darum zu bekümmern. Die Kaffern bedürfen alle bei ihrer Arbeit der Aufsicht und Leitung, auch die besten. Das Schulwesen muß zurückgehen, wo die Aufsicht fehlt. So haben wir es denn auch auf einigen Stationen in einem tadelnswerten Zustande gefunden. Diese Aufsicht ist auch für den Missionar nicht schwer, da die Stationsschule fast überall dicht bei seiner Wohnung ist. Aber auch entferntere Schulen muß er ab und an inspizieren. Bei solchen Inspectionen muß er die Unterrichtsweise des Lehrers genau kennen zu lernen suchen. Er muß sich allmählich davon überzeugen, wie der Lehrer es in jedem einzelnen Falle macht, dann — nicht vor den Kindern — nach der Inspection mit ihm darüber sprechen, ihn auf Fehler aufmerksam machen, ihn zu der rechten Weise anhalten und anleiten. Damit er aber dazu im stande ist, studiere er auch selber fleißig das Schulwesen und lerne die beste Weise kennen!

Wir fanden auch manche überraschend tüchtige Leistungen bei der Schularbeit in unserer Mission; doch waren sie nur vereinzelt. Im ganzen war die Schularbeit die schwächste Partie. Zu verwundern ist das nicht. Der Missionar tritt nicht in gegebene Verhältnisse und ein geordnetes Schulwesen als Lehrkraft ein. Sondern er hat selbst ein neues Schulwesen zu gründen. Hinzu kommt, daß unsere Missionare vom Schulwesen meistens nur die Dorfschule kannten, in die sie in ihrer Jugend gegangen. Sie waren nicht besonders dafür ausgebildet. Sie mußten sich selbst hineinarbeiten. Es ist da ein Mangel in der Vorbildung vorhanden, dem in Zukunft abgeholfen werden muß. Es muß entschieden Schulkunde, womöglich mit praktischen Übungen in den Lehrplan der Missionsanstalt aufgenommen werden. In welch' schwieriger Lage befanden sich vor allem diejenigen unserer Missionare, welche Seminare zu leiten und die künftigen Lehrer auszubilden hatten! Viel Kraft und Zeit ist vergeudet, und viele Fehler sind gemacht. Es sind auch bisher keine allgemeine Anordnungen über das Schulwesen in unserer Mission getroffen. Jeder Missionar war auf sich selbst angewiesen. In Folge dessen

herrschte eine große Verschiedenheit. Jede Schule bietet ein anderes Bild. Verschiedenheit herrscht in der Methode und in dem
Ziel. Verschiedenheit in dem Lehrplan und in den Unterrichts-
fächern, Verschiedenheit in der Zusammensetzung der Schüler.
Nur in den Schulbüchern war Einheit vorhanden. In der Sulumission wurden: die Bibel, die Fibel, die biblische Geschichte von
Lührs, das Gesangbuch und der Kleine Katechismus Luthers; in
der Betschuanenmission: die Bibel, die Fibel, die biblische Geschichte, das Gesangbuch, der Kleine Katechismus und in einigen
Schulen der hannoversche Katechismus von 1862 gebraucht. Letzterer ist noch zu schwer: den sollte man etwa nur zum Lernen
der Sprüche auf der Oberstufe verwenden. Über die biblische
Geschichte von Lührs haben wir uns schon oben ausgesprochen.
Sie muß zunächst so verbraucht werden, und der Lehrer muß
beim Neuen Testament biblische Geschichten aus der Heiligen Schrift
wählen. Bei der nächsten Auflage ist eine gründliche Überarbei-
tung notwendig. Ein entschiedener Mangel ist das Fehlen eines
Lesebuches, dessen Abfassung bald geschehen muß. Auch muß die
Ausarbeitung eines Rechenbuches vorgenommen werden. Hier,
wie überhaupt im Schulwesen, liegt viel Arbeit und Mühe vor
uns. Gewiß können wir da von anderen Missionen manches
annehmen, oder auch uns mit anderen zu solcher Arbeit ver-
einigen. Es wäre das überhaupt wünschenswert. Es ist ein
Schade, daß z. B. unter den Sulukaffern jede Mission andere Bücher
hat; nur die Bibel ist die gleiche. Wie viel verschiedene Gesangbücher sind da in Brauch! Sollte man da nicht mehr Gemeinsamkeit anbahnen, auch als eine Erleichterung für die Missionskassen?

Die Schulen sind fast überall einklassig mit einer verschiedenen Anzahl von Stufen. In Hermannsburg, Ehlanzeni, Bethanie
und Harmshope war sie mehrklassig. Es bestanden dort zwei bis
drei Klassen, deren jede einen besonderen Lehrer hatte. Die Oberklasse war, wie schon erwähnt, in den Händen des Missionars. Die
Zusammensetzung derselben hinsichtlich des Alters der Schüler war
eine sehr verschiedene. Wir haben Schulen, in denen junge Leute
bis zu ihrer Verheiratung am Unterricht teilnehmen und reine
Kinderschulen; Schulen, in denen nur die Christenkinder sind, und

solche, in denen auch die Taufschüler mit unterrichtet werden. Letzteres ist nur auf ganz kleinen Stationen statthaft, doch muß auch da der eigentliche Taufunterricht besonders erteilt werden.

Die konfirmierte Jugend sollte man nicht mit in die Kinderschule gehen lassen. Will man einen Schulzwang ausüben, so kann man den doch nicht auf die konfirmierte Jugend ausdehnen. Da würde man mit dem Recht der Eltern und mit der Arbeitspflicht der Kinder, die ihren Eltern helfen müssen, in Kollision kommen. Denn so weit, daß man auch die konfirmierte Jugend zu regelmäßigem täglichen Schulunterricht zwingt, kann man kein Zwangsrecht ausüben. Man würde dadurch leicht Konflikte herbeiführen, die zu vermeiden sind. Und doch ist es ohne Frage gut, die konfirmierte Jugend noch möglichst zum Unterricht zu führen. Für diese richte man Fortbildungsschulen ein, über die wir weiter unten sprechen wollen. Aus der Kinderschule müssen sie, wenn konfirmiert, heraus, sie hindern die Kleineren in ihrer Entwicklung. Wir müssen reine Kinderschulen haben, welche die Kinder bis zu ihrer Konfirmation besuchen. — Soll man in denselben auch Heidenkinder aufnehmen? Oft wird diese Frage nicht praktisch werden. Wo aber einzelne Heiden sind, die Verlangen nach Unterricht für ihre Kinder haben, da weise man sie nicht zurück! Aber man mache mit ihnen keine Ausnahmen! Man verlange dann volle Beteiligung an der Schule, auch am Religionsunterricht! Eine Ausbildung nur im Lesen, Schreiben und Rechnen zu geben, dazu sind unsere Schulen nicht da. Denn sie sind christliche Gemeindeschulen. Die Schulen sind also im wesentlichen aus den Christenkindern unserer Gemeinden zu bilden. Heidenkinder aber können ausnahmsweise daran teilnehmen.

Große Verschiedenheit herrscht in der Methode und in den Zielen; demgemäß sind denn auch der Lehrplan und die Unterrichtsfächer verschieden. Manche Lehrer haben ihre eigene Methode und gar keine feste Ziele, andere haben solche und suchen sie nach besten Kräften zu erreichen. Andere unterrichten nach einer Methode, die hier für veraltet gilt. Nur wenige haben feste Ziele, eine gute Methode, einen ordentlichen Lehrplan und die richtigen Unterrichtsfächer. So finden wir, daß die biblische

Geschichte gelesen und dann auswendig gelernt, daß sie abgefragt, und daß sie vor- und nacherzählt wird. Wir finden im Katechismus das reine Einpaukungs-Verfahren und eine ordentliche Unterrichtsweise. Wir finden die verschiedensten Formen der Frage. Hier ist die Buchstabier- und dort die Lautier-Methode beim Leseunterricht. Kurz, es ist ein buntes Bild, ein Wirrwarr, aus dem wir unsern armen Brüdern heraushelfen müssen. Und wir sagen noch ein Mal: Es ist zu verwundern, daß dabei in manchen Schulen doch so viel erreicht ist. Hinsichtlich der Unterrichtsfächer haben wir Schulen, in denen nur biblische Geschichte, Katechismus, Singen und Lesen getrieben wird. In den meisten Schulen kamen in der Religion die Perikopen, und sonst noch Schreiben und Rechnen hinzu. In einigen Schulen der Betschuanenmission wurde auch in Geographie unterrichtet, und in Natal im Englischen und in weiblichen Handarbeiten. Letzteres geschah, weil die englische Regierung die Bewilligung von grant, einer nicht unbedeutenden pekuniären Unterstützung, an die Erteilung dieses Unterrichts knüpft. Wird irgend welcher Industrie-Unterricht in der Schule gegeben, so ist der grant am bedeutendsten. Sonst aber sind bestimmte Ziele im Lesen, Schreiben, Rechnen, in der Sulusprache und in der englischen Sprache gesteckt, deren Erreichung für die Bewilligung des grant gefordert wird. Um das zu konstatieren, werden die Schulen jährlich durch den englischen Schul-Inspektor revidiert. In der Betschuanenmission giebt es derartige Einrichtungen nicht, da die Regierung der Buren-Republik für Kaffernschulen nicht das Geringste thut.

Die Ansicht der Missionare ist über jene Forderungen der englischen Regierung Natals sehr geteilt. Und da jeder Missionar darin nach seiner Ansicht verfahren hat, so sind unsere Schulen in Natal auch darin verschieden. Der betreffende Unterricht wurde nur in Hermannsburg, Neu-Hannover, Ehlanzeni und Etembeni gegeben, und nur diese erhalten grant. Die übrigen Missionare verzichteten auf die pekuniäre Beihülfe, weil nach ihrer Überzeugung die Forderungen der Regierung zu weit gingen, und die eigentliche Aufgabe der Missionsschule, die religiöse Ausbildung darunter leide. Wir geben ihnen darin recht, daß die Regierung

reichlich viel verlangt, sind aber nicht der Ansicht, daß wir darum
den betreffenden Unterricht aufgeben müßten. Man sagt, es geschehe um des Geldes willen, nun ja: das Geld ist uns wichtig
genug bei unsern gedrückten Geldverhältnissen. Bekommen wir
für die Schulen eine solche Beihülfe, so wird dadurch die Missionskasse entlastet und in den Stand gesetzt, ihre übrigen Verpflichtungen zu erfüllen. Wir hatten damals in der Natalmission,
— und nur diese kommt hier in Betracht, — 17 Schulen. Erhielte jede derselben auch nur den geringen grant von 20 Pfd. St.,
so hätten wir dadurch schon eine Nebeneinnahme von 6800 Mk.
pro Jahr. Und der grant würde noch mehr betragen. Im
Jahre 1888 erhielt die Schule von Hermannsburg 15 Pfd. St.,
die von Etembeni 24 Pfd. St., die von Neu-Hannover 12
Pfd. St., und das Seminar in Ehlanzeni 80 Pfd. St. Der
letztere Beitrag ist um des dortigen Seminarbaues willen so hoch
bemessen. — Und doch sagen wir: nicht um des Geldes willen
wollen wir es thun. Sondern wir wollen uns selbst höhere
Ziele für unser Schulwesen stecken. Wir wissen wohl, daß bedeutende Missionare anderer Gesellschaften, z. B. der Berliner
Superintendent Zunkel, dagegen sind. Auch jüngst auf der
Bremer Missionskonferenz wurde von kompetenter Seite ausgesprochen, man solle nur Missionsschulen halten, und auf derartige
Forderungen nicht eingehen. Wir müssen zunächst konstatieren,
daß die Schulen, die grant erhielten, bei der Visitation im Religionsunterricht durchaus keine geringeren Resultate, als die anderen, aufzuweisen hatten; eher war das Gegenteil der Fall, weil
das ganze Schulwesen besser im Zuge war. Die Behauptung
der Gegner, daß der Religionsunterricht darunter leide, scheitert
bei uns wenigstens bis jetzt an dem Erfahrungsbeweis. Auch
dürfen wir nicht übersehen, daß mit der fortschreitenden Kultur
die Anforderungen an die Eingebornen größer werden. Die Leute
wollen mehr lernen und müssen mehr lernen. Bieten wir ihnen
die weitere Ausbildung nicht, so holen sie sich dieselbe auf den
englischen oder katholischen Missionsschulen. Dort werden sie unserer
Kirche entfremdet oder gehen derselben ganz verloren. Beispiele
beweisen, und wir haben solche Beispiele. Mehrfach ist uns der

Wunsch nach weiterer Ausbildung ausgesprochen. Auch in die von den Betschuanen bewohnten Gegenden dringt die europäische Kultur jetzt mit Macht herein. Es ist deshalb zu erwägen, ob wir nicht auch dort, wo das Geld gar nicht mit in die Wagschale fällt, die Anforderungen an die Schulen höher spannen und den holländischen oder englischen Unterricht einführen müssen. Aber niemals würden wir dafür sein, den eigentlichen Schulunterricht in einer fremden Sprache zu erteilen. Zur Beseitigung der Muttersprache darf die Mission nie die Hand bieten. Die Muttersprache muß die in der Schule herrschende sein. Aber wir müssen die Christen so weit fördern, daß sie im stande sind, mit der herrschenden Nation zu verkehren, da deren Sprache die Geschäfts= und Verkehrssprache geworden ist. Würden wir ihnen dazu nicht helfen, so würden wir sie in vielfacher Hinsicht den Fremden preisgeben. Das Volk kann unter den verschiedenartigen, zum Teil gefährlichen Einflüssen des civilisierten Lebens nicht mehr in den Kinderschuhen einhergehen und an der Hand geleitet werden. Es muß auf eigenen Füßen stehen, es muß als ein Mann einhergehen. Dazu gehört jene Ausbildung. Geben wir sie ihm nicht, so wird das Volk viel Lehrgeld bezahlen müssen und Schaden leiden, irdisch und gewiß auch geistlich. Das können wir ihm ersparen. Auch gegen den Schreib= und Rechenunterricht waren einzelne Missionare. Man sah darin eine Gefahr der Überbildung und wollte den Kaffer nicht so weit ausgebildet sehen, — eine Anschauung, die unter den Buren die herrschende ist. Doch werden derartige Ansichten jetzt hoffentlich schon ganz verschwunden sein. Die Zeit ist in Afrika eine andere geworden. Wir müssen uns schicken in die Zeit, sonst bleiben wir hinter ihr zurück. Wenn wir Schulen errichten wollen, müssen wir es auch ganz thun und müssen. ein arbeitstüchtiges, lebensfähiges Volk heranbilden und erziehen. Unsere Verpflichtung hört erst auf, wenn die Regierung eines Landes die Schularbeit übernimmt.

Großes Gewicht legen wir auf die Einführung des Anschauungsunterrichts, der bisher nirgends erteilt wurde. Der Anschauungsunterricht lehrt die Schüler zunächst anschauen, dann eine Vorstellung damit verbinden, diese in einem Worte, einem

Satze ausdrücken, lehrt sie denken. Daran fehlt es ihnen. Die Kaffern haben ein sehr gutes Gedächtnis. Deshalb ist auch die Schularbeit bei ihnen wesentlich Gedächtnissache und keine Denk= arbeit. Sie sprechen nach und lernen auswendig. Aber der Geist soll wirklich arbeiten, d. h. denken lernen. Diese Arbeit beginnt im Anschauungsunterricht, der gute Früchte in allen anderen Stun= den, und nicht zum wenigsten für die Religionsstunden tragen wird. Der Anschauungsunterricht soll deshalb in keiner Schule fehlen.

Der Unterricht in der Geographie hat von den sogenannten Realien allerdings wohl die nächste Berechtigung, und es ist be= greiflich, wie man hie und da auf denselben verfallen ist. Wir fanden ihn jedoch nur in drei Schulen vor. Daß der Unterricht in der Naturkunde und Geschichte ausgeschlossen wird, dazu ist kein Grund vorhanden. Das eine ist nicht schwerer als das andere. In der Geographie hüte man sich vor Ballast! Daß die Kinder in der Schule eines schwarzen Lehrers die Inseln des Mittelländischen Meeres mit erstaunlicher Fertigkeit aufzählen konnten, ist nicht nötig, ja ist vom Übel. Sie müssen die Geographie so weit lernen, daß sie einen Begriff haben von dem Himmel mit den Gestirnen, der Erde und ihrer Bildung, den vier Himmelsgegenden. Dann lehre man sie das eigene Land kennen, Südafrika spezieller, Afrika und die übrigen Erdteile im allgemeinen, und die europäischen Länder, die für sie von Bedeutung sind, vor allem Deutschland und England! Aber die Regierungsbezirke brauchen sie nicht zu lernen. Man treibe die Geographie nur, soweit es für jene Völker ein Bedürfnis ist, und behandle sie praktisch und anschaulich! Das Zuviel des Guten ist hier nichts Gutes. Ebenso mache man es mit der Geschichte! Man lehre sie zunächst die Geschichte des eigenen Volkes und Landes kennen, nach der man deshalb forschen muß, die Geschichte Südafrikas, und die Hauptsachen aus der Geschichte Afrikas — z. B. Egypten's, das Eindringen der Muha= medaner, Vasco de Gama, Livingstone's Entdeckungsreisen u. dgl.! Dann gehe man von der Heimatgeschichte zur Weltgeschichte über, wähle einige besonders lehrreiche und fesselnde Geschichten aus und be= rücksichtige dabei die Kirchen= und Missionsgeschichte! Man gebe keine zusammenhängende Geschichtserzählung, sondern immer Einzelbilder!

Auch die Naturkunde soll man nicht vernachlässigen. Man wähle auch da einzelne besonders wichtige Stücke aus, lehre die Kinder Tiere, Pflanzen und Steine kennen, sowie den Nutzen und Schaden derselben! Man halte also auch diesen Unterricht praktisch! Dieses alles folge für die Oberstufe auf den Anschauungs= unterricht, der der Unterstufe erteilt wird! Man wende nicht zu viel Zeit dafür an, weil die anderen Fächer die Hauptkraft und =Zeit erfordern! Überhaupt dürfte es gut sein, noch keine be= sondere Stunden für die Realien anzusetzen, sondern diesen Un= terricht an das Lesen anzuschließen. Es muß deshalb bei der Ab= fassung des Lesebuches gleich darauf Rücksicht genommen werden, — allerdings eine schwere, aber auch eine lohnende Arbeit.

Der biblische Geschichts=Unterricht war im ganzen fleißig be= trieben worden. Mit einigen Ausnahmefällen, die dürftigere Re= sultate zeigten, kannten die Kinder die hauptsächlichsten Geschichten Alten und Neuen Testamentes und konnten auf die gestellten Fragen befriedigenden Bescheid geben. Leider war das Erzählen der Kinder wenig geübt. Doch konnten in den besseren Schulen einige Kinder Geschichten zusammenhängend erzählen und lieferten damit den Beweis, daß sie dazu im stande sind. Es war kein Hersagen, sondern ein wirkliches Erzählen.

Der Katechismus=Unterricht bestand in den meisten Schulen nur in dem Einprägen der Hauptstücke mit entsprechender Wort= erklärung. Weiter war man nur in wenigen Schulen gekommen. Und Bibelsprüche waren zum Erklären des Katechismus bis jetzt nur da gelernt, wo der Missionar bereits einen eingehenden Ka= techismus=Unterricht hatte geben können. Auch hier ist eine Ver= besserung notwendig. Man benutze beim Katechismus=Unterricht mehr die biblische Geschichte als Hülfsmittel und wähle für alle Schulen Bibelstellen aus, die auf die beiden Stufen verteilt und von ihnen gelernt werden müssen! Wir fanden große Knaben und Mädchen, die keinen Bibelspruch hersagen konnten, anderer= seits kleine Knaben und Mädchen von 7—8 Jahren, die schon alle fünf Hauptstücke mit Erklärung ohne jeglichen Anstoß konnten. Das war zu viel für solche kleine Leute. Da wäre es richtiger gewesen, sie hätten den Wortlaut der drei ersten Hauptstücke und außerdem ausgewählte Bibelsprüche und kleine Gebete gelernt. Es ist hier der Stoff in der rechten Weise zu verteilen und ein stufenweiser allmählicher Fortschritt in der Aneignung des Lernstoffes herbeizuführen.

Im Leseunterricht herrschte fast überall die Buchstabier-Methode. Dieselbe ist abzuschaffen, und die Lautier-Methode einzuführen, durch die man schneller zum Ziele kommen wird. Die Kinder lernten das Lesen zunächst in der Fibel. In einigen Schulen hatte man auch große Lesetafeln, die mit Erfolg benutzt wurden, und deren Anschaffung für alle Schulen wir nur dringend empfehlen können. Beim Lesen war vielfach ein Helferdienst der größeren Kinder eingerichtet, was zu billigen ist. Dann benutzte man zu Leseübungen das biblische Geschichtenbuch. Das ist insofern ein Fehler, als die Kinder manche biblische Geschichten bald auswendig können. Das Fehlen eines Lesebuches ist ein Notstand. Konnten die Kinder einigermaßen fließend lesen, so gebrauchte man die Bibel. Der Leseunterricht mündete also im Bibellesen. Das soll er auch. Die Bibel lesen zu können ist das höchste Ziel für die Kinder. Aber die Bibel soll nicht ein Mittel zum Lesenlernen sein, sondern die Kinder sollen lesen lernen, um in der Bibel lesen zu können. Doch, wie gesagt, dies ist ein Notstand, dem abgeholfen werden muß und wird. Das Resultat des Leseunterrichts war ein recht gutes. In fast jeder Schule war eine verhältnismäßig große Zahl von Kindern, die fließend lesen konnten. Einige lasen überraschend gut und ausdrucksvoll. Beim Bibellesen wurden vor allem die Geschichtsbücher benutzt, die sich ja auch besonders dazu eignen. — Mit dem Bibellesen verbunden muß die Bibelkunde sein. Der Lehrer muß die Kinder in die Heilige Schrift einführen. Er muß ihnen die biblischen Bücher bekannt machen, so daß die Kinder auch wissen, wo sie stehen, und schnell sich in der Bibel zurecht finden können. Auch muß der Lehrer nicht einfach lesen lassen, sondern kurze erläuternde Erklärungen hinzufügen, damit sie verstehen, was sie lesen. Das war nicht überall geschehen, in einigen Schulen aber fleißig geübt. Zu wenig Gewicht ist ferner auf das Vorlesen seitens des Lehrers und auf das Chorlesen gelegt; und doch ist beides

unerläßlich). Wir haben letzteres bei der Visitation häufig versucht und jedes Mal mit gutem Erfolge.

Nicht so gut, wie die Erfolge im Lesen, sind die im Schreiben.
Jenes ist ja freilich auch wichtiger. Meistens schreiben die Kinder
auf der Tafel. In einigen Schulen waren sie bis zu Übungen
im Schreibheft mit Tinte gekommen. Da haben wir einige saubere, schöne Leistungen gesehen. Doch waren die meisten völlig
ungenügend. Abschreiben war in mehreren, Diktatschreiben nur
in drei Schulen geübt. Wir haben dort Diktate schreiben lassen
und konnten uns des Resultates nur freuen. Es waren ja Arbeiten
mit vielen, aber auch einige mit sehr wenigen Fehlern darunter. In
einem den Schülern völlig unbekannten Diktat von 172 Wörtern,
das sie in drei Viertelstunden schreiben mußten und nicht nachsehn
durften, hatte sogar ein allerdings älteres Mädchen keinen Fehler.
Und das ganze Diktat war auf der Tafel sehr sauber und deutlich,
ja hübsch geschrieben. 42 Kinder beteiligten sich daran; 25 hatten
es bis zu Ende geschrieben; die übrigen konnten nicht mit kommen.

Über 30 Fehler hatten	2,
Zwischen 20 und 30 Fehler	1,
„ 10 und 20 „	14,
„ 5 „ 10 „	3,
„ 1 „ 5 „	4,
keinen Fehler „	1,
	25.

Es ist das eine außerordentliche Leistung, die uns zeigt, daß
die Kinder bildungsfähig sind. Es war in Bethanie.

Am schwächsten war es überall mit dem Rechnen bestellt.
Es ist das ja eine allgemeine Klage bei den Negervölkern, und
nicht nur da. Aber es liegt auch mit an der verkehrten Art, in
der der Rechenunterricht erteilt wurde. Derselbe war nicht praktisch genug. Er wurde zu abstrakt und mechanisch gegeben. Es
wurde zu wenig mit benannten Zahlen gerechnet. Auch wurde
Kopf- und Tafelrechnen nicht in der rechten Vereinigung getrieben.
Unsere Lehrer waren dabei ja auch gänzlich auf sich selber angewiesen. Haben wir nur erst ein gutes Rechenbuch, so wird es
damit besser werden.

Mit großer Vorliebe wurde überall der Gesangunterricht getrieben. Die Kinder konnten die Lieder des Gesangbuches und
auch andere Lieder sicher und oft schön singen. Und mit welcher
Lust und Liebe sangen sie! Wir haben sie viel — auch schwere
Melodieen — singen lassen; oft mußten sie dieselben selbst anfangen. Selten war die Melodie ihnen unbekannt. Auch haben
wir oft einzelne singen lassen und dabei eine kindliche Unbefangen-
heit und Sicherheit beobachtet, wie wir sie hier selten finden.
Viele Lieder waren mehrstimmig sicher und gut eingeübt. Es
war nicht immer genügend auf die Feinheit und Schönheit geachtet. In einigen Schulen wurde zu laut gesungen. In anderen aber haben wir überraschend schönen Gesang gehört.

Besonders hervorheben möchten wir noch, daß einzelne unserer Missionare auf die Übersetzung und auf die Neuschaffung
von Kinder- und Schulliedern und von geistlichen lieblichen Liedern
großen Eifer und Fleiß verwandt haben. Viele der schönen Lieder,
die in unsern christlichen Kreisen und in unsern Schulen gesungen
werden, hörten wir dort in der Sprache des Volks. Manche
Melodieen der Heimat erklangen mit neuem Text in den dortigen
Schulen. Viele der schönen englischen Hymnen waren von englischen Missionaren übernommen. Kurz, es herrschte ein fröh-
liches Singen und Klingen in den Schulen, in den Häusern,
auf den Straßen, auf den Weiden und Feldern. Und dieses
Singen giebt der Schule in der Gemeinde einen guten Klang.
Daß die Kinder so gern zur Schule gehn, ist wesentlich mit in
diesem Umstand begründet.

Wir wollen nun noch ein Wort über den Industrie-Unterricht sagen, auf den seitens der englischen Regierung und englischen
Mission so großes Gewicht gelegt wird. Wir wollen ihn nicht
unterschätzen, aber auch nicht überschätzen, wie es vielfach geschieht.
Man hat in den englischen Schulen mancherlei Industrie-Unterricht, der unpraktisch ist; so, wenn man den Kindern die Buch-
druckerei und Buchbinderei, Laubsägen und dergl. lehrt. Aber
heilsam ist es, wenn man den Knaben solche Arbeiten lehrt, die sie
im Leben verwerten können. Es wäre deshalb über die Einführung
eines Knaben-Handfertigkeits-Unterrichts zu beraten. — Die Ein-

führung von Nähschulen für die Mädchen ist sehr anzuraten. Es ist das eine schöne Nebenarbeit für die Frauen oder Töchter der Missionare. Die letzteren, die unter dem Volk aufgewachsen sind, haben denn auch vielfach diesen Unterricht übernommen und gute Erfolge darin erzielt. Doch bleibe alles Unnötige: Häkelarbeit und dergleichen, aus diesem Unterricht fort! Man gestalte ihn recht praktisch, lehre sie flicken und stopfen, und bringe sie, wo es möglich ist, so weit, daß sie ihre Kleidungsstücke selber anfertigen, namentlich aber dieselben heil und ordentlich erhalten können!

Um das Interesse der Eltern und der Gemeinde an der Schule recht zu beleben und die Schule, die doch Gemeindeschule sein soll, mit der Gemeinde zu verbinden, halte man jährlich einmal eine öffentliche Schulprüfung ab, zu der die Gemeinde eingeladen wird! Es wird das auch einen heilsamen Einfluß auf die Hebung des Schulbesuchs ausüben. An Eifer und Lust fehlt es bei den Kindern nirgends. Sie kommen so gern zur Schule, daß ihnen die Ferien gewöhnlich nicht lieb sind. Es ist vorgekommen, daß die Kinder mit Thränen die Missionare gebeten haben, ihnen keine Ferien zu geben, oder doch dieselben abzukürzen. Das ist ein liebliches Zeichen von der Liebe zur Schule. Die Ferien sind verschieden, je nach den Verhältnissen. Meistens sind dieselben in der Zeit, wo der Melis reif ist und vor den Vögeln geschützt werden muß. Da können die Eltern die Hülfe der Kinder nicht entbehren. — Wir haben in der Sulumission 24 Schulen mit 526 Schülern, in der Betschuanenmission 27 Schulen mit 1925 Schülern; im ganzen also 51 Schulen, in denen 2451 Schüler unterrichtet werden. Es sind hier nur die eigentlichen Schulen gezählt. — Der Schulbesuch der Mädchen ist überall ein guter. Dieselben bilden auch die größere Zahl der Schüler. Dagegen läßt derjenige der Knaben viel zu wünschen übrig. Da ist viel Nachsicht zu üben, denn die Knaben müssen das Vieh hüten. Wenn dem nun auch Rechnung getragen wird, so muß doch darauf gesehen werden, daß geschieht, was nur irgend möglich ist. Und das dürfte möglich sein, daß die Knaben wenigstens die letzten Jahre regelmäßig die Schule besuchen. Wenn der Missionar die Konfirmation davon abhängig macht, so werden

die Eltern sich zu helfen wissen. Wenn sie ferner bei den Schul-
prüfungen sehen, wie die Knaben hinter den Mädchen zurück sind,
so wird auch das sie treiben. Der Missionar muß diesen Mangel
immer wieder mit dem Kirchenvorstande und in der Gemeindeversammlung beraten und den Eltern ihre Pflicht an das Herz
legen. Je mehr die Schule wirklich Gemeindeschule ist, desto
mehr wird die Gemeinde dabei helfen. Desto mehr wird es zu
erreichen sein, daß ein Schulzwang nicht nur eingeführt, sondern
auch durchgeführt wird. Eingeführt ist ein Schulzwang, der die
Kinder zum Schulbesuch vom sechsten Jahre bis zur Konfirmation
verpflichtet, fast überall. Uns scheint es gut, wenn der Missionar
das nicht für sich, sondern in Verbindung mit der Gemeinde und
durch einen ordentlich gefaßten Gemeindebeschluß thut, und wenn
er überhaupt die Gemeinde mehr für die Schule zu interessieren
sucht. Ein wichtiges Mittel dazu ist, die Gemeinde immer mehr
dahin zu bringen, daß sie den Lehrer und das Schulwesen selbst
unterhält. Die Gemeindeabgaben sollten zunächst zur Besoldung
des Lehrers verwendet werden. Das Schulgebäude und die Wohnung desselben lasse man durch die Gemeinde aufführen, wie es
fast überall geschieht! Die Anschaffung der Lehrmittel (Schul-
tafeln, Karten, Lesetafeln ꝛc.) lasse man durch die Gemeinde besorgen! — Hinsichtlich des Äußeren der Schule ist noch viel zu
thun. In einigen Schulen freilich war schon manches geschehen.
Die Kinder waren sauber und nett gekleidet. Die Schulstube
war reinlich und in guter Ordnung. Die Kinder saßen auf
Bänken. An den Wänden hingen einige Bilder, Lesetafeln oder
Karten. Doch sind das erst vereinzelte Anfänge. In vielen
Schulen fehlte das alles. Die Kinder saßen noch auf der Erde,
was sie ja freilich nicht anders gewohnt sind. Aber wie leidet
dadurch die Kleidung! Und wie schwer ist es eine gute Haltung
in die ganze Schule hineinzubringen! Wo der Missionar selber
unterrichtete, war es hinsichtlich des Äußeren besser bestellt. Sonst
aber fehlte an einem befriedigenden Zustand noch viel. Man
sagt: die Kaffern merken das nicht. Sie sollen ja aber erzogen
werden; und dazu gehört die Gewöhnung an Ordnung und
Sauberkeit. Die äußere Umgebung trägt viel mit dazu bei. Der

Gesamt-Eindruck, den eine ordentliche Schule macht, ist gleich ein
viel günstigerer. Man merkt, der Lehrer verwendet Fleiß auf
das Äußere, und dann folgert man: er wird auch auf das Innere
Fleiß verwenden; wie denn auch der umgekehrte Schluß, daß
ein Lehrer, der das Äußere außer acht läßt, auch nicht eifrig
und treu das Innere pflegt, oft zutreffend ist. Ich möchte an
Luthers Katechismus-Wort erinnern, wo er die äußerliche Zucht
eine feine nennt. Dazu gehört auch das Halten auf Reinlichkeit
und heile, saubere Kleidung bei den Schülern. Darin kann und
muß mehr geschehen. Zwar würdigen wir die Schwierigkeiten
vollkommen, die das für den Missionar hat, der doch nicht alle
kleiden kann. Da müssen die Missions-Nähvereine ihm unter die
Arme greifen. Aber darauf kann und muß er halten, daß die
Kleidung nicht so unordentlich ist, wie wir es bisweilen gesehen.
Es wäre gut, wenn für die Missionsschulen jährlich eine kleine
Summe zur Beschaffung der äußeren Einrichtung ausgesetzt werden könnte. Es ist zu viel verlangt, wenn der Missionar oder
Lehrer das von seinem Gehalt bestreiten soll, wie bisher geschehen
ist. Das kann wohl ein Mann, der Vermögen hat, aber kein
armer Missionar. Die englischen, schottischen und schwedischen
Missionare erhalten bedeutende Beiträge dazu. — Christliche Eltern
müssen für ihre Kinder natürlich die Lernmittel selbst beschaffen.
Wie manche Kinder jedoch besuchen die Schule, deren Eltern noch
nicht getauft sind! Denen muß durch die Mission geholfen werden.

Wir kommen nun auf die bereits erwähnten Fortbildungsschulen. Solche sind bis jetzt in unserer Mission nirgends eingerichtet. Dagegen fanden wir, wie schon erwähnt, mehrfach, daß
bereits konfirmierte junge Leute an dem Schulunterricht teilnahmen.
Das konnten wir nicht billigen. Es geht jedoch daraus hervor, daß
ein Bedürfnis nach weiterer Ausbildung vorhanden ist. Auch ist
es vorgekommen, daß hie und da junge Leute, namentlich solche
höheren Standes, nach Vollendung des heimatlichen Schul-Unter-
richts auf andere Schulen englischer Missionsgesellschaften gegangen
sind, um dort weitere Ausbildung zu suchen. Und mehrfach ist
uns aus den Gemeinden heraus der Wunsch nach ähnlichen Schulen ausgesprochen. Es wäre zu erwägen, ob nicht auch wir für

jede Mission eine solche gehörig organisierte Fortbildungsschule in Verbindung mit einer Industrieschule etwa im Anschluß an das Seminar einrichten könnten. Der Gedanke ist zu prüfen, die Ausführung scheint uns nicht unmöglich.

Jedenfalls aber sollte man auf jeder Station für die er= wachsene Jugend eine Fortbildungsschule einrichten, die etwa in den Abendstunden gehalten werden könnte. Auch brauchte dieselbe ja nicht während des ganzen Jahres, sondern nur in der von Arbeit freieren dürren Winterzeit gehalten zu werden. Es würde das freilich wieder noch mehr der Arbeit sein, aber der Missionar könnte auch dazu den Lehrer verwenden. Dadurch würde der Vorteil erreicht, daß die Kinderschule entlastet würde. Und welchen Einfluß hätte der Missionar auf die Jugend seiner Gemeinde! Sie würde vor dem Umherschweifen und vor dem Müssiggehen bewahrt und würde in heilsamer Zucht und Ordnung gehalten. Auch würde sie weiter gefördert. Wenn sie jeden Abend in der Woche zwei Stunden unterrichtet würde, ließe der Stoff sich schon bewältigen.

Wir haben oben bereits von der großen Bedeutung der Evangelisten, Katecheten und Schullehrer gesprochen, haben auch erwähnt, daß die Heranbildung derselben im Notfall durch die einzelnen Missionare geschehen kann. Die eigentliche Heranbildung solcher Arbeitskräfte muß in eigends für diese Zwecke errichteten Seminaren geschehen. Wir haben deren in Afrika zwei. Das für die Sulumission bestimmte ist in Ehlanzeni; das für die Bet= schuanenmission, welches anfangs in Bethanie war, ist jetzt in Bersaba. Das Seminar in Ehlanzeni ist ursprünglich von Mis= sionar Moë begonnen, nach dessen Austritt von Missionar Böhmke fortgesetzt, und nachdem dieser ein Pfarramt in der Kapkolonie übernommen, seit 1876 unter der Leitung des Mis= sionars Reibeling. Von den Schülern desselben waren zur Zeit der Visitation 12 als Lehrer und Evangelisten angestellt. Sie hatten sich mehr oder weniger alle gut, ja zum Teil ganz vortreff= lich bewährt. Diese schwarzen Männer sind unsere besondere Freude, ein Herzenstrost in der schweren Arbeit unserer Sulumission.

Die Lage von Ehlanzeni ist für das Seminar nicht günstig.

Es ist dort nicht Wasser genug. So stößt die Unterhaltung des Seminars oft auf Schwierigkeiten. Denn die Seminaristen müssen sämtlich beköstigt und gekleidet werden. Eigentlich kann sich auf der Station nur eine kleine Gemeinde nähren. Hätten wir nicht in mancher Hinsicht schon fertige Verhältnisse in Ehlanzeni vor- gefunden, die es ratsam erscheinen ließen, die Arbeit dort im Be- triebe zu erhalten, so wären wir geneigt gewesen, das Seminar auf eine andere, günstigere Station, — etwa nach Müden zu verlegen. Wir haben davon abgesehen und hoffen, daß uns immer mehr Mittel zur Verfügung gestellt werden, um diese wichtige Station halten und genügend unterhalten zu können. Die Se- minaristen sind jetzt genötigt, mit ihrer Hände Arbeit mehr, als aus pädagogischen Rücksichten nötig ist, zu helfen. Sie haben dort sehr schwere Arbeit und haben darin großartige Leistungen vollbracht. Sie stehen dadurch in heilsamer Zucht. Denn harte Arbeit ist die beste Zucht. Diesem Umstande ist es gewiß nicht am wenigsten mit zuzuschreiben, daß wir bis jetzt nur bewährte Leute, wirkliche Männer in Christo ins Amt bekommen haben, die wohl ihre Fehler haben, aber die sehr brauchbares Material, tüchtige Arbeitskräfte sind. Die Probezeit in Ehlanzeni ist ein feines Sieb. Wer die wirklich bis zum Ende durchgemacht hat, der ist so ziemlich bewährt. Es sind auch je und je einzelne zurückge- gangen, denen es an Ausdauer und Beständigkeit fehlte. Aber es war besser, daß wir sie aus dem Seminar verloren, denn daß sie ins Amt gekommen wären und uns nachher Schande gemacht hätten, wie es in der Betschuanenmission leider vorgekommen ist.

Das Seminar der Betschuanenmission war anfangs in Be- thanie von den Missionaren Behrens und Müller gegründet. Als Müller eine Station erhielt, trat Missionar Wickert in seinen Platz. Nach dessen Versetzung auf eine eigene Station wurde das Seminar dem Missionar Hoyer anvertraut, unter dem es zu allerlei Konflikten kam, die sogar den Bestand desselben eine Zeit lang in Frage stellten. In Folge derselben wurde das Seminar auf die benachbarte Station Bersaba verlegt und dem Missionar Schepmann übergeben, der demselben noch heute vorsteht. In Bethanie hatten die Seminaristen keine körperliche

Arbeit. In Versaba ist dem Seminar ein solcher Komplex guten Ackerlandes zugewiesen, daß die Ernte jährlich einen nicht unbedeutenden Überschuß in die Missionskasse liefert. Die Seminaristen helfen nun in der irdischen Arbeit, jedoch nicht in dem Maße wie die von Ehlanzeni, weil in Versaba kein Notstand vorhanden ist. Die Verbindung der Arbeit mit dem Unterricht ist übrigens nicht nur Notstand, sondern auch grundsätzliche Praxis beider Seminare. Unsere Missionare sind in dieser Weise ausgebildet, so muß es auch mit ihren Gehülfen geschehn. Nur dann können sie ihnen wirkliche Gehülfen sein. Nur dann können sie den Christen wirkliche Vorbilder werden und sind auf den Filialen in mehr selbständigen Stellungen zu gebrauchen. Nur dann können sie recht erzogen werden. Denn die Arbeit im Schweiß des Angesichts, die Arbeit mit ihren eigenen Händen und mit stillem Wesen hat eine große pädagogische Kraft. So helfen die Seminaristen den Acker bestellen, Land urbar machen, Wasserleitungen anlegen und in gutem Stande erhalten, Bäume fällen und behauen, Bretter und Balken zersägen, Steine behauen, Ziegelsteine backen und brennen, Häuser bauen und mit Gras decken und dergleichen mehr. Dadurch empfangen sie Segen und durch solche Arbeit sind sie der Mission ein Segen.

In dem Seminar zu Ehlanzeni befanden sich zur Zeit der Visitation 17 Seminaristen, die in zwei Kursen unterrichtet wurden. Dreizehn, von denen einer gestorben und einer fortgegangen ist, gehörten dem ersten und vier dem zweiten Kursus an. Die Zahl des zweiten Kursus ist seitdem vermehrt worden.

Da Missionar Reibeling außer dem Seminar zugleich die Station verwaltet, auf derselben seine Gemeinde zu versorgen und unter den zahlreichen Heiden der Gegend zu missionieren hat, so hatte er Hülfe nötig, die ihm in den jungen Missionaren Hohls und Schiering gegeben wurde. Der letztere soll eine ordentliche Industrieschule errichten, wozu er besonders geeignet ist. Reibelings rechte Hand aber ist der Lehrer Tobias.

Dem Missionar Schepmann, der das Seminar in Versaba leitet, ist nur diese Arbeit zugewiesen. Mit der Arbeit auf der Station hat er gar nichts zu thun. Da diese dem dort angestellten Missionar obliegt, so kann er seine ganze Kraft dem Seminar widmen und kann, da dasselbe vorläufig nur für 12 Zöglinge eingerichtet ist, allein damit fertig werden.

War nun die irdische Arbeit auf dem Seminar zu Versaba nur ein Hülfsmittel, so war dieselbe in Ehlanzeni nicht nur Hülfs- mittel, sondern auch eine Hinderung. Denn weil die Arbeit dort in übermäßiger Weise aus Not geschehen mußte, so wurde die eigentliche Ausbildung der Zöglinge vielfach dadurch gehemmt und der regelmäßige Fortschritt des Unterrichts gestört.

Für beide Seminare aber war in gleicher Weise ein anderer Umstand eine bedeutende Erschwerung der Ausbildung. Sie be- kamen die Zöglinge in der verschiedensten Beschaffenheit. Es fehlte an der gleichmäßigen, in den meisten Fällen an der not- wendigen Vorbildung. Sie erhielten Zöglinge, die noch nicht or- dentlich lesen und schreiben konnten. Hier muß in Zukunft vor allem Wandel geschafft werden. Denn nur bei hinreichender Vor- bildung kann die Seminar-Arbeit mit Erfolg betrieben werden. Wie ist dieselbe zu beschaffen? Es würde durch eine Aspiranten- schule möglich sein, wie eine solche in Hermannsburg in der Heimat besteht und vor der Aufnahme in die eigentliche Anstalt durch- gemacht sein soll. Es würde das gewiß gut sein. Denn wenn in der Aspirantenschule eine gleichmäßige allgemeine Vorbildung beschafft würde, könnte der Seminar-Unterricht mehr konzentriert werden. Aber wir würden mehr Lehrkräfte und mehr Geld- mittel aufwenden müssen. Wir müßten dann noch eine zweite Anstalt erhalten. Und wir haben ja nicht einmal genug für das Seminar selber. Die Vorbildung muß deshalb auf den Stationen durch den Missionar oder Lehrer beschafft werden, wie das auch früher in Deutschland geschah. Wie viele Aspiranten wurden früher privatim durch Dorfschullehrer und nicht in einer Anstalt auf die Seminare bereitet! Wir geben dieser Vorbereitung den Vorzug. Der Missionar, der den Knaben unterrichtet und getauft hat, kennt ihn am besten. Er ist sein geistlicher Vater. Er kann erzieherisch am meisten auf ihn einwirken. Und für ihn wird es eine Freude sein, einen begabten Jüngling, der seine Kräfte dem Dienst des HErrn widmen will, dazu vorzubereiten. Aber darauf sehe man zunächst, ob er auch die ausreichende Begabung hat! Denn tüchtige Leute müssen wir haben. Wenn die Gaben vorhanden sind, so bilde man ihn in den Gegenständen des gewöhnlichen Schulunterrichts so weit aus, daß er darin nach allen Seiten Befriedigendes leistet, und daß sein Wissen befestigt ist! Er soll noch nichts Besonderes lernen; das soll im Seminar geschehn. Aber das Fundament muß nach allen Seiten hin ausgebaut sein und fest liegen. Was man von einem guten Konfirmanden verlangt, das muß er wissen, mehr nicht, aber das gründlich und sicher. Er muß die auf der Schule ausgewählte Zahl von biblischen Geschichten, die 5 Hauptstücke, eine hinreichende Zahl von Sprüchen, Gesängen und Gebeten können, er muß fließend lesen und so schreiben können, daß er ein einfaches Diktat befriedigend nachschreibt, und er muß mit den vier Species sicher rechnen können. Das ist das Wenigste. Wünschenswert ist, daß er, je nachdem er aus Natal oder Transvaal ist, die ersten Anfänge des Englischen, resp. Holländischen hinter sich hat. Diese Kenntnisse müssen durch eine Aufnahmeprüfung konstatiert werden. Wer dieselbe nicht besteht, den soll man nicht aufnehmen, da er für den Seminar-Unterricht ein Hindernis sein würde. — Dieser Unterricht soll womöglich eine Periode von vier Jahren umfassen. Die Zeit ist lang. Doch scheint uns das richtiger zu sein. Wir wissen wohl, daß man in anderen Missionen eine kürzere Zeit der Ausbildung für genügend hält. Aber dann muß man später eine Nachbildung eintreten lassen. Auf der letzten Missionskonferenz in Bremen wurde darüber beraten, wie man dieselbe beschaffen solle. Man sprach von einem Nach-Kursus im Seminar. Aber wie oft wird es dazu nachher nicht kommen! Der Arbeit ist so viel, der Lehrer auf dieser und jener Station nicht zu entbehren. Er hat sich verheiratet und hat vielleicht eine große Familie, die ihm das Fortgehen und den Aufenthalt auf dem Seminar erschwert. Es giebt nachher mancherlei Schwierigkeiten und Hinderungsgründe. Es ist zu befürchten, daß ein solcher Nach-Kursus im Seminar nachher unterbleibt. Die Nachbildung durch Privat-Unterricht eines Missionars würde für diesen mit Arbeit überladenen Mann eine neue große Last und in den meisten

Fällen nicht ausführbar sein. Die Nachbildung aber durch Konferenzen ist nicht genügend. Wir sind deshalb der Ansicht, daß es besser ist, die Ausbildung gleich zu vollenden, und deshalb für die Ausbildung im Seminar eine ausreichende Zeit festzusetzen. Wir würden auch sonst leicht halbreife Lehrer ins Amt bekommen. Und die können oft mehr schaden als nützen. Es ist besser etwas langsamer, dafür aber um so sicherer mit der Ausbildung und Anstellung der eingeborenen Lehrer vorzugehn. Aber das däucht uns, man hätte in unserer Mission gleich von Anfang an energischer sich darauf richten sollen. Wir haben schon viel gute Zeit verloren und könnten bereits eine größere Zahl im Dienst haben. Wird die Ausbildungszeit auf vier Jahre bemessen, so scheint es uns wichtig, die Zöglinge in zwei Kurse abzuteilen, und dieselben demgemäß nicht alljährlich, sondern alle zwei Jahre, und zwar zu festen Terminen aufzunehmen. Daß die jungen Leute zu beliebiger Zeit eintreten, ist nicht gut. Es giebt dann immer Nachzügler, und der einheitliche Fortschritt eines Kursus wird gehemmt. Feste Aufnahme=Termine sind durchaus erforderlich. Mehr Abteilungen aber als zwei würden die Unterrichts=Kräfte zu sehr zersplittern.

Was nun den Unterrichtsstoff betrifft, so muß derselbe genau auf die vier Jahre verteilt werden. In den ersten beiden Jahren nehme man biblische Geschichte — im ersten Jahre des Alten, im zweiten des Neuen Testaments, — und zwar zusammenhängend und führe die Zöglinge tief in das Verständnis derselben ein! Im dritten Jahre lasse man Kirchengeschichte und im vierten Missionsgeschichte folgen! In den beiden ersten Jahren nehme man den Katechismus, in den beiden letzten Dogmatik in Verbindung mit Ethik und Symbolik in populärer Weise! Bibelerklärung (Exegese) treibe man durch alle vier Jahre, damit die Zöglinge tief in der Schrift gegründet werden! In den beiden ersten Jahren lasse man Aufsätze machen, in den beiden letzten katechetische und homiletische Entwürfe! Man verbinde damit fleißig praktische Übungen! Es ist dazu notwendig, das Seminar mit der Stationsschule zu verbinden; man lasse jeden Zögling eine Zeitlang in derselben unterrichten! Die katechetischen Übungen

an den Zöglingen, die in Brauch sind, möchten wir nicht em=
pfehlen. Die homiletischen Übungen lasse man im Nachmittags=
gottesdienst und zwar im Beisein des Seminarlehrers halten!
In Ehlanzeni werden die Zöglinge auch unter die Heiden ausge=
sandt, und zwar immer selbander. Seit kurzem geschieht das
auch in Verzaba. Diese Praxis findet unsere Billigung. Doch
sende man sie nicht, ohne vorher die betreffenden Texte etwa am
Sonnabend speziell mit ihnen durchgenommen zu haben! Der Un=
terricht soll immer in der Sprache des Volks erteilt werden. Jedoch
muß auch der Sprachunterricht in der im Lande herrschenden frem=
den Sprache betrieben werden (englisch oder holländisch), damit die
Zöglinge später im stande sind, mit den Weißen zu sprechen und
den etwa von der Regierung geforderten Unterricht zu erteilen.
Um für den Schulunterricht tüchtig zu werden, müssen sie auch im
Rechnen, in der Raumlehre, für den Anschauungsunterricht und
für die Realien in einer ausreichenden Weise vorgebildet werden.
Endlich muß auch der zweite Kursus eine genügende Ausbildung
in der Pädagogik erhalten.

Die Vollendung der gesamten Ausbildung müßte dann durch
eine in Gegenwart des Superintendenten abzuhaltende Prüfung
abgeschlossen und konstatiert werden, wie es in Versaba bereits
geschieht. Und nach dem Resultate derselben müßte sich die An=
stellung richten.

Sind die jungen Leute dann hin und her auf den Stationen
angestellt, so muß der Missionar eine gewissenhafte Aufsicht über
sie führen. Er darf sie nicht sich selber überlassen; sonst lassen
sie sich zu leicht gehen, werden schlaff und träge, dünkelhaft und
sicher und geraten in schwere sittliche Gefahren. Der Missionar
muß ihre Schularbeit oft revidieren, muß sie bisweilen auf et=
waigen Predigtgängen, falls sie dazu verwandt werden, begleiten
und ihnen zuhören. Vor allem aber muß er darnach trachten,
eine väterliche Stellung zu ihnen zu gewinnen. Er muß sich
ihrer liebevoll und treulich annehmen, oft Besprechungen und
Konferenzen mit ihnen halten. Er muß regelmäßig mit ihnen
die Heilige Schrift lesen, mit ihnen beten, und dann, was der Be=
ruf und das Leben bringt, mit ihnen beraten. Er muß der treue

Freund und geistliche Vater derselben sein. Es kommt zu leicht — und das ist z. B. ein Schaden in den heimatlichen Verhältnissen, der böse Früchte trägt, — daß der Pastor nur der die Aufsicht führende Beamte, der Schulinspektor seiner Lehrer ist, und daß die seelsorgerliche Stellung darunter leidet. Nach dieser muß der Missionar ernstlich trachten. Bei aller Gewissenhaftigkeit und Strenge der Aufsicht muß doch die seelsorgerliche Aufgabe die erste sein; denn sie ist die wichtigste. Und je besser und treuer sie erfüllt wird, desto weniger wird die erstere nötig sein.

Um die eingeborenen Lehrer zu fördern, wird ferner die Abhaltung regelmäßiger Bezirkskonferenzen heilsam sein. Die Lehrer eines Kreises sollten sich jährlich etwa zweimal unter Leitung des Vorstehers und unter freier Beteiligung der Missionare versammeln. Gut würde es sein, wenn der Seminarlehrer bisweilen daran teilnehmen könnte. An der Konferenz seines Bezirks könnte er sich regelmäßig beteiligen. Bei den übrigen wird es der größeren Entfernung wegen nicht möglich sein. An Stoff zur Arbeit und Beratung wird es dabei nicht mangeln. Aber es müßte auch ernstlich gearbeitet werden. Diese Konferenzen müssen als Zweck vor allem die weitere Ausbildung für den Beruf im Auge haben.

5. Die Kultur-Arbeit.

Das Himmelreich ist gleich dem Sauerteig, der unter drei Scheffel Mehl gemenget, und von dem alles durchsäuert wird. Das Christentum ist nicht nur eine Summe von Lehren, sondern es ist Leben. Der ganze Mensch und alle Lebensverhältnisse werden davon beeinflußt und durchdrungen. Das Christentum bringt eine große Veränderung des gesamten Lebens hervor. Zuerst vollzieht sich das in kleinen Verhältnissen bei einzelnen Personen und Familien, bis es allmählich das ganze Volksleben ergreift. Alles muß es nach und nach umgestalten, oder doch, wo die Form bleiben kann, mit einem neuen Inhalt erfüllen. Es kann das gar nicht anders sein. Es handelt sich hier nicht nur um eine neue Religion, die an die Stelle der alten tritt, sondern um ein neues Leben, vor dem das gesamte alte Leben weichen muß. Das Heidentum besteht nicht bloß in dem Priestertum, in religiösen Anschauungen und Gebräuchen, sondern der ganze Mensch ist von dem bösen Geist besessen, und das ganze Leben wird davon beherrscht, innerlich und äußerlich. Das öffentliche und das häusliche Leben, das eheliche und das Familienleben, die Kinderzucht und das Verhältnis der Knechte resp. Sklaven, das Königtum und der Staat, die Arbeit in Haus und Feld, die Krankheiten und Leiden bis zum Sterben, — es giebt nichts, was davon ausgenommen wäre. Und da ist die Wirkung des Heidentums eine entstellende und verzerrende, eine vergiftende und verderbende, nicht Kultur, sondern Unkultur. Überall und in jeder Hinsicht geht es abwärts mit den heidnischen Völkern. Das ist auch an den Stämmen zu erkennen, unter denen unsere Mission arbeitet. Einzelne Reste weisen noch auf eine frühere bessere Zeit hin; sie haben einst höher gestanden, aber sie sind tief gesunken. In diesen Zustand hinein trat die Mission. Sie hatte nicht den Zweck Kultur, sondern nur den, das Evangelium zu bringen. Jenes war von Anfang an nicht die Absicht. Die Jünger, die der Herr sich erwählte, waren nicht ausgerüstet mit Kunst und Wissenschaft und allerlei Mitteln der Kultur. Man könnte sagen, wenn man das Wort nicht falsch verstehen will: Es war ein kleiner Haufen ungebildeter Männer, der das Christentum unter die Völker brachte. Freilich besaß Paulus eine reiche Bildung, aber er betonte stets, daß er nicht mit den Mitteln, die diese ihm bot, daß er nicht mit hohen Worten menschlicher Weisheit zu den Heiden komme, sondern mit dem einfältigen Wort vom Kreuz, das den Griechen eine Thorheit war. Und doch haben jene Männer die Welt umgestaltet, denn sie brachten einen neuen Geist, den Geist der Kraft und der Zucht, den Geist der Liebe und des Lebens, der änderte alle Lebensverhältnisse von innen heraus. Auch unsere Missionare waren ein solcher Haufen und kamen nicht mit den Mächten der Kultur zu den Heiden. Aber sie hatten das Evangelium, sie hatten den Sauerteig; und so ging auch von ihrer Missionsarbeit eine bedeutende Kulturveränderung aus. Zunächst wurde dieselbe an einzelnen, dann an Familien und weiter an den Gemeinden offenbar. Selbst die umwohnenden Heiden konnten sich dem Einfluß nicht entziehn.

Wie die gesamte Mission eine Kulturmacht ist, so wird jede Missionsstation zu einer Kulturstätte. Das fällt sofort in die Augen, wenn man von einem heidnischen Kraal oder von einer heidnischen Stadt auf eine Missionsstation kommt. Da zeigt es sich, daß auch auf unsern Stationen die Thätigkeit in dieser Hinsicht keine unbedeutende gewesen ist. Aber nirgends hat man auch nur einen Schritt gethan, um zu einer höheren Kultur abgesehen vom Christentum zu erheben. Die Arbeit, von der wir bisher gehandelt haben, geht überall vor. Die Kulturarbeit ist erst die nachfolgende und hat die Stellung einer dienenden Magd; mehr soll sie auch niemals sein. Wo sie in die erste Stelle tritt, und die eigentliche Missionsarbeit nur nebenbei betrieben wird, da ist Untreue zu beklagen und zu tadeln. Es ist nicht zu verkennen, daß auf einzelnen Stationen der Sulumission bis jetzt mehr Erfolge der Kulturarbeit zu Tage treten, doch sind die Erfolge der Mission dort überhaupt noch gering. In wie weit eine Vernachlässigung der letzteren um der äußeren Arbeit willen die Ursache davon ist, indem dieser oder jener mehr Bauer als Missionar gewesen, entzieht sich unserer Beurteilung. Die äußere Arbeit muß ja in mancher Hinsicht vorangehen. Kommt der Missionar in eine Gegend, so muß er ein Haus bauen, den Acker bestellen, Wasseranlagen machen, eine Kirche und Schule errichten, und dergleichen mehr. Diese Arbeiten sind oft sehr zeitraubend und nehmen ihn in hohem Maße in Anspruch. Viele Missionare klagten darüber, daß sie dadurch oft in ihrem Berufe gehindert seien. Wie viel leichter haben es da die Missionare anderer Gesellschaften, denen Handwerker und Arbeiter zu solchen Zwecken von der Mission gestellt werden. Unsere Missionare haben dadurch, daß sie jene Arbeit selber freudig übernahmen und sich ihrer nicht schämten, unserer Mission, die nur geringe Mittel auf die äußeren Anlagen verwenden konnte, einen großen Dienst geleistet. Aber wo wir diese ihre Arbeit dankbar anerkennen, wollen wir es auch entschieden betonen, daß dieselbe immer nur eine dienende Stellung einnehmen darf. Die Missionsarbeit ist die königliche Arbeit.

Andererseits ist auch das nicht zu verkennen, wie unsere Missionare grade dadurch, daß sie selbst die äußere Arbeit besorgten, einen bedeutenden kulturellen Einfluß ausübten. Schämten sie sich derselben nicht, so haben sie dadurch in den Augen der Heiden und Christen die Arbeit geadelt. Diese kennen die Arbeit ja nicht anders als eine Plage und Last. Das gekaufte Weib muß dieselbe besorgen; für den freien Mann ist sie eine unwürdige Beschäftigung. So sagten unsere Missionare ihnen nicht blos, daß sie die Arbeit als eine dem Willen Gottes entsprechende Pflicht, ja als eine Gnade ansehn müßten; sie lebten ihnen die Arbeit vor. Die Leute sahen es an ihnen: Arbeit schändet nicht. Sie erkannten, daß dieselbe ihre Lust und Freude war. Und sie konnten nicht nur die Erfolge der Arbeit wahrnehmen, sondern auch, daß diese ihren Segen in sich selber hat. Die Missionare stellten die Christen, vor allen Dingen die Männer zur Arbeit an, beaufsichtigten sie aber nicht nur, sondern arbeiteten ihnen vor. Es war dies oft ein schweres Ding und erforderte viel Ausdauer und Geduld. Aber die Brüder wissen auch von schönen Zeiten zu erzählen, wo ein freudiger Geist des Schaffens sie erfüllte, der auch die Gemeinde mehr und mehr ergriff. Und was die Christen bei gemeinsamer Arbeit von ihnen lernten, das wandten sie dann im eigenen Leben an.

Die bedeutungsvollste Kulturarbeit ist der Ackerbau. Derselbe ist in unserer Mission eifrig betrieben. Die Missionare sind ja für ihren eigenen Unterhalt darauf angewiesen und können nicht ohne Ackerbau leben. So finden wir denn auf vielen Stationen schöne Gärten und gute Felder. Auf letzteren wird Melis, Weizen, Hafer und Gerste gebaut. Die ersteren sind wesentlich Nutzgärten, in denen Kartoffeln, Bohnen, Erbsen, Gurken, Kürbis und allerlei Kohlarten gezogen werden. Hin und wieder sieht man auch kleine Ziergärten. So weit freilich, wie wir's auf der Jesuitenstation Fleischfontein sahen, geht man in der Gartenkultur nirgends. Dort waren Anlagen, wie man sie hier nur auf einem großen Gute oder bei einer Gärtnerei trifft. Dazu fehlt es unsern Missionaren an Zeit und unserer Mission an Geld, und das hat auch keinen Zweck. — Beim Ackerbau werden viele Kaffern beschäftigt. Sie lernen dadurch den Wert des Düngers und allerlei Getreidearten kennen und mit der Schaufel, mit Pflug und Egge umgehen. Zwar ist ihnen der Ackerbau nicht fremd, doch verstanden sie es nur, mit der Spitzhacke den Boden zu bearbeiten, und sie zogen nur Melis und Kafferkorn, oder hie und da vereinzelte Gartenfrüchte. Bei den Missionaren lernen sie eine geordnete Ackerwirtschaft kennen, und wenn sie die reicheren Erträge sehen, so treibt sie das zur Nachahmung an. Ein großes Hindernis für den Ackerbau ist in Afrika der Wassermangel. Um dem abzuhelfen haben die Missionare die Stationen meist an Flüssen angelegt und zur Bewässerung des Landes aus denselben Gräben abgeleitet. Vielfach ist das mit großer Mühe und Kosten geschehen, stellenweise auch, wo die Leute die Ausführung fast für unmöglich hielten, mit besonderem Geschick. Den hohen Wert solcher Arbeit haben die Kaffern ebenfalls eingesehen und sind dadurch in den Stand gesetzt, den Ackerbau in weit ausgedehnterem Maße zu betreiben, als da, wo die Bewässerung des Landes nur durch die Wolken erfolgt.

Als echte Deutsche haben unsere Missionare auch überall Baumanpflanzungen gemacht. Am meisten wird der Gummibaum und der Blackwattle kultiviert. In Hermannsburg ist man darin am weitesten. Dort sind schon kleine Gehölze vorhanden; dort hat man auch erfolgreiche Versuche mit der Anpflanzung der deutschen Eiche gemacht. Überall wird viel Obst gezogen. Schattige Obstbäume umgeben fast jede Station. Orangen, Zitronen und Pfirsiche werden hauptsächlich angepflanzt, in höheren Regionen gedeihen auch Apfelbäume ganz gut. Vielfach findet man Bananen und Weinstöcke, Feigen, Ananas und dergleichen. An der Küste gedeihen Kaffeeplantagen gut, ebenso die Theepflanze und das Zuckerrohr, auch Arrowroot.

Zu den Kraalen und Feldern der Kaffern führen nur schmale Fußsteige. Auf den Stationen werden breite, gute Wege angelegt, und auch im weiteren Umkreise sucht der Missionar die Wege, die er befahren muß, zu verbessern. In einem Lande wie Natal geschieht

13*

hinsichtlich des Wegebaues sehr viel seitens der englischen Regierung.
Doch hat auch da in kleinerem Kreise der Missionar seinen Einfluß.
Von mancher Station aus hat er mit seinen Kaffern gute Wege
angelegt. In Gegenden aber, wo durch die Regierung nichts
geschieht, und wo keine Kolonisten wohnen, geht diese Thätigkeit
zur Hebung der Kultur lediglich von dem Missionar aus.

Durch das, was wir bisher besprochen haben, wird die Gegend, in der eine Missionsstation liegt, reicher an Produkten, und
zur Verwertung derselben dem Verkehr zugänglicher gemacht. Die
Folge davon ist ein größeres Aufblühen derselben und die Freude,
daß auch die Gemeinde mehr und mehr sich hebt, und die Fleißigen
in ihr zum Wohlstand kommen. Dadurch werden sie im Lauf
der Zeit in den Stand gesetzt, sich Eigentum zu kaufen. Schon
manche haben sich einen Wagen angeschafft, der ein Kapital von
ca. 2000 Mark repräsentiert, und treten dadurch mehr und mehr
selbstthätig in den Verkehr ein. Ja, auf einzelnen Stationen —
und hier denken wir nicht an die Könige — haben sich einige
Christen schon selber Land angekauft. Das wird in der kommen-
den Zeit immer mehr geschehen und muß von der Mission befördert werden. Das wird zur Hebung der Gemeinden, zu ihrer
Befestigung, zu ihrer Selbständigkeit, am meisten beitragen. Auf
diesem Wege könnten in späterer Zukunft, wenn die Mission ihre
Aufgabe an jenen Völkern vollendet hat, die Gemeinden derselben
die Stationen ab- und für sich ankaufen, und wären damit zur
völligen Selbständigkeit durchgedrungen.

Eine gleich fortschreitende Entwicklung, wie die Landwirtschaft,
hat auch die Bauthätigkeit genommen. Die Missionare haben
auf den Stationen christliche Dörfer angelegt. Sie haben ein
Baufeld ausgewählt, dasselbe in Straßen abgeteilt und die einzelnen
Bauplätze den Leuten überwiesen. Auch haben manche der Missionare sich des Häuserbaues angenommen, haben die Leute das
Bauen gelehrt, den Bau selbst überwacht und auch wohl, wo jene
nicht damit fertig werden konnten, selbst geholfen, z. B. die Ecken
aufgemauert und dergleichen. Dadurch haben sie sich ein großes
Verdienst um die Kultivierung der Gemeinde erworben und sich
die Christen zur Dankbarkeit verpflichtet. Besonders sind in dieser

Hinsicht die Stationen: Emtombeni, Marburg, Elim, Ekombela, Entombe, Ekuhlengeni und Goedehoop in der Sulumission zu nennen und in der Betschuanenmission: Bethanie, Hebron, Polonia, Ebenezer, Saron, Emmaus, Ramaliane, Manuane, Jericho und Potuane. Es finden sich auf diesen Stationen schöne Häuser der Eingebornen, die bereits freundlich und gut eingerichtet sind und sich nicht mehr von den Häusern mancher weißen Leute unterscheiden. Auf den meisten der genannten Stationen jedoch liegen noch viele dürftige Hütten, und jene besseren Häuser ragen als einzelne über die anderen hervor. Am meisten einheitlich und mit fast durchweg guten Häusern bebaut ist entschieden die Station Emmaus in Transvaal, wo man die einzelnen Bau-Perioden sogar an einem verschiedenen Baustyl erkennen kann. Auf manchen Stationen waren hingegen die Häuser noch sehr dürftiger Art, dunkel und unfreundlich, ja stellenweise unreinlich. Vielfach lebten die Christen auch noch in runden Hütten, wie sie es im Heidentum gewohnt waren. Einige Missionare sind der Ansicht, sie, solange sie noch nicht ordentlich bauen können, lieber bei ihrer alten Weise zu lassen. Und gewiß ist es besser, eine gute reinliche Hütte alter Art, als ein schlechtes, dunkles, unordentliches Haus zu haben. Aber dann muß streng darauf gehalten werden, daß sie für die verschiedenen Geschlechter, sofern sie nicht im Ehestande leben, getrennte Räume herstellen. Das Richtigste ist jedenfalls, die Christen mehr und mehr dahin zu leiten, daß sie sich ordentliche, helle, lichte Häuslein bauen, etwa mit einer Stube und einer Kammer an jeder Seite. Es wird das nur allmählich möglich sein; aber es ist ein bedeutendes Stück der erziehlichen Thätigkeit eines Missionars. Und das Christentum fordert es auch von uns. Denn wer im höheren geistlichen Leben steht, muß auch ein höheres leibliches und irdisches Leben haben. Das Christentum ist das höchste Kulturmaß. Daß unsere Christen aus den Sulu und Betschuanen dazu fähig sind, ist eine unleugbare Thatsache. Auf den oben genannten Stationen haben die Missionare durchschlagende Beweise dafür geliefert. Wir haben unter den Wohnungen der Christen anderer Missionen, selbst in Städten wie Pieter-Maritzburg und Pretoria nicht bessere Kaffernhäuser gefunden.

Ja, wir haben holländische Bauernhäuser gesehn, die den Ver=
gleich mit einigen unserer Kaffernhäuser nicht aushalten konnten.
In denjenigen Gegenden, wo die Engländer herrschen, kommt die
Regierung solchen Bestrebungen zu Hülfe, indem sie den Einge=
borenen, die in guten Häusern wohnen, die Gebäudesteuer erläßt.
Wie mit den Gebäuden ist es auch mit ihrer inneren Ein=
richtung. Dieselbe war sehr verschieden. Von einer dürftigen
Ausstattung, die sich kaum von der der Heiden unterschied, stieg
es auf zu einer Einrichtung, die der vieler Buren nicht nachstand.
Die meisten schlafen noch auf geflochtenen Matten in wollene
Decken eingewickelt. Doch haben manche sich auch schon Bett=
stellen gemacht. In den Stuben findet sich vielfach schon ein
Tisch, eine Bank nebst einigen Stühlen. Wir sind aber auch in
Häusern gewesen, wo wir den Tisch mit einer Decke behängt,
eine mit einem Tigerfell belegte Bank, Rohrstühle, eine Kom=
mode und einen Schrank vorfanden. An den Wänden waren
Bretter befestigt, auf denen teils Bücher, teils Porzellan, —
kleine Töpfe, Teller und Tassen — sauber und ordentlich auf=
gestellt waren. Auch hatte man dieselben mit allerlei Bildern
geziert. Das war vor allem bei dem christlichen König Jakobus
in Bethanie, auf dessen Kommode sogar eine schöne große hollän=
dische Bibel und ein Photographie=Album lag, und bei König
Mokatle in Saron der Fall, deren Wohnungen sich wesentlich
von denen der heidnischen Könige unterschieden; wir haben es
aber auch bei manchen Christen geringeren Standes so getroffen.
Das Haus eines Kirchenvorstehers in Marburg war gradezu mu=
sterhaft; das war um so bewundernswerter, als der Mann alles
selbst gemacht hatte. Hinsichtlich der Bilder möchten wir hier
einen Wunsch aussprechen. Die Kaffern haben bis jetzt von der
Schönheit eines Bildes kaum Verständnis. Sie sind den Kindern
gleich, die sich an bunten Bildern freuen. Man sieht daher viel=
fach unpassende Bilder: hübsche Frauenköpfe und dergleichen mehr,
wie sie durch englische Geschäfte verbreitet werden. Dafür muß
den Christen ein Ersatz geschafft werden durch gute Öldruckbilder.
Wir sind überzeugt, daß dieselben gern und viel gekauft würden.
Man mache nur einmal einen Versuch und schicke eine Sendung

hin!*) — Durch die Bauthätigkeit und die Einrichtung der Häuser wird das Volk zum Handwerk erzogen. Ohne dieses kann sich ein Volk nicht entwickeln und entfalten. Kann ein Missionar auch nicht Meister in allem Handwerk sein, so muß er doch das Notwendigste den Leuten lehren können. Das ist vielfach auch geschehen. Es bezieht sich das auf Maurer=, Zimmer und Tisch= lerarbeit. Das Schmieden verstehen sie selbst ganz gut. Doch ziehen auch englische und holländische Wanderschmiede durch das Land; und in den deutschen Kolonieen haben sich tüchtige deutsche Schmiedemeister angesiedelt. Das Schneider= und Schusterhand= werk hat meines Wissens bei den Kaffern noch gar keinen Boden gefunden. Viele tragen noch keine Fußbekleidung, unter den Betschuanen benutzen sie wohl Sandalen. Wo Stiefel und Schuhe Eingang fanden, holen sie sich dieselben aus den englischen Ge= schäften. Ebendaher entnehmen sie die fertigen Anzüge. Die Mädchen und Frauen lernen jedoch, wie bereits erwähnt, ihre Kleidung selbst verfertigen. Viele derselben machen eine Dienstzeit im Hause des Missionars durch. Dadurch lernen sie christliches Hauswesen kennen und werden zur Reinlichkeit und Ordnung er= zogen. Sie lernen das Waschen, ja manche bringen es bis zum Plätten. Sie helfen in der Küche die Speisen bereiten und werden dadurch mit allerlei anderen Nahrungsmitteln bekannt, als sie im Heidentum gewohnt waren. Sie lernen mit dem Geschirr um= gehen, wofür freilich die Missionarsfrau oft viel Lehrgeld bezahlen muß! Was ein Mädchen in solchem Dienst gelernt, das nimmt sie in ihr eigenes Haus herüber, und mehr und mehr hebt sich das häusliche Leben. Nach und nach fängt man an nicht mehr auf der Erde um den Melistopf zu sitzen und mit einem glatt= geschnitzten Stück Holz aus demselben zu essen, sondern an einem Tische sitzend zunächst Löffel und Messer, Teller und Tassen zu gebrauchen. So hat man uns schon in einzelnen Häusern in durchaus appetitlicher Weise eine Tasse Kaffee dargereicht. — Da= durch wird in hohem Maße nicht nur das häusliche Leben, son=

---

*) Der Versuch ist von unserer Missionshandlung in der Betschuanen= Mission mit Erfolg gemacht.

dern auch die Stellung des Weibes verändert. Aus der Magd des Mannes wird die christliche Hausfrau. Und wie tief stand sie vorher! Durch die Jahrhunderte lange Erniedrigung, durch den Frauenkauf, da ihr Wert nach Ochsen berechnet wurde, durch die Polygamie und dergleichen war jede Achtung vor der Frau und auch jede Selbstachtung derselben verloren gegangen. Das weibliche Geschlecht war jämmerlich herabgewürdigt. Die Weiber hielten sich nur für untergeordnete Wesen, für die es keine höhere Bestimmung giebt, als der Gegenstand der Lust und die Trägerin der Last und Arbeit für den Mann zu sein. Das wird nun anders. Das Weib wird zu einer „Gehülfin, die um ihn sei". Die einzelnen Frauen sind natürlich noch nicht mit einem Male das geworden, was sie sein sollen. Sie müssen in die höhere Stellung erst hinein wachsen. Aber der ganze Stand ist doch gehoben, und die einzelnen werden sich mit der Zeit dem= gemäß entwickeln. Am schnellsten wird es bei denen geben, welche die weibliche Sklaverei mit den Folgen geistiger Abstumpfung nicht erst durchgemacht, sondern als junge Mädchen sich zu Christo bekehrt haben oder schon als Kinder christlicher Eltern geboren sind. Diese Hebung des weiblichen Geschlechts wird nicht wenig durch die Art befördert, wie unsere Missionarsfrauen und Töch= ter mit ihnen verkehren. Sie haben darin nichts von der Weise der englischen Frauen angenommen, sondern sie leben und ar= beiten mit ihnen ähnlich, wie die Missionare es mit den Männern thun. Auch die Stellung der Männer wird durch den Einfluß des Christentums eine mehr freie und selbständige. Sklaverei ist unter jenen Völkern nicht vorhanden. Aber alle Glieder eines Kraals sind dem Kraalherrn, und alle Glieder eines Volkes sind dem Könige unterworfen. Je mehr dieser, wie bei den Sulu ein Despot ist, desto mehr sind auch die Männer von einer niedrigen Unterwürfigkeit. Bei den Betschuanen trat das nicht in dem Maße hervor, wie denn ihre Könige nur noch Schatten der früheren Macht waren. Aber doch ist ihr Einfluß und Ansehn in ihrem Volke noch heute groß. Wie dieses ihnen oft bedeutende Abgaben geben muß, so ist es ihnen auch Gehorsam schuldig. Die Leute müssen für den König arbeiten; er kann sie auf die Goldfelder schicken, damit sie für ihn verdienen. Natürlich fehlt ihnen dadurch der Trieb zur Arbeit, sie haben kein Selbstgefühl. Das wird anders, je mehr das Christentum sich ausbreitet, je mehr sie selber fortschreiten und zu einem äußeren Wohlstande kommen. Auch wird der Unterschied der Stände dadurch ausgeglichen. Mancher, der geringen Standes ist wird durch die christliche Bildung bald klüger, weiser, ja auch reicher als Heiden selbst aus Königsgeschlecht. Damit hebt sich das Selbstgefühl und die Selbstachtung und in eben dem Maße die Achtung des Mitmenschen. Die Männer werden sicherer in ihrem ganzen Auftreten und Benehmen, wobei freilich die Gefahr der Selbstüberschätzung ernstlich zu bekämpfen ist. Die persönliche Freiheit kommt zu ihrem Recht, die Einzelpersönlichkeit gewinnt an Bedeutung; ein jeder gilt etwas. Auch der Begriff des Eigentums gewinnt eine festere Gestalt. Früher gab es nur gemeinsamen Besitz; was nicht der Familie gehörte, gehörte dem König. Ja wenn eine Familie reich wurde, so fiel sie bald den Großen und dem Könige zum Opfer. Sie wurde in Zaubereigeschichten verstrickt und „aufgegessen", das heißt: ihres Besitzes beraubt und ausgerottet. Eine Sicherheit des Besitzes gab es nicht. Durch das Christentum und die damit verbundene Kultur ist nicht nur der Besitz ein größerer geworden, sondern es entwickelten sich auch sichere Besitzverhältnisse. Denn es bilden sich feste Rechts-Anschauungen und -Ordnungen. Leib und Leben, Hab und Gut werden geschätzt und geschützt. Ebenso ist es mit der Ehre und dem guten Namen. Nach dem ersten Glaubensartikel und der vierten Bitte lernt der Christ solches alles als Gaben Gottes ansehen und, weil Gott selber durch Seine Gebote diese Güter geheiligt und mit Seinem Schutz umgeben hat, lernt er sie bei sich selber sowohl als bei seinem Nächsten hoch und heilig halten. Welch bedeutenden Einfluß hat das auf die gesamte Entwicklung des Volkslebens! Es kann nicht unsere Aufgabe sein, alle diese segensreichen kulturellen Folgen des Christentums hier aufzuzählen. Wir wollten nur darauf hinweisen, daß wir dieselben auch in unserer Mission gesehn, und daß auch die Arbeit unserer Missionare eine bedeutende Kulturhebung im Gefolge hat, die sich nicht nur auf die Christen, sondern auch auf die Heiden erstreckt. Letzteres war am deutlichsten bei den Betschuanen zu erkennen, weil bei diesen das Christentum schon eine Macht geworden ist. Der Belege könnten wir viele bringen, hinsichtlich des Handels und Wandels, hinsichtlich der Wohnung und Kleidung und dergleichen, doch würde uns das zu weit führen. Wir begnügen uns, auf folgende vier bedeutungsvolle Stücke kurz hinzuweisen: Die Zauberer und Regenmacher verlieren allmählich an Einfluß. Die boguera (Beschneidung der Knaben) und die boyali, (durch welche die Mädchen für heirats= fähig erklärt werden) mit ihren heidnischen Sitten und Unsitten verlieren an Bedeutung und verschwinden nach und nach. Ein= zelne Könige haben ein Gebot der Sonntagsruhe ausgehen lassen. Und endlich, alle Könige der Betschuanen, die mit unserer Mission n Verbindung stehen, bis auf den einen König Cuantle der Bahurutsi in Limao, haben den Verkauf des Branntweins in ihren Städten verboten. Ja, zwei derselben haben widerstrebende europäische Händler sogar mit Gewalt daran verhindert.

Zum Schluß erlauben wir uns als Beleg für die gesunde tüchtige Kulturarbeit in unserer Mission, eine Korrespondenz der „Times of Natal" anzuführen, die im Gegensatz zu der Wirk= samkeit des Trappistenklosters Marianhill unsere Station Ehlanzeni anerkennend erwähnt: „Es giebt in der Kolonie schon lange be= stehende Missionen, welche im Gegensatz zu anderen echte Kultur= arbeit treiben. Sie erklären, die Eingebornen nicht für das Leben und die Arbeit der großen Städte erziehen zu wollen. Vielmehr gelingt es ihnen, indem sie ihnen den Ackerbau, das Zimmerhand= werk und das Bauen in heimatlicher, ländlicher Weise lehren, eine höchst nützliche Klasse geschickter Leute heranzubilden, Leute, die tüch= tige Arbeit gewohnt sind. Und solche Arbeit paßt am besten für die Stämme, die eben aus dem Stadium des Barbarismus hervorgehen. Die deutsche Missionsstation Ehlanzeni giebt uns ein deutliches Bild dieser Klasse von Missionen. Dort ist eine weite Strecke wüsten Buschlandes urbar gemacht. Die vielen, in jenem Distrikt gewöhnlich tief gewurzelten Bäume sind ausgerodet worden, eine gute mittelgroße Kirche und ein zweistöckiges Schulhaus sind errichtet, das zum Bau verwandte Holz war ziemlich weit von

der Station in einem Walde gesägt, die Steine geformt und ge=
brannt und die Grundsteine ausgebrochen, alles durch Ein=
geborene. — Den Mädchen wird Haus= und Näharbeit gelehrt. Ihre nette und saubere Erscheinung verfehlt nie, Auf=
merksamkeit zu erregen, etwa wie eine Oase in der Wüste. Die
Jünglinge sind gleicher Weise sauber und anständig gekleidet und
anerkennenswert höflich. Die Kaffern bauen sich dort Häuser
und siedeln sich nach ihrer Verheiratung meist auf der Station
an. . . . Ehlanzeni liegt an der äußersten Grenze von Natal.
Vor der Entdeckung der Goldfelder fanden wenig Weiße dorthin
ihren Weg. . . . Der Reisende, der zum ersten Mal nach den
Umsinga=Goldfeldern zieht, ist jetzt sehr überrascht, wenn er nach
Durchwanderung vieler Meilen einer öden, düsteren Gegend sich
plötzlich vorzüglichen Gebäuden und gut kultivierten Feldern
gegenüber befindet. Diese Gebäude sind von der Straße aus
meilenweit zu sehen. Oft wird auch das Ohr des Wanderers
erfreut durch die Klänge eines Posaunenchors. — Solche Mis=
sion verdient wahrlich von allen unparteiischen Leuten ein Wort
der Ermutigung. Die Arbeit, die dort geschieht, ist von be-
schwerlicher Art und wird gewöhnlich so in der Stille betrieben,
daß man in der Öffentlichkeit wenig davon weiß." Indem wir
diesen Bericht zum Abdruck bringen, bemerken wir nur noch, daß
die Kulturarbeit auf unseren übrigen Stationen in ähnlicher Weise
betrieben wird. Am meisten Schwierigkeiten haben dabei die in
den sogenannten Dornen wohnenden Missionare. Aber viele
unserer Missionare haben in dieser Hinsicht Bedeutendes geleistet,
und mancher ergraute Mann kann zurückblicken auf ein Leben, das
voll Mühsal gewesen ist, auf ein hartes schweres Arbeitsleben.
Sie haben dem Volk die Arbeit vorgelebt. Sie haben es gezeigt,
daß sie zur Arbeit erzogen waren; darum konnten sie auch die
Christen zur Arbeit erziehen. Die alten Missionaee haben darin
am meisten durchmachen müssen; sie haben den jungen Brüdern
das Nest und die Werkstatt bereitet. Jeder von ihnen mußte
sagen, als er seine Missionsthätigkeit anfing: Die Leute können
fast nichts und sind zur Arbeit nicht zu gebrauchen. Nun aber
können viele von ihnen mit Missionar Engelbrecht sprechen:

„Jetzt sind meine Christen schon längst so weit, daß sie alle Arbeiten, die auf der Station vorkommen, verrichten können." Der Weg zu diesem Ziel ist sauer gewesen und hat den Missionar nicht nur viel Mühe, sondern auch viel Enttäuschung und manches Opfer gekostet. „Das muß man mit in den Kauf nehmen; denn wir sind Missionsleute" — schreibt derselbe alte Bruder. Dafür haben sie denn auch die Freude, daß sie den Erfolg noch sehen dürfen. Und ist auch das Ziel noch lange nicht erreicht, so sind wir doch auf dem Wege, und unsere Arbeit ist nicht vergeblich gewesen in dem HErrn.

Was wir auf den verschiedenen Arbeitsfeldern durch die mancherlei Arbeitskräfte unter den Heiden, in der Kirche, in der Gemeinde, in der Schule und in der Kultur an Erfolgen aufzuweisen haben, das wollen wir ansehn als eine Wirkung der Gnade Gottes und wollen Ihn dafür preisen, Ihn, der unserer Mission einen frischen, fröhlichen Frühling geschenkt hatte und sie dann in einen zuletzt oft schwülen, gewitterreichen Sommer führte, Ihn, der unsere geringe Arbeit, die so vielfach Stückwerk ist, nicht verachtet, sondern gnädig angesehen hat, Ihn, der die Sünden und Fehler dem Gesamtwerk nicht hat schaden lassen, und der unsere Mission weiter führen und fördern wird. Das ist unsere Zuversicht. Den Brüdern aber, die in der Arbeit stehen, rufen wir die Worte zu, die am 30. October 1865 — 14 Tage vor seinem Heimgang — ihr geistlicher Vater ihnen als die letzten schrieb, Worte, die wohl mancher nicht ohne Seufzer und Thränen lesen wird: „Nun kann ich nicht mehr; die Hand will die Feder nicht mehr halten; und es ist schon spät. Mein treuer Gott segne Euch alle, meine lieben Kinder, Euch alle, groß und klein, weiß und schwarz! Gott mache Euch treu, treu, treu im Großen und Kleinen — also, daß Ihr lieber sterben und alles entbehren wollt, als JEsu den kleinsten Kummer zu bereiten! Gott mache Euch demütig, daß Ihr nicht das Eure suchet, sondern das Christi JEsu ist! Und Gott gebe Euch herzliche Liebe, daß Ihr Friede haltet mit einander um unsers Gottes willen, der ein Friedensgott ist! Gott segne Euch alle an Leib und Seele jetzt und in Ewigkeit! Amen."

Ein Rückblick

auf

das letzte Jahrzehnt in Afrika

und ein

Ebenezer

zur

funfzigjährigen Jubelfeier

der

Hermannsburger Mission

von

Georg Haccius.

***

Hermannsburg 1899.
Druck und Verlag der Missionshandlung.

Das letzte Jahrzehnt in Afrika.

Ein Jahrzehnt ist verflossen, seitdem wir, Direktor Egmont Harms und der Schreiber dieser Zeilen, die uns aufgetragene General-visitation unserer afrikanischen Mission gehalten haben. Damals lag die Arbeit des Jahres 1887 als eine abgeschlossene uns zur Prüfung vor, und die von 1888 beobachteten wir in ihrem Verlauf. Das Resultat unserer Untersuchung und Erfahrung hatten wir in einer ausführlichen Denkschrift der Missionsgemeinde vor Augen gestellt. Zehn Jahre sind schon in dem Leben eines einzelnen Menschen und einer Familie ein bedeutungsvoller Zeitraum, wie viel mehr in einer so großen Gemeinschaft wie unsere Mission. So haben wir denn auch in dem verflossenen Jahrzehnt eine Fülle von Ereignissen erlebt, die zum Teil tief einschneidend für die Entwicklung unserer Mission gewesen sind, und haben Erfahrungen gemacht, die lehrreich und bedeutungsvoll für uns werden sollten. Überblicken wir die verflossene Periode, so werden wir von viel Arbeit und Mühsal, von schweren Kämpfen und Erschütterungen, von vielen Plagen und großen Verlusten und in dem allen von reichem Gottessegen, von großen Siegen, von viel Trost und Hülfe zu berichten haben und werden einstimmen müssen in den Lobpreis des Psalmisten: „Man singet mit Freuden vom Sieg in den Hütten der Gerechten. Die Rechte des HErrn ist erhöhet, die Rechte des HErrn behält den Sieg."

Während unserer Visitationsreise stand die Mission unter der Leitung des damaligen Kondirektors Pastor Gottfried Oepke, der auf einstimmiges, dringendes Bitten des Ausschusses auch nach der Rückkehr des Direktors Harms, die im März 1889 erfolgte, in seiner Stellung blieb. Leider war denselben nur noch eine kurze Zeit des Zusammenwirkens beschieden. Denn schon am 6. Februar 1890 erlag Pastor Oepke einer schweren Lungen- und Rippenfell-entzündung. Mitten heraus aus einer gesegneten Arbeit rief der

1*

HErr diesen Seinen reichbegabten, treuen Knecht, von dem wir und viele mit uns noch Großes erwarteten, und ließ ihn eingehen zu Seiner Freude. In seinen Platz wurde der Verfasser der Denkschrift berufen, weil er durch die afrikanische Visitation mit den Missionaren bekannt und mit den Verhältnissen unserer Mission vertraut geworden war. Dem Missionsausschuß bereits angehörend, trat ich Michaelis 1890 in der Überzeugung, daß der HErr mich gerufen, und daß Er mir die Kraft, deren ich bedurfte, geben würde, in das Direktorium ein. Die Leitung der Mission war eine gemeinsame, so jedoch, daß Direktor Harms die Angelegenheiten der Mission in Indien, Australien und Neuseeland bearbeitete und in der Heimat die gesamte äußere Verwaltung besorgte, während ich das Unterrichtswesen in der Missionsanstalt und Schule, die Vertretung der Mission auf Konferenzen und Festen und die Bearbeitung der afrikanischen Mission übernahm. Für den Winter 1891 reiste mein Kollege nach Indien, um unsere dortige Telugu-Mission einer Visitation zu unterziehen. Im März 1896 siedelte er für eine unbestimmte Reihe von Jahren nach Afrika über, um die dortige Mission an Ort und Stelle zu leiten. Damit trat für das Direktorium insofern eine Änderung ein, als die Leitung der afrikanischen Mission in seine Hände überging, wofür mir die der indischen Mission und die gesamte Leitung in der Heimat zufiel. Die Übersiedelung eines Direktors auf das Missionsgebiet für längere Zeit ist etwas Neues in der Missionsgeschichte. Bei einem kleinerem Missionsbetriebe dürfte ein kürzerer Aufenthalt gelegentlich einer Visitation genügen. Bei einer so ausgedehnten und großen Missionsarbeit aber wie die unserer afrikanischen Mission versprechen wir uns von einem längeren Aufenthalt des Direktors mitten unter den Missionaren einen segensreichen Erfolg. Er kann sich viel besser in die Verhältnisse einleben und mit den einzelnen Persönlichkeiten bekannt und vertraut werden. Es ist nun seine Aufgabe und Absicht, die Verwaltung der Mission neu zu organisieren, das Rechnungswesen neu zu gestalten, die finanzielle Lage sowohl der Mission wie auch der Missionare zu bessern und zu heben, eine Verbesserung der Stationen soviel wie möglich zu bewirken, die Gemeinden zur Selbsterhaltung möglichst zu erziehen, mit den Missionaren eine neue Missionsordnung zu beraten, dieselbe aufzustellen

und dann auch ein= und durchzuführen. Kurz, es sind der Aufgaben
so viele und so große, daß dieselben sich nicht gelegentlich einer Besuchs=
reise erledigen lassen, sondern einen längeren Aufenthalt erfordern.
Der bisherige Erfolg hat unserer Anschauung denn auch Recht gegeben,
und wir zweifeln nicht, daß das Endresultat ein Gewinn für unsere
gesamte afrikanische Mission und ein Segen auch für die Missionare
sein wird. Je mehr es dem Direktor gelingt, die durch Landankauf
entstandenen Schulden unserer dortigen Mission zu tilgen und die
Leistungsfähigkeit der Stationen wie der Gemeinden zu heben, desto
eher werden wir auch im stande sein, die Gehaltsverhältnisse der
Missionare nicht nur zu regulieren, sondern auch zu verbessern. Und
es ist ihm bereits gelungen, einen Teil der Schulden ohne Beihülfe
aus der Missionshauptkasse abzutragen und damit zugleich den Beweis
zu liefern, daß in Afrika selber mehr als früher zu erreichen ist.
Auch hat er eine neue Missionsordnung mit den Betschuanenmissionaren
beraten und ausgearbeitet, welche demnächst zur Ausführung gelangen
und der eine solche für die Sulumission folgen wird.

Als im Jahre 1883 die alte Missionsordnung aufgestellt wurde,
ward die afrikanische Mission in die beiden Teile der Sulu= und der
Betschuanenmission zerlegt und jede Mission der Leitung eines selbst=
ständigen Superintendenten unterstellt. Bei der Visitation wurde
jede Superintendentur in drei Kreise geteilt, in deren jedem ein
Missionar zum Vorsteher gemacht wurde. Diese Einrichtung hat
sich im ganzen gut bewährt. Bei dem überraschenden Wachstum
jedoch, das Gott unserer Mission in dem vergangenen Jahrzehnt
schenkte, ist eine genügende Leitung für zwei Superintendenten ein
Ding der Unmöglichkeit. Deshalb ist die bisherige Organisation auf=
gegeben und ist jede der beiden Missionen in zwei Superintendenturen
zerlegt, so daß die Gliederung jetzt die folgende ist:

Die erste Superintendentur der Sulumission umfaßt das unter
englischer Kolonialregierung stehende Natal und Sululand.

Die zweite Superintendentur umfaßt die der Burenrepublik
Transvaal eingegliederten Teile des alten Sululandes, die wir bis=
her als den Pongolo= und Nordsulukreis bezeichneten.

Die Betschuanenmission zerfällt in den Rustenburger Kreis und
in den Morikokreis. Die erste Superintendentur umfaßt alle bisher

den Kreisen Rustenburg und Pretoria angehörigen Stationen, ab-
gesehen von Emmaus, Bethel, Mahanaim und Pella, die der anderen
Superintendentur zugelegt werden, die aus den Stationen des alten
Morikokreises gebildet ist. Der Rustenburger Kreis liegt ausschließlich
in Transvaal, der Morikokreis zum größten Teil, nur die Stationen
Harmshope und Limao liegen in Britisch-Betschuanaland.

Die beiden letzteren Kreise entsprechen sich in ihrer Größe, da
der erstere 14, der letztere 12 Stationen umfaßt, dafür ist jedoch
die räumliche Ausdehnung des Morikokreises eine größere. Die beiden
Superintendenturen der Sulumission sind dagegen sehr verschieden.
Die erste derselben umfaßt 12 eigentliche Missionsstationen; rechnen
wir die deutschen Gemeinden hinzu, in denen zugleich Missionsarbeit
getrieben wird, so sind's sogar 15. Der Pongolokreis dagegen
umfaßt nur 6 Missionsstationen und eine selbständige deutsche
Gemeinde. Doch war diese Teilung durch die oben erwähnte politische
Lage gegeben. Denn die Gesetzgebung und die gesamte Verwaltung,
sonderlich auch die rechtliche Stellung wie die Behandlung der Eingebornen ist in den englischen Kolonien und in der Burenrepublik eine
so verschiedene, daß es richtiger ist, die beiden Gebiete auch hinsichtlich
der Leitung des Kirchen- und Schulwesens vollständig von einander
zu trennen.

Die Superintendenturen sind nunmehr in folgender Weise besetzt:
1. Der Kreis Natal: Superintendent Röttcher zu Müden.
2. „   „ Pongolo: „   (noch nicht ernannt).
3. „   „ Rustenburg: „   Jordt zu Ebenezer.
4. „   „ Moriko: „   Hansen zu Emmaus.
Jedem Superintendenten steht ein Missionsrat zur Seite.

Um nun zu erreichen, daß die vier Kreise möglichst in einem
Geiste und in gleicher Weise geleitet werden, beabsichtigt der Direktor,
alljährlich einmal die vier Superintendenten zu einem Aufenthalt
von 8—14 Tagen um sich zu sammeln. Die dadurch ermöglichte
mündliche Besprechung, der vertrauliche Austausch der Ansichten
und die gemeinsame Arbeit wird gewiß von großem Segen sein.
Dadurch wird es verhindert, daß aus der neuen Verwaltung eine
bureaukratische Maschinerie werde, die für die Entwicklung einer
jungen Missionskirche gewiß nicht förderlich sein würde. Der Direktor,

der zunächst in Hermannsburg, dem alten Ausgangs- und Mittelpunkt unserer afrikanischen Mission wohnte, hat seinen Sitz deshalb nach Empangweni verlegt und dort ein entsprechendes Haus gebaut. Denn diese Station liegt an der Eisenbahn, die Natal mit Transvaal verbindet, und ist deshalb von allen Seiten leichter zu erreichen, als das abgelegene Hermannsburg.

Eine schwere Krisis.

Ehe wir nun auf die Entwicklung unserer afrikanischen Mission im einzelnen eingehen, müssen wir einer Krisis gedenken, welche zwar zunächst unsere Mission in der deutschen Heimat betraf, die aber, wenn auch, Gott sei Dank, nicht für unsere indische, so doch für unsere Mission in Afrika, Australien und Neu-Seeland von einschneidender Wirkung gewesen ist. Die Geschichte der letzteren beiden Missionsgebiete über- gehen wir hier als außerhalb des Rahmens dieser Denkschrift liegend. Die schwere Krisis, in welcher unsere Mission sich vor und zur Zeit der Visitation befand und auf die wir in der Einleitung hingewiesen haben, war durch Gottes Gnade überwunden. Es war damals in weiten Kreisen der Missionsgemeinde eine hochgradige Beunruhigung und Vertrauensstörung vorhanden. Als wir im Frühling 1889 heimgekehrt waren, erstatteten wir auf vielen Missionsfesten und Missionskonferenzen und in der erwähnten Denkschrift unsern Bericht über unsere afrikanische Mission. Man gestand uns zu, daß wir die Verhältnisse sachlich und unparteiisch, offen und ehrlich, mit Gerechtigkeit und mit herzlicher Liebe dargelegt hätten, und der HErr schenkte es uns, daß die Wogen sich legten, daß die Beunruhigung schwand und daß man statt des vielfachen Mißtrauens wieder mit Vertrauen auf die Arbeit unserer Mission blickte. Der HErr hatte sich zu uns bekannt vor den Menschen, so schenkten uns auch diese wieder ihr Vertrauen und damit ein köstliches Gut, das bei einem Werk, welches wesentlich mit auf der Liebe und dem Vertrauen der Missionsgemeinde beruht, mehr wert ist, als großes Vermögen. Denn das Vertrauen ist ein Kapital, welches alljährlich reiche Zinsen trägt. Das hat sich denn auch in diesem Jahrzehnt gezeigt, in welchem die Zahl unserer Freunde sich wieder gemehrt hat und unsere Einnahmen zusehends gewachsen sind, wie eine Übersicht über dieselben beweist.

1888: Mk. 216 066.89.
1889: „ 192 364.44.
1890: „ 207 195.82.
1891: „ 220 996.87.
1892: „ 194 891.21.
1893: „ 240 879.12.
1894: „ 266 202.77.
1895: „ 287 607.20.
1896: „ 321 297.04.
1897: „ 531 160.52.

Die Einnahme von 1897 ist so viel höher durch die Erbschaft des Pastors Lindemann zu Stift Börstel im Betrage von Mk. 179 698.58.

Diese Zunahme ist um so dankenswerter, als unsere Mission im Anfang der neunziger Jahre abermals eine sehr ernste und schwere Krisis durchzumachen hatte, die uns schmerzliche Verluste hüben und drüben bereitet hat. Da sie sich auch auf die afrikanische Mission erstreckte, können wir sie hier nicht umgehen.

Es handelte sich dabei um die Stellung unserer Mission zu den heimatlichen kirchlichen Bewegungen. Durch die zwangsweise Einführung einer infolge der Zivilehegesetzgebung veränderten kirchlichen Trauungsordnung und die Absetzung des Pastors Theodor Harms, dem die Annahme derselben wider sein Gewissen ging, war innerhalb der Hannoverschen Landeskirche eine Separation eingetreten, die ihren Mittelpunkt in Hermannsburg hatte. Hier war eine bedeutende, kräftig aufblühende Freikirche entstanden, welche unter der Leitung des Pastors Theodor Harms stand. Dieselbe leistete Großes, nicht nur für ihren eigenen Bestand, sondern auch für unsere Mission. Und da der Führer derselben zugleich der Leiter der Mission war, so war die Hermannsburger Freikirche auch in dieser ein bedeutender Faktor. Doch hingen auch in der Hannoverschen Landeskirche die alten Freunde nach wie vor mit treuer Liebe an der Mission. Es kam nun viel darauf an, zu verhindern, daß die Spaltung für diese nicht verhängnisvoll würde. Anfangs war die Gefahr groß genug. Denn es trat leider ein

Bruch) zunächst zwischen einem Teil der Hannoverschen Missions-vereine und Theodor Harms und dann zwischen dem Landes-konsistorium zu Hannover und diesem ein, da man sich gegenseitig nicht verständigen konnte. Infolgedessen wurde im Jahre 1879 die offizielle Missionskollekte der Hannoverschen Landeskirche in einer die Freunde der Mission tief erregenden Weise der Hermannsburger Mission entzogen und bis zum Jahre 1891 hat sie dieselbe entbehren müssen. Die Missionsvereine zu Stade und Osnabrück jedoch und eine nicht geringe Anzahl von Pastoren und Gemeinden hielten an der Hermannsburger Mission fest, einmal weil derselben ihre Liebe gehörte, und sodann, weil sie der Überzeugung waren, daß die Separation die Mission nicht betreffe. Deshalb — meinten sie — könne die Landeskirche nach wie vor sich an der Missionsarbeit beteiligen, und könne sie es, so müsse sie es auch, damit das große, von dem HErrn reichgesegnete Missionswerk keinen Schaden leide. Ein Teil dieser Geistlichen schloß sich zu der sogenannten Lehrter Konferenz zusammen, welche fortan jenen Grundsatz vertrat und die Vermittelung zwischen Theodor Harms und dem Landeskonsistorium übernahm. Theodor Harms stand auf demselben Standpunkt. Es war durchaus nicht sein Wille, die Mission in die Separations-bewegung hineinzuziehen, wie er im Missionsblatte öffentlich aussprach und es mit der That bewies. Schon in der Rundschau des Jahres 1878 schrieb er: „Die Hermannsburger Mission ist des HErrn Sache, und nicht Sache der Landeskirchen, auch nicht der Freikirchen, sondern der Kirche, der Gemeinde der Gläubigen, da Gottes Wort lauter und rein gelehrt und dem HErrn im Glauben und Liebe gedient wird." Und in dem ergreifenden Artikel über seine Absetzung (Seite 18) spricht er sich dahin aus: „Wir scheiden vom Kirchen-regiment, aber nicht von der hannoverschen lutherischen Kirche. Wir scheiden uns nicht von den teuren Brüdern in derselben und strecken ihnen die Glaubens- und Liebeshände entgegen." Und Seite 21: „Zum andern werden die Ausschußmitglieder, welche nicht mit austreten, im Ausschuß bleiben und sich prächtig mit denjenigen, die austreten, vertragen und in einem Glauben und herzlicher Liebe mit einander an dem heiligen Werk arbeiten, wie ich nicht zweifle, da unsere Mission reine Privatsache (von Th. Harms unterstrichen) ist." Und im Vorwort des Jahres 1883 heißt es Seite 3 und 4: „Die lutherische Mission und darum auch namentlich unsere Hermannsburger Mission ist neutrales Gebiet zu gemeinsamer Arbeit aller rechtschaffenen Lutheraner zum Aufbau der freien lutherischen Kirche in der Heidenwelt. Hier soll und muß Friede sein in dem gemeinsamen Streben, den armen Heiden den vollen Schatz der lutherischen Lehre in ihrem ganzen Umfange hinzubringen." Es geht aus diesen Worten ganz klar hervor, wie er dieselben gemeint hat. Da ist nicht die Rede von einer Neutralität gegenüber der Lehre, als ob — wie es später gedeutet ist — solchen, die nicht im lutherischen Bekenntnis stehen, wie Ritschlianern oder andern Anhängern der liberalen neueren Theologie, oder solchen, die nicht der lutherischen Kirche angehören, wie Unierten und Reformierten damit die Thür aufgethan wäre. Theodor Harms sagt ja deutlich genug, wen er meint: „alle rechtschaffenen Lutheraner", das sind alle diejenigen, die ehrlich und redlich auf dem Grunde des evangelisch= lutherischen Bekenntnisses stehen, die von Herzen demselben zustimmen und anhangen. Das Wort „neutral" will aus dem Zusammenhange verstanden sein. Es ist gesagt lediglich gegenüber dem Gegensatz zwischen Landeskirche und Freikirche. Alle diejenigen, welche in der Landeskirche oder Freikirche mit uns gleichgesinnt sind, alle die, welche innerhalb derselben „rechtschaffene Lutheraner" sind, will Theodor Harms in der Missionsarbeit vereinigt sehen. Und das ist möglich, weil die Hermannsburger Mission nicht eine offizielle kirchliche, sondern Privatsache ist, d. h. eine Angelegenheit, die es nicht mit der so oder so verfaßten Kirche und ihrem Kirchenregiment zu thun hat, sondern zu welcher der einzelne sich stellen und an der er sich beteiligen kann, wie sein Herz und Gewissen ihn treibt. Und in solcher gemeinsamen Arbeit — meint er — könne trotz der Verschiedenheit des Standpunktes in der Frage der Gestaltung der Kirche bei Einheit des Bekenntnisses eine herzliche Gemeinschaft in der Liebesarbeit und also auch eine gemeinsame Missionsarbeit stattfinden. Den einen Grund des Bekenntnisses unter den Füßen und das eine Ziel: „den Aufbau der freien lutherischen Kirche in der Heidenwelt" im Auge, könnten wir gemeinsam die Hände an das große Werk legen, an dem wir gemeinsam Jahrzehnte lang

gearbeitet hatten. Sollte wirklich durch die Separation die Gesinnung
eine so gänzlich andere geworden, sollte wirklich ein so großer
Gegensatz zwischen den vorher Verbundenen entstanden sein, daß
man sich auch in der Missionsarbeit hätte trennen müssen? Nein,
und abermals nein! Theodor Harms meinte das nicht, viele
treue Anhänger der Hermannsburger Mission auch nicht und unser
Christenvolk hin und her im Lande — namentlich überall dort,
wo man von Herzen an der Hermannsburger Mission hing, erst
recht nicht, und in andern Gegenden, die den hiesigen Kämpfen
fernstanden, schüttelte man bedenklich den Kopf. Und klar und
deutlich sprachen sich auch unsere nachherigen Gegner ganz in derselben
Weise aus und bestärkten uns in unserer Anschauung. Es galt
damals, die in der Hannoverschen Landeskirche in manchen Kreisen
vorhandene gegenteilige Meinung zu überwinden, die auch bei der
Kirchenbehörde derselben zuerst die herrschende war, wie die Verweigerung der Epiphanias-Kollekte bewies. Das war denn auch
der Zielpunkt der Verhandlungen, die bereits Ende 1884 im wesentlichen zum Abschluß gekommen waren. Theodor Harms bewies
die Aufrichtigkeit seines Standpunktes auch durch die Berufung des
der Hannoverschen Landeskirche angehörigen Pastors Depke zur
Visitation des afrikanischen Missionsgebietes. Leider wurde aber
alles wieder in Frage gestellt durch den am 16. Februar 1885
erfolgten Heimgang des Pastors Harms, zu dessen Nachfolger sein
Sohn, der Missions-Inspektor Egmont Harms erwählt wurde.
dem Ostern 1887 jener Pastor Depke als Kondirektor zur Seite trat.

Zu derselben Zeit brachen innerhalb der Freikirche selber heiße
Kämpfe aus, die wir hier nur insoweit berühren, als sie eine
abermalige Spaltung zur Folge hatten. Es handelte sich dabei im
wesentlichen um die Kirchen-Verfassung. Ein Gegensatz, ähnlich
dem zwischen der Breslauer und der Immanuel-Synode, war bereits
innerhalb der jungen Freikirche in Hermannsburg und im Hannover-
land vorhanden gewesen, der wie ein Reif auf Theodor Harms
seine Frühlingshoffnungen gefallen war und ihm Kummer und
Sorge genug bereitet hatte. Nun trat derselbe offen hervor und
führte zu einer Spaltung zwischen der „Hannoverschen Freikirche" und
der Kreuzkirche in Hermannsburg und den mit dieser verbundenen

Gemeinden. Das war eine schwere Erschütterung für die Mission, der einige Jahre später ein abermaliger Stoß folgte, da missourische Einflüsse eine weitere Spaltung hervorriefen, infolge deren ein dritte freikirchliche Gemeinschaft entstand, die sich die „Hermannsburger Freikirche" nannte, obschon sie in Hermannsburg nicht ihren Mittelpunkt hatte und hier auch nur eine geringe Zahl von Anhängern gewann. Die Frage der göttlichen Inspiration der Heiligen Schrift, die unter den Pastoren der Freikirche verhandelt wurde, gab den Anlaß zum Ausbruch dieses Kampfes. Und man suchte unsere Mission in denselben hineinzuziehen, wozu man keine Ursache hatte. Denn unsere Mission — und mit ihr ihre Direktoren und Lehrer — stellte sich fest auf den Standpunkt unserer lutherischen Kirche, wie die Erklärung im Missionsblatt von 1891 beweist (Seite 178 ff.), die wir uns abzudrucken erlauben, weil immer wieder unsere Stellung ohne jegliche Veranlassung in Zweifel gezogen wird. Und doch sind jene Zeilen im Missionsblatt eine offizielle Erklärung, die für unsere Stellung entscheidend ist.

Dieselbe lautet:

Unser Grund und unser Ziel.

Im § 2 unserer Missions-Statuten heißt es: „Die Missionsanstalt betreibt das Missionswerk auf Grund des Bekenntnisses der lutherischen Kirche." Das ist der alte Grundparagraph unserer Statuten genau in derselben Form, wie er in den alten Statuten steht, in die Ludwig Harms ihn im Jahre 1856 hineingesetzt hat. Man hat absichtlich seine Form nicht verändert, um dadurch auszudrücken, daß man an dem Grund der Mission nichts ändern und verschieben will. Der Grundparagraph ist von einer Periode unserer Mission in die andere mit hinübergenommen worden. Er ist derselbe geblieben, als Theodor Harms in der Leitung der Mission seinem Bruder folgte. Er ist derselbe geblieben unter seinem Sohne und dem sel. Depke und ist auch heute noch in keinem Buchstaben verändert. Und sagt man, daß durch die Vereinbarung mit dem Hannoverschen Landeskonsistorium die Mission von ihrem alten Grunde abgewichen sei, so erklären wir auf das Bestimmteste, daß jene Vereinbarung die Statuten unserer Mission, sonderlich den § 2 derselben in keiner Weise betrifft. Unsere Mission ruht nach wie vor auf dem festen sichern Grunde „des Bekenntnisses der lutherischen Kirche". Und sie soll auf demselben stehen bleiben. Wir wollen nicht davon weichen und wanken. Wir wollen über demselben wachen und nach demselben handeln. Wir wollen eher alles andere fahren lassen, als diesen § 2. Weder die drohende Union mit ihrer Schlangenklugheit ohne Taubeneinfalt und der derselben voraus= schleichende Unionismus, noch die falsche Lehre, wie sie auf den Universitäten ihre stolze Weisheit feilhält, — nichts soll unsere Mission von dem Grunde des lutherischen Bekenntnisses abbringen. Und wenn unsere Statuten sagen: „des Bekenntnisses", so hat Ludwig Harms das nicht in dem allgemeinen Sinne gemeint, wie auch manche Unierte es gebrauchen; — in diesem Sinne ver= stehen auch wir jene Worte keineswegs. Harms hat damit das gesamte in den fünf Bekenntnisschriften von der Augsburgischen Konfession bis zur Konkordienformel niedergelegte Bekenntnis der lutherischen Kirche im Sinne gehabt, und in keinem anderen Sinne fassen wir den Grundparagraphen unserer Statuten auf. Wir sagen: unsere Mission ruht auf dem Grunde des Bekenntnisses der lutherischen Kirche, d. h. auf den öffentlich angenommenen Bekenntnisschriften derselben — dem Buchstaben nach und dem Geiste nach.

Ist aber der Inhalt des lutherischen Bekenntnisses niemand anders, als JEsus Christus, der wahrhaftige Sohn Gottes, der Mensch geworden ist um unsertwillen, der unsere Sünde getragen, unsere Schuld gesühnt und unsere Strafe gebüßt hat, der die Gerechtigkeit uns erworben hat, die vor Gott gilt, so daß wir armen Sünder, die von Natur ganz und gar verderbt sind, täglich viel sündigen und wohl eitel Strafe verdienen, durch Sein Verdienst gerecht geworden sind aus Gnaden allein durch den Glauben, so ist ja dieser JEsus Christus und kein anderer der Felsengrund, auf dem unsere Mission gegründet ist.

Und ruhen unsere Bekenntnisse auf dem klaren und gewissen Worte Gottes, und sind sie eben deshalb der Grund unserer Kirche, weil sie aus der Heil. Schrift genommen sind, mit derselben über= einstimmen und die göttliche Offenbarung in klaren und bestimmten Sätzen zum Ausdruck bringen, so können wir auch sagen: Das

Wort Gottes ist der Grund unserer Mission; und damit
meinen wir das gesamte Wort Gottes, wie wir es vom ersten Verse bis
zum letzten durch Gottes Gnadenoffenbarung haben, und halten
unverrückt daran fest, daß die Heil. Schrift nicht nur Gottes Wort
enthält, sondern Gottes wahrhaftiges, lauteres, irrtumsloses Wort
ist nach Inhalt und Sinn, nach Ausdruck und Form, im Ganzen
wie im Einzelnen. Und nehmen wir in der Heil. Schrift eine
Verschiedenheit der Art wahr, in der die heiligen Menschen Gottes
geredet haben, so bekennen wir dennoch: Sie haben geredet, getrieben
von dem Heiligen Geist, und alle Schrift ist von Gott eingegeben.
Und auf die Frage: Was ist die Heil. Schrift? — antworten wir
glaubensgewiß und freudig mit unserm Katechismus: Die Heilige
Schrift ist das Wort Gottes, aus innerlichem Triebe des Heiligen
Geistes durch die Propheten und Apostel aufgezeichnet zur heilsamen
Erkenntnis Gottes und Erlangung der ewigen Seligkeit. Und wie
der Sohn Gottes, das ewige Wort, das im Anfang war und bei
Gott war und selbst Gott ist, in Seiner Menschwerdung ein Gottes-
Zeichen, ein Wunder Gottes ist, das wir gläubig anbeten, so ist
auch das Wort Gottes, wie wir es in der Heil. Schrift in mensch-
licher Hülle vor Augen haben, ein Gottes-Zeichen, ein Wunder
Gottes für uns, das wir auch da, wo wir es nicht verstehen, im
Glauben annehmen, und lassen uns nichts davon thun und nichts
hinzu thun und halten fest daran, als an unserm einigen Trost im
Leben und Sterben wider die Sünde und wider den Satan und
bekennen: Unsere Mission ruht auf dem Grunde des lutherischen
Bekenntnisses und damit auf dem Grunde des Wortes Gottes.

Und welches ist unser Ziel?

Das nächste Ziel, welches der HErr unserer Mission gesteckt
hat, und auf das wir unsere Missionsarbeit richten, ist, den HErrn
JEsum zu den armen Heiden zu bringen und die Seelen derselben
Ihm zuzuführen. Das geschieht durch die Verwaltung der Gnadenmittel, durch die Predigt des Wortes Gottes und durch die Dar-
reichung der Sakramente. Unsere Mission hat dabei zunächst eine
jede einzelne Seele im Auge. Aber ein jeder Heide gehört einer
Familie und diese einem heidnischen Volke an. So faßte denn
auch Ludwig Harms gleich bei der ersten Aussendung nicht nur

die einzelnen Seelen, sondern die Völker ins Auge, gemäß dem Königsbefehl des HErrn, in dem Er Seinen Dienern aufträgt, daß sie alle Völker zu Seinen Jüngern machen sollen. Im Jahre 1851 stellt er dieses Ziel mit den Worten dar: „daß binnen kurzer Zeit ein ganzes Land mit einem Netze von Missionsstationen umzogen wird und Völker bekehrt und mit christlicher Sitte und Bildung gewappnet werden, so daß sie sich mit Erfolg des verderblichen europäischen Andrangs erwehren können und nicht Opfer der Europäer werden, was bisher fast allenthalben der Fall gewesen ist". Demnach war sein Hauptziel die Bekehrung der Völker, die Rettung der Völker für die Ewigkeit. Aber dabei faßte er auch das in jenem beschlossene fest ins Auge: er wollte ein freies christliches Volkstum unter ihnen begründen. Er wollte einzelne christliche Persönlichkeiten, christliche Familien, christliche Völker in der Heiden= welt gewinnen. Und diesem Ziel arbeitet unsere Mission ohne jegliche Einmischung in die politischen Verhältnisse der Völker entgegen. Demgemäß sind unsere Stationen angelegt und ist unsere Missions= arbeit eingerichtet. Wir wollen die einzelnen Getauften in Gemeinden sammeln und aus diesen Gemeinden eine Kirchengemeinschaft und zwar eine Volkskirche auf dem Grunde des lutherischen Bekenntnisses bilden, eine freie evangelisch=lutherische Missionskirche. Unsere Mission will die Missionskirche nicht dieser oder jener Kirchen= gemeinschaft angliedern, wie wir sie in der Heimat der geschichtlichen Entwickelung gemäß in Landeskirchen oder einzelnen Freikirchen haben. Denn diese haben je nach ihrer Entstehung und Geschichte, nach den lokalen Verhältnissen oder nach den leitenden Persönlichkeiten ihre eigen= tümliche Art und verschiedene Beschaffenheit. Die Missionskirche soll völlig frei dastehen und auf dem Grunde des Bekenntnisses der lutherischen Kirche und gebunden an ihre Ordnungen in der Freiheit sich entwickeln in Gemäßheit der Verhältnisse, die draußen auf dem Missionsfelde vorhanden sind. So allein kann sie die Gefahren überwinden, die ihr drohen. In ihrer Freiheit, die Theodor Harms mit dem bekannten Ausdruck „neutral" meinte, hat sie die Gewähr für eine lebensvolle gesunde Entwickelung. Wir meinen ja mit jenem Ausdruck keineswegs, daß die Mission gleichgültig stehen soll zu dem kirchlichen Bekenntnis, gleichgültig zu den die Gegenwart bewegenden kirchlichen Fragen, gleichgültig gegen die Union und dergleichen mehr. Das wird ja gänzlich ausgeschlossen durch das, was über den Grund der Mission fest steht. Nach der Seite hin ist eine so bestimmte Gebundenheit, daß wir eine sichere Gewähr gegen falsche Neutralität haben. Nein, Freiheit meinen wir damit. Daß die Mission in den kirchlichen Kämpfen nicht zerklüftet und zerfallen ist, hat außer dem festen Grunde, auf dem sie ruht, seine Ursache darin, daß sie nicht in den kirchlichen Organismus einge= gliedert war, daß sie eine freie Mission ist und eine freie Kirche gründet. Und diese Freiheit muß sie behalten. Nur so kann sie ihre Einheit bewahren. Auf dem einen Grunde des lutherischen Bekenntnisses mit dem Ziel einer einheitlichen freien lutherischen Missionskirche vor Augen wollen wir in unserer Mission fort arbeiten wie bisher und gemeinsam alle Kräfte anspannen einig im Glauben und einig in der Liebe, wir hier in der Heimat und die Brüder draußen in der Heidenwelt, fest und treu durch die Kraft des HErrn, die Er uns in Gnaden verleihen wird, wie Er, der Ewigtreue, es uns verheißen hat." —

In diesem Sinne und Geiste suchten wir die Mission immer mehr zur gemeinsamen Arbeit aller derer zu machen, die mit uns auf dem gleichen festen und guten Boden standen. Die Verhandlungen zwischen der Missionsleitung einerseits und dem Hannoverschen Landeskonsisto= rium andererseits waren unter dem Direktorium von Harms und Oepke mit einstimmiger Billigung des Missions=Ausschusses wieder aufgenommen worden. Durch die erfolgreiche Visitation war ein frischer Wind in dieselben hineingekommen und sie führten Anfang 1890 zu dem gewünschten Ziel. Es wurde zwischen dem Hannoverschen Landeskonsistorium und dem Missionsdirektorium und Ausschuß eine Vereinbarung festgestellt, welche der bekenntnisgemäßen und freien Stellung der Mission in keiner Weise etwas vergab und derselben die Mitarbeit der lutherischen Landeskirche Hannovers sicherte, sodaß dann auch die Missionskollekte des Epiphaniasfestes derselben wie in früherer Zeit wieder überwiesen wurde. Waren bis dahin alle Beschlüsse und auch die Wahl der beiden landeskirchlichen Kondirektoren — in den Platz von Oepke war nach dessen Tode der Verfasser gewählt wor= den — einstimmig gewesen, so war bei der Beschlußfassung über die Vereinigung eine Minorität dagegen, welche zum größten Teil aus den Gliedern der Hannoverschen Freikirche bestand.

Die Vereinbarung machte Direktor Harms am Missionsfest mit folgender Erklärung bekannt: „Die 5 Bedingungen, unter welchen der Friede geschlossen ist, sind folgende:

1) Es ist in der Mission eine zu Recht bestehende Ordnung, daß es allen zu ihr Gehörenden freisteht, in der evangelisch=lutherischen Landeskirche Hannovers das heilige Abendmahl zu feiern, und wiederum, daß Gliedern der Hannoverschen Landes= kirche der Zutritt zum Sakrament in den von unserer Mission in Afrika ꝛc. gegründeten Gemeinden offen steht, daß also in dieser Weise Abendmahlsgemeinschaft zwischen der Hannoverschen Landeskirche und unserer Mission besteht.

2) Die vakant werdenden Plätze im Missionsausschuß werden jeder Zeit so besetzt, daß die Hälfte seiner Mitglieder der Hannoverschen evangelisch=lutherischen Landeskirche angehört.

3) Eine der beiden Direktorstellen soll immer von einem landes= kirchlichen Geistlichen bekleidet werden.

4) Die Leiter der Anstalt werden jeder Zeit bereit sein, dem Königlichen Landes=Konsistorium auf dessen Erfordern einen Einblick in die Wirksamkeit der Anstalt und in deren finanzielle Verhältnisse zu gewähren.

5) Es sollen in Zukunft nur solche Männer in den Ausschuß gewählt bezw. zu Direktoren der Missionsanstalt berufen werden, welche die obigen Bestimmungen als zu Recht bestehend an= erkennen.

In dieser Angelegenheit sind dann vom Ausschuß noch die ferneren Beschlüsse gefaßt, daß

1) die eine der Direktorstellen immer von einem freikirchlichen Geistlichen besetzt werden soll,

2) daß die Hälfte des Ausschusses jeder Zeit der Freikirche an= gehören muß.

Obige Beschlüsse gründen sich auf den jetzigen Zustand unserer Mission, das einzig neue ist, daß derselbe als zu Recht bestehend anerkannt wird. Wir werden mit Gottes Hülfe nach wie vor eine streng lutherische Mission bleiben, und auch unsere Praxis muß sich demgemäß einrichten. Doch gestatten wir den Angehörigen unserer Mission eine möglichst große Freiheit der Bewegung nach der neutralen Stellung unserer Mission. Neutral heißt nicht bekenntnislos, es soll nur das bedeuten, daß wir uns nicht in die Streitigkeit und Wirren dieser Zeit, sofern sie für unsere Aufgabe keine Bedeutung haben, hineinziehen lassen wollen. Wir möchten uns gern im Frieden unserer Friedensaufgabe widmen. Unsere Praxis ist die, daß wir alle zur Mission Gehörigen dort zum heil. Abendmahl gehen lassen, wo die luth. Kirche zu Recht besteht und wo auch amtlich nach den Bekenntnisschriften und den zu Recht bestehenden Kirchenordnungen gelehrt und gehandelt wird. Dagegen erkläre ich, und zwar nach manchem reiflichen Überlegen mit dem sel. Depke und im Ein-verständnis mit unserm neuerwählten Kondirektor, Pastor Haccius, daß wir mit dem Unionismus und Ritschlianismus gänzlich unver-worren bleiben wollen und auch die in unserer Mission geltenden Ordnungen darnach einrichten werden."

Daß das Hannoversche Landes-Konsistorium in keiner Weise beanspruchte, eine oberaufsichtliche Stellung über die Mission ein-zunehmen und die Mission etwa zu einer der Landeskirche einzu-gliedernden Anstalt zu machen, und daß unserer Mission ihre freie Stellung durchaus gewahrt geblieben ist, geht aus dem Wortlaut zur Genüge hervor. Da aber in den nachher entbrannten Streitig-keiten mehrfach das Gegenteil behauptet wurde, war das Landes-Konsistorium so gütig, auf eine Anfrage unsererseits nach der dortigen Auffassung der Vereinbarung unter dem 14. Juli 1894 uns die Erklärung abzugeben: „In Erwiederung des gefälligen Schreibens vom 3. 11. d. Mts. erklären wir hierdurch ausdrücklich, daß durch die von uns mit der Direktion der Hermannsburger Mission getroffene Vereinbarung die Hermannsburger Mission der Hannoverschen Landes-kirche nicht eingegliedert, sondern nach wie vor eine freie Missions-anstalt geblieben ist. Eben so wenig sind dadurch die zu der Hermannsburger Mission sich haltenden Gemeinden in Südafrika uns untergeordnet. Wie früher, so stehen wir auch jetzt noch mit diesen Gemeinden in keinerlei amtlicher Beziehung und ist durch die mehrgedachte Vereinbarung in deren Stellung zu uns nichts geändert."

Somit war die Bewegung der Hannoverschen Landeskirche

gegenüber zum Abschluß gekommen. Leider aber ging es nicht ohne
schwere Verluste für die Mission ab. Die Hannoversche Freikirche,
welche die Hannoversche Landeskirche, die ja freilich in großer Unions=
gefahr steht, nicht mehr als eine lutherische, sondern als eine bereits
unierte darstellt, bekämpfte in scharfer Weise die Stellung unserer
Mission und entzog uns ihre Unterstützung und ihre Mitarbeit.
Und die vier Mitglieder derselben, welche dem Missionsausschuß
angehörten, traten 1892 aus demselben aus. Schon im Juni 1890
hatte sich der Pastoren=Konvent und die Synode dieser Kirche in
einem öffentlichen Aufruf an unsere sämtlichen Missionare gewandt,
in welchem der Standpunkt jener Kirche ausgeführt und die Stellung
der Mission als mit dem luth. Bekenntnis unvereinbar dargelegt
wurde. „Wir sehen in dieser Vereinbarung nur den Weg mittelst
der Landeskirche die Mission in die Union hineinzuziehen", — das
war die Spitze des Schreibens, in welchem an die Missionare die
„ernste Frage" gerichtet wurde, „wie sie sich zu diesem Neuem stellen"
würden. Und dieser Aufruf wurde nicht nur veröffentlicht, sondern
jedem unserer Missionare von ihrer Seite direkt zugestellt. Es waren
zwar auch unter diesen Gegensätze in der kirchlichen Anschauung und
Stellung vorhanden und ebenso in den mit unserer Mission ver=
bundenen deutschen Gemeinden Südafrikas. Aber wir meinten, daß
diese Gegensätze für das Missionsgebiet keine praktische Bedeutung
hätten. Dort war doch eine freie und lutherische Missionskirche
vorhanden. Dort konnten die Brüder in Gemeinschaft des Glaubens
und der Liebe mit einander leben und arbeiten. Und unverantwortlich
erschien es uns, den leider hier vorhandenen kirchlichen Gegensatz
auf das auswärtige Missionsgebiet zu übertragen und vor allem die
jungen heidenchristlichen Gemeinden in den ihnen gänzlich unver=
ständlichen kirchlichen Streit hineinzuziehen.

Ein Artikel in dem kirchlichen Volksblatt aus Niedersachsen,
„Unter dem Kreuze", führte diese Gedanken schon im Jahre 1884
zutreffend in folgender Weise aus: „Wir befinden uns lediglich
auf dem Gebiet der Mission, das nicht mit Unrecht ein neutrales
Gebiet genannt worden ist. Nun sind allerdings hiergegen Stimmen
genug dafür laut geworden, als könne das Missionsgebiet durchaus nicht
betreten werden, ohne zugleich auf dem bezüglichen engsten Kirchenboden

2*

zu stehen. Allein die Direktion der Hermannsburger Mission hat vom Beginn der „Separation" an sich ganz anders ausgesprochen, und noch jetzt findet Hermannsburg in der Hannoverschen Landes= kirche seine thätigen Freunde, wie denn auch im Missionskomitee neben freikirchlichen einige landeskirchliche Mitglieder sitzen. Sollte solches denn nicht der Fall sein können, nicht in ausgedehnterem Maße, als es geschieht, der Fall sein können, und sollte es von beiden Seiten zu tadeln und vielleicht zurückzuweisen sein? Sollten „die Hindernisse der Einigung zwischen der Landes= und Freikirche in Hannover" sich auch aufs Gebiet der Mission ausdehnen?

Was ist denn eigentlich die Mission oder hier die Hermanns= burger Mission? Ist sie etwa nichts anderes als eine Werbung für ein Hermannsburger, für ein separiert Hermannsburger Bekenntnis in seinem Unterschied von allen anderen, auch lutherischen Bekenntnissen? Oder soll etwa die Hermannsburger „Separation" mittelst der Mission zu den Heiden Afrikas getragen werden? Will wirklich ein Gegner Hermannsburgs es wagen, diese Beschuldigung im Ernste vorzubringen? Soweit ich die Sache beobachtet habe, kann ich bezeugen, daß in einzelnen eigenartigen praktischen Fragen, z. B. über Ehe und Ehe= schließung, diejenigen Herren hier zusammenstimmen, die in ihren Anschauungen über denselben Gegenstand, wenn auf die heimatliche Kirche geleitet, mehr oder weniger auseinandergehen. Wenn dieses aber sogar in der die „Separation" veranlaßthabenden Frage der Fall ist, dann sollte doch damit ein schlagender Beweis geliefert sein, daß „Separation" und Mission in Wahrheit zweierlei Dinge sind und letztere in der That als ein neutrales Gebiet anzuerkennen sein dürfte. Wenn aber solches der Fall ist, und wenn man am Missionar vor allem einen Mann sucht, der den Heiden das Evangelium von Christo, dem einigen Heiland aller armen Sünder, bringt, sollte es dann nicht auf der Stelle jedem ehrlichen Christenmenschen, gleich= viel welcher Kirchenpartei er für seine Person angehört, einleuchten, daß die Mission vor allen Dingen als die große Reichssache unsers HErrn und Heilandes JEsus Christus anzusehen sei?

Und wenn dieses im Wort zugegeben werden muß, warum trennt und spaltet man sich denn im Leben auch hier, als wenn man auf dem innerkirchlichen Gebiet nicht schon Spaltung und

Verfeindung genug, im Grunde aber schon viel zu viel hätte? Warum sucht man nicht im Gegenteil, weil leider sonst das Band zwischen Landes- und Freikirchlichen geschwunden, das im Missions- werk einzig übrig gebliebene Band, wenn man es so nennen darf, noch weiter festzuhalten und um so fester zu halten? Warum hat man sich von dem Mission treibenden Hermannsburg um des in die Separation getriebenen Hermannsburgs willen so sehr zurück- gezogen, daß auch die armen Heiden unter den Leiden der Heimat mit zu leiden haben und daß — warum sollte ich's nicht gerade heraus sagen? — die Missionsverwaltung ihren afrikanischen Missio- naren seit Jahren einen empfindlichen Abzug am Gehalt aufzuerlegen sich gezwungen sah und den Gegenvorstellungen der letzteren nichts anderes zu entgegnen im stande war als: Wir können euch beim besten Willen nicht helfen; ihr müßt zusehen, wie ihr fertig werdet! Hier sollte nur offen und ehrlich herausgesagt werden, daß man in dieser Zeit, da das Gericht am Hause Gottes gerade an der Hermannsburger Mission anfängt, nicht blos Sündenbekenntnis und Buße von den ausgeschickten Missionaren fordern wolle, sondern daß auch die ausschickende Missionsgemeinde in ihren Busen zu greifen Ursache habe."

Ganz im Gegensatz zu diesem Artikel brachte dasselbe Blatt zehn Jahre später einen polemischen Artikel nach dem andern, welche begreiflicher Weise die in der Ferne lebenden, mit unserer Mission verbundenen Kreise, unter denen das Blatt, das früher so treu für unsere Mission eintrat, viele Leser hatte, heftig erregten. So kam es denn leider zu der erwähnten Spaltung in Afrika. Es waren jedoch nur 4 Pastoren an deutschen Gemeinden: Oltmann in Neu- Hannover, Stielau in Kirchdorf, Johannes in Bergen, Gevers in Lüneburg und Missionar Prigge in Goedehoop, welche mit unserer Mission brachen. Später kam noch Missionar Cassier zu Bethel in Transvaal hinzu. In Verbindung mit diesen gründete die Hannoversche Freikirche eine eigene Mission in Afrika. Den deutschen Pastoren Stielau, Johannes und Gevers war ein Teil ihrer Gemeindeglieder gefolgt. Oltmann, der in seiner Gemeinde isoliert stand, verlor dadurch seine Stelle.

Daß die beiden schwarzen Gemeinden ihren Missionaren folgten, ist begreiflich, wenn man das Verhältnis bedenkt, in welchem die jungen heidenchristlichen Gemeinden mit geringen Ausnahmen zu ihrem Missionar stehen. Die Station Goedehoop des Missionars Prigge ging unserer Mission durch diesen Streit vorläufig verloren. Missionar Cassier blieb einstweilen auf Bethel, baute sich dann aber später in der Nähe an und gründete dort eine eigene Station. Da wir ihn wert hielten, und er auch erklärt hatte, daß er nicht gegen unsere Mission arbeiten würde, haben wir Bethel erst nach seinem Tode, der ihn 1898 auf einer Reise in die alte deutsche Heimat ereilte, wieder besetzt. Die Hannoversche Freikirche aber, die inzwischen in der Nähe Hermannsburgs eine eigene Missions- anstalt errichtet hat, spannt ihre Zelte in Afrika weiter aus. Wir könnten uns ihres Eifers und ihrer Leistungsfähigkeit ungetrübt freuen, wenn sie nicht in unserm Missionsgebiet arbeitete und da- durch verwirrend und trennend wirkte. Die schmerzliche Sache sei immer wieder dem HErrn befohlen! Er wolle uns, die wir doch im Grunde einig sind, auch wieder zur Vereinigung führen und wolle uns helfen, zusammenzustehen und zusammenzugehen gegenüber der großen Feindschaft, welche unserer teuren lutherischen Kirche in der Welt entgegen steht.

Leser, die unserer inneren Entwickelung ferner stehen, wollen es freundlich entschuldigen, daß wir diese Verhältnisse eingehender besprochen haben. Aber es ist noch niemals unsererseits geschehen, und irgendwo mußten wir einmal eine Darlegung derselben geben. Da schien es hier der geeignetste Ort zu sein.

Die äußere Lage.

Damit wollen wir den kirchlichen Kampfplatz verlassen und uns der erfreulichern Arbeit des Erbauens zuwenden, müssen jedoch zuvor einen kurzen Blick auf die äußere Lage und die politischen Verhältnisse in Südafrika werfen, soweit dieselben für unsere Mission von Interesse sind.

Schwere Zeiten sind über jene Lande gegangen. Der HErr ist im Gericht gekommen und hat viele verderbliche Plagen über die Völker ergehen lassen. Und Sein Arm ist noch ausgestreckt, Sein

Zorn läßt noch nicht ab. Jahr für Jahr — in einigen Gegenden seit 5 Jahren, in anderen schon seit 1891 — hat während der so schon heißen Sommerzeit eine große Dürre das Land ausgesogen und ausgedörrt, daß Säen und Ernten unmöglich geworden war. Das Land ist ja wasserarm. Meilenweit findet sich kein Bächlein, keine Quelle. Dort ist man lediglich auf das Wasser von oben angewiesen, auf den Regen, den man in Cisternen sammelt. Bleibt nun Monate lang der Regen aus, so geraten Menschen und Vieh in eine schlimme Lage. Diejenigen, die an Flüssen wohnen, sind besser daran. Sie haben Bewässerungsgräben durch die Gärten und durch das Ackerland gezogen. Aber durch den Regenmangel wird der Wasserstand der Flüsse ein sehr niedriger, so daß auch jene Gräben häufig austrocknen und die Not auch dort fühlbar wird. Die andere Plage sind die Heuschrecken, die alljährlich in großen Massen das Land bedecken und, wo sie etwas Grünes finden, alles verzehren und nicht das Geringste übrig lassen, so daß das mit großer Mühe und vielen Kosten gewonnene Saatfeld in wenigen Tagen vollständig vernichtet wird. Das Gemüse in den Gärten, die Blätter und Blüten an den Bäumen, ja selbst die Rinde junger Bäume wird von ihnen verzehrt. Und so ist's in weiten Gegenden Jahr für Jahr gegangen.

Schlimmer aber noch als diese Plage war die der Rinderpest. Während der letzten 3 Jahre machte sie ihren Zerstörungszug durch unser Missionsgebiet. Von Norden kam sie und verheerte zuerst Britisch=Betschuanaland. Von Transvaal aus suchte man die Grenze abzusperren. Eine scharfe Grenzwacht wurde aufgestellt. Das Vieh, das über die Grenze kam, wurde, einerlei ob krank oder gesund, einfach niedergeschossen. Leute, die mit ihren Ochsenwagen unterwegs waren, verloren auf diese Weise ihre Gespanne und mußten sehen, wie sie weiter kamen. Die Furcht vor der Rinderpest trieb zu einer rücksichtslosen, ja vielfach grausamen Strenge. Aber alles war vergeblich. Gott ließ sich nicht Halt gebieten. Die Pest drang in Transvaal ein und von da in Sululand und Natal. Viele Leute, Weiße wie Schwarze, verloren sämtliches Vieh, andere behielten nur wenig übrig. Das Vieh, das gesund blieb oder gar die Krankheit überstand, stieg bis zu den höchsten Preisen, die wohl je für ein Stück Rindvieh bezahlt sind. Einige Leute wurden dadurch reich, die meisten aber arm. Schlimm war es, daß dieselben nicht nur ihr Hab und Gut verloren, sondern daß sie kein Zugvieh hatten, um ihre Äcker zu bestellen, wenn einmal Regen fiel, und daß sie auch keine Transporte fahren konnten. Der Ackerbau wie aller Handel und Wandel lag lange darnieder. Man versuchte durch Impfungen dagegen anzukämpfen. Es waren zwei Methoden, eine englische und die des deutschen Professors Koch, die beide nicht ohne Erfolg angewandt wurden und denen manche namentlich der Buren und der Kolonisten die Rettung eines Teiles ihres Viehstands zu verdanken haben. Aber die Masse des Viehes war zu groß, das Fortschreiten der Seuche war zu schnell und die eingeborne Kaffernbevölkerung verhielt sich aus Argwohn und Mißtrauen gegen die Weißen zu sehr ablehnend dagegen, daß die allgemeine Impfung nicht durchgeführt werden konnte. So ist Südafrika durch diese Plage bis ins Mark erschüttert worden, und alle ernsten Christen fassen sie auf als ein Gottesgericht. Denn die zahlreichen stattlichen Rinderherden waren der Abgott der südafrikanischen Bevölkerung geworden und es gab unter Weißen und Schwarzen nicht wenige, denen ihre langgehörnten mächtigen Ochsen mehr am Herzen lagen als Weib und Kinder, mehr als ihr Gott. Und waren die Heiden durch ihren Viehstand reich, so waren sie auch um so üppiger und stolzer, sie verschlossen um so mehr ihre Seelen gegen die Predigt des Evangeliums. Das galt namentlich von den hochmütigen Königen unter ihnen. Auch die Vielweiberei stand in ihrer Blüte, denn je mehr Vieh die Heiden besaßen, desto mehr Weiber konnten sie sich kaufen. Die Sitte des Frauenkaufes und -Verkaufes übte einen verderblichen Einfluß aus. Das hat nun alles durch das allgemeine Viehsterben den Todesstoß erhalten und Gott hat dadurch der Mission die Wege gebahnt.

Aber es kamen noch schwerere Leiden. Auch die Menschen selber wurden von der Hand des HErrn ergriffen. Infolge jener drei Plagen brach in vielen Gegenden — sonderlich in den wasser= losen Distrikten — die Hungersnot und eine verheerende Seuche aus, die von Volk zu Volk, von Land zu Land und von Station zu Station zog und ein unbeschreibliches Elend im Gefolge hatte.

Die Leute suchten sich durch Wurzeln, die sie aus der Erde gruben, durch Würmer und was überhaupt nur zwischen die Zähne zu nehmen war, das Leben zu fristen; ja viele aßen von den Kadavern der an der Rinderpest gefallenen und verendeten Tiere und das war dann die Ursache des schrecklichen Fiebers, das zwei Jahre lang unter den Heiden und unter unsern lieben Christengemeinden wütete. Oft lagen ganze Familien krank darnieder, daß keiner den andern pflegen konnte, und in wenig Tagen starben fast ganze Familien dahin. So verlor ein Christ David auf Pella in 6 Tagen seine Frau, 6 Kinder, seine Mutter und Schwiegermutter. Auch unsere Missionarsfamilien wurden zum Teil schwer dadurch betroffen. Missionar Springhorn und seine Frau und ein erwachsener Sohn starben in wenig Tagen, Missionar Lüneburg nebst 3 Söhnen, Frau Missionar Peters mit einem Kinde und der junge Missionar Misselhorn. Die Witwe des Missionars Tönsing beklagt den Tod eines Sohnes und 8 blühender Großkinder. Und viele, die von der Krankheit genasen, gingen geschwächt und gebrochen aus derselben hervor. Das waren Tage, nein Jahre des Weinens und des Klagens und die Hand des HErrn lag schwer, sehr schwer auf uns — eine furchtbare Zeit der Demütigung und Beugung — und sie ist noch nicht vorüber. Die verheerenden Folgen derselben werden, auch wenn die Plagen aufhören, was Gott in Gnaden gebe, noch Jahre lang zu spüren sein. Der HErr helfe, daß die Spuren Seiner Gerichte auch in geistlicher Hinsicht noch lange zu sehen sind.

Die politische Lage hat sich in dem verlaufenen Jahrzehnt ebenfalls verändert. Der feindliche Gegensatz zwischen den weißen Eroberern und der unterworfenen einheimischen schwarzen Bevölkerung ist innerlich noch vorhanden, doch hat derselbe wohl kaum noch einen Einfluß auf die politische Gestaltung Südafrikas. Die Sulu, die in unsern Gebieten allein eine Macht von Bedeutung aufzuweisen hatten und noch vor zwei Jahrzehnten sehr gefürchtet waren, sind durch die Engländer vollständig niedergeworfen. Der junge König Dinisulu hatte vergeblich versucht, das alte Sulureich seiner mächtigen Vorfahren Tschaka, Dingane, Pandu und Ketschwayo wiederherzustellen. Er hatte zwar zur Zeit unserer Reise durch seinen kühnen

Mut und seinen trotzigen Stolz die Herzen der Sulu entflammt
und viele scharten sich um ihn. Ein großer Aufstand schien
bevorzustehen. Allein etliche Häuptlinge, die seines Vaters Gegner
gewesen waren und die mit klugem Blick die Lage der Zeit erkannten,
wandten sich von ihm, und so gelang es den Engländern ihn zu
umzingeln und fast ohne Blutvergießen das gefürchtete Sulureich,
das ihnen unter Ketschwayo Blut und Opfer genug gekostet hatte,
zu vernichten. Dinisulu wurde auf der Insel St. Helena in groß-
mütiger Gefangenschaft gehalten und vor kurzem mit einer reichen
jährlichen Dotation wieder in sein Land zurückgeführt. Dieses
aber wurde mit Natal zu einer englischen Kolonie vereinigt. Das
Nord-Sululand war zu derselben Zeit durch einen sogenannten
Burentreck, d. h. durch einen Einfall der holländischen Bauern
mit bewaffneter Hand erobert. Nachdem sie das schöne reiche Land,
da die Sulu unter einander und mit den Engländern zu thun hatten,
fast widerstandslos in Besitz genommen, gründeten sie die sogenannte
Niuwe-Republik, wählten einen der Ihrigen zum Präsidenten und
bildeten eine Staatsregierung. Und schnell kam man zu Reichtum
und Besitz. Auch unsere schöngelegene, fruchtbare Station Ehlobane
ging uns dadurch verloren. Um kräftigern Schutz und Halt zu
gewinnen, schloß die junge Republik sich an die große Schwestern-
Republik Transvaal an und wurde mit der Südafrikanischen Republik
zu einem Ganzen verbunden. Die schnell aufblühende Hauptstadt
Vryheid wurde zum Sitze eines Landdrosten, der den neugewonnenen
Distrikt als Staatsbeamter von Transvaal verwaltete.

Dieser große, ähnlich entstandene, durch den Reichtum seiner
Goldfelder blühende Staat hat sich unter einer kräftigen Regierung
immer mehr im Innern konsolidiert und nach außen hin ausgedehnt.
Infolgedessen ist er ein steter Gegenstand der Eifersucht der Engländer,
und das zwischen diesen und den Buren bestehende gespannte Verhältnis ist eine fortwährende Beunruhigung für ganz Südafrika
und hat bereits zu beklagenswerten Konflikten geführt. Der gesamte
Verkehr Südafrikas hat sich unter englischem Einfluß in großartiger
Weise entwickelt. Für Verkehrswege, für Eisenbahnen, für das
Post- und Telegraphenwesen ist viel geschehen. Und Transvaal,
das sich noch vor zehn Jahren ängstlich dagegen verschloß, ist darin

nachgefolgt und hat seitdem verschiedene Eisenbahnen erbaut. So sind die Hauptstadt Pretoria und die Goldstadt Johannesburg sowohl mit Kapstadt und Port Elisabeth in der Kapkolonie und mit Natal, als auch mit der Delagoa-Bai durch Eisenbahnen verbunden. Und England führt eine großartige Bahn an der Westgrenze von Trans- vaal entlang, die Kapstadt über die Diamantenstadt Kimberley und dem unserm westlichen Missionsgebiet nahe liegenden Mafeking und mit dem bekannten Buluwayo in Rhodesia verbindet, und die nach und nach ganz Afrika von Süden nach Norden durchqueren soll, — ein großartiger Plan, welcher die europäische Kultur schnell durch den großen dunklen Erdteil tragen wird und dann vor allem auch dem Reiche unsers Gottes dienen muß, der die Geschichte der Völker leitet nach Seinem Rat.

Der Entschiedenheit, Klugheit und weisen Mäßigung des Präsidenten der Südafrikanischen Republik, Paul Krüger, ist es glücklicher Weise bis jetzt gelungen, dem oft herausfordernden Auf- treten Englands die Spitze abzubrechen und das Ausbrechen eines Krieges zu verhüten, der durch den allerdings von England desa- vouirten räuberischen Einfall des bekannten Jameson Anfang 1896 fast unvermeidlich schien. Dieser plötzliche Kriegszug ging quer durch das Gebiet unsrer B.-M. Der Zweck war die Erregung eines Auf- standes in der Goldstadt Johannesburg, wo sich durch die Un- zufriedenheit mit der einseitigen egoistischen Verwaltung der Buren- Regierung viel Zündstoff angesammelt hatte, und mit Hülfe der Johannesburger eine Überrumpelung Transvaals. Durch die Wach- samkeit und Tapferkeit der Buren jedoch wurde der Aufstand verhindert, Jameson gleich in der ersten Schlacht vollständig besiegt und gefangen genommen. Als der Schrecken den nichts ahnenden Bewohnern des Landes durch die Glieder fuhr, war schon wieder Friede, und so wurde die Ruhe des Landes kaum gestört. Die Regierung aber hatte an Kraft und Ansehen in Afrika wie in der ganzen Welt bedeutend gewonnen, und damit war die Republik der Buren befestigt worden. Diese suchte nachher einen engeren Anschluß an die ältere, kleinere, wohl regierte Republik des Oranje-Freistaates zu gewinnen. Und beide Staaten stehen nun verbunden gegen England da. Dieses aber sucht seine Macht an den Küsten und im Norden von Transvaal

auszudehnen und zu befestigen und ist vorläufig durch seinen glor=
reichen Feldzug in Sudan zu sehr in Anspruch genommen, so daß
die gegenwärtige Lage in Südafrika eine verhältnismäßig ruhigere
geworden ist. Der Gegensatz zwischen den beiden Mächten steht
aber immer noch als ein drohendes Ungewitter für Südafrika da.

Das schnelle Wachstum.

Wie hat sich nun die Mission unter den geschilderten Ver=
hältnissen während des letzten Jahrzehnts entwickelt?

Wir hatten es bei der Visitation als ein wesentliches Stück
unserer Aufgabe erkannt, Stationen, die uns überflüssig erschienen,
eingehen zu lassen und den Missionsbetrieb dadurch zu vereinfachen.
Wir sind nachher auf dieser Bahn weiter vorwärts gegangen. So
haben wir in Natal nach dem Heimgang des Missionars Holste
im Jahre 1895 die alte Station Müden eingehen lassen und haben
ein Filial daraus gemacht. In Alfredia ist die Station Ebenezer
eingegangen. Die Missionsarbeit in jenem verhältnismäßig dünn
bevölkerten Landstrich wird von Elim und Marburg aus besorgt.
Der Gedanke, von da ins Pondoland einzudringen, ist noch nicht
zur Ausführung gekommen. In den ersten Jahren machten es die
nach dem Tode des vorigen Königs im Lande entstandenen Kriege
unmöglich. Und als Ruhe eintrat, und der neue König unterstützt
durch die englische Regierung seine Stellung behauptete, war eine
Ausdehnung unserer Mission noch nicht thunlich, weil uns die Kräfte
und die Mittel dazu fehlten. Denn man soll nichts Neues anfangen,
wenn man so schon überlastet ist und man das Neue doch nicht
hinausführen kann.

Im Süd=Sululande haben wir in dem letzten Jahrzehnt die
unterbrochene Arbeit wieder aufnehmen dürfen. Zunächst wurden
die Stationen Emlalazi, Endhlovini und Emvujini wieder errichtet
und die ersteren beiden mit den Missionaren Schumann und
Drewes, die letztere mit dem Lehrer und Evangelisten Philippus
Mzondi besetzt. Diese Stationen wurden mit Hebron zu einem
Kreise zusammengelegt und der dort stationierte Missionar Brauel
zum Vorsteher derselben ernannt. Die Vakanz nach dem Tode von

Br. Drewes dauerte, weil keine verfügbare Kraft vorhanden war, reichlich lange, bis 1896 Missionar H. Hohls ins Süd-Sululand gesandt wurde. Es hatte sich herausgestellt, daß es für die Missionsarbeit besser sein würde, die alte Station Enyezane wieder einzurichten. Br. Hohls siedelte deßhalb dorthin über und hatte zunächst die schwierige Aufgabe, die erforderlichen Gebäude aufzuführen, da von dem alten schmucken Kirchlein und den Häusern, die vor dem Sulukriege Miss. Fröhling erbaut und lange bewohnt hatte, nichts mehr vorhanden war. Die übrigen alten Stationen wurden zu Filialen eingerichtet und mit eingebornen Lehrern besetzt und zwar wurde in Endhlovini Johannes Zuke und in Emhlatuzane Paul Xakazo angestellt. Damit hatten wir unsere fünf alten Stationen in jenem Teil des Sululandes wieder erhalten und sind der englischen Regierung, welche das Sululand inzwischen in Besitz genommen hatte, dankbar dafür. Der alte Feind und Widersacher der christlichen Mission, John Dunn, der in den sechziger und siebenziger Jahren einen so mächtigen und verderblichen Einfluß ausübte, war inzwischen ein alter Mann geworden und verlor unter den veränderten politischen Verhältnissen seine Macht. Vor etlichen Jahren ist er von wenigen beklagt verstorben, ein trauriges Beispiel eines Mannes, der seine Nationalität und sein Christentum von sich geworfen und unter den Heiden ein Heide geworden ist. Daß ein solcher Mann eine Zeit lang in Süd-Afrika eine Rolle spielen konnte, ist eine beschämende Erfahrung aus dem Kolonial-Leben und erklärt sich nur aus seiner finanziellen Macht und seinem Einfluß auf die Börse.

Im Nord-Sululande ist die Station Emyati, welche nahe bei Bethel und Ekuhlengeni lag, eingegangen und der Platz, der das Eigentum der Mission war, an einen deutschen Kolonisten zum Besten der Mission verkauft worden. Esihlengeni ist verpachtet; der Lehrer Martin Hlongolo ist dort stationiert. Die Stationen Bethel, Ekuhlengeni und Ehlomohlomo sind unverändert beibehalten worden, ebenso die beiden Pongolo-Stationen Entombe und Ekombela. Die Station Goedehoop ist uns vorläufig verloren gegangen, obschon wir unser Eigentumsrecht an derselben noch heute behaupten, da wir kein Recht haben, es unsererseits so ohne Weiteres aufzugeben. Die Sachlage ist folgende:

Gelegentlich der Visitation wurde die Bestimmung der Missions-ordnung durchgeführt, daß ein Missionar nicht auf seinem eigenen Platze wohnen darf. Diese Angelegenheit war bereits mit den Missionaren Bartels, Schmidt, Brauel, Schütze und Dedekind in befriedigender Weise geregelt, wobei die Missionäre sich meistens sehr entgegenkommend zeigten. So schenkte z. B. Brauel seinen ganzen Platz mit den darauf stehenden guten Gebäuden, Miss. Dedekind überließ seinen Platz Nazareth zu billigem Preise und schenkte außerdem noch Grund und Boden dazu, Miss. Schütze schied ohne Pensions-Ansprüche als aktiver Missionar aus, da wir seinen uns angebotenen Platz für ungeeignet hielten und deshalb nicht übernehmen konnten. Als wir zu Miss. Prigge kamen, glaubten wir die Frage durch eine u. E. günstige Versetzung auf eine unserer besten Stationen, Empangweni, leicht erledigen zu können, zumal Prigge einen erwachsenen Sohn hatte, welcher seinen Platz hätte bewirtschaften können. Um so mehr waren wir erstaunt, auf einen erregten Widerstand bei ihm zu stoßen. Er verstieg sich sogar zu der Bemerkung, man wolle ihn beseitigen 2c., während doch die spätere Ernennung zum Vorsteher das Gegenteil beweist. Der Ankauf eines Teiles des Platzes schien uns nicht thunlich, weil bereits 2 Stationen in der Nähe liegen und eine größere Konzentration der Missionsarbeit uns als eine Hauptaufgabe erschien. Nichts desto weniger wurde Prigge, da er die Versetzung einfach ablehnte und wir ihn gern unserer Mission erhalten wollten, in Aussicht gestellt, daß die Mission einen Teil des Platzes zu dem allerdings billigen Preis übernehme, falls der Ausschuß seine Zustimmung erteile. Die Angelegenheit blieb also in der Schwebe, da dieselbe erst nach unserer Rückkehr im Verein mit dem Ausschuß hätte erledigt werden können. Da machte Prigge selbst der Sache ein Ende, indem er erklärte, der Mission einen Teil seines Platzes schenken zu wollen. Dies Anerbieten wurde angenommen und die Sache damit als in erfreulicher Weise erledigt angesehen.

Später behauptet nun Miss. Prigge, er habe die Schenkung nicht gemacht, sondern nur beabsichtigt, und macht der Missions-leitung sogar einen Vorwurf daraus, daß sie seine Schenkung wie auch die Nord-Sulu-Stationen ohne Berechtigung als ihr Eigentum

aufgeführt habe. Hinsichtlich der letztgenannten Stationen lag die
Sache so, daß dieselben längst, ehe die Buren ins Land kamen,
durch Schenkung der Sulukönige unser thatsächliches und rechtmäßiges
Eigentum waren, und daß nach der Annektion des Sululandes durch
die Buren unsere Ansprüche auf 5 Stationen durch die neue Regierung
anerkannt wurden, wenn sich auch das Aushändigen der Besitztitel
sehr in die Länge zog. Wir waren deshalb ganz berechtigt, die
Stationen als unser Eigentum aufzuführen und waren deshalb
auch verpflichtet dazu. Ähnlich war die Sache mit Missionar
Prigge's Schenkung, und wir waren uns noch sicherer, weil
wir es hier mit einem Missionar und Christen zu thun hatten.
Die Schenkung war gemacht, nur die gerichtliche Registrierung
konnte noch nicht erfolgen wegen der auf dem gesamten Grundbesitz
ruhenden Hypothek. Daß auch Miss. Prigge die Schenkung nicht
als eine, wie er jetzt behauptet, nur beabsichtigte, sondern als eine
thatsächliche ansah, geht aus folgenden beiden Briefen von ihm,
sowie aus der Inventur von 1889 mit unwiderleglicher Klarheit
hervor.

Unter dem 17. 8. 1888 schreibt Miss. Prigge:

„Unsere Sache, des Landes wegen, möchte ich hiermit in
„folgender Weise zum Abschluß (von Prigge unterstrichen) bringen.
„Wir könnten jetzt 2000 Acres an meinen Bruder verkaufen, er
„will 2000 Acres und noch mehr zu 10 sh. per Acre kaufen, aber
„wir haben keine Freudigkeit dazu. Wir haben nun beschlossen,
„die 2000 Acres für den Fall der Not zu reservieren, von den
„übrigen 7000 Acres der Mission Kindesteil zu schenken und
„demgemäß unser Testament jetzt zu ändern. Kommen wir mit
„Gottes Hülfe aus den Schulden, ohne die 2000 Acres verkaufen
„zu müssen, so werden wir auch davon dann noch Kindesteil zu
„dem Erstgegebenen schenken. Gut 600 Acres aber sind
„hiermit von heute an unserer Hermannsburger
„Mission ein für alle mal zum ungestörten Missions-
„gebrauch oder zum Missionszweck geschenkt.“

Am 21. 9. 1888 schreibt Prigge:

„In der Hoffnung, unsere Schulden nach und nach abtragen
„zu können, ohne Land zu verkaufen, wollen wir zu den 600 Acres

„noch 200 Acres geben, damit im Testament darüber keine Unbe=
„stimmtheit bleibt. Eine Schenkungs=Urkunde über die 800 Acres
„kann ich freilich nicht eher ausstellen, als bis der Verband (Hypothek)
„gelöst ist, doch wird das hoffentlich auch nicht nötig sein.“
In der Inventur von 1889 giebt Miss. Prigge unter der
Rubrik: „Grundbesitz a. Eigentum der Mission“, ohne jede Neben=
bemerkung 800 Acres, à 10 sh. an, sowie unter der Rubrik: „der
Mission gehöriges Stationsinventar“: eine Glocke, Abendmahls=
geräte und Altardecke.

Hiernach hat Prigge das Eigentumsrecht der Mission auf
das betr. Grundstück einfach anerkannt. Wenn er sich jetzt zu seiner
Deckung auf die Instruktion zu der Inventur von 1886 beruft,
die vor der Visitation gegeben war, während die oben angeführte
Inventur im Jahre 1889, also nach und in Folge der Visitation
aufgenommen wurde, und zwar mit einer auf die Rückseite der
Inventurbogen gedruckten Instruktion, die keinerlei Beziehung nimmt
zu der früheren Instruktion, — so richtet er sich selbst. —

Im Gebiet der B.=M. hat die Zahl der Stationen sich nicht
vermindert, sondern vermehrt. An Stelle der eingegangenen Station
Krondal trat die alte Station Phalane wieder ein, und die
Station Molote kam zu der Gesamtzahl hinzu. Im Jahre 1867
war die nach ihrer Lage an der Mündung zweier Flüsse gelegene
Station Likallon gegründet, die 1871 Phalane nach dem Volksstamm
der Phalane genannt wurde. Ein Teil der Christen zog später unter
Joseph, dem christlichen Sohn des Königs Ramakoke, nach
Krondal, wo sie sich einen Platz kauften. Da sie diesen jedoch nicht
halten konnten, verkauften sie ihn wiederum an deutsche Kolonisten.
So entstand dort eine deutsche Gemeinde, die vorläufig noch von
dem Missionar der benachbarten Station Rustenburg geistlich versorgt
wird. Das Volk zog wieder nach Phalane zurück. Zunächst wurde
die dortige Christengemeinde von Kana und Rustenburg aus bedient,
bis 1897 Miss. Bodenstab dort angestellt wurde und an der alten
Stelle eine neue Station errichtete. Im Jahre 1895 wurde in
Molote durch Miss. H. Gevers eine neue Station angelegt, um
den vielen westlich von Johannesburg auf dem Hochfelde wohnenden
Betschuanen das Evangelium zu verkündigen und eine Stätte der

Sammlung zu einer christlichen Gemeinde zu leiten. Im Übrigen sind die Stationen jenes Gebietes dieselben wie früher.

Hinsichtlich der Außenstationen oder Filiale sowie hinsichtlich der Predigtplätze jedoch ist auf beiden Missionsgebieten ein großer Zuwachs zu verzeichnen. Es würde zu weit führen, wollten wir die einzelnen nach ihrer Lage und Entwickelung genauer beschreiben. Die am Schluß zu gebende statistische Übersicht giebt hinreichende Auskunft darüber. Hier sei nur bemerkt, daß in der S.-M. aus 14 Filialen 33 und aus 21 Predigtplätzen 80 geworden sind. Und in der B.-M. sind die 18 Filiale zu 62 und die 23 Predigtplätze zu 42 angewachsen, so daß in unserer afrikanischen Mission insgesamt während des letzten Jahrzehnts zu den bestehenden 32 Filialen 63 und zu den 44 Predigtplätzen 78 hinzugekommen sind und wir $33 + 62 = 95$ Außenstationen und $80 + 42 = 122$ Predigtplätze besitzen, auf denen überall das Evangelium von den Missionaren und ihren Gehülfen verkündigt wird. Dem entsprechend hat denn auch die Zahl der kirchlichen Gebäude im hohem Maße zugenommen. Hatten wir 1888 in der S.-M. 16 Kirchen und 8 Schulen und in der B.-M. 22 Kirchen und 16 Schulen, so sind's in der ersteren jetzt 30 Kirchen und 23 Schulen, in der B.-M. aber 59 Kirchen und 55 Schulen. Die Gesamtzahl der Missionsstationen ist die gleiche geblieben, die Zahl der Außenstationen, der Predigtplätze und der Kirchen hat sich überreichlich verdoppelt und die der Schulen verdreifacht. Es hat sich eine großartige Bauthätigkeit entfaltet und sind außer den vielen Schulhäusern und dem neuen stattlichen Seminargebäude in Ehlanzeni, teils neue, geräumige, schöne Kirchen gebaut, teils die früheren bedeutend vergrößert worden, in der S.-M. in Emtombeni, Roodsbergroad, Neuenkirchen, Nazareth, Bethel, Ekuhlengeni, Entombe und Lüneburg, in der B.-M. in Bethanie, Hebron, Mosetla, auf dem Filial von Berseba in Bethlehem, in Kana, Saron, Sigar, Ramaliane, Polfontein, Harmshope und Limao. Einige dieser Bauten sind herrliche große Kirchen mit stattlichen Türmen und reicher innerer Ausstattung. Die Mittel dazu sind sämtlich von den Gemeinden aufgebracht; es ist aus der Missions- kasse auch nicht ein Pfennig dazu gegeben worden. In einzelnen Fällen haben Freunde der Missionare in der Heimat wohl Beiträge

3

dazu gegeben und hie und da ist für eine Glocke oder für Altar=
geräte gesammelt. Der Altarschmuck ist in reicher Weise von
Missionsfreundinnen in der Heimat beschafft worden. Wundervolle
Altardecken und Antependien, Kanzeldecken, Decken über den Taufstein,
Belums für den Gebrauch beim heiligen Abendmahl u. dergl. sind
von denselben gearbeitet und hinübergesandt worden, so daß manche
unserer Missionskirchen jetzt reicher und würdiger geschmückt ist zu
Gottes Ehren als viele Kirchen in Deutschland. Das hat die
christliche Liebe für sie gethan. Aber es ist wahr, Großes haben
auch sie selber geleistet und sie haben für ihr Kirchen= und Schul=
wesen mehr gethan, als die deutsche Christenheit im großen und
ganzen thut, und sie haben es willig gethan. Es ist ihnen eine
Ehre und eine Freude gewesen, dem Namen ihres Gottes ein Haus
zu bauen. Sie haben mit ihren Händen gearbeitet und die Missionare
haben's ihnen vielfach vorangethan. Alle Männer und Frauen,
Jünglinge und Jungfrauen, ja die Kinder haben geholfen. Und
um das Geld aufzubringen, sind die Männer auf die Goldfelder
gegangen und haben's dort verdient. Häufig haben auch die Könige der
Stämme sich sehr verdient um den Bau gemacht. Was aber die
Missionare dabei für Sorge, für Mühe, für Arbeit gehabt haben,
ist nicht zu beschreiben. Dafür haben sie dann nachher auch eine
unbeschreibliche Freude daran gehabt, und die Kirchenfeste sind für
sie wie für ihre Gemeinden rechte Jubelfeste gewesen.

Mehrere solcher Feste sind im Missionsblatt ausführlich be=
schrieben worden. An dem in Bethanie am 18. Mai 1892 nahm
der höchste Beamte der Südafrikanischen Republik über die Ein=
gebornen, der durch seine Kriege und Siege bekannte General Piet
Joubert, teil. Derselbe hielt vor dem Hauptportal der Kirche eine
Ansprache, welche ein köstliches Zeugnis für die Arbeit und für die
Erfolge der Mission unter den Betschuanen ist. Er sagte in holländischer
Sprache etwa Folgendes:

„Ich bin aufgefordert zu reden, weiß aber vor Verwunderung
kaum, was ich sagen soll. Ich bin eingeladen zu eurer Kirchweih,
aber ich hatte es mir nicht so vorgestellt, wie ich es hier finde.
Eine solch große und schöne Kirche, eine so große Gemeinde und so
viel Volk, das willig ist, Gottes Wort zu hören, das geht ganz

über meine Vorstellung. Etwa vor 40 Jahren war ich als junger
Mensch einmal in dieser Gegend auf Jagd; damals war hier eine
Wüstenei, und die wenigen Menschen, die hier wohnten, waren noch
sehr wild. Wenn mir damals jemand gesagt hätte: Nach 40 Jahren
wirst du hier eine große Christengemeinde finden und eine große
schöne Kirche einweihen helfen — dann hätte ich ihm geantwortet:
Geh mit deiner Prophezeiung, das ist ja gar keine Möglichkeit.
Und siehe, das Unmögliche hat Gott möglich gemacht, o ein wunder=
barer Gott! Hier stehe ich nun vor dieser schönen Kirche und vor
einem großen Volk, welches Gottes Wort hört und glaubt, und freue
mich sehr, und ich preise Gott über das alles. Und wahrlich, euer
alter Lehrer und Prediger, den Gott so reichlich gesegnet hat, und
der es nun noch erleben darf, daß er in dieser Kirche predigen kann,
hat alle Ursache, dem Herrn mit Freuden zu danken. Bedenket aber
auch ihr es, ihr Glieder dieser Gemeinde, die ihr vor kurzem noch
wild und dumm waret, was der HErr an euch gethan hat. Er
hat euch aus der Finsternis des Heidentums errettet, ihr habt nun
das Licht des Wortes Gottes, könnt es hören und lesen, könnt euch
schöne Häuser bauen und könnt euch gut und anständig kleiden.
Das hat der HErr gethan; seid Ihm darum dankbar und habt Ihn
lieb und gehorchet auch euren Lehrern und folget ihnen. Gott zu
Ehren habt ihr einen Tempel gebaut. Laßt euer Herz den rechten
Tempel sein, daß der HErr bei euch und in euch wohnen könne,
damit ihr möget selig werden."

Unter den Missionaren haben wir in dem verflossenen Jahrzehnt
einen starken Abgang zu verzeichnen, im ganzen 22, wenn ich den
Lehrer Goltermann in Hermannsburg, der in unsern Missions=
dienst getreten war, mitrechne. Von diesen 22 kommt auf jedes
Missionsgebiet die Hälfte.

In der S.=M. starben die Missionare:

Jes Nikolai Hansen in Hermannsburg am 27. März 1893,
Friedrich Volker in Ekuhlengeni am 3. Mai 1893,
Wilh. Drewes in Endhlovini am 13. April 1894,
Heinrich Holste in Alt=Müden am 23. Dezember 1895,
Heinrich Hörmann in Emtombeni am 15. Februar 1897,
und der Lehrer Goltermann in Hermannsburg am 10. Jan. 1897.

3*

In der B.-M. die Missionare:

Heinr. Christoph Schulenburg in Harmshope am 24. Mai 1891,
Superintendent Chr. Penzhorn in Saron am 30. Novbr. 1895,
Friedrich Misselhorn in Potuane am 11. Mai 1897,
Heinrich Lüneburg in Mosetla am 13. Mai 1897,
Wilhelm Springhorn in Pella am 10. Juni 1897,
August Lohann in Emmaus am 13. Juli 1897.

Auch viele der Missionarsfrauen sind in der verflossenen Periode heimgegangen; so in der S.-M. die Frauen der Missionare Kohrs in Etembeni, Engelbrecht in Ekombela, Stallbom in Bethel, Holst in Alt-Müden und Kück in Empangweni und die Witwen der Missionare Fröhling, Hansen und Hohls in Hermannsburg; und in der B.-M. die Frauen der Missionare: Zimmermann in Rustenburg, Behrens sen. in Bethanie, Peters in Jericho, Springhorn in Pella und Hansen in Emmaus.

Ausgetreten sind, wie früher schon erwähnt, anläßlich des kirchlichen Kampfes die deutschen Pastoren: Oltmann in Neu-Hannover, Stielau in Kirchdorf, Johannes in Bergen, Gevers in Lüneburg, der Miss. Prigge, der zugleich Vorsteher des Pongolo-Kreises war, und der Miss. Cassier zu Bethel.

Die beiden alten Brüder Christoph Backeberg in Berseba und Ferdinand Zimmermann in Rustenburg baten um ihre Pensionierung, da sie ihren Dienst nicht mehr recht versehen zu können meinten. Sie gehörten zu den ältesten unserer Brüder, zu der zweiten Aussendung, und waren mit den verstorbenen Brüdern Schröder und Schulenburg die ersten, welche im Jahre 1857 zu den Betschuanen kamen, und die Anfänger unserer gesegneten B.-M. Br. Backeberg hatte in Mosetla schwere Jahre und dann in Berseba eine günstigere Zeit durchlebt und war nun durch den Tod seiner Frau einsam und durch eine schwere Krankheit recht leidend geworden, so daß er seinen Dienst nicht mehr versehen konnte; er zog nach Kroondal. Br. Zimmermann hatte die Station Linokana und dann die Station Rustenburg gegründet, wo er gegen dreißig Jahre gewirkt hat. Als es auch für ihn durch den Heimgang seiner Frau einsam wurde im Leben und Schwerhörigkeit ihn in der Ausführung seines Berufes hinderte, ging auch er in Pension und lebt gegenwärtig in seiner Vaterstadt Leipzig. Miss. Teichmann in Polonia, der größere Neigung zum ärztlichen Beruf hatte, verließ unsere Mission und Miss. Heinrich Backeberg der jüngere, ein Neffe unsers oben erwähnten Veteranen, mußte die Station Berseba verlassen, da er, obschon er selbst seine Versetzung beantragt hatte und seine Vorgesetzten dieselben als notwendig erkannten, derselben nachher doch nicht Folge leisten wollte. In seine Stellung trat für kurze Zeit der früher schon ausgetretene Miss. Wurth ein, konnte sich jedoch nicht wieder einleben. Dann wurde Miss. Schepmann, der bis dahin das dortige Lehrerseminar geleitet hatte, Stations= Missionar und ein Miss. Baier, der sich unserer Mission anschloß, wurde am Seminar angestellt. Da er sich jedoch in unsere Ordnung und Weise nicht finden konnte und für den Posten sich nicht eignete, verließ er Berseba und unsere Mission schon wieder im Jahre 1896, nachdem er kaum in derselben bekannt geworden war.

Für die 22 Brüder, die wir verloren hatten, traten 18 junge Brüder wieder ein und zwar in die S.=M.:

1890 Heinrich Wiese,
1891 Johann Drögemöller,
1892 Heinrich Schulenburg,
1896 Heinrich Dehning,
1897 Wilhelm Schulze,
1898 Wilhelm v. Fintel und Karl Ohlhoff.

Von diesen 7 sind 5 Pastoren an deutschen Gemeinden geworden und zwar Wiese in Neuenkirchen, Drögemöller in Neu=Hannover, Schulenburg in Lüneburg, Dehning in Müden und Ohlhoff in dem neugegründeten Lilienthal. Schulze ist nach Hermannsburg und v. Fintel nach Empangweni gesandt.

In die B.=M. kamen:

1895 Heinrich Gevers, der 1892 nach Natal gesandt war und dann zur Gründung der neuen Station Molote nach Transvaal versetzt wurde,
1892 Friedrich Misselhorn, 1897 in Potoane verstorben,
1892 Ernst Penzhorn, Missionar in Saron,
1895 Ferdinand Jensen, Missionar in Limao,
1896 Theodor Bodenstab, Missionar in Phalane,

1896 Heinrich Meyer, Seminarlehrer in Berseba,
1898 Heinrich Behrens, Missionar in Mosetla,
    Johann Niebuhr, Missionar in Potvane,
    Wilhelm Schulenburg, Missionar in Bethel,
    Heinrich Richert, zweiter Missionar in Emmaus,
    Christian Holdt, Lehrer in Morgensonne.

So befinden sich gegenwärtig in der S.-M. 25 Missionare, von denen 7 Pastoren an deutschen Gemeinden sind und 3 solche Gemeinden im Nebenamte mit versorgen; das letztere ist in der B.-M. nur bei 2 Stationen der Fall, es sind dort 29 Missionare, so daß wir insgesamt in Afrika 54 Missionare haben, von denen 7 ihren Unterhalt durch deutsche Gemeinden empfangen. Außerdem sind in Hermannsburg noch 2 Weiße als Lehrer und in Ehlanzeni ein solcher als Gehülfe in der Verwaltung des Platzes angestellt. Eine große Schar von eingebornen Gehülfen steht den Missionaren zur Seite. Da sind zunächst die Lehrer und Katecheten, welche von der Mission zum größten Teil in den Lehrerseminaren zu Ehlanzeni und Berseba ausgebildet sind. Dieselben sind berufsmäßig angestellt und erhalten für ihren Dienst eine feste Besoldung, die in Wohnung, Gartenland und einem baren Gehalt besteht. Dieser wird meistens von den Gemeinden selber aufgebracht. Doch giebt in Natal die Regierung einen Beitrag (grant) für die Schule, wenn die von derselben gestellten Bedingungen hinsichtlich des Unterrichts und der Erziehung erfüllt werden. Die Höhe desselben richtet sich nach den Leistungen, welche alljährlich in Gegenwart des Schulinspektors der Regierung durch eine Prüfung festgestellt werden. Diese Bedingungen sind im wesentlichen dieselben wie früher. Einige Lehrer sind auch von den Missionaren selber für ihren Beruf vorgebildet worden. Die Zahl der ausgebildeten ordentlich angestellten Lehrer und Katecheten ist in der S.-M. von 16 auf 38, in der B.-M. von 31 auf 85 gestiegen. Zu Pastoren ausgebildet und als solche ordiniert und angestellt sind bis jetzt in unserer Mission noch keine. Gewiß ist dieses Ziel bei einer Volkskirche in's Auge zu fassen. Indes ist dabei große Vorsicht und Zurückhaltung geboten. Und lieber komme man damit etwas zu spät als zu früh. Die üblen Erfahrungen anderer Missionen, in denen man zu früh mit der Ordination eingeborener Lehrer vorgegangen war, sind eine Warnung für uns gewesen. Das heilige Predigtamt ist eine zu hohe, verantwortungsvolle Sache, daß man in der Übertragung desselben mit großem Ernst und viel Weisheit verfahren muß. Es würde gewiß ein Fehler sein, Männer ohne spezielle Vorbildung, nur sozusagen als Lohn für ihre Berufstreue die Ordination zum Predigtamt zu erteilen, ebenso wie es ein Fehler sein würde, die Offiziere aus dem Kreise der Unteroffiziere zu nehmen, was nur in Kriegszeiten um der Not willen ausnahmsweise geschehen mag. Wir werden deshalb für die Heranbildung eines eingebornen Pastorenstandes besondere Predigerseminare errichten. Aber auch damit wollen wir warten, bis das Christentum das Gemeindeleben mehr und mehr durchdrungen und seine Sauerteigskraft an demselben bewährt hat, bis wir befestigte und bewährte Gemeinden haben, deren christlicher Bildungsstand auf eine solche Stufe erhoben ist, daß durch die Erhebung etlicher Stammesgenossen in den Pastorenstand keine Kluft zwischen ihnen und den Gemeinden geschaffen wird. Vorläufig beschäftigen wir die eingebornen Gehülfen nach wie vor nicht nur als Lehrer in der Schule, sondern wir ziehen sie mit gutem Erfolg auch bei der Heidenpredigt heran. In der S.-M. haben wir außer jenen noch 22 und in der B.-M. 19 freiwillige Gehülfen, die unbesoldet sind und aus freier Liebe dem Missionar meistens in der Evangelisation zu Hülfe kommen.

Ein tüchtiges Hülfskorps sind in anderer Weise die Kirchenvorsteher, deren Zahl in der S.-M. von 22 auf 37, in der B.-M. von 99 auf 215 gestiegen ist. Diese bedeutende Zunahme muß zunächst überraschen, da doch die Zahl der Stationen nur um eine vermehrt ist. Dieselbe hängt mit der Zunahme der Außenstationen zusammen. Dort sind fast überall Kirchenvorsteher eingesetzt worden, wie sie denn dort von noch größerer Bedeutung sind als auf den Stationen selbst. Da die Filiale von diesen meistens sehr weit entfernt sind, bedürfen sie um so mehr zuverlässiger Persönlichkeiten zur Überwachung und Leitung der Gemeinden, wie auch zur geistlichen Bedienung derselben. Und über unsere Kirchenvorsteher können wir das Urteil nur festhalten, welches wir in der Denkschrift ausgesprochen haben. Unsere Erfahrungen sind jetzt nach zehn Jahren noch die gleichen. Diese Männer sind die besten Gehülfen des

Missionars in der Gemeindearbeit. Sie helfen ihm in der Über=
wachung und Bewahrung der Katechumenen, der Jugend und der
ganzen Gemeinde, in der Leitung und Erziehung derselben, in der
Armen= und Krankenpflege, wie bei allen äußerlichen Verwaltungs=
Angelegenheiten, Bausachen, Rechnungssachen u. dergl. und während
die Lehrer und die freiwilligen Gehülfen bei der Heidenpredigt
beschäftigt werden, so sind die Kirchenvorsteher eine große Hülfe
bei Abhaltung der kirchlichen Gottesdienste, sonderlich auf den
Filialen, wozu viele von ihnen gut imstande sind. Auch die
Beerdigungen werden dort häufig von ihnen gehalten, da der Missionar
meistens nicht so schnell herbeizuschaffen ist. Der erfahrene Miss.
Hansen, früher in Polfontein, jetzt Superintendent in Emmaus,
schrieb vor einigen Jahren: „Die treuen Kirchenvorsteher sind ein
wirklicher Segen und eine gute Hülfe. Man kann mit ihnen alle
Angelegenheiten eingehend besprechen und beraten. Der Kirchen=
vorsteher Motlaile Mosebi z. B. ist ein tüchtiger Mann von tiefer
christlicher Erkenntnis, sehr besonnen und zuverlässig in seinen
Handlungen, so daß er alles gut im Gleise halten kann." Es
giebt natürlich auch da Unkraut unter dem Weizen; denn der Feind
schlummert nicht. Doch kommen grobe Sündenfälle unter den
Lehrern verhältnismäßig häufiger vor als unter jenen. Das hat
seinen Grund vor allem darin, daß diese meist ältere Christen sind,
welche Ansehn und Vertrauen in der Gemeinde haben und bewährt
in ihrem Glauben und Wandel sind, während die Lehrer nach
der Seminarzeit jung und unerfahren ins Amt kommen. Im
Seminar haben sie mehr gelernt als ihre Volksgenossen. So sind
sie sehr in der Gefahr überschätzt zu werden und sich selber zu
überheben. Das benutzt der Versucher, steigert den Hochmut, wiegt
sie in Sicherheit und bringt sie oft durch Fleischessünden zu Fall.
Die Lehrer bedürfen deshalb stets unserer besonderen Beachtung,
Bewahrung, Leitung und Fürbitte. Doch giebt es auch unter
ihnen viele bewährte, tüchtige, christliche Charaktere, die eine Gottes
Gabe für die Mission und eine Herzensfreude für die Missionare
sind. Und neben der Fürbitte soll auch der innige Dank für solche
Gehülfen in der von Jahr zu Jahr wachsenden Arbeit nicht fehlen.
Denn es haben wohl die Arbeitskräfte zugenommen, so daß wir

ihrer mehr als doppelt so viel haben, aber die Arbeit ist noch weit mehr gewachsen, so daß die Arbeitskräfte nicht genügend sind. Es ist denn auch wohl geklagt, ja uns ein Vorwurf daraus gemacht worden, als ob nicht genug von seiten unserer Mission geschehe. Und gewiß müssen und wollen wir thun, was in unsern Kräften steht, müssen auch noch viel mehr thun. Aber die Missionsgemeinde muß uns dazu die Hände füllen. Je mehr sie uns giebt, desto mehr können wir leisten. Jedoch bitte ich noch einmal auf die bedeutende Vermehrung der Hülfsarbeiter in dem verflossenen Jahrzehnt zurück zu blicken. Darnach dürfte ein Vorwurf kaum berechtigt sein.

Hinsichtlich der Arbeit an den Heiden stehen wir unter den Betschuanen schon länger, aber auch unter den Sulu seit einigen Jahren in der Periode, daß wir das göttliche Verheißungswort in Erfüllung gehen sehen, nach welchem die Heiden gen Zion kommen, nachdem sie die Macht und Herrlichkeit des HErrn erkannt haben sowohl in den Gerichten über die Heiden als in den Gnadenerweisungen an Seinem Volk. Zur Demütigung der Heiden hat der HErr Krieg und Eroberung, Dürre und Heuschrecken, Teurung und Hunger und die verheerende Pest unter dem Vieh und unter den Menschen gebraucht und hat sie die Glut Seines Zornes und die Macht Seines Armes schmerzlich fühlen lassen. Da haben sie sich an ihre Götter gewandt und die Zauberer, die Regenmacher, die bis dahin einen großen, ja alles beherrschenden Einfluß ausübten, sind erbärmlich zu schanden geworden. Ja, viele dieser betrogenen Betrüger sind selbst gekommen und haben, nachdem ihnen die Augen aufgegangen waren, verworfen, was sie vorher verkündigt, und angenommen, was sie verworfen und bekämpft hatten. Die Heiden haben die Nichtigkeit ihrer Götter, die Ohnmächtigkeit ihrer Amahlozi oder Balimo, der Geister ihrer Verstorbenen, sonderlich der großen Könige, vor denen sie sich doch so sehr fürchteten, erkannt. Die Finsternis muß weichen vor dem hellen Sonnenglanz der göttlichen Wahrheit. Es werden ihrer immer weniger, die noch an die Religion ihrer Väter glauben, und auch bei diesen ist es nicht ein wirkliches Fürwahrhalten, sondern der Unglaube dem Evangelio gegenüber und die alte Lust zur Sünde, die Liebe zum Heidentum; sie lieben die Finsternis mehr denn das Licht.

Die Ausbreitung des Christentums wurde vor allem aufgehalten durch die Macht der heidnischen Häuptlinge, durch die Zauberdoktoren, durch die Polygamie, durch den Frauenkauf und durch die Beschneidung: Das waren die Burgen des südafrikanischen Heidentums, hinter welchen es sich verschanzte und ein zähes Leben führte. Die Macht der Häuptlinge ist gebrochen; haben sie auch bei ihren Stämmen noch viel Ansehn und Einfluß, so ist ihre Macht doch dahin und sie besitzen bei Licht besehen nur noch ein Scheinkönigtum. Die Zauberdoktoren sind den großen Plagen gegenüber als ohnmächtig erwiesen. Der Frauenkauf ist durch das fast allgemeine Viehsterben sehr eingeschränkt und dadurch ist auch die Polygamie nicht mehr so allgemein haltbar, denn es fehlt an Vieh, um sich viele Weiber zu kaufen. Und auch die Sitte der Beschneidung ist mit dem Sinken der Königsmacht und mit dem Rückgang des Heidentums mehr und mehr hinfällig geworden. Und die Praxis unserer Mission ist durch die Geschichte gerechtfertigt worden. Unsere Missionare haben die Beschneidung niemals als eine nur mit Mißbildung verbundene Volkssitte angesehen, die man reinigen und nach der Reinigung erhalten könne. Sie erkannten darin vielmehr eine mit dem gesamten heidnischen Leben durch und durch verwachsene Unsitte, eine mit schändlichen geheimen Sünden und mit religiösen Bräuchen verbundene Handlung; sie war nach ihrer Auffassung — und sie haben Jahrzehnte lang so recht mitten unter dem Volk gelebt — die alles Schamgefühl, alle Keuschheit und Zucht ertötende Weihe zum vollen Genuß des fleischlichen Lebens, so daß sie nach unserer Überzeugung in keiner Weise mit dem Christentum vereinbar war. Die Anschauung und Stellung der Brüdergemeinde, der Berliner Mission und der Pariser Bassuto-Mission, die mit uns unter jenem Völkern arbeiten, ist allezeit die gleiche gewesen. Unsere Christengemeinden würden es auch durchaus nicht verstanden haben, hätte unsere Mission die Beschneidung dulden wollen. Und die Heiden, sonderlich die Könige, würden darin eine Konzession an das Heidentum und eine Schwäche erblickt haben. Durch die Beschneidung und die damit verbundene Pflege der Fleischeslust halten sie die Jugend im Heidentum fest. So haben sie denn auch mehrfach die Beschneidung bewußt und absichtlich zum Kampf gegen das sich unaufhaltsam ausbreitende Christentum gebraucht und durch eine ostentative Abhaltung der Beschneidung das Heidentum wieder zu beleben gesucht. Aber „es gleicht dem Röcheln eines Sterbenden" — hatte ein alter treuer Christ seinem Missionar zum Trost gesagt, als dieser betrübt darüber war, daß die Beschneidung nach jahrelanger Stille wieder gehalten wurde.

Unsere Missionare, die sehr wohl Verständnis für die Bedeutung der Sitte im Volksleben haben, sind keine Theoretiker, sondern Söhne des Volkes und zwar des deutschen Volkes und zum größten Teil vom niedersächsischen Stamme, bei dem zu aller Zeit, bis auf den heutigen Tag die Sitte mehr gegolten als geschriebene Gesetze, und sind Geisteskinder des großen Volksmannes Ludwig Harms, der die Sitte so liebte und pflegte, — und doch haben sie sich durchweg ablehnend gegen jene heidnische Unsitte verhalten und haben in dem schweren Kampf den Sieg errungen. Das Heidentum wankt und stürzt, die Nebel fliehen, die Todesschatten weichen, im Sululande, wo sie am dichtesten und am meisten niederdrückend waren, langsamer, aber in von Jahr zu Jahr zunehmendem Tempo; bei den Betschuanen aber ist der Wind hineingefahren und man sieht sie eilend fliehn.

Unsere Missionare setzen ihre alte Weise der Missionsarbeit fort. Nun ist ihnen durch das Entgegenkommen der Heiden die Ausbreitung des Evangeliums erleichtert worden. Sie haben um die Stationen her, wie oben gezeigt ist, häufig Außenstationen mit Kapellen oder auch Schullokalen, die zum Gottesdienst benutzt werden, und außerdem hie und da Predigtplätze. Das sind durch die Predigt des Evangeliums sämtlich Quellpunkte des neuen Lebens und Sammelstätten für heilsbegierige Seelen. Dort predigen sie selber oder ihre Gehülfen, nach der Gabe, die einem jeden gegeben ist. Und daß sie zurückgewiesen werden, wenn sie ausgehen, kommt jetzt weit seltener vor als früher. Ja, oft werden sie verlangt, wo man ihnen früher das Predigen verbot. Besonders erfreulich ist das gerade jetzt im Sululande. Dort hat der oben erwähnte junge König Dinisulu nach seiner Rückkehr aus der Gefangenschaft unseren Missionar Stallbom, der seinem Vater schon das Evangelium, leider vergeblich, verkündigt hat, gebeten, dasselbe ihm und seinem

Volke zu predigen und ihnen einen Lehrer zu geben. Br. Stallbom hat denn auch auf dem großen Königskraal schon mehrfach von dem HErrn JEsu zeugen und hat den tüchtigen und treuen Lehrer Jeremias dort stationieren dürfen. Das ist ein Großes vor unseren Augen und wird voraussichtlich von tiefgehendem und weit= reichendem Einfluß unter den Sulus sein. Das Feld wird nun weiß zur Ernte und die lange Jahre so mühsam ausgestreute Saat wird reif. Dann wird das Wachstum auch dort rascher gehen und wir können die Zeit absehen, in welcher auch die Sulu zu einem christlichen Volke geworden sein werden, wie es bei den Betschuanen in wenigen Jahrzehnten der Fall sein wird. Denn bei diesen kommen die Heiden in so großen Scharen zur Taufe, daß manche Stämme schon über die Hälfte christlich geworden sind, sonderlich die Bakuena. Es giebt im Rustenburger Bezirk Dörfer, in denen nur noch einige alte Leute als vereinzelte Ruinen des Heidentums vorhanden sind. Alle übrigen Einwohner sind bereits christlich geworden. Besonders ist es die Jugend, die in Scharen herbeiströmt. Diese ist bereits unter dem Eindruck des verfallenden Heidentums und mit dem Blick auf das frischgrüne christliche Saat= feld aufgewachsen. Viele unter den Alten, sonderlich in der Betschuanen= welt, lassen sie gehen in dem Bewußtsein: es kommt eine neue Zeit und das Alte sinkt dahin, wir können den Strom nicht aufhalten; so mögen denn die Kinder Christen werden, wir aber wollen Heiden bleiben. Oder wenn der Missionar in sie dringt mit ernster Mah= nung, die Gnadenzeit nicht zu versäumen, so antworten sie: Wir mögen wohl auch noch kommen. Ja, was vor einem Jahrzehnt in Natal und Sululand noch allgemein üblich und die Klage fast aller Missionare war, daß die Eltern, sonderlich die Väter die Kinder gewaltsam zurückhielten, oder wenn diese auf die Missionsstation gelaufen waren, um dort zu lernen, sie verfolgten und mit roher Gewalt zurückholten, das kommt jetzt zwar auch noch, aber nicht mehr so häufig vor. Und wie auch im leiblichen Leben die Jugend oft die Führerin des Alters wird, so sind geistlicher Weise die alten Heiden oft von ihren Kindern zu dem HErrn geführt worden und die Herzen der Väter bekehret zu ihren Kindern. Die Zahl derer, die bis zum Tode im Heidentum beharren, wird immer

geringer. Viele begehren noch auf ihrem Krankenlager die heilige
Taufe. Inwieweit dann eine Herzensbekehrung wirklich damit ver=
bunden ist, wer kann das beurteilen? Das ist aber gewiß, daß
noch mancher arme Heide in elfter Stunde zu Gnaden kommt und
in das Paradies eingeht wie der alte Chaketsi in Saron, der
auch gerade das als Sünde erkannte und bereute, daß er nicht eher
gekommen sei und die Bekehrung so lange aufgeschoben habe.

Wenn nun so die Menge sich herandrängt, entsteht die große
Gefahr, daß viele mitlaufen, ohne daß es ihnen ein rechter Ernst ist.
Es treibt sie nicht der Sündenschmerz und das Heilsverlangen und
ist keine aufrichtige Buße da in den Herzen. Unsere Mission hat
diese Gefahr im Auge, wie wir aus dem Bericht des alten erfahrenen
Missionars W. Behrens in Bethanie sehen. „Bei den Massen=
taufen ist große Vorsicht zu gebrauchen, daß die Sache nicht verflacht
wird und man dann schließlich die Perlen vor die Säue wirft
und das Heiligtum den Hunden giebt. Es ist wohl schwer, eine
Gemeinde aus den Heiden zu sammeln, aber noch schwerer ist's,
die gesammelten Gemeinden bei dem HErrn zu erhalten; und das
ist jetzt unsere Hauptaufgabe allhier, da sich das ganze Volk zur
Taufe drängt. Alle wollen Christen werden, und es ist zu erwarten,
daß nach 10--12 Jahren hier kein Heide mehr zu finden ist. Gut!
Das ist's ja, was wir wünschen, wofür wir arbeiten und was wir
vom HErrn erflehen. Aber die Namenchristen sind nichts nütze;
wir wollen gern, daß die Heiden ganze Christen werden mit Leib
und Seele. Das aber ist sehr schwer und erfordert viel Arbeit
und Gebet. Was wir bei dieser schwierigen Arbeit, das ganze
Volk zu christianisieren, besonders beachten müssen, ist das Schulwesen.
Die alten ernsten Christen sterben weg und mit der Jugend wächst
eine neue Generation auf; und ist die nicht fest und treu in Lehre
und Leben als wahrhaft gläubige Christen, dann bekommen wir
mit der Zeit ein neues Heidentum wieder, wie an vielen Stellen
in der alten Christenheit, welches in Mammonsdienst, Putzsucht,
Eitelkeit, Genußsucht und dergl. sich erweist. In das alte thörichte
dumme götzendienerische Heidentum werden unsere Gemeinden nicht
so leicht zurückfallen. Denn die, bei denen sich noch Spuren davon
zeigen, werden jetzt schon einfach ausgelacht, namentlich die Jugend

will solche Dummheiten nicht mehr haben noch glauben. Darum
auf die Jugend haben wir unsere Augen sonderlich zu richten und
unsere Kraft und Arbeit zu verwenden." — Deshalb muß es mit
der Vorbereitung auf die Taufe sehr ernst genommen werden und
das sucht man in unserer Mission jetzt eher noch mehr zu thun
als vor zehn Jahren. Damit ist aber noch nicht genug geschehen.
Noch reichlich so viel kommt auf die Bewahrung und Pflege nach
der Taufe an. Jetzt sind's in einem Jahre mehr als doppelt so
viel in der S.-M., und fast viermal so viel in der B.-M., die
durch die Taufe in Gottes Reich aufgenommen werden. Im letzten
Berichtsjahre sind in der ersteren 611 getauft, von denen 400 Heiden
waren, und in der B.-M. 4794, darunter 2856 aus den Heiden.
Es giebt in der letzteren einzelne Stationen, auf denen in einem
Jahre mehr getauft sind als in der ganzen S.-M. Und doch wie
dankbar sind wir für den Segen, den wir jetzt auch dort haben.
In Natal erreichte Hermannsburg mit 49, in dem alten Sululande
Ekombela mit 74 Heidentaufen die höchste Zahl. Mußten wir in
den statistischen Tabellen bei den Sulustationen früher manchen
Strich verzeichnen, weil keine einzige Seele gewonnen war, so füllen
sich nun die Lücken immer mehr. Und ist es uns eine Wonne,
wenn wir zum ersten Male eine Zahl an solch eine leere Stelle
schreiben können, wie groß wird die Freude des Missionars sein,
wenn er etliche Seelen hat taufen können! Die Sulu waren dem
Reiche Gottes in ihrer Wildheit und Geilheit, in ihrem fleischlichen
Sinn und in ihrem Sulustolz besonders fern, daß wir Br. Schumann
in Emlalazi zustimmen müssen, der's ein Wunder nennt, wenn sie
nur kommen. „Hier — so schreibt er — ist das Wort Gottes
ausgestreut, hat sich als Gottes Wort bewiesen und ist nicht
leer zurückgekommen. Es ist aber für mich jedes Mal ein Wunder,
wenn ein Mensch kommt und lernen will. Denn wenn ich dem
nachdenke, wie viel ich selbst damit zu thun habe, daß ich stehen
bleibe, und mein Stehen nur der Gnade meines Heilandes zu
danken habe, so nimmt es mich doppelt Wunder, wenn sich ein
Mensch aufrafft aus seinen Sünden und selig werden will, und
ich kann den Grund dafür nur in dem lebendigen, kräftigen und
scharfen Worte Gottes finden. Im Laufe dieses Jahres haben sich

mehr zum Unterricht gemeldet als früher." Zu Kana in der B.-M. sind in dem einen Jahre 394 Heiden getauft, in Ramaliane 388, in Saron 290, in Ebenezer 259, in Polonia 203, auf den übrigen Stationen gegen 200 oder 100. In Bethanie sind's 114 Heiden gewesen. Dort nehmen die Heidentaufen schon ab, weil durch Gottes Gnade die Zahl der Christen die der Heiden bereits weit überwiegt.

In dem verflossenen Jahrzehnt haben wir in der S.-M. insgesamt 3767, in der B.-M. 30 992 Seelen taufen dürfen, das sind zusammen 34 709 — für einen so kurzen Zeitraum wahrlich eine reiche Ernte! Dieselben verteilen sich auf die einzelnen Jahre in folgender Weise:

Getaufte in der	S.-M.	B.-M.	insgesamt
1889	286	1401	1687
1890	225	1494	1719
1891	235	1850	2085
1892	213	1860	2073
1893	365	2207	2572
1894	426	3142	3568
1895	409	4127	4536
1896	516	4747	5263
1897	479	5318	5797
1898	611	4794	5405
insgesamt	3767	30 942	34 709

Die innere Erbauung der Gemeinden.

Die Zahl der Gemeindeglieder ist in unserer afrikanischen Mission in dem verflossenen Jahrzehnt bedeutend gewachsen. In der S.-M. ist sie von 1618 auf 4572 und in der B.-M. von 12 359 auf 40 078 gestiegen, ist also in ersterer reichlich zweimal und in letzterer mehr als dreimal so groß geworden. Damals war in der S.-M. Hermannsburg die größte Gemeinde mit 248 Seelen, Müden die zweitgrößte mit 223 Seelen. Über 100 Seelen stark waren nur noch die Gemeinden in Neu-Hannover, Entombe und Ekombela, und in Ehlomohlomo war nur ein Heidenchrist. Nun

aber sind dort 32 Gemeindeglieder; zwischen 100 und 200 Seelen
stark sind die Gemeinden in Emtombeni, Marburg, Hebron und
Neu-Hannover, von welchem die Gemeinden in Roodsbergroad und
Neuenkirchen abgezweigt sind. Diese drei zusammen zählen über
400 Glieder. Zwischen 200 und 300 groß sind Bethel und
Ekuhlengeni, über 300 Empangweni und Ehlanzeni mit seinen
Außenstationen; Ekombela hat 518, Hermannsburg 541, Müden 544
und Entombe 552 Seelen. In der B.-M. aber sind Limao mit
304 und Mococli mit 343 Seelen die kleinsten, zwischen 500 und
1000 Seelen groß sind nur die Stationen Phalane, Potuane,
Melorane, Polfontein, Molote und Polonia; die beiden letzteren
kommen auf nahezu 1000. Zwischen 1000 und 2000 Glieder haben
die Gemeinden in Berseba, Jericho, Linokana, Harmshope, Emmaus,
Pella, Mahanaim und Mannane, letzteres fast 2000. Dann
folgen aufwärts Mosetla mit 2007, Kana 2256, Rustenburg 2408,
Hebron 2497, Ebenezer 2500, Ramaliane 2876, Bethanie 2968
und Saron mit 4513 Seelen.

Bei solchem Wachstum giebt's dann auch der Amtshandlungen
viele. Von den Taufen ist schon früher die Rede gewesen. Die
Zahl der Konfirmanden ist in der S.-M. von 14 auf 44, in der
B.-M. von 126 auf 828 gestiegen. Trauungen waren's in jener
19, jetzt 48, in dieser 80, jetzt 206. Beerdigungen hatten die
Brüder in der S.-M. 27, jetzt 96, in der B.-M. 236, jetzt 1169.
Die Zahl der Kommunikanten ist in der ersteren von 1396 auf
3158, in der letzteren von 9902 auf 19426 angewachsen.

Daß die Arbeit in der Kirche und Gemeinde bei solchem
Wachstum eine außerordentlich schwierige geworden ist, muß jedem
einleuchten. Allein schon die Abhaltung der regelmäßigen Gottesdienste und Amtshandlungen und die Vorbereitung auf die Predigten,
Ansprachen und Katechesen erfordert eine Anspannung aller Kräfte
und ist — zumal in den heißen Sommermonaten — keine geringe
Anstrengung. Es ist ein reiches gottesdienstliches Leben in unserer
Mission, ähnlich dem im alten Hermannsburg. Das Evangelium
und die Predigt über dasselbe ist der Mittelpunkt und die Feier
des heiligen Abendmahles, die regelmäßig gehalten wird, sobald
heilsverlangende Seelen darnach begehren, bildet den Höhepunkt

des Gottesdienstes, und die reiche Liturgie nach der lutherischen Kirchenordnung ist der goldene Rahmen des Bildes. Oder besser: der gesamte Gottesdienst ist ein wohlgegliedertes Ganzes, bei dem ein Stück aus dem andern erwächst und alles in harmonischem Einklang steht zur Gottes Preise. Und jeder Sonntag ist wie ein blütenreicher fruchttragender Baum aus dem Garten Eden, hinein= gepflanzt zu Heil, Trost und Leben in den mit dem Fluch belasteten Acker dieser Welt. Das empfinden auch unsere Gemeinden mit Dankbarkeit; sie freuen sich des Sonntags und halten ihn heilig und in Ehren und beteiligen sich eifrig an dem gottesdienstlichen Leben. Der Kirchenbesuch ist Vormittags ein sehr guter und auch Nachmittags im ganzen erfreulich. Eine Lust ist ihnen der Gesang. Damit derselbe recht gepflegt werden und die Gemeinden auch an der Liturgie aktiv teilnehmen können, ist von den Missionaren beider Gebiete fortwährend verbessernd an den Gesangbüchern gearbeitet worden und hat man dieselben durch den Abdruck der Liturgie bereichert, so daß diese in den Händen der Gemeindeglieder ist. In der S.=M. ist das Incwadi yamakolwa amalutere, d. i. das lutherische Gesangbuch bis auf 150 Lieder vermehrt und 1897 mit der Liturgie und dem Lektionar in achter Auflage herausgegeben. Und in der B.=M. ist das Sione e e opelañ mit 260 Gesängen 1898 ebenfalls in achter Auflage erschienen. Außerdem haben die beiden Missionare Behrens, Vater und Sohn, in Bethanie die Harpe ea Sekolo, ein Liederbuch gleich der kleinen Missionsharfe, 1888 zum ersten Mal mit 112 Liedern herausgegeben und 1892 dasselbe bis auf 214 Lieder erweitert. Zuerst war's einstimmig gesetzt, 1899 ist es vierstimmig für gemischten Chor mit 245 Nummern erschienen. Das ist eine dankenswerte Arbeit gewesen, welche wesentlich zu der Hebung des Gemeindegesanges beiträgt und auch für das Gemeinde= leben, sonderlich für die Erziehung der Jugend von großem Segen ist.

Hinsichtlich des Schulwesens ist auch ein Fortschritt zu verzeichnen. Nicht nur jede Station, auch jede Außenstation hat ihre eigene Schule. Die gesamte Arbeit ist so gewachsen, daß es dem Missionar nur in seltenen Fällen möglich ist, selber den Schulunterricht ganz oder auch nur teilweise zu geben. Auf den meisten Stationen sind daher eingeborene Lehrer angestellt, die ihre Ausbildung zum größten Teil

4

auf den beiden Seminaren zu Ehlanzeni und Verseba empfangen haben. Etliche haben die Missionare sich selbst zugezogen. Die Zahl der Schulen und Schüler hat in dem verflossenen Jahrzehnt zuge= nommen. In der S.=M. besuchten im vergangenen Jahre 712 und in der B.=M. 5374 Kinder die Schule; das ergiebt in ersterer ein Mehr von 186 und in der letzteren ein Mehr von 3449 gegen 1888. Und das ist um so mehr beachtenswert, als die Jahre der Plagen das Schul= leben sehr gestört haben. Sonderlich in der Zeit der Hungersnot sind vielfach die Familien fortgewandert, um in reicheren Gegenden Arbeit und Nahrung zu suchen. Stellenweise sind die Schulen dadurch ganz eingegangen gewesen. Im wesentlichen ist der Schulbetrieb noch der gleiche wie vor zehn Jahren und sind die Leistungen im ganzen zufrieden stellend. Doch hat meines Erachtens unsere Mission alle Ursache, dem Schulwesen eine noch eingehendere Beachtung zu widmen und dasselbe in reicherer Weise zu pflegen und zu fördern.

Unsere Missionare erkennen es, wie wichtig bei dem raschen Wachstum der Gemeinden die Pflege des kirchlichen Lebens ist. Die junge, erst vor kurzem aus den Heiden gewonnene Christenheit ist von vielen und großen Gefahren umgeben. Diese waren auch vor zehn Jahren schon vorhanden und sind in der Denkschrift eingehend von uns besprochen. Dieselben sind jedoch weit größer geworden. Südafrika ist ein Land, in welchem alle Verhältnisse, gute wie schlimme, sich jetzt ganz außerordentlich schnell entwickeln. Die Diamantenfelder Kimberley's und mehr noch die Goldfelder von Johannesburg und andern Orten haben eine Überschwemmung des Landes mit europäischen Einwanderern und mit europäischer Kultur zur Folge gehabt, welche die Entwicklung aller Verhältnisse in ein rasendes Tempo versetzt hat. Arbeit und Verkehr, Handel und Wandel, Verdienst und Gewinn, Reichtum und Genuß, Luxus und Pracht — alles hat in dem letzten Jahrzehnt in einer Weise zuge= nommen, wie Europa das nicht kennt. Und die Kehrseite ist dann auch nicht ausgeblieben: Schaden und Verlust, Trunksucht und Völlerei, Hader und Rauferei, Unzucht und wilde Lust, Diebstahl und Raub, Verarmung und Not und zuletzt oft ein elender Tod. Auf den Goldfeldern ist's wie in einem Strudel; der zieht Tausende von Heiden und leider auch viele Christen hinein in sein wildes

Treiben und reißt sie mit sich fort. Da sind denn auch manche
unserer Getauften zu grunde gegangen. Andere haben sich einen
Schaden an Leib und Seele geholt und mit dem gewonnenen
Verdienst ein Brandmal im Gewissen mit heimgebracht und haben
das unkirchliche, unchristliche Wesen, das sie angenommen, und die
Unsitte, die sie dort gelernt, in ihre Gemeinden zu verpflanzen
gesucht. Namentlich haben die Missionare mit der Ausbreitung
des Luxus und eines leichtfertigen Wandels in unsern Gemeinden
sehr zu kämpfen. Das Beste wäre es ja, wenn man die Heiden=
christen ganz von den Goldfeldern zurückhalten und an ein seßhaftes
Leben gewöhnen könnte. Der Versuch wird auch immer wieder
von unsern Missionaren gemacht. Oft gelingt es, vielfach aber
auch nicht und man muß einsehen, daß es nicht immer möglich ist.
Die Goldfelder bieten die beste Gelegenheit für freilich schwere Arbeit
gutes Geld zu verdienen. Nun müssen die Eingeborenen nicht
geringe Lasten tragen. Die kirchlichen Abgaben zwar sind nicht so
hoch, aber die staatlichen Steuern drücken sie in Transvaal sehr
schwer; dieselben sind gegen die achtziger Jahre um das fünffache
gestiegen. Dazu müssen sie auch für ihre Könige Abgaben leisten,
oft auch Miete an Buren für den Platz, auf dem sie wohnen,
und das Leben macht weit höhere Ansprüche an sie als früher.
Sie können nicht mehr in den dunklen dumpfigen Grashütten der
Heiden wohnen. Die Häuser und ihre Einrichtung, Nahrung und
Kleidung — alles erfordert weit größere Mittel. Die müssen sie
beschaffen. Ihr Vieh ist durch die Rinderpest zum großen Teil
vernichtet, die Produkte ihres Ackerbaues wurden durch Dürre und
Heuschrecken zerstört. Den Leuten blieb oft kein anderer Ausweg,
sie mußten nach den Goldfeldern, um dort Verdienst zu suchen.
Da haben denn unsere Missionare sie zu behüten und zu halten
gesucht auf alle mögliche Weise, und in vielen Fällen ist es ihnen
gelungen. Haben auch manche ihren Lohn wieder durchgebracht
und sind arm oder auch garnicht wiedergekommen, andere haben
reichen Verdienst mit nach Hause gebracht oder haben bei längerer
Abwesenheit denselben an ihren Missionar zur Versorgung der Ihrigen
gesandt. So berichtete z. B. Miss. Müller, damals in Limao,
daß in dem Notjahr 1897 die abwesenden Gemeindeglieder mehr

4*

als 2000 Mark an ihn geschickt hätten. So haben denn auch
unsere Christen die Zeiten der großen Not weit besser überstehen
können als die Heiden. Und je mehr es uns gelingt, unsere
Gemeindeglieder zu angesessenen kleinen Grundbesitzern zu machen,
desto mehr wird ihr Wohlstand wachsen und damit auch ihre
gesamte Lage und ihre soziale Stellung sich verbessern. Das Ziel
hat unsere Mission von Anfang an im Auge gehabt und unsere
Missionare haben's nicht außer acht gelassen. Um es zu erreichen,
muß die Mission Grundbesitz haben. Es erscheint uns deshalb
wichtig, den Grundbesitz in geeigneter Lage eher noch zu vermehren
als zu vermindern. Und schien es uns vor zehn Jahren besser zu
sein, z. B. auch die Station Bethel im Sululande gleich Emyati
zu veräußern (vgl. Seite 30), so möchten wir jetzt die Beibehaltung
derselben befürworten, zumal die Aussichten zu einer Bekehrung
des Suluvolkes immer günstiger werden und von allen unsern
Stationen Bethel dem großen Königskraal am nächsten liegt.

Hat unsere Mission eigenen Grundbesitz in größerem Maßstabe,
so ist sie im stande, die Heidenchristen anzusiedeln und dann ist der
durch die so rasch zunehmende Europäisierung Südafrikas stark
gefährdete Bestand der Gemeinden wie ihre gesunde Entwickelung
eine mehr gesicherte. Die Christen können dann zunächst Pächter
und später, sobald sie dazu im stande sind, An= oder vielmehr
Abbauer von dem Stationsgrund werden. Um sie dahin zu bringen,
müssen sie ernstlich zur Arbeit angehalten und erzogen werden.
Dabei gedenken wir der Bewegung, welche jene bekannte Anklage
des Afrikaforschers v. Wißmann gegen den Betrieb der evangelischen
Mission in Deutschland hervorrief und seine Befürwortung der
katholischen Missionspraxis. Dieselbe fällt hinein in das verflossene
Jahrzehnt und ist seiner Zeit von verschiedenen Seiten, sonderlich von
D. Warneck gründlich widerlegt worden. Indem Wißmann betonte,
bei den afrikanischen Völkerschaften müsse der bekannte Satz: bete
und arbeite — umgekehrt werden in den: erst arbeite und dann bete,
wobei das letztere nicht einmal als das zweite, dem Arbeiten gleich=
stehende, sondern nur als ein Anhängsel erschien, machte er der
evangelischen Mission den Vorwurf, daß sie die Völker nicht arbeiten
lehre, was bei der römischen Mission in anerkennenswerter Weise

der Fall sei. Das Gegenteil aber ist erwiesen. Von einer Erziehung
der Völker zur Arbeit kann bei den römischen Missionen in Afrika
nur wenig die Rede sein, dagegen finden wir eine solche in hervor-
ragendem Maße bei den evangelischen Missionen. Will man das
kennen lernen, so beobachte man das Leben nicht auf dieser oder
jener einzelnen Paradestation, sondern auf allen Missionsstationen
in Südafrika; und die dort geübte Praxis wird überall von den
deutschen evangelischen Missionen befolgt, denn sie ist nicht eine in
Südafrika zufällige, sondern eine grundsätzliche. So ist es denn
auch in unsern Gemeinden hin und her in Natal und Sululand,
in Transvaal und Betschuanaland. Gewiß, bekehrt sollen die Heiden
werden, das ist das erste, das ist und bleibt die Hauptsache, denn
das ist unser eigentlicher Auftrag, dahin lautet der Missionsbefehl
unsers HErrn und Königs, an dem wir nichts zu drehen und zu
wenden, den wir in Gehorsam einfach zu befolgen haben. Sie
sollen zu ihrem Gott zurückkehren, sie sollen zur Buße, zum Glauben,
zur Heiligung, zu einem reichen gottesdienstlichen Leben, zur Bibel,
zum Gebet gebracht, bewogen und darin geübet werden; Christi
Jünger und Gottes Kinder sollen sie sein. Das alles aber schließt
ein fleißiges treues Arbeitsleben nicht aus, sondern vielmehr ein.
Dieses ist eine ganz unerläßliche Folge, eine naturnotwendige Frucht
der Bekehrung. Ein bloßes Sonntagschristentum, das sich nicht
in der treuen Berufserfüllung und in fleißiger Arbeit erweist, ist gar
kein wahres Christentum. Und wie ich ein solches auf keiner
unserer Stationen bei der Visitation angetroffen habe, so ist es
auch jetzt nicht vorhanden und würde ernstlich von uns bekämpft
werden. So suchen denn auch heute noch unsere Missionare das
eine mit dem andern in der rechten Weise zu verbinden, suchen die
Gemeinden zur Gottesfurcht und einem wahrhaft christlichen Leben
und damit auch zu fleißiger Arbeit in Ackerbau und Handwerk,
zu Sparsamkeit und zu einer ordentlichen treuen Führung ihres
Hauswesens zu erziehen. Und gelingt es ihnen nicht überall, so
doch in vielen Häusern, so daß sich fast in allen unsern Gemeinden
ein Kern von ernsten, treuen Christen und fleißigen, tüchtigen und
gut situierten Hausvätern befindet, die ihren Häusern wohl vorstehen
und darin von treuen Weibern unterstützt werden, mit denen sie

in einer gesegneten christlichen Ehe leben und bestrebt sind, ihre Kinder in der Zucht und Vermahnung zum HErrn zu erziehen.

Im Zusammenhang mit der besprochenen Frage steht auch die Erziehung der Gemeinden zur kirchlichen Selbständigkeit. Henry Venn, Sekretär der Church-Mission-Society, sieht die Ent= wickelung zur Selbständigkeit in den drei Stufen, daß eine Kirche self supporting, self governing und self extending sei, d. h. daß sie sich selbst erhalte, sich selbst verwalte und sich selber ausbreite.

In der Selbsterhaltung sind unsere Gemeinden weitergekommen. Doch ist das Ziel noch lange nicht erreicht. Und das ist nicht zu verwundern. Denn der Weg zu diesem Ziele ist weit und der Fortschritt auf demselben ist durch die vielen Plagen und Nöte in hohem Maße aufgehalten worden. Die kirchlichen Beiträge betrugen in der S.=M. im Jahre 1888 929 Mk. 80 Pfg., 1898 waren sie auf 8274 Mk. 45 Pfg. gestiegen. In der B.=M. betrugen sie vor zehn Jahren 12 205 Mk. 35 Pfg., jetzt 30 333 Mk. 35 Pfg. Insgesamt sind sie also von 13 138 Mk. 15 Pfg. auf 38 607 Mk. 80 Pfg. gestiegen. Unsere afrikanische Mission bedarf aber außerdem eines jährlichen Kostenaufwandes von 93 618 Mk. 57 Pfg., wovon auf die S.=M. 44 711 Mk. 19 Pfg. und auf die B.=M. 48 907 Mk. 38 Pfg. kommen. Haben wir in Süd= afrika bessere Jahre, was zu erwarten steht, so werden auch die Aufkünfte bei Gemeinden bedeutend steigen. Zu beachten ist übrigens, daß die Kirchen= und Schulbauten fast sämtlich ohne Zuschüsse aus der Missionskasse von den Gemeinden geleistet sind, was wir Seite 34 bereits erwähnt haben. So hat, um nur einen Fall anzuführen, die Gemeinde in Harmshope, die in einer von den Plagen sehr heimgesuchten Gegend lebt, zum Kirchbau in bar die Summe von 17 870 Mk. 40 Pfg. aufgebracht, welche sie in vier Jahren gesammelt hat. Und ähnlich ist es in andern Gemeinden gewesen. Das sind doch erstaunliche Leistungen und berechtigen zu guten Hoffnungen. Wie viel Mühe und geduldige Arbeit damit für die Missionare verbunden ist, ist jedoch nicht zu ermessen.

Mit der Selbstverwaltung der Gemeinden geht's begreiflicher= weise noch langsamer vorwärts. Da muß vor allem das gesamte

Niveau des Gemeindelebens erst gehoben werden; und das wird
noch Jahrzehnte erfordern, um nicht frühreife Bildungen zu
erzielen. Es würde ein Wagnis sein, die Gemeinden jetzt schon
sich selbst zu überlassen. Wir haben bereits Seite 30 und 39
auf die Heranbildung eines eingeborenen Predigerstandes hin=
gewiesen und haben Seite 39 und 40 die Kirchenvorsteher
rühmend erwähnt. Was wir dort angeführt haben, beweist,
daß unsere Mission sich auf einem guten Wege befindet und
das Ziel fest ins Auge gefaßt hat. Wir dürfen sagen, daß die
Einrichtung der Kirchenvorstände sich bereits so sehr eingewurzelt
hat in den Boden des Gemeindelebens, daß eine Abschaffung
derselben eine gefährliche Operation sein würde. Eine Gemeinde=
verwaltung ohne dieselben, allein durch den Missionar, ist in
unserer dortigen Mission schon ganz unthunlich geworden. Und
je mehr die Kirchenvorstände sich bewähren, desto mehr werden
die Missionare ihnen anvertrauen und sie heranziehn bei der
äußeren und inneren Verwaltung der Gemeinden. Dazu wird auch
die rechte Klugheit und Weisheit treiben, um dadurch ungesunden
und gefährlichen Entwickelungen zuvorzukommen, die sich bereits
hier und da zeigen. Es sind in Südafrika Bestrebungen vor=
handen, welche auf eine selbständige Nationalkirche und auf
Emanzipation von den weißen Missionaren gerichtet sind. Hat
die benachbarte Berliner Mission bereits eine schmerzliche Spaltung
und Separation in dieser Weise erleben müssen, so scheint diese
Bewegung jetzt allgemeiner zu werden. Unter einem schwarzen,
von Amerika herübergekommenen, wie es scheint, methodistischen
Bischof hat sich eine Gemeinschaft gebildet, welche sich die
äthiopische oder die afrikanische Kirche nennt. In Pretoria hat
jener eine Versammlung gehalten, in welcher die unzufriedenen
Elemente der verschiedenen Kirchengemeinschaften zusammen=
gekommen sind. Seine aufreizenden Reden haben diesen gefallen.
In der Nähe der Hauptstadt haben sie sich angebaut und eine
Station errichtet. Von da aus suchen sie nun in die umliegenden
Gemeinden einzudringen und sie abtrünnig zu machen. So sind
sie bereits in Polonia und Ebenezer thätig gewesen. Auf der

letzteren Station haben sie den herrschsüchtigen jungen König
Darius gewonnen, welcher mit einer Schar junger Leute bereits
hat austreten wollen. Der König hat freilich vorläufig sein
Wort wieder zurückgenommen, offenbar weil er falsch gerechnet
hatte. Er hatte gedacht, die ganze Gemeinde werde ihrem
König folgen. Doch diese ist dem Missionar und unserer Kirche
treu geblieben; nur einige unlautere Persönlichkeiten haben sich
den Verführern angeschlossen. Und angeblich um dieser willen
hat sich ein schwarzer Sendling jener Kirche in der Königsstadt
niedergelassen. So wird's einen Kampf geben mit diesen nach
Selbständigkeit und Selbstregierung strebenden Elementen, der ja
ohne Frage für unsere Kirche zum Siege führen wird, denn jene
Bewegung ist aus dem Fleisch und kann keinen Bestand haben.
Aber ohne schmerzliche Wunden wird es nicht abgehen. Um so
mehr wird es nun darauf ankommen, die Gemeinden durch
treue Seelsorge zu bewahren und durch Belebung der Organe
derselben wie durch weise Führung zu einer unter Leitung des
Predigtamtes stehenden, gesunden kirchlichen Selbstverwaltung
zu erziehen. Und wichtig wird es sein, das Bewußtsein ihrer
kirchlichen Zusammengehörigkeit und ihrer Zugehörigkeit zu der
großen allgemeinen lutherischen Kirche in ihnen zu wecken und
zu stärken. Und das suchen unsere Missionare auch zu thun
und zwar auf eine dreifache Weise. Zunächst durch die Abhaltung
einer allgemeinen Synode, wie eine solche in der B.=M. zum
ersten Mal 1885, dann wieder gelegentlich der Visitation im
Januar 1889 (Seite 143), und zum dritten Mal vom 4. bis
11. Dezember des Jahres 1895 stattgefunden hat. Auf der
letzten Synode waren die Missionare und 58 Vertreter der
Gemeinden zugegen. Zunächst haben die Missionare die Gegen=
stände der Tagesordnung unter sich beraten, damit nicht Meinungs=
verschiedenheiten zwischen ihnen vor ihren Gemeindegliedern
ausgetragen würden und sie, nachdem sie sich unter einander
verständigt, dann um so mehr jene zu Worte kommen lassen
und die Anschauungen und Wünsche der eingeborenen Christen
kennen lernen könnten. Dieses Verfahren hat sich, wie es

scheint, als sehr verständig und richtig erwiesen. Jede zur Besprechung stehende Frage ist zunächst Vormittags in einem eingehenden Referat von einem Missionar in deutscher Sprache behandelt und dann von der Gesamtheit beraten. Nachmittags ist sie in der Volkssprache den Vertretern der Gemeinden zur Meinungsäußerung vorgelegt worden. Die Protokolle weisen dabei eine lebhafte Beteiligung derselben nach. Sie haben durchaus nicht stumm, verständnislos und teilnahmslos dabei gesessen, sondern haben frisch und frei sich ausgesprochen. Dabei sind sie dann freilich auch oft auf nebensächliche Punkte gekommen und zuletzt haben alle gern etwas sagen wollen. Der Vorsitzende hat es nicht nötig gehabt, zur Beteiligung anzuregen und zu ermuntern, hat vielmehr bei der Lebhaftigkeit derselben oft genug wieder in die Bahn der Tagesordnung hineinleiten müssen. Und sie haben sich leiten lassen. Die Leute haben auch die Verantwortlichkeit ihrer Stellung gefühlt, wie aus dem Worte eines derselben hervorgeht, der sagte: „Ich sehe uns an als einen Volksrat. Wir sollen Gesetze machen und sollen Vertrauensmänner sein. Wir sprechen immer allerlei, aber nicht, was die Lehrer von uns wissen wollen." Die Synode ist bis zum Schluß in guter Ordnung und Haltung verlaufen. Am ersten Tage hat es sich um das Schulwesen, an den andern um Fragen der christlichen Zucht und Sitte, um das Gemeindeleben und um die kirchlichen Abgaben, also um die Frage der Selbsterhaltung gehandelt. Die Vertreter der Gemeinden werden durch solche Beratungen in ihren Anschauungen geklärt und gefördert und sind dann im stande in ihren Gemeinden aufklärend und fördernd zu wirken und dadurch), daß sie selber an den Verhandlungen und Beschlußfassungen teilgenommen haben, sind sie für die Ausführung derselben interessiert. Es ist klar, wie heilsam das für die Entwickelung unserer gesamten jungen Missionskirche sein muß.

Es ist auf der Synode auch von der Verbreitung eines kirchlichen Blattes die Rede gewesen. Miss. W. Behrens jun. in Bethanie hatte ein solches unter dem Namen „Moshupatsela" zunächst als Monatsblatt bereits gegründet. Dieses wurde sodann auf die Konferenz der Missionare übernommen. Leider ist dasselbe unter den allgemeinen Plagen der letzten Jahre vorläufig wieder eingegangen. Doch hoffen wir, daß es bald wieder aufgenommen wird. Es ist wichtig, daß unsere Mission ein Organ besitzt, welches unsern Gemeinden in ihrer Muttersprache Nachrichten aus dem kirchlichen und aus dem Missionsleben bringt und schwierige Tagesfragen in einfacher klarer Weise bespricht. Sie werden dadurch vor der Einführung verderblicher Blätter bewahrt und lernen sich mehr und mehr als eine Einheit erkennen und fühlen, einig auf dem Grunde des Bekenntnisses unserer Kirche und einig durch das Band der Liebe.

Noch mehr aber dienen dazu die gemeinsamen Missionsfeste, welche alljährlich in den verschiedenen Gebieten gehalten werden. Dieselben werden teils in der Kirche, teils im Freien in der Weise gefeiert, daß mehrere Ansprachen gehalten und zwischendurch unter Posaunenbegleitung einstimmig und vierstimmig viel gesungen wird. Posaunenchöre sind in unserer Mission bereits mehrere vorhanden und der vierstimmige Chorgesang wird mit Vorliebe gepflegt. Die Ansprachen werden nicht nur von den Missionaren gehalten, sondern stets werden auch einige der eingeborenen Evangelisten dazu herangezogen. Diese Missionsfeste sind bereits sehr beliebte Volksfeste geworden, bei denen die Freude am HErrn und die Freude an der kirchlichen Gemeinschaft zum lebhaften Ausdruck kommt, und an denen auch die Liebe sowohl in der Gastfreundschaft der das Fest haltenden Gemeinde als auch in der Sammlung einer Missionskollekte sich oft in köstlicher Weise lebendig erweist.

Damit sind wir schon bei dem dritten Punkte Henry Venn's, bei dem self extending angelangt. Es ist gewiß, daß eine Kirche oder eine Gemeinde, welche nichts für ihre Ausbreitung und für ihr Wachstum thut, ihre Gabe wie ihre Aufgabe noch nicht erkennt, ihres Reichtums noch nicht recht bewußt und froh geworden ist. Wenn sie erkannt hat, was für ein Pfund sie empfangen hat von dem HErrn, so kann sie es nicht im Schweißtuch vergraben, sondern wird und muß damit wuchern, bis der HErr kommt. Eine lebendige Kirche, eine lebendige Gemeinde wird es nicht ertragen können, daß rund umher noch Heiden im Todesschatten wohnen und unter der Obrigkeit der Finsternis seufzen, sie muß und wird für die Ausbreitung des Evangeliums sorgen, sie muß und wird sich selbst ausbreiten, um jene hineinzuziehen in die Gemeinschaft ihres Heiles und ihres Lebens. Thut sie das nicht, so wird sie ersticken und sterben. Doch — Gott sei Dank — solch ein Ausbreitungstrieb ist in unsern Gemeinden vorhanden und erweist sich in den Gaben für die Missionsarbeit, die an den Missions= festen, am Epiphanienfest und auch sonst gegeben werden, und zeigt sich in dem Zeugnis, welches viele Christen öffentlich und sonderlich vor den Heiden ablegen. Nicht nur die dazu angestellten Evangelisten, sondern auch viele der Gemeindeglieder, Männer und Weiber, Jünglinge und Jungfrauen, sind eine Schar von Werbern für das Reich Gottes. Wie viele sind unter den Heiden, welche das einladende Wort des Missionars nicht erreicht hat, welche aber durch das Zeugnis irgend eines Christen, eines Verwandten, eines Freundes oder auch eines gänzlich Unbekannten gewonnen und zum Suchen nach dem Heile angeregt sind! Wie manche kommen zum Missionar mit der Bitte um die Taufe und sind in den Anfängen des Glaubens bereits unterwiesen! Wer hat's gethan? Wer hat sie gelehrt? Das hat dieser oder jener Christ gethan. Wahrlich, da ist Leben, und es ist nicht zu bezweifeln, daß je mehr die heidenchristliche Kirche Südafrika's erstarkt, sie auch von großer Bedeutung für die Missionierung und Christianisierung der afrikanischen Heiden= welt werden wird. Darum wollen wir für die innere Erbauung der uns geschenkten großen heidenchristlichen Gemeinden ein sorgsames Auge haben und wollen darin eine unserer fürnehmsten Aufgaben erkennen, zu deren Erfüllung der HErr uns Kraft und Weisheit schenke durch Seinen Geist! —

Die deutschen Gemeinden.

In Verbindung mit unserer Mission steht auch jetzt noch eine bedeutende Anzahl deutscher evangelisch-lutherischer Gemeinden. Es war ein Lieblingsgedanke des Gründers unserer Mission, zusammen mit den Missionaren gleichgesinnte deutsche Kolonisten gleichsam als Laienbrüder mit hinauszusenden. Und so ist's auch bis 1869 geschehen. Diese lebten zunächst in häuslicher Gemeinschaft mit den Missionaren und besorgten den Ackerbau, die Erbauung der Stationen und alles Handwerk. Dadurch waren sie eine bedeutende Hülfe für die Begründung unserer Mission. Wie viele Gebäude haben sie aufgeführt, wie viel Land haben sie urbar gemacht und beackert, wie viel fleißige und treue Arbeit haben sie gethan! Als aber die Zahl der Kolonisten zunahm und ihre Familien sich vermehrten, ließ sich das gemeinsame Leben nicht mehr durchführen. Im Jahre 1869 erfolgte eine gütliche Lösung des Verhältnisses. Die Kolonisten verließen die Stationen und zogen in Gegenden, wo sie zusammen wohnen und durch Ackerbau, durch Handel und Gewerbe sich ihren Lebensunterhalt erwerben konnten. Dort schlossen sie sich zu deutschen Gemeinden zusammen, und die Mission übernahm ihre geistliche Versorgung im Kirchen- und Schulwesen. Unsere Kolonisten haben mit deutschem Fleiß und mit der Zähigkeit und Ausdauer niedersächsischer Bauern gearbeitet und gerungen und haben Großes geleistet, so daß es eine sprüchwörtliche Rede wurde in Südafrika: Wo ein holländischer Buer nicht leben, wo ein Engländer es zur Not aushalten kann, da kann ein Deutscher noch ganz gut bestehen. Und so war es auch. Die holländischen Buren treiben hauptsächlich Viehzucht und leisten im Ackerbau und somit in der Kultivierung des Landes wenig. Wo es damit bei ihnen besser geworden ist, ist das eine Folge der Konkurrenz der Engländer und der Deutschen und eine Frucht ihres Vorbildes. Die Engländer sind eifrig und geschickt und praktisch tüchtig; aber ihr Ziel ist der Handel und Erwerb, und sie machen größere Ansprüche an das Leben. Die Deutschen dagegen sind anspruchslos, fleißig und zäh. Der Ackerbau

ist ihr Element. Sie scheuen auch ein entbehrungsvolles Leben nicht.
Sie sitzen fest auf ihrer Scholle, die sie sich zu eigen erworben haben,
und halten aus, bis sie ihr Ziel erreicht, bis sie den Boden urbar und
ertragsfähig gemacht, bis sie sich eine trauliche, friedliche Heimstätte
gegründet haben. So haben denn unsere Haidebauern in der Koloni=
sierung und Kultivierung jener Lande Großes geleistet, und der
Segen des HErrn hat auf ihrer Arbeit geruht. Im Innern Natals,
in Alfredia, im Sululand und in Transvaal haben sie blühende
Ansiedelungen gegründet. Dabei haben sie ihre deutsche Eigenart
wie ihre niedersächsische Sprache treulich bewahrt, und es mutet einen,
wenn man durch jene Gegenden geht, fast an, als ob man in der
deutschen Heimat wäre. Da sie durch Gottes Segen in guten
Wohlstand kamen, sind ihnen viele Freunde und Verwandte nach=
gezogen, und bis auf den heutigen Tag findet andauernd eine
niedersächsische Einwanderung in Südafrika statt.

Da diese Deutschen wie jene ersten Kolonisten ihrer Mehrzahl
nach aus kirchlichen Kreisen stammen, liegt ihnen auch das Kirchen=
und Schulwesen am Herzen. Dadurch unterscheiden sie sich von vielen
anderen Deutschen, die gleichfalls in Afrika einwandern, welche die
Abenteuerlust oder die Goldgier hinaustreibt oder welche ein altes
Sündenleben in der neuen Welt vergessen wollen. Das sind Deutsche,
welche ihre deutsche Eigenart, ihre deutsche Sitte und ihre deutsche
Sprache bald verleugnen und verlieren, die es vergessen, aus welchem
Fels sie gehauen und aus welchem Brunnen sie gegraben sind, welche
den Glauben ihrer Väter wegwerfen und die Kirche Gottes verachten
in Gemeinschaft mit dem Auswurf anderer Völker, eine vaterlandslose,
gottlose Rotte, schlimmer als die Heiden, deren Verführer und Verderber
sie geworden sind. Diese sind auch ein Objekt der Missionsthätigkeit.
Und die Missionsstationen wie die kirchlichen deutschen Gemeinden
sind von großer Bedeutung und von reichem Segen für sie. Schon
mancher, der etwa in der Not oder auch sonst durch Gottes Gnaden=
führung dahin gekommen, hat dort Hülfe in der Not, hat eine
gesicherte Existenz, hat dort das Heil seiner Seele gefunden. Denn
unsere deutschen Kolonisten haben sich nicht vereinzelt und verstreut,
sondern sind stets in größeren Gruppen zusammengezogen, haben sich
zu Gemeinden zusammengeschlossen und haben sich an unsere Mission

zum Zweck ihrer kirchlichen Versorgung angeschlossen. So sind sie
denn zuerst von benachbarten Missionaren bedient worden, was bei
einzelnen kleineren Gemeinden auch jetzt noch der Fall ist. Sobald sie
aber erstarkten, haben sie sich aus dem Kreise unserer Missionare
oder unserer Zöglinge eigene Pastoren erwählt und erbeten, und
unsere Mission ist ihnen darin in jeglicher Weise entgegengekommen.
Auch haben unsere Missionare solche Stellungen gern übernommen,
trotzdem sie mühsam genug waren, da sie in den meisten Fällen
einen größeren Bezirk zu versorgen hatten und zugleich Lehrer in
den deutschen Schulen sein mußten. Nur in Neu-Hannover und
zeitweise auch in Kirchdorf und Lüneburg hatte die Gemeinde einen
besonderen Lehrer angestellt. Die Gemeinden haben für ihr Kirchen- und
Schulwesen Großartiges geleistet. Sie brachten die Besoldung für
ihre Pastoren und Lehrer selber auf und sorgten auch für deren
Witwen. Sie bauten Kirchen, Schulen und Pfarrhäuser. Zum
Teil sind es stattliche, schöne, stilvolle Kirchen, die sie erbaut haben,
und sie statteten dieselben auch innerlich in würdiger Weise aus.
Und das alles haben sie aus eigenen Mitteln aufgebracht und mit
eigenen Kräften geleistet; nur ein Fall ist mir bekannt, daß eine
Gemeinde eine einmalige Beihülfe aus dem Hannoverschen Kirchen-
fonds für Lutheraner im Auslande erhalten hat. Die Gemeinden
haben sich sämtlich auf den festen Grund des Bekenntnisses der
evangelisch-lutherischen Kirche gestellt und haben die Lüneburgische
Kirchenordnung als Norm für die Gottesdienste und für die kirchlichen
Handlungen angenommen, wie dieselbe in unserer Mission in einer
den afrikanischen Verhältnissen gemäß beschränkten Weise eingeführt
ist. Als Gesang- und Gebetbuch ist überall das von Pastor
Theodor Harms herausgegebene Zion in Kirche, Schule und Haus
im Gebrauch und für den katechetischen Unterricht der vortreffliche
Hannoversche Katechismus von 1862. Das Verhältnis zu unserer
Mission, wie das kirchliche Gemeinwesen und das Schulwesen, ist
durch eine von dem Schreiber dieser Zeilen entworfene und mit den
damaligen Gemeinden persönlich beratene Gemeindeordnung geregelt
und festgesetzt. Die Gemeinden erhalten darnach von unserer
Mission ihre Geistlichen und haben sich unter die kirchliche Aufsicht und Leitung des Superintendenten unserer Mission, wie des

Direktoriums gestellt. Im übrigen verwaltet jede Gemeinde ihre Angelegenheiten selbständig durch einen Kirchenvorstand, dessen Vorsitzender der jeweilige Pastor ist. Im Schulwesen findet nur hinsichtlich des Religions=Unterrichts eine Beaufsichtigung durch unsern Superintendenten statt; im übrigen steht die Schule den Landesgesetzen gemäß unter Aufsicht der Regierung und erhält von dieser eine nach den Leistungen bemessene jährliche Beihülfe. Im ganzen wird in den Schulen Tüchtiges geleistet, so daß schon mancher derselben eine öffentliche Anerkennung durch die staatlichen Schulinspektoren zu teil geworden ist.

Die Gemeinden haben sich bis auf einige auch in den schweren Zeiten treu zu unserer Mission gehalten. Die Pastoren beteiligen sich an den Konferenzen unserer Missionare und unsere Missionare wiederum dienen den Gemeinden gern an ihren Missionsfesten, die fast überall regelmäßig gehalten werden. Nur die Pastoren Oltmann, Stielau, Johannes und Gevers haben sich in der kirchlichen Krisis von unserer Mission getrennt und ein Teil der Gemeinden Kirchdorf, Lüneburg und Bergen ist ihnen in die Separation gefolgt, so daß die letzteren 3 Pastoren auf ihren Stellen blieben, während Pastor Oltmann in Neu=Hannover seine Stellung aufgeben mußte, da die Gemeinde das Band mit unserer Mission festhalten wollte. Wir haben in Liebe und Geduld gethan, was wir vermochten, um die Spaltung zu verhüten, und können über dieselbe nur trauern. Für die kirchlichen Bewegungen in der deutschen Heimat kann man Verständnis haben, jene aber ist uns durchaus unverständlich geblieben. Leider hatten dieselben in Kirchdorf und Lüneburg=Bergen betrübende Streitigkeiten innerhalb der Gemeinden zur Folge, die in der letztgenannten Gemeinde sogar zu einem Kampf um das Kirchengut führten, der jedoch schließlich — Gott sei Dank — in einem gütlichen Vergleich seinen Ausgang fand. Wir halten denn auch den Wunsch und die Hoffnung fest, daß man die Grundlosigkeit der Spaltung noch einmal einsehen und daß eine Wiedervereinigung auf Grund des gemeinsamen luthe=

rischen Bekenntnisses über kurz oder lang stattfinden möge. Dem HErrn sei's in Seine treue Hand gelegt. Die Stelle in Neu=Hannover haben wir sodann mit dem Pastor Drögemöller neu besetzt. Der unserer Mission treu bleibende Teil der Gemeinde Kirchdorf konstituierte sich als eine neue Gemeinde Noodsbergroad und wählte den Miss. Bartels zu seinem Pastor. Dieselbe hat sich später den Namen Wartburg beigelegt. Die treuen Glieder der Gemeinden Lüneburg und Bergen schlossen sich unter dem Pastor Schulenburg zu einer neuen Gemeinde Lüneburg zusammen. Die Gemeinde Noodsbergroad aber wuchs dermaßen, daß bald eine neue Gemeinde Neuen=kirchen und mit Anfang dieses Jahres die neue Gemeinde Lilienthal von jener hat abgezweigt werden müssen.

Sieben der mit uns verbundenen deutschen Gemeinden haben ihre eigenen Pastoren, fünf werden von den benachbarten Missionaren bedient.

Es sind a) in Natal die Gemeinden:

1. Hermannsburg. Gegründet 1854. Pastor Missionar Johannes Lilie, seit 1889.
2. Neu=Hannover. 1862. Pastor Johann Dröge=möller, seit 1891. Der Lehrer derselben ist Louis Schmidt.
3. Noodsbergroad oder Wartburg. 1890. Pastor Christoph Bartels, seit 1890.
4. Neuenkirchen. 1891. Pastor Heinrich Wiese, 1891.
5. Lilienthal. 1899. Pastor Karl Ohlhoff.
6. Müden. 1890. Pastor Heinrich Dehning, seit 1896.
7. Bethanien in Alfredia. 1888. Pastor Paul Schie=ring, 1888.
8. Helpmakaar. 1888. Pastor Missionar Chr. W. Dede=kind in Nazareth.

b) in Transvaal:

In Südost=Transvaal (im alten Sululand):

9. Lüneburg. 1870. (Bergen. 1886.) Pastor Heinrich Schulenburg, seit 1892.

10. Ekuhlengeni. 1890. Pastor Missionar David Wolff, seit 1893.

In West=Transvaal (im Betschuanenlande):

11. Kroondal. 1890. Pastor Missionar Chr. Müller in Rustenburg, seit 1890.

12. Melorane. 1893. Pastor vacat.

Von Segen sind diese deutschen Gemeinden für unsere Mission auch dadurch geworden, daß dieselben uns zunächst mit kirchlichen Kollekten und sonstigen Liebesgaben und mit ihrer Fürbitte unterstützt haben. Auch wird, wo nicht Missions= stationen in unmittelbarer Nähe sind, direkte Missionsarbeit in denselben getrieben. So sind in Neu=Hannover, Wartburg und Neuenkirchen eingeborene Lehrer angestellt, welche die regel= mäßigen Gottesdienste für die heidenchristliche Gemeinde halten und den Tauf= und Schulunterricht besorgen, während die Pastoren die Amtshandlungen vollziehen. Die Gemeinden haben die nötigen Gebäude dazu errichtet. In den übrigen deutschen Gemeinden gehen die Heiden, welche die Taufe begehren, auf die benachbarten Missionsstationen zum Unterricht, wie dort auch die Gottesdienste für die eingeborenen Christen gehalten werden.

Und endlich, was von größter Bedeutung ist, die deutschen Gemeinden geben durch treuen Kirchenbesuch und durch ihr kirchliches Gemeindeleben, durch die Pflege kirchlicher Sitte und Ordnung und durch das christliche Leben in ihren Häusern den heidenchristlichen Gemeinden, wie den Heiden ein Vorbild und Exempel. Sie bestätigen dadurch die Wahrheit des Christentums und geben der Predigt des Evangeliums Zeugnis, daß es eine Kraft Gottes ist zur Rechtfertigung, Heiligung und Erneuerung, eine Gotteskraft, die da selig macht alle, die daran glauben. Und haben sie auch ihre Schattenseiten, ihre Mängel und Flecken, so sind sie doch im ganzen ein guter Geruch Christi unter den Heiden und ein Preis und Ruhm Seiner Gnade.

Ebenezer.

Wie gering war der Anfang unserer Mission und doch wie groß! „Ich werde in Gottes Namen eine Mission in Hermannsburg errichten und habe keinen Pfennig dazu" — so hatte der junge Hermannsburger Pastor Ludwig Harms 1849 auf dem Missionsfest in Celle gesagt. Und im Glauben hat er's gethan. Es war nicht Eigenwille, auch nicht Schwärmerei, sondern eine naturnotwendige Frucht der in Hermannsburg und den umliegenden Dörfern der Lüneburger Heide entstandenen Erweckung. Da wurde nicht nur für die Mission reichlich geopfert und brünstig gebetet, sondern es kamen auch Jünglinge, die sich selber für die Arbeit des Reiches Gottes darboten und in dem Dienst der Heidenmission ausgesandt zu werden begehrten. Ludwig Harms hatte zunächst gar nicht an eine eigene Mission gedacht. Erst die Entwickelung der Dinge nötigte ihn zu selbständigem Vorgehen. Die bestehenden Missionsanstalten, an die er sich mit der Bitte um Aufnahme wandte, hatten keinen Platz. Das Missionshaus der norddeutschen Missions=gesellschaft in Hamburg ging ein. Die Freunde drängten, die Jünglinge baten. Sollte er diese abweisen? Das konnte er nicht verantworten. So fragte er den HErrn im Gebet und, als dieser die Freudigkeit dazu in sein Herz gab, handelte er, wie das seine Art war, mit einer köstlichen Frische und Thatkraft, ohne Wanken und Schwanken in der Gewißheit der Leitung des HErrn und im festen Glauben an Seine Hülfe. Und der HErr ließ es ihm wunderbar gelingen. Er führte ihm die Persönlichkeiten zu und gab ihm auch die nötigen Mittel, so daß er nie Schulden gemacht hat und sowohl das Missionshaus,

das er kaufte, als das Missionsschiff, das er baute, die Ausbildung, die Ausrüstung und die Aussendung der Missionare —
alles immer bar bezahlen konnte.

Zwölf Zöglinge hatte er 1849 aufgenommen, acht konnte
er 1853 aussenden; zwei waren gestorben und zwei waren
untreu geworden. Sein Lieblingsgedanke war, sie zu den Galla
zu senden, einem urwüchsigen, wilden, kräftigen Volksstamm in
Ostafrika. Land und Volk waren mehrfach in besonders
anziehender Weise geschildert worden und durch ein bekehrtes
Galla=Mädchen, das in Kornthal unterrichtet und getauft wurde,
war die Aufmerksamkeit der christlichen Kreise Deutschlands auf
dieses Volk gelenkt. Und wen will's wundern, daß jenes kräftige
Volk dem Sohn des kraftvollen Sachsenstammes besonders am
Herzen lag? Zu den Galla hin! — das erfüllte seine ganze Seele.
Der Weg in ihr Land führte durch das Gebiet des Sultans
von Sansibar. Dahin ging zuerst die Fahrt. Trotz des ehr-
würdigen treuen Miss. Rebmann's Fürsprache, den die Brüder
in Mombas trafen, wurde ihnen der Durchzug verweigert.
Alle Versuche schlugen fehl. Die Missionare mußten zurück
und gingen auf Rebmann's Rat nach Natal. Auch der bei
der zweiten Aussendung 1857 gemachte Versuch mißlang völlig.
Das war ein schwerer Anfang und eine heiße Anfechtung. Da
hieß es Glaubensgehorsam lernen. Wie war bisher alles so
wunderbar gelungen — weit über Bitten und Verstehen! Die
Herzen waren voller Freudigkeit. Und nun war der erste Anfang
im Heidenland ein Mißerfolg! Harms war tief bewegt. In
seinem hohen Glaubensmut und seiner Glaubensenergie meinte
er, die Brüder hätten alles wagen müssen, um zu den Galla
durchzudringen. Nun mußte er es mit seinen Missionaren und
mit der Missionsgemeinde lernen, daß wir die Völker uns nicht
aussuchen können nach unsers Herzens Gedanken, sondern daß
wir uns willenlos führen lassen müssen, oft auch wohin wir
nicht wollen. Denn wohin wir wollen, da verbaut der HErr
uns den Weg. Das thut Er, damit vor Ihm sich kein Fleisch
rühme, als sei das Werk aus eigenen Gedanken entsprossen

5*

und mit eigenen Kräften ausgeführt. Das thut Er, weil Er
allein hineinschauen kann in die Entwickelung der Völker.
Und Er allein macht die Geschichte und Er regiert die Welt.
Aber es waren großartige Gedanken und Pläne, welche das Herz
des Pastors Harms erfüllten. Wie ein Prophet steht er mit
seinem Hinweis auf Ostafrika da. Wie würde es mit jenen
Gegenden geworden sein, wenn die große Schar seiner Missionare
und Kolonisten dort eingezogen wäre und wenn er seine Missions-
und Kolonisationsgedanken dort hätte zur Ausführung bringen
können! In den letzten Jahrzehnten hat das Arabertum und
der Mohammedanismus sich mit der Kraft des ihm eigenen
Fanatismus über weite Lande ausgebreitet. Erst in einem
verhältnismäßig kurzen Zeitraum hat die Religion des falschen
Propheten die Völker jener Lande und des Innern Afrika's
bis zum Westen hin in seine Bande geschlagen. Welch ein
mächtiger Damm würde ihm entgegen gestanden haben! Es
kann nur tiefe Wehmut unsere Herzen ergreifen und das um so
mehr, wenn man hört, daß kurzsichtige, in selbstischem Interesse
befangene deutsche Kaufleute es hauptsächlich verhindert haben,
Kaufleute, welche denselben Kreisen deutschen Bürgertums angehören, die einige Jahrzehnte später von dem Kolonisationsgedanken so sehr hingenommen waren, daß sie der deutschen
Mission einen Vorwurf daraus machten, wenn sie sich nicht
in den Strudel hineinziehen ließ und sich nicht so rasch zu einer
Arbeit in den Kolonien entschließen konnte. Doch es galt stille
sein und Ludwig Harms stillte sein Herz vor dem HErrn
im Gehorsam des Glaubens, der festhält an Seiner Führung
und an Seiner Verheißung, auch wo nichts davon zu sehen ist.

Auf Anraten des Berliner Missionars Posselt in Natal
versuchten sie durch den norwegischen Missionar Schrender,
welcher bei dem Sulukönige Umpanda großen Einfluß hatte,
Erlaubnis zu einer Mission im Sululande zu erlangen. Doch
gelang das vorläufig noch nicht. Da unternahm es Missionar
Posselt, durch die englische Regierung ihnen die Genehmigung
zur Niederlassung in Natal zu verschaffen. Allein, aufgehetzt

durch) den treulosen Kapitän der „Kandaze", verweigerte der
Beamte jeden Platz. Da riet ihnen der unermüdliche treue
P o s s e l t zum Ankauf eines solchen und vermittelte selbst das
Geschäft. Nahe der Sulugrenze hatte er für 600 Pfd. Sterling
ein Grundstück von 6018 Acres, genannt Perseverance, gekauft.
Dort baute sich die kleine Gemeinde an, und dieser Platz ist
nicht nur der Ausgangspunkt für die Hermannsburger Mission
in Afrika, sondern auch das Zentrum derselben geworden und
empfing deshalb von den Brüdern den Namen „Neu-Hermanns-
burg". Miss. P o s s e l t schreibt darüber an L u d w i g H a r m s,
es sei nur das Eine möglich gewesen — einen Platz zu kaufen.
Und das sei auch das Beste, von ihm und allen gutgesinnten
Engländern gebilligt. Dadurch seien sie ganz unabhängig von
den Behörden und könnten missionieren nach den Wünschen
ihres Herzens und allen Plänen, die ihnen als die zweckmäßigsten
erschienen. Er selbst habe den Platz nach seiner besten Überzeugung ausgewählt, sie könnten dort leicht ihren Lebensunterhalt
erwerben, viele Heiden erreichen und kämen nicht in Kollision
mit anderen Missionen. „Sie haben nun ihren Fuß auf einen
guten Ausgangspunkt gesetzt, und bleibt das Auge wacker, so
wird es schon sehen, wo der HErr die Thür öffnet. Darum
frisch auf, du lieber Mann, fleuch weit über den Spott derer, die
das Geheimnis des Reiches Christi nicht kennen! Es ist alles gut
und es ist alles Fortgang in dem Reiche unsers HErrn, sind wir es
uns nur bewußt, daß wir Sein Reich zu fördern uns bemühen."
Die Gründung der Station machte den Brüdern zuerst
viele Schwierigkeiten, aber sie betrieben ihre Arbeit mit großem
Eifer und mit fröhlichem Mut. Dann begaben sich einige von
ihnen zu P o s s e l t, um die Sprachstudien fortzusetzen, die sie
dort gleich nach ihrer Ankunft begonnen hatten, und einzelne
von ihnen siedelten bald auf einige Wochen ganz in einen
Kaffernkraal über, um unter den Leuten zu wohnen und dadurch
Volk und Sprache so viel gründlicher kennen zu lernen. Eine
große Ermutigung hatten sie dadurch, daß die englische Regierung
von jetzt an freundlich für sie eintrat.

Schon im folgenden Jahre hatten sie die Freude, einige Heiden unterrichten und ihrer vier taufen zu können. Der Tauftag war ein großer Festtag für den kleinen Kreis. Sie hatten sich mit der Taufe nicht übereilt. Die Missionare schreiben darüber: „Wenn wir erst mit der Kaffernsprache vertraut sind, werden wir mit der Taufe nicht so lange zögern, wie dieses Mal, sondern auf ihr durch die Predigt gewecktes aufrichtiges Verlangen taufen, ohne so viele Kenntnisse von ihnen zu fordern, wie diese bereits haben, da wir ja gelernt haben, daß nach der Taufe erst der rechte Unterricht anfangen muß, wie wir ja auch die Weisung dazu mitgenommen haben." Hinsichtlich der Heiden= taufe hatte Ludwig Harms folgende Grundsätze: „Wegen der Taufe der Kaffern=Mutter bemerke ich, daß für erwachsene Heiden zur Taufe erforderlich ist: 1. Das aufrichtige Verlangen nach der Taufe, um selig zu werden, nicht um anderer Rücksichten willen. 2. Die Kenntnis der 10 Gebote und das Bewußtsein von deren Übertretung. 3. Die Kenntnis der drei Glaubens= artikel und die fides historica. 4. Die Gewißheit, daß die Verhältnisse nach der Taufe eine Fortsetzung des christlichen Unterrichts und ein Bleiben in der kirchlichen und christlichen Gemeinschaft gewährleisten." Da in Hermannsburg bald noch vier Heidenfamilien hinzukamen, die getauft werden konnten, begannen sie auch mit dem Schulunterricht. Hinsichtlich desselben hatte L. Harms sie dahin instruiert, daß sie die Kirche nicht durch die Schule, sondern durch die Predigt bauen sollten; aus der durch Predigt und Taufe gebauten Kirche solle erst die Schule hervorgehn.

Im Frühling 1856 hatten unsere Missionare sich bereits getrennt. Während Struve und Schröder in Hermannsburg geblieben waren, hatten Schütze und Hohls bei dem Häuptling Somahasche die Station Ehlanzeni und Cohrs und Meyer bei dem Häuptling Umpakata die Station Etembeni angelegt. Auf diesen drei Stationen arbeiteten sie mit heißer Sehnsucht nach Erfolg. „Möchte der HErr doch bald einen Hunger ins Land senden und uns die Wonne, ihn zu stillen," schrieb einer der Missionare. Aber es ging langsam vorwärts. Ihre Erfolge beschränkten sich anfangs fast nur auf die Arbeitskaffern auf ihren Stationen. Es hatte das seinen Grund in der Art ihres Vorgehens und in dem Volkscharakter und den Verhältnissen der Heiden, unter denen sie zuerst arbeiteten. Da ihre Mission mit der Kolonisation in Verbindung stand und ihrer Instruktion gemäß die Missionare mit den Kolonisten sich gleich als eine Gemeinde festsetzen sollten, so brachte das von vornherein einen größeren Betrieb mit sich. Die ganze Anlage der Stationen mußte in größerem Maßstabe geschehen, größere Gebäude mußten aufgeführt und eine Ackerwirtschaft in Verbindung mit allerlei Handwerk begonnen werden. Diese äußeren Geschäfte erforderten viel Zeit und viel Kraft.

Andrerseits hatten die Natal-Kaffern nur geringes Heils-verlangen und noch weniger die kräftigen unbändigen Sulu, zu denen unsere Missionare bald kamen. Sie wohnten in zerstreuten Kraalen und es war daher für den Missionar schwierig, eine Schar um sich zu sammeln. Auch veränderten die Heiden oft ihre Wohnplätze, und es kam daher vor, daß ein Missionar seine Station in der Nähe eines Kraals angelegt hatte und nach einiger Zeit ganz vereinsamt war. Deshalb suchten die Missionare möglichst viele Arbeitskaffern an ihre Stationen zu fesseln und darin zeigte sich ein Vorteil der Verbindung zwischen Mission und Kolonisation, denn auf den größeren Stationen hatten sie Platz und Arbeit für viele. Indes wechselten auch diese Arbeitskaffern oft und sie hatten im ganzen eine wenig seßhafte Bevölkerung. Bei den Sulu kam noch der Umstand hinzu, daß dieses arme Volk zu keiner ruhigen Entwickelung kommen konnte. Jahrzehnte lang ward es durch blutige Kriege immer wieder aufgeregt, so seit Beginn der Hermannsburger Mission unter dem König Umpanda und seinem Sohne Ketsch-wayo. Doch waren beide den Missionaren nicht feindlich gesinnt, so daß dieselben in diesen ersten Perioden unter den Kriegszügen und Streitigkeiten direkt nicht zu leiden hatten. Aber an eine geistliche Wirksamkeit war bei einem Volk, dessen Leidenschaften fortwährend in Aufregung gehalten wurden, nicht viel zu denken. „Wenn die Sulu nicht bald Christen werden, so reiben sie sich unter einander auf", schrieb einer der Missionare. Der Zugang in das freie Sululand stand ihnen von 1858 an offen. Durch die Fürsprache des Missionars Schreuder, durch weises und vorsichtiges Verfahren und durch allerlei Dienste, die sie dem König erwiesen (sie bauten ihm z. B. Häuser), erhielten sie die Erlaubnis zur Anlage einer Station Emlalazi, der im Jahre 1859 die Stationen Injezane und Emvujini folgten.

In demselben Jahre wie ins Sululand durften sie auch in das weiter nördlich gelegene Land der Betschuanen eintreten und so gab der HErr, als die zweite Aussendung von 12 Missionaren und 12 Kolonisten in Afrika ankam, ihnen ein weites Arbeitsfeld. Zu den Betschuanen wurden sie durch die holländische Regierung gerufen. Das Land der Betschuanen liegt etwa 30 Tagereisen von Hermannsburg, hinter den Drakensbergen. Als die holländischen Buren dasselbe eroberten, verboten sie den englischen Missionaren, die seit kurzem dort wirkten, das Land, baten aber im Jahre 1858 unsere Missionare, die Mission unter den Betschuanen wieder aufzunehmen, und da auch Setschele, König der Bakuena, sie darum bitten ließ, gingen sie in Gottes Namen darauf ein. Setschele war bereits von Livingstone getauft, der als Missionar am Kolobeng gewirkt hatte. Dann aber mußte er zugleich mit den übrigen englischen Brüdern seine Missionsthätigkeit aufgeben, nahm den Wanderstab in die Hand und wurde der große Entdecker und Bahnbrecher für die Mission in Afrika, als welcher er ruhmvoll und unvergeßlich in den Blättern der Geschichte verzeichnet steht. Die erste Station ward bei Setschele angelegt, unter dem Namen Litejane; dieselbe blühte lieblich empor. Kurze Zeit darnach wurden die beiden Stationen Linokana bei dem Häuptling Moiloe und Lekoyo bei dem König Sokhome gegründet. Auf diesen Stationen arbeiteten die Missionare Schröder, Backeberg, Schulenburg und Zimmermann in Verbindung mit zwei Kolonisten. Bald hatten sie die Freude, die ersten Heiden taufen zu können. Die Leute drängten sich herzu, und die Schule, die sie anlegten, berechtigte zu den schönsten Hoffnungen. Das Volk war von einem starken Heilsverlangen erfüllt und begegnete den Missionaren mit großem Vertrauen; auch waren die äußeren Verhältnisse für die Mission viel günstiger, da die Betschuanen nicht zerstreut, sondern in großen Ortschaften, oft zu Tausenden bei einander wohnen. Ferner machte es natürlich einen tiefen Eindruck auf das Volk, daß der König Setschele sich offen zu den Missionaren hielt. „Er ist wie ein Bruder zu uns" heißt es in einem Briefe. Aber ach, wie oft kommt über ein Frühlings= feld der rauhe harte Frost und nicht selten von einer Seite, von der man es nicht ahnt!

Es erschien Ludwig Harms notwendig, daß die afrika= nische Mission jetzt an Ort und Stelle ein Haupt erhielte, unter welchem dieselbe, da sie sich immer weiter ausbreitete, einheitlich zusammengefaßt und von dem sie organisiert und regiert werden sollte. Er erwählte dazu den durch seine Thätigkeit unter den Dajacken auf Borneo und durch seine Übersetzung der Bibel in die Sprache derselben bekannten Missionar August Harde= land, der nach Deutschland zurückgekehrt war. Dieser kam im Jahre 1860 in Afrika an und ergriff die Superintendentur mit kräftiger Hand. Er ging mit Energie an seine Aufgabe der Organisation, knüpfte Beziehungen zu den Beamten und zu den heidnischen Königen an, wählte geeignete Plätze aus und ließ auf denselben neue Stationen anlegen. Er suchte sodann die Missionare von äußerlichen Arbeiten möglichst zu entlasten und durch Konferenzen ihre theologische und sprachliche Ausbildung zu vervollkommnen. Seiner energischen Leitung folgte ein Teil der Missionare willig; mit andern kam es leider zu Konflikten, sonderlich mit den vier Betschuanen=Missionaren. Vielleicht wäre derselbe durch eine persönliche Begegnung vermieden. Jene Brüder, denen nichts von der Ernennung eines Superintendenten bekannt geworden war, wollten Hardeland, der als solcher brieflich Gehorsam von ihnen forderte, nicht anerkennen und wurden deshalb entlassen. Schröder verstarb leider bald, doch sind die andern in den nächsten Jahren zurückgekehrt. Leider gingen ihre Missionsstationen uns verloren, nur Linokana blieb unserer Mission erhalten und ist somit unsere älteste Betschuanenstation.

Da Hardeland's Gesundheit gelitten hatte und überdies allerlei Differenzen in missionarischen Fragen vorhanden waren, kehrte er 1864 nach Deutschland zurück und Karl Hohls wurde sein Nachfolger in der Superintendentur.

Inzwischen war die Zahl der Missionare sehr angewachsen. Zwölf neue Stationen waren in Natal und Sululand angelegt. Da that der HErr ihnen in unerwarteter Weise die Thür ins Betschuanenland wieder auf. Missionar W. Behrens machte zunächst einen vergeblichen Versuch bei Setschele wieder Zugang zu gewinnen. Dann ließ er sich unter den Bakuena Mamagale nieder, gründete dort die Station Bethanien und diese ward jetzt das Herz der Betschuanenmission. Ein Jüngling dieses Stammes war vor etwa drei Jahrzehnten in die Gefangenschaft der Sulu und dann der Bauern geraten, war dort von einem englischen Missionar unterrichtet und mit dem Namen David getauft. Nach seiner Freilassung hatte er in seiner Heimat seinen Heiland bekannt und eine kleine Schar von Gläubigen um sich gesammelt. Sehnlich hatten diese nach einem Missionar verlangt. Da führte Gott die Hermannsburger in ihre Mitte. Superintendent Hohls schreibt darüber: „Wir hatten einen Freudentag, so groß, wie ich ihn in Afrika in allen Jahren meines Aufenthalts noch nicht erlebt hatte. Die Leute waren hungrig und durstig nach Gottes Wort, ohne je einen Missionar unter sich gehabt zu haben. Jahre lang hatten sie zu Gott dem HErrn gebeten um einen Lehrer, der ihnen Gottes Wort verkündigen könnte. Es war Abends in der Dämmerung, als wir zu ihnen gelangten; aber wenn ich doch den Jubel beschreiben könnte, der unter ihnen entstand, als sie vernahmen, Bruder Behrens würde zu ihnen kommen, werde unter ihnen wohnen, werde ihr Hirte und Seelsorger sein. Da riefen sie laut aus, weinend vor Freude und Dankbarkeit: „Sehet, sehet, Gott hat

in Gnaden unser gedacht, o dieser glückliche Tag!" — so riefen sie
fort und fort und dies wollte kein Ende nehmen. Warum
hätten wir unserer Freude und unsern Dankesthränen wehren
sollen?" — Bald konnte Behrens 20 Erwachsene und 22 Kinder
taufen und schon wieder baten 31 andere um den Taufunterricht.
Rasch wuchs die Gemeinde des HErrn und bald trennten sie
sich von den Heiden, bauten sich Häuser um ihre Kirche her
und so entstand ein christliches Dorf mit reinlichen Häusern
und blühenden Gärten, dem der Missionar den Namen Bethanie
gab. In rascher Folge wurden nun die Stationen Limao 1864,
Matlare, Pata Letschopa und Rustenburg 1865 gegründet, wo
die Missionare ähnliche gnadenreiche Erfahrungen machen durften.
War die Mission in Natal und Sululand eine Saat unter
Disteln und Dornen und eine Arbeit mit Thränen, so waren
die Berichte aus Bethanie, wie aus dem ganzen Betschuanenland
der Freudenbecher, den der HErr seinem treuen Knechte Ludwig
Harms, den Missionaren und der gesamten Missionsgemeinde
freundlich einschenkte. In Afrika arbeiteten nun 31 Missionare
auf 24 Stationen und durften, ungerechnet die verstorbenen und
weggezogenen, auf 282 getaufte Heiden als auf die Frucht ihrer
Arbeit blicken. So war in Afrika die Mission in gesegneter
Entwickelung.

Da schrieb der Missionar Grönning aus Rajahmundry
in Ostindien an L. Harms: Infolge des Bruderkrieges in
Amerika sei er von der dortigen lutherischen Missionsgesellschaft
im stich gelassen, daher bitte er auf's dringendste, seine Station
von Hermannsburg aus zu übernehmen. Zu gleicher Zeit
erhielt L. Harms einen Brief von dem Pastor Mylius am
Friederikenstift in Hannover, in welchem derselbe sich ihm für
den Missionsdienst zur Verfügung stellte und zwar am liebsten
in Indien, wo er bereits früher als Missionar gearbeitet hatte.
In diesem Zusammentreffen erkannte L. Harms einen Wink
des HErrn, freudig ging er darauf ein und sandte den Pastor
Mylius als Missionar zu den Telugu, in deren Gebiet
Rajahmundry lag. Auch war die Not der deutschen Auswanderer

in Amerika und Australien L. Harms zu Herzen gegangen und es wurde bereits in Hermannsburg Fürsorge getroffen, auch dorthin Missionare abzugeben. So setzten sich an die Blüte der afrikanischen Mission bereits mehrere kleine Knospen an. Da machte Gott der Arbeitszeit seines treuen Knechtes ein Ende. „Wehe mir, wenn ich mein Alter erreichte in Kraft, nur darum bete ich, daß er mir, solange ich lebe, vergönnen möge predigen zu können!" so hatte er einst gesagt und so geschah es auch. Nur am Sonntag vor seinem Tode hat er nicht gepredigt, sonst aber allezeit, auch bei der größten Leibes-schwachheit; und diese war groß. Die aufreibende Arbeit und die heimatlichen Kämpfe der letzten Jahre gegen das letzte Aufflammen des Rationalismus, gegen die Macht des Unglaubens, die sich in der Auflehnung gegen einen von dem frommen König Georg V. eingeführten neuen Katechismus zeigten, hatten seine Kräfte völlig verzehrt. Felsenfest hatte er gestanden in den brandenden Wogen und die treuen Bekenner hatten sich um ihn geschart. Aber andere Wetter zogen sich zusammen, da ward er hinweggerafft vor dem Unglück. Am 14. November 1865 starb er an einem Herzfehler und der Wassersucht und wurde am 17. November unter allgemeinster Teilnahme begraben.

Damit hat die erste Periode der Hermannsburger Mission ihr Ende erreicht. Es war die Zeit des Aufblühens. Und in ihrer schönen Blüte hatte sie den Beweis, daß sie kein Menschen-werk war, sondern aus der Höhe stammte, daß sie aus Gott geboren war. Der Vater bekannte sich zu Seinem Kinde und führte es Seine Wege, die oft anders waren, als die Menschen gedacht, die aber doch Wege des Segens waren und des Heiles für die Christen und für die Heiden.

Wir treten nun in die zweite Periode ein; das ist die Zeit unter Theodor Harms. Und da heißt's: in die Weite und in die Enge. Die Blüte entfaltet sich immer mehr, aber es kommt eine schwere Krisis. Die Hermannsburger Mission wird vor die Frage gestellt: hat sich die Blüte zu schnell entfaltet? Kann das Werk so durchgeführt werden, wie es rasch herangewachsen und sich ausgebreitet hat? Das Missionsgebiet erweiterte sich in dieser Periode bedeutend. Es geschah das nicht etwa auf Antrieb von Theodor Harms. Wie wir sahen, fielen die ersten Anfänge der größeren Ausbreitung schon in die letzte Zeit seines Vorgängers. Der Nachfolger führte im wesentlichen nur aus, was jener begonnen, doch kamen einzelne ganz neue Anfänge unter seiner Leitung hinzu. Theodor Harms spricht im Missionsblatt von 1866 von dem Missionsbefehl und der Missionsverheißung, die seien seinem Bruder in die Seele gedrungen. „Der Befehl des Herrn setzte sich in seinem Gewissen fest und die Verheißung lockte ihn. Den Glauben an JEsum, den allgewaltigen Herrscher Himmels und der Erden hatte er, und so fühlte er sich gedrungen, nicht blos den Heiden in Afrika das Evangelium zu verkündigen, sondern auch in den übrigen Weltteilen den Befehl des HErrn in Ausführung zu bringen. Oft ist ihm der Vorwurf gemacht worden, er fliege zu hoch, er überstürze die Sache; er hat sich nie daran gekehrt. Was in seiner Seele glühte, das heilige Feuer der Liebe zu dem HErrn und zu den armen Heiden, die von einem solchen HErrn noch nichts gehört, und der Glaube, der da Berge versetzt, machte ihn stark, alles im Namen Seines Heilandes zu wagen. Hat er Unrecht daran gethan? Kann man im Reiche Gottes zu hoch fliegen, wenn man die Flügel des Glaubens hat? Ist jemand als ein Adler geboren, soll er fliegen wie ein Sperling? Kann jemand laufen, soll er da kriechen? — Soll nun sein Werk seinen Flug einstellen? Nimmermehr! Es muß fortfliegen mit Flügeln, die ihm Gott gegeben, die Bahn, die ihm Gott vorgezeichnet hat. Mein Bruder hat es auf Erden nicht mehr erleben sollen, was der heißeste Wunsch seines Lebens war, daß unsre Mission alle Weltteile besetze; aber droben im Himmel erlebt er es, daß sein Herzenswunsch durch Gottes wunderbare Führung schon diese Ostern erfüllt wird." Im Jahre 1866 umfaßte das Missionsgebiet Natal, das Sululand, das Betschuanenland in Afrika, das südliche Teluguland Ostindiens in Asien; nach Amerika und Australien wurden Pastoren für die deutschen

Glaubensbrüder gesandt und die Mission in Australien wurde begonnen.

Die Leitung der afrikanischen Mission blieb in den Händen des Superintendent Hohls. Doch wurde demselben ein aus dem Kreise der Missionare gewählter Beirat zur Seite gestellt und die Mission wurde in drei Kreise eingeteilt, deren jeder einen besonderen Vorsteher erhielt. Um die Leitung möglichst einheitlich zu gestalten, berief Theodor Harms den Superint. Hohls zweimal in den Jahren 1869 und 1878 zu persönlicher Beratung nach Deutschland, was nicht nur für die Mission, sondern auch für die Missionsgemeinde segensreich gewesen ist. Die erste Reise hing mit der wenn auch nicht allseitig so doch vielfach gewünschten Auflösung der direkten Verbindung zwischen der Mission und Kolonisation und mit der Aufhebung des Kommunismus zusammen, von der bereits Seite 59 die Rede gewesen ist. Dieselbe führte zur Bildung der deutschen Gemeinden. Für die Missionare wurde das Leben dadurch in mancher Hinsicht schwerer. Denn mit dem Abgang der Kolonisten fielen ihnen auch die äußeren Arbeiten auf den Stationen zu. Sie haben dieselben willig übernommen und sich die Mühe und auch die vielfach aus Privatmitteln hineingesteckten Kosten nicht verdrießen lassen. Mit Eifer und Gewissenhaftigkeit suchten sie ihres Amtes zu warten. Nur einzelne Fälle von Untreue, die zur Entlassung der betr. Missionare führten, sind vorgekommen. In der Sulumission war diese Periode für die Brüder eine sehr schwere. „Länger als 6 Jahre — schreibt Miss. Röttcher 1871 — habe ich gearbeitet und nichts gesehen als Gleich= gültigkeit und Verachtung gegen Gottes Wort, ja oft habe ich nur Spott und Hohn geerntet. Das war eine harte Probe." Und Miss. Reinstorf klagt: „Die dickste Finsternis liegt auf diesem armen Volke; dazu kommt, daß diese armen Hamskinder die Finsternis mehr lieben als das Licht. Es will fast scheinen, als nähme die Nacht immer mehr überhand, und wir sind oft ratlos, wissen nicht, wie wir es angreifen sollen." Die Missionare harrten fest und treu aus, ob sie auch), wie es in Sululand mehrfach vorkam, schwere Bedrängnis erleiden mußten.

Die Sulumission war in dieser Periode in besonderem Maße das Schmerzenskind unserer Mission und hatte sie sich auch durch die Anlegung vieler Stationen rasch ausgebreitet, so führte der HErr unsere Mission dort doch immer mehr in die Enge und in die Anfechtung hinein. Auf einer Visitationsreise schreibt Superint. Hohls 1874: „Die Hindernisse, die sich der Mission entgegenstellen, sind noch immer dieselben, gewaltig in ihrer Menge, gewaltig in ihrer Stärke. Es stand bei allen Brüdern fest, daß sie zu stehen und auszuharren hätten. Ich bin mit Freudigkeit und Zuversicht wieder weggegangen, denn wie ich erwartete, so fand ich die Brüder, seufzend unter ihrer Last und wegen des wenig sichtbaren Erfolges ihrer Arbeit, aber sie hatten ihre Hoffnung auf Gott gestellt, des sie sind und dem sie dienen, daher sie nicht zu Schanden werden können. Sein ist das Reich. Und selig ist, wer nicht siehet und doch glaubet." Die Wirksamkeit des Evangeliums war am deutlichsten an dem Haß der Sulu zu erkennen. Im Jahr 1877 überfielen sie die Station Enjezane und haben dort arg gehaust, Bruder Fröhling und seine Familie auf das äußerste gequält, den Heidenchristen Joseph vor des Missionars Augen grausam ermordet, seinen Leichnam den Krokodilen vorgeworfen und seine ganze Habe geraubt. Der Sup. Hohls bemerkt dazu: „Das Bedenklichste bei dem Hergange ist dieses: Bis dahin hatten sich die Amasulu mit ihrer Ausriecherei noch nicht an die Christen aus ihrem Volk gewagt, Volk und König aber werden trotziger und das Evangelium wird ihnen ein Geruch des Todes zum Tode. Und daher kommt es, daß sie jene Scheu abgestreift haben." Und Pastor Harms schreibt über die Zustände in Sululand 1877: „Uns ist bange, aber wir verzagen nicht. Im Sululande ist böse Zeit. Die Engländer haben die Transvaal-Republik eingenommen. Darüber ist Ketschwayo so bös und zornig geworden, daß er vor Wut sich nicht zu bergen weiß. Von zwei Seiten ist er jetzt von der englischen Macht umgeben. Und da seine

Unterwerfung unter die Engländer offenbar nur eine Schein=
unterwerfung war, weil er sich an die eingegangenen Bedingungen
nicht das mindeste gekehrt hat, so macht er seinem Zorne Luft
dadurch, daß er seine Unterthanen nach seiner Laune massenweis
umbringen läßt und namentlich keine Christen in seinem Lande
dulden will. Da er nun nichts von alledem hält, was er als
Vasall den Engländern versprochen hat, ist der Krieg mit den.
Engländern vor der Thür. — Unsere Missionare im Südsululande
sind bereits alle mit ihrer Habe und den Heidenchristen auf
englisches Gebiet übergetreten. Die Brüder im Nordsululande
zögern noch und die englische Heeresmacht zieht sich an der
Tugela zusammen. Betet, liebe Brüder und Schwestern, daß
der HErr unsre Missionare treu mache und schütze, den Trotz
der Sulu breche und dem Evangelium Bahn mache. Das liebe
Kreuz wollen wir gern tragen, wenn nur unter dem kräftigen
Suluvolk das Kreuz zum Siege gelangt." Shepstone riet den
Missionaren zur Flucht. Und sie flohen. Der Krieg brach aus
und die Stationen wurden zum Teil niedergebrannt und zerstört.
Theodor Harms schreibt darüber:. „Wie viele Schweißtropfen
saurer Arbeit, wie viel Gebete, wie viel Geld liegt unter den
Trümmern begraben! Mir blutet das Herz, wenn ich daran
denke. Aber ich danke Gott dem HErrn, daß unsre Brüder
doch das Leben gerettet haben. Und ich hoffe zu Gott, daß die
12 zertrümmerten und niedergebrannten Stationen noch einmal
12 blühende Gemeinden werden. Das alte Sprüchwort „Krieg
und Brand segnet Gott" wird auch hier wahr werden, das
heißt: wenn der HErr geschlagen hat, segnet Er wieder. Ich
liege im Staube vor Gott und küsse Seine Hand, Er möge es
mir verzeihen, wenn heiße Thränen darauf fallen. Auch hier
wird es heißen: Du Elende, über die alle Wetter gehn, sei
getrost, sei getrost!" Der Krieg endete mit dem Siege der
Engländer. Ketschwayo wurde gefangen genommen und in die
Verbannung geschickt. Da wandte sich Superintendent Hohls
an den siegreichen General Wolesley mit der Bitte um Schaden=
ersatz für die zerstörten Stationen und sprach seine Meinung

dahin aus: „Die Stationen müssen wieder erbaut werden, sind wir auch noch so voll Verachtung." Doch da Wolesley kein Missionsfreund ist, erhielt er eine abschlägliche Antwort: was den Wiederaufbau der Stationen betreffe, so sei das lediglich Sache der Sulu. Das war eine bittere Enttäuschung. Doch es sollten derer noch mehr kommen. Das Sululand wurde in 13 Distrikte unter je einem Häuptling eingeteilt und unter diesen war jener berüchtigte John Dunn. Das war die bitterste Pille. Jenen Häuptlingen war es völlig frei gestellt, ob sie Missionare im Lande dulden wollten oder nicht. John Dunn hatte denn auch sofort allen Missionaren sein Land verboten. In seinem Bezirk lagen 5 hermannsburger und ebensoviel norwegische und englische Stationen. Alle Bemühungen, dieselben wieder zu erlangen, blieben erfolglos. Nur die Norweger, für die ihr Konsul in Durban kräftig eintrat, erhielten ihre Plätze zurück. „Uns Deutsche aber wollte er nicht," schreibt Missionar Kück, — „warum nicht? Vorgeblich, weil wir total unfähig sein sollten, die Kaffern zu lehren und ihnen in der Zivilisation förderlich zu sein. Der Hauptgrund aber war, daß wir ihm zu nahe wohnten, ihm zu viel in die Karten gucken konnten und auch wohl, daß er zu viel Land zum Missionsdienst hergeben mußte, das ihm dann für seinen eignen Gebrauch verloren ging. Darum stellte er Bedingungen zum Unterschreiben, die wir nicht unter- schreiben konnten." Auch kam noch hinzu, daß einer der Brüder es gewagt hatte, ihm Vorstellungen wegen seines Abfalls vom Christentum und seines heidnischen Lebens zu machen. Weder die übrigen Häuptlinge noch Ham, Ketschwayo's Bruder, setzten den Missionaren Widerstand entgegen. Ja, die Brüder bezeugen, daß das Volk Verlangen nach ihrer Rückkehr gezeigt habe. Und so wurden denn die übrigen 5 Sulustationen wieder aufgebaut. Doch war eine ruhige Wirksamkeit nicht möglich, weil das unglückliche Volk noch nicht zur Ruhe gekommen war. Die von den Engländern getroffenen Einrichtungen waren ein Anlaß zu steter Aufregung und zu Aufständen gegen die eingesetzten Häuptlinge. Ketschwayo hatte noch viel Anhang; deshalb suchten die Engländer im Jahre 1883 durch seine Wiedereinsetzung den unhaltbaren Zuständen ein Ende zu machen. Und nun brach der Krieg zwischen Ketschwayo und seinem Bruder Ham und dem Häuptling Usipepu, die sich ihm nicht unterordnen wollten, wieder in hellen Flammen aus. In demselben fiel einer der Brüder als erster Blutzeuge seines HErrn. Der junge Missionar Schröder war allein auf seiner Station Ehlobane geblieben, er hatte nicht fliehen wollen. Oft hatte er schon unter den umherstreifenden Scharen der Sulu zu leiden gehabt. Sein Vieh, sein Pferd hatten sie ihm geraubt. Er aber konnte sich nicht zur Flucht entschließen. Da drang am 5. Juni eine wilde Meute von Ketschwayo's Heer in sein Haus und ermordete ihn, während er augenscheinlich in der Bibel las. Als ihn der Missionar Weber fand, lag er in seinem Blute, und die aufgeschlagene Bibel lag bei ihm auf dem Boden. Die Missionare Hörmann und Kück waren ebenfalls hart bedrängt, und Volker war zuletzt von feindlichen Heeren eingeschlossen, aus welcher gefahrvollen Lage ihn die Holländer befreiten. Am 21. Juli 1883 wurde Ketschwayo bei seinem Kraal Undini von Usipepu vollständig geschlagen und ist dann bald seinen Wunden erlegen. Für unsere Mission waren die Aussichten sehr trübe. Schon in dem Kriege zwischen Ketschwayo und den Engländern waren die Stationen zerstört und die Missionare hatten flüchten müssen. Nach ihrer Rückkehr in Nordsululand hatten sie eben ihre Stationen wieder aufgebaut und ihre Arbeit wieder begonnen, da brachen die Kämpfe zwischen den Sulu untereinander aus. Und wieder wurden die Stationen ganz oder doch teilweise zerstört, und wieder mußten die Missionare das Land räumen. Ihre mühsam erworbenen Getauften haben sie zum größten Teil verloren. Teils sind sie ermordet, teils verjagt und beraubt. Das Werk ist dann zum dritten Male begonnen im Namen des HErrn, der auch für die Sulu gestorben ist, um sie zu erretten von der Obrigkeit der Finsternis. Aber die schrecklichen blutigen Kriege sind die eiserne Pflugschar gewesen, mit der Gott der HErr den harten Suluboden aufgerissen und empfänglich gemacht hat für Sein Gnadenwort. Der Hochmut dieses stolzen Volkes war gebrochen. Sie hatten gesehen, daß der Gedanke an ihre Unüberwindlichkeit eitler Wahn war, und daß auch ihre Götter ihre Niederlage nicht abwenden konnten.

Ganz anders stand es in der Betschuanen-Mission. Dort führte der HErr uns in die Weite und auf lichte gesegnete Höhen. „Unter ihnen steht unsre Mission im vollen Segen Gottes;" berichtet Theodor Harms 1866. „Mit welcher Freude nehmen sie unsre Missionare auf! — Wie gern hören sie Gottes Wort! Es ist Hoffnung, daß das ganze Volk der Betschuanen eingehe in das Reich Gottes. Die Leute drängten sich förmlich zur Taufe. Als z. B. Missionar Kaiser auf Matlare 15 Erwachsene am 15. Juli 1866 getauft hatte, dachte er einige Wochen mit dem Wiederbeginn des Taufunterrichts zu warten, um vor der Regenzeit seinen Hausbau schnell zu beendigen. Die Leute aber bestürmten ihn so lange mit Bitten, den Taufunterricht ohne Aufschub wieder zu beginnen, daß er nicht widerstehen konnte. Sofort hatte er wieder 21 Katechumenen, von denen er 16 am 3. Adventssonntage taufen konnte. Als der Vorsteher dieses Kreises, Missionar Behrens, 1868 eine Visitationsreise machte, berichtete er viel Erfreuliches aus den Prüfungen der Taufbewerber und über den Eifer derselben: „Die lieben Leute von Kuane hätten mich fast zerreißen können über Bibeln und Gesangbüchern. Sie wollten alle Bibeln und Gesangbücher haben und verfolgten mich deswegen, wo ich ging und stand. Uebrigens geht es auch im Betschuanenland wie überall: Das Reich Gottes erbaut sich aus den Armen und Geringen. Unter den Fürsten des Volks sind es nur einzelne, die sich zu Christo bekehren; doch kommen sie den Missionaren sehr freundlich entgegen. „Ein Betschuanenkönig darf nur halb lernen," das ist schon sprüchwörtlich unter diesem Volk geworden. „Er muß einen Missionar bei seiner Stadt haben, das gehört jetzt schon mit zum Hofstaat. Auch kann er Lesen und Schreiben lernen, aber weiter darf's nicht gehen. Würde es weiter gehen, so müßte er ja seine vielen Weiber entlassen und die vielen

6*

Götzengebräuche, bei denen er der erste Hahn im Korbe sein muß, unterlassen. Das geht aber nicht. Hat er einmal einen Missionar bei seiner Stadt, so ist er gerne gut Freund mit dem und thut ihm Gutes, sein Gewissen damit zu beruhigen. — Doch die Missionare bedürfen der Fürstenhülfe nicht. Das Christentum bricht sich selbst Bahn."

Im folgenden Jahre war Dürre, Mißwachs und Hungersnot. Doch wurde der Fortschritt des Reiches Gottes dadurch nicht aufgehalten. Das Verlangen darnach wuchs in hohem Maße. Immer mehr Missionare kamen ins Land. Eine Station nach der andern mußte gegründet werden. Doch verlief die Missionierung des Landes nicht ohne Widerwärtigkeiten. An einzelnen Stellen hatten sich Europäer angesiedelt. So war Rustenburg ein ansehnliches holländisches Dorf, in dem unter anderen der Landrost, 2 reformierte Prediger und 6 Kaufleute wohnten. Diese verhielten sich anfangs feindlich gegen die lutherische Mission; doch besserte sich das Verhältnis mit der Zeit. Die Stellung der holländischen Regierung war im ganzen eine günstige; oft klagen die Missionare jedoch über das Benehmen der Unterbeamten und mancher Bauern, welche bei Landverkäufen die Mission zu übervorteilen suchten. Ja, an einzelnen Stellen, wie z. B. in Matlare, mußte man die Station aus solchem Grunde aufgeben und an einen andern Platz verlegen, den Kaiser Hebron nannte. Der Grundbesitz der Stationen war teils von den Betschuanen, teils von den Missionaren selbst gekauft. Das gab unsichere Zustände. Superint. Hohls machte deshalb 1871 eine Reise ins Betschuanenland und suchte den Grundbesitz möglichst auf den Namen der Mission zu bekommen, was ihm zum Teil auch gelang. Dadurch hatten die Stationen eine festere Grundlage gewonnen. Doch von einer anderen Seite her drohte der Mission eine ernste Gefahr. Die Diamantfelder waren dem Betschuanenlande nicht fern. Dort strömten von allen Seiten Weiße und Schwarze zusammen. Und da alle nur von der Lust reich zu werden erfüllt waren und Wollust und Gottlosigkeit unter ihnen herrschte, waren die Missionare für ihr Volk sehr besorgt. Sie traten deshalb dem Zuge, nach den Diamantfeldern zu gehen, energisch entgegen. Und wenn auch einzelne der Habsucht nicht widerstehen konnten, so ist es ihnen doch gelungen, die meisten glücklich zurückzuhalten. Die Mission breitete sich rasch über die ganze westliche Hälfte von Transvaal aus und ragte in das benachbarte Brittische Betschuanenland hinein. 6 Stationen bildeten den Kreis Pretoria, 9 den Kreis Rustenburg und 7 den Moriko-Kreis. Am Ende der Periode waren bereits in dem ersteren 3432, im Kreise Rustenburg 4095 und im Moriko-Kreise 1663, also im ganzen 9190 Getaufte. Das war eine reiche Freudenernte. Die Gemeinde Bethanie zählte allein 1438 Heidenchristen. Mit Macht brach sich das Verlangen nach der Taufe Bahn. „Vater, eins muß geschehen" — rief eine junge Frau in Bethanie — „du kannst mich totschlagen oder mußt mir frei geben, daß ich eine Christin werde; denn wie es jetzt ist, kann es nicht bleiben." Und als der alte Heide sie nieder- schlagen will, hält sein Sohn ihn davon zurück mit den Worten: „Laß dein Kind in Frieden, sie hat den rechten Weg betreten, den wir alle noch gehen müssen." Das war ergreifend. So strömten die Leute denn auch zu den Gottesdiensten und Miss. Behrens schreibt darüber: „In der Kirche bewegt mich die große Aufmerksamkeit der Zuhörer, oft sehe ich, daß die Augen feucht werden von innerer Rührung, daß ich's merken kann: es sind hörende Ohren und fühlende Herzen, die ich vor mir habe." Behrens suchte das ganze Leben mit dem Worte Gottes zu durchflechten. Jeden Morgen und Abend hielt er in der Kirche eine Andacht für alle. Streng hielt er seine Christen zur Arbeit und zur Erfüllung ihrer Dienstpflicht bei den Bauern an. Dabei hatte er am meisten zu kämpfen, denn die Betschuanen sind von Natur träge und verabscheuen dazu die Bauern als fremde Eroberer. „Ich zweifle nicht, unsre Christen haben den HErrn und sein Wort herzlich lieb, aber die Bauern zu lieben, wird ihnen unendlich schwer und ich zweifle, daß dies bald erreicht werde, so sehr ich auch darauf hinarbeite. — Ein jeder Missionar muß also arbeiten, daß er die Heiden in keiner Weise von ihrer Pflicht und Arbeit bei ihren Herren zurückhalte." Er nahm sich seiner Gemeinde in allem wie ein Vater an und wurde deshalb auch sehr von ihr geliebt. Auf alle mögliche Weise suchte er den Ehestand, die Kindererziehung, das häusliche Leben und den äußeren Wohlstand der Gemeinde zu heben und das Heidentum erhielt einen Stoß nach dem andern. Er beteiligte sich gern an allem, was seine Gemeindeglieder betraf. Bei Eheschließungen stellte er die Eheverschreibungen auf und nahm gern an. der Hochzeitsfeier teil. Ein Unterhäuptling, der die Taufe begehrte, hatte 6 Frauen. Fünf derselben wurden entlassen, von denen 3 sich ebenfalls bekehrten. Nach der Taufe wurde er mit der ersten getraut. „Ich war mit auf der Hochzeit, und als ich das anständige christliche Wesen sah, wie vor und nach dem Essen das Tischgebet gesprochen, nachher viel geistliche Lieder gesungen wurden und die 3 entlassenen Frauen mit großer Freude Marthadienste thaten auf der Hochzeit, da stand mir vor Freude und Dank gegen den treuen Gott mein Herz in Thränen." Am 27. Februar 1866 legte er eine Kinderschule an. Die Gemeinde selbst machte die Kinder schulpflichtig. Die Zahl der Schulkinder wuchs schnell. 1872 mußte er eine zweite und 1882 eine dritte Schule einrichten. Die Lehrkräfte waren Eingeborene, die er sich heranbildete. Auch wurde ein Seminar zu Bethanie gegründet, welches jedoch später nach Berseba verlegt wurde. Die Schulkinder waren bildungsfähig; wenn er auch über manchen Stumpfsinn klagen mußte, so machte er doch auch sehr erfreuliche Erfahrungen. Und als er 1870 die erste Schar von Konfirmanden herangezogen hat, meint er, sie seien deutschen Konfirmanden wohl an die Seite zu stellen. Um die Gemeinde recht fest zu gründen, kaufte er immer mehr Land und verkaufte dasselbe in kleineren Teilen wieder an seine Christen, die sich rund um die Kirche herum ansiedelten; so daß allmählich ein Dorf entstand, das 1880 schon 90 Feuerstellen umfaßte. Die Gemeinde wurde bald eine durchaus wohlhabende. 1876 schreibt er: „Wenn ich vergleiche, was jetzt von den Leuten gearbeitet und gewonnen wird, gegen vor 10 Jahren, so sind die Verhältnisse kaum wieder zu erkennen." 1878 berichtet er, daß einzelne sogar schon denselben Bauern ihre Höfe abpachteten, deren Dienstleute sie noch vor kurzem gewesen waren, und macht die Bemerkung: die Leute haben jetzt mehr Pfd. Sterling, als früher Schillinge. Das Dorf wurde in 4 Bezirke geteilt, in denen 4 Unterhäuptlinge auf Ordnung und Sitte hielten. Inmitten des Dorfs liegt die stattliche Kirche, die 1867 erbaut wurde, aber schon 1876 vergrößert und 1891 durch eine geräumige neue Kirche ersetzt werden mußte. An dem Kirchbau beteiligte sich die ganze Gemeinde. Die Kirchenvorsteher hatten dieselbe in 3 Teile geteilt. Jeden Tag arbeitete eine Abteilung. Auch die Kinder halfen. Nach Schluß der Schule trugen sie mit großem Vergnügen Steine herbei. Neben dem Ort war der Gottesacker angelegt. 1867 fand die erste Beerdigung statt; es war die eines Kindes. Diese Beerdigung war für die Gemeinde ein wichtiges Ereignis. Während vorher unter den Heiden ein starkes Mißtrauen gegen die Behandlung der Toten seitens der Christen bestanden hatte, so war dasselbe nun völlig überwunden. Vorher hatten die Heiden z. B. gesagt: man zapfe der Leiche das Wasser ab für die Taufe und nehme das Gehirn zum Abendmahl, — jetzt erklärten sie: „wir sind keine Menschen, denn wir begraben unsre Toten, wie man einen Hund begräbt; aber die Christen sind Menschen, die ehren und lieben ihre Toten."

Höhepunkte des Gemeindelebens bildeten die seit 1867 eingerichteten Missionsfeste, die zu derselben Zeit wie in der Heimat gefeiert wurden. Das waren rechte Siegesfeste. Da sang man mit Freuden von dem Sieg, der gewonnen war. Behrens konnte schon 1868 bezeugen: „Das Heidentum hat keinen Halt mehr, es hat sich überlebt in diesem Stamme." Und die Gemeinde bezeugte es durch das Bekenntnis ihres Wandels. Das christliche Leben wurzelte sich immer tiefer und fester ein. Und wenn sich auch manche Schatten zeigten, so überwogen doch die Lichtseiten. „Es geht nicht gleich mit der ersten Liebe in den Himmel hinein, und so kann man sich nicht wundern, daß einer oder der andere lau und träge wird; gut aber ist es, wenn die Lauheit und Trägheit sich nur zeitweilig zeigt; so ist es auch hier. Man muß die Leute aufpredigen und aufbeten! Dazu giebt der HErr ja auch gern seine Gnade, und zur Neubelebung auch); das hat er auch hier gethan," schreibt er 1870. Und 1872: „Mehrere Gemeindeglieder, wenn sie sich auch vor groben Sünden hüten, machen doch Mühe, sie auf dem Wege des Heils zu fördern, gehen, wenn man sie nicht besonders in Pflege und Aufsicht nimmt, eher zurück als vorwärts. Das vermehrt oft der Seel-sorger Not und treibt zu Gebet und Fürbitte, zu ernster Ver-mahnung und Bestrafung. Die Betschuanen sind von Natur träge und schläfrig; und wenn die alte Natur sich auch wieder bei den Gläubigen einstellen will, so kann man das nur natürlich finden. Indes den meisten der Gemeindeglieder kann ich das Zeugnis geben, daß sie eifrige Christen sind." Das zeigte sich nicht nur in der fleißigen, treuen Arbeit während der Jahre der Ruhe und des Segens, sondern in besonders köstlicher Weise in den Zeiten der Not und Gefahr. Als z. B. 1867 und 1868 die Bauern die Betschuanen zum Kriege gegen benachbarte Stämme aufboten, hielten die Krieger aus Bethanie im Felde regelmäßig ihre Andachten mit Gesang und Gebet, was auf manchen Bauer einen tiefen Eindruck machte. In den schweren Hungerjahren 1869 1872, die durch große Dürre, durch Mißwachs und durch eine Heuschreckenplage verursacht waren, bewiesen sie christliche Ergebung und Geduld. Sie ergaben sich nicht in heidnischer Weise schlaff und mutlos in Not und Tot, sondern ohne sich Sorgen zu machen, thaten sie, was sie konnten, um die schlimmste Not zu lindern, so daß kein einziges Gemeinde-glied den Hungertot gestorben ist. Die Heiden aber schoben die Landplagen auf die Christen und sahen darin eine Strafe der Götter für den Abfall des Volks. So verspottete ein alter Heide seine eigene Tochter, eine Frau, die mit 6 Kindern in bittere Not geraten war: „Was kann dein Gott dir helfen? Er läßt dich ja vor Hunger umkommen. Verleugne ihn und komme zurück zu dem Glauben deiner Väter, ich will dir Brot geben." Aber weder die Lockung, noch der Spott, der um so schmerzlicher war, da er aus dem Munde ihres Vaters kam, konnte die Frau abwendig machen. Ruhig antwortete sie ihm: "Gefällt es meinem Gott, mich vor Hunger sterben zu lassen, dann bin ich des zufrieden. Uebrigens hat Er mir bis heute geholfen und wird mir weiter helfen. Ihn will ich nicht verlassen, weder im Leben noch im Sterben." So zeigte sich die Kraft des Glaubens und der Liebe im thätigen und im leidenden Gehorsam und oft auch im seligen Sterben. Davon könnten manche Beispiele erzählt werden. Hier nur eins: Ein Mann starb an der Ruhr. "Er hat ein friedliches und ergebenes Krankenlager und schließlich ein seliges Ende gehabt," erzählt Missionar Behrens. "Wenig Sterbende habe ich so ergeben in Gott gesehen." "Hast du Lust abzuscheiden und bei Christo zu sein?" "Ich hänge mit nichts mehr an der Welt, sehe nur zu dem HErrn auf, daß Er mich abhole" war die Antwort. Aehnlich wie in Bethanie war die Entwickelung auch auf den übrigen Stationen. Dies Einzelbild möge daher ein Abbild des allgemeinen gesegneten Fortschritts sein.

Von der Ausbreitung der Mission in Indien und Australien und von dem Anfang der Arbeit in Neu-Seeland und in Persien kann hier nicht weiter die Rede sein, da wir in diesem Buche es nur mit der Geschichte unserer afrikanischen Mission zu thun haben.

So hatte Theodor Harms am Abend seines Lebens reiche Freuden und große Schmerzen und die Missionsgemeinde mit ihm. Die letzteren wurden noch vermehrt durch die kirchlichen Kämpfe in der Heimat und die damit zusammenhängenden Spaltungen, die sich in der folgenden Periode unserer Mission leider noch weiter fortgesetzt haben, und durch die schwere Krisis unserer afrikanischen Mission, welche sich wie ein dunkler Schatten über dieselbe lagerte und die Visitation notwendig machte, die in der Denkschrift eingehend behandelt ist. Da wir in derselben und dem Anhange die Entwickelung unserer afrikanischen Mission in dem letzten Jahrzehnt betrachtet haben, erlauben wir uns hier nicht weiter darauf einzugehen und in den statistischen

Berichten nur einen Ueberblick zu geben, der es vor aller Augen zeigt, daß auch die Sulumission unser Schmerzenskind, jetzt ein Freudenkind zu werden anfängt, und daß der HErr die jüngere Schwester, die Betschuanenmission wachsen lässet in viel tausend mal tausend. Das ist vom HErrn geschehen und ist ein Wunder vor unsern Augen. Wahrlich, Er hat unsern Stand sichtbar gesegnet und aus dem Himmel mit Strömen der Liebe geregnet. Freilich, hat Er's an harten Zeiten und schweren Stürmen nicht fehlen lassen. Doch ob's der Trübsale und Anfechtungen auch viele waren, oft so viele, daß das Wasser bis an die Seele ging, in wie viel Not hat nicht der gnädige Gott über uns Flügel gebreitet! Er hat treulich hindurchgeholfen, Er hat hinein= und wieder herausgeführt. Er hat alles zum Guten gewendet, Er hat erniedriget und erhöhet, Er hat Seine Barm= herzigkeit überschwänglich erwiesen und hat Glauben und Treue gehalten. Er hat alles wohlgemacht, Ebenezer — Halleluja. Bis hierher hat der HErr geholfen, und Er wird weiter helfen, weiter segnen und wird unsere Mission von Sieg zu Siege führen. Der Dankstein Ebenezer, den wir Ihm zu Ehren aufrichten, ist ein Denkstein, ein Erinnerungszeichen an das, was Er gethan hat, und somit eine Stärkung für unsern Glauben, eine Ermunterung zu neuer freudiger Arbeit und eine Mahnung den Männern gleich, in deren Arbeit wir berufen sind, in selbstloser, hingebender, opferfreudiger Liebe, mit gewissem kindlichem Glauben, mit zäher Ausdauer, mit einfältiger Treue und mit fröhlicher Hoffnung das Hermannsburger Missionswerk weiter zu führen auf der alten Segensbahn. Dazu helfe uns unser HErr JEsus Christus durch Seinen Heiligen Geist, zu Ehren Gottes des Vaters und zum Heil der Heiden. Ebenezer. Amen.

Uebersicht

über den Bestand unserer afrikanischen Mission 1898.

Missionsgebiet	Stationen	Außen-stationen	Missionare	Eingeborene Gehülfen	Getaufte im letzten Jahre			Gemeinde-bestand	Communi-kanten	Schüler	Einnahme
					aus den Heiden	Christen-kinder	Insgesamt				
Zulu . . .	20	33	23	97	400	211	611	4572	3158	712	405 £ 12 sh. 2½ d. = 8274 M 45 ₰.
Betschuanen . .	26	62	29	319	2856	1938	4794	40078	19426	5374	1486 £ 18 sh. 7 d. = 30333 M 35 ₰
	46	95	52	416	3256	2149	5405	44650	22584	6086	1894 £ 10 sh. 9½ d. = 38607 M 80 ₰.

Nr.	Name der Stationen	Gründungs-jahr	Außenstationen	Predigtplätze	Missionare

I. Kreis Natal mit Süd-Sululand.

Nr.	Name der Stationen	Gründungsjahr	Außenstationen	Predigtplätze	Missionare
1	Hermannsburg	1854	Matimatole	2	3
2	Ehlanzeni	1856	Emakabeleni, Pakwe, Broedershoek, Thorndal	36	1
3	Etembeni	1856	Middlebrift, Reserve, Aangelegen, Matcunini	—	1
4	Emlalazi	1858	Endhlovini, Emhlatusane	3	1
5	Müden	1859	Alt-Müden, Emhlangane	11	2
6	Enyezane	1859	Emvujini	—	1
7	Neu-Hannover	1862	Embalane, Enqaza	—	1
8	Empangweni	1863	Kopleegte	2	2
9	Marburg	1867	Mount Zion	—	1
10	Elim	1870	—	—	1
11	Emtombeni	1879	—	2	—
12	Nazareth	1879	Freiburg	1	1
13	Hebron	1882	New-Greek	3	1
14	Roodsberg Road	1890	Etupoleni	1	1
15	Neuenkirchen	1891	—	2	1

II. Kreis Nord-Sululand.

(Umpongolo.)

Nr.	Name der Stationen	Gründungsjahr	Außenstationen	Predigtplätze	Missionare
16	Entombe	1861	Niederland, Zuurbiru	5	1
17	Ekombela	1862	Looihoek, Tafelberg, Tombokusbuld, am Pisane, Amersfoort	2	1
18	Ehlomohlomo	1862		—	1
19	Ekuhlengeni	1867	Esihlengeni	7	1
20	Bethel	1872	Waterfall, Vryheid, Brakfontein, Usutu	3	1
20			33	80	23

Gehülfen a. d. Eingebornen			Zu-sammen	Kirchen	Schulen	Kirchliche Beiträge der Gemeinten
Lehrer und Katech.	Kirchenvorsteher, unbesoldete Gehülfen u. a.					
	K.	G.				
1	3	—	4	1	2	62 £ 4 sh. 11 d.
7	3	2	12	1	6	13 „ 5 „ 3 „
4	—	—	4	1	*)	6 „ 8 „ — „
2	—	—	2	2	*)	1 „ 10 „ — „
2	3	—	5	3	*)	22 „ 19 „ 4 „
1	—	—	1	2	*)	— „ — „ — „
3	3	—	6	1	3	10 „ 5 „ — „
3	5	1	9	2	2	13 „ 9 „ — „
—	1	—	1	2	1	42 „ 17 „ 9½ „
—	—	—	—	1	1	13 „ 1 „ — „
1	—	—	1	1	1	4 „ 12 „ — „
2	—	—	2	2	1	82 „ 9 „ 9 „
1	3	1	5	1	1	2 „ 5 „ - „
2	2	—	4	1	1	11 „ 18 „ 5 „
1	—	—	1	1	1	5 „ 13 „ — „
3	3	1	7	2	—	26 „ 17 „ 6 „
1	3	—	4	1	1	21 „ 13 „ 6 „
—	—	1	1	1	*)	2 „ — „ — „
2	4	8	14	3	1	37 „ 6 „ 3 „
2	4	8	14	1	1	24 „ 16 „ 6 „
38	37	22	97	30	23	405 £ 12 sh. 2½ d.
						= 8274 ℳ 45 ₰.

*) Die Kirchen werden auch als Schullokal benutzt.

Nr.	Name der Station	Gemeinde-bestand im vorigen Jahre	Ge-storben	Getaufte		
				Aus den Heiden	Christen-kinder	Ins-gesamt

I. Kreis Natal mit Süd-Sululand.

Nr.	Name der Station	Gemeindebestand	Gestorben	Aus den Heiden	Christenkinder	Insgesamt
1	Hermannsburg	474	12	49	30	79
2	Ehlanzeni	300	10	9	10	19
3	Etembeni	97	3	13	10	23
4	Emlalazi	43	1	5	4	9
5	Müden	430	9	11	24	35
6	Enyezane	28	—	3	1	4
7	Neu-Hannover	117	7	20	8	28
8	Empangweni	270	8	35	14	49
9	Marburg	100	5	2	11	13
10	Elim	94	5	9	8	17
11	Emtombeni	87	5	19	3	22
12	Nazareth	87	5	13	4	17
13	Hebron	138	4	18	5	23
14	Roodsberg-Road	170	3	14	16	30
15	Neuenkirchen	30	1	7	2	9

II. Kreis Nord-Sululand.

(Umpongolo.)

Nr.	Name der Station	Gemeindebestand	Gestorben	Aus den Heiden	Christenkinder	Insgesamt
16	Entombe	506	9	43	16	59
17	Etombela	429	6	74	22	96
18	Ehlomohlomo	33	—	2	—	2
19	Ekuhlengeni	237	1	26	6	32
20	Bethel	220	2	28	17	45
		3890	96	400	211	611

Gemeindebestand			Konfirmierte	Getraute Paare	Kommuni-canten	Ausge-schlossen	Wiederauf-genommen	Schüler	Taufschüler
Er-wachsene	Kin-der	Ins-gesamt							
282	259	541	8	10	327	8	—	65	31
—		309	12	4	171	—	—	41	24
	—	136	—	—	65	4	1	55	12
34	18	52	—	—	48	—	—	8	58
396	148	544	4	4	134	6	1	52	90
18	14	32	—	—	12	2	1	11	25
111	66	177	-	—	192	2	1	28	63
200	111	311	8	2	158	4	—	57	78
56	55	111	—	1	85	1	1	56	23
40	67	107	1	—	101	3	3	50	33
60	43	103	—	2	57	4	1	22	11
73	24	97	1	1	155	1	—	30	24
85	74	159	—	1	79	3	—	28	25
98	111	209	—	2	134	—	—	44	59
32	15	47	—	1	31	—	—	8	4
364	188	552	4	6	481	2	—	52	43
390	128	518	1	5	389	4	2	40	8
30	5	35	-	—	53	—	—	11	7
200	66	266	—	4	272	3	2	28	90
205	61	266	5	5	214	2	—	26	110
		4572	44	48	3158	49	13	712	818

Nr.	Station	Gründungsjahr	Außenstationen	Predigtplätze
			I. Kreis Rustenburg.	
1	Bethanie	1864	Makolokoe, Marokana, Abrahamskraal	—
2	Rustenburg	1864	Kroondal, Landfontein, Moirevier	3
3	Hebron	1866 erst Matlare, seit 1872 Hebron	Khabalatsane, Matlare, Sesibiru	2
4	Saron	1867	Luka, Caneñ, Piloe, Filipia, Molokoane, Sekhoeñ, Sigar	8
5	Kana	1867	Tekuana, Tlaseñ, Pergamus, Mogonu, Marara	1
6	Phalane	1867 erst Likhatlon, seit 1871 Phalane	—	3
7	Mosetla	1867 erst Puane, seit 1870 Mosetla	Culehustane, Nazareth, Hospital	—
8	Potuane	1871	—	—
9	Ebenezer	1872	Bethlehem, Marokoane, Oti, Nazareth, Nain, Botsabelo	—
10	Berseba	1873	Nazareth, Boyañ, Thokue, Inku, Legoloe	—
11	Morgensonne	1876	—	—
12	Jericho	1880	Malinjane	—
13	Polonia	1883	Sefateñ, Rantailane	2
14	Molote	1895	Makhophe, Rooiport, Grönfontein	—
			41	30

Missionare	Gehülfen a. d. Eingeborenen		Zu-sammen	Kirchen	Schulen	Kirchliche Beiträge der Gemeinden
	Lehrer und Katech.	Kirchenvorsteher, unbesoldete Gehülfen u. a.				
	K.	G.				
2	10	8	4	22	2	8	181 £ 19 sh. 4 d
1	2	12	3	17	3	1	32 „ 3 „ — „
1	5	9	—	14	4	*)	125 „ 12 „ 3 „
1	11	15	1	27	8	11	254 „ 1 „ 9 „
1	6	9	—	15	1	5	89 „ 13 „ 6 „
1	2	3	—	5	—	1	74 „ 3 „ 9 „
1	2	10	—	12	4	1	2 „ 19 „ — „
1	1	3	—	4	1	*)	— „ — „ — „
1	6	16	—	22	2	6	101 „ 11 „ 6 „
2	6	20	—	26	5	2	118 „ 10 „ —
2	...	—	—	—	—	1	— „ — „ — „
1	2	3	—	5	1	—	73 „ 1 „ 9 „
1	3	3	—	6	1	-	53 „ 6 „ 3 „
1	3	9	2	14	1	3	57 „ 6 „ 3 „
17	59	120	10	189	33	39	1164 £ 8 sh. 4 d

*) Die Kirchen werden auch als Schullotal benutzt.

II a. Statistische Uebersicht

Nr.	Station	Gründungsjahr	Außenstationen	Predigtplätze
	II. Kreis Moriko.			
15	Linokana	1859	Zeerust, Jakobsdal	—
16	Limao	1864	Marapalolo	1
17	Harmshope	1865 Pata-Let-schopa, seit1876 Harmshope	Gabane, Lehopuñ	1
18	Emmaus	1868	Mocoeli	1
19	Pella	1868	Kossykraal	1
20	Melorane	1870 erst No-toan, 1873 Thaba-Lenong, seit 1874 Me-lorane	Linokana	—
21	Ramaliane	1872	Wolmaranstadt, Hartebeest-fontein, Schoenspruit, Ma-hikeñ, Zoetmelksaly	4
22	Polfontein	1877 (vorher Kolobeng1864, seit 1873 Mat-labe)	Matloañ, Makouspan, Robe-gronb	--
23	Manuane	1882	—	—
24	Mahanaim	1884	Nain, Braklooj	—
25	Mocoeli	1886	Bakurutse, Sebogole, Mañope	—
26	Bethel	1886	?	4
	Uebertrag von der vorigen Seite:		21 41	12 30
			62	42

über die Betschuanen-Mission.

Missionäre	Gehülfen a. d. Eingeborenen			Zusammen	Kirchen	Schulen	Kirchliche Beiträge der Gemeinden
	Lehrer und Katech.	Kirchenvorsteher, unbesoldete Gehülfen u. a.					
		K.	G.				
1	1	4	—	5	1	2	53 £ 18 sh. — d.
1	—	4	—	4	1	2	— „ - „ — „
1	3	9	—	12	1	3	43 „ 3 „ 6 „
2	3	10	—	13	2	1	33 „ 7 „ — „
1	3	9	3	15	2	1	26 „ 15 „ — „
	1	5	1	7	2	*)	15 „ - „ — „
1	9	18	—	27	5	6	74 „ 18 „ 3 „
1	-	7	3	10	3	*)	22 „ 17 „ — „
1	2	8	—	10	1	1	37 „ 4 „ — „
1	1	7	2	10	3	*)	2 „ 15 „ — „
1	—	3	—	3	1	*)	12 „ 12 „ 6 „
1	3	11	-	14	4	*)	— „ — „ — „
12	26	95	9	130	26	16	322 £ 10 sh. 3 d.
17	59	120	10	189	33	39	1164 „ 8 „ 4 „
29	85	215	19	319	59	55	1486 £ 18 sh. 7 d.
							= 30333 ℳ 35 ₰

7*

II b. Statistische Uebersicht

Nr	Station	Gemeinde-bestand im vorigen Jahre	Ge-storben	Getauft aus den Heiden	Getauft Christen-kinder	Getauft Ins-gesamt
	I. Kreis Rustenburg.					
1	Bethanie	2846	148	114	156	270
2	Rustenburg	2228	38	117	107	224
3	Hebron	2266	49	107	120	227
4	Saron	3918	151	290	348	638
5	Kana	1850	40	394	52	446
6	Phalane	455	21	30	51	81
7	Mosetla	1906	30	48	53	101
8	Potuane	486	—	1	6	7
9	Ebenezer	2200	65	259	60	319
10	Berseba	1309	70	186	47	233
11	Morgensonne	—	—	—	—	—
12	Jericho	1392	58	102	68	170
13	Polonia	711	16	203	34	237
14	Molote	738	18	126	52	178
	II. Kreis Moriko.					
15	Linokana	1241	30	95	106	201
16	Limao	288	8	14	10	24
17	Harmshope	1136	110	43	74	117
18	Emmaus	1079	39	92	119	211
19	Pella	1615	101	37	72	109
20	Melorane	574	15	9	12	21
21	Ramaliane	2518	33	388	180	568
22	Polfontein	617	7	36	40	76
23	Manuane	1759	68	101	94	195
24	Mahanaim	976	46	41	70	111
25	Mocoeli	313	8	23	7	30
26	Bethel *)	c. 1700	—	—	—	—
		36121	1169	2856	1938	4794

*) Bei Bethel fehlt durch den Austritt des Missionars eine genaue statistische Tabelle.

über die Betschuanen-Mission.

Gemeindebestand			Konfirmiert	Getraute Paare	Kommuni- kanten	Ausgeschlossen	Wiederauf- genommen	Schüler	Taufschüler
Erwachsene	Kinder	Insgesamt							
1175	1793	2968	—	18	1903	8	6	1064	274
—	—	2408	—	10	1090	6	4	300	66
1221	1276	2497	55	8	1036	9	3	423	138
—	—	4513	552	10	792	14	8	503	358
—	—	2256	16	12	945	9	4	428	202
284	241	525	2	6	368	6	6	63	38
—	—	2007	—	13	300	3	2	210	16
—	—	500	—	5	40	2	—	60	—
—	—	2500	20	10	1205	5	1	150	132
743	716	1459	—	9	882	14	13	275	170
—	—	—	—	—	—	—	—	—	—
—	—	1504	—	4	572	2	4	179	50
—	—	948	—	6	771	8	8	30	30
—	—	925	—	4	826	19	7	163	57
729	685	1414	11	26	868	8	2	110	18
—	—	304	—	—	135	—	—	15	5
602	541	1143	25	1	967	9	2	249	40
—	—	1252	41	12	1379	5	5	150	18
774	833	1607	23	14	482	8	1	97	37
—	—	580	7	3	187	2	—	50	—
—	—	3053	27	22	2027	9	6	360	90
383	284	667	6	2	518	9	2	100	12
870	1089	1959	16	6	1507	7	3	200	101
—	—	1046	13	5	386	—	4	150	—
151	192	343	14	—	240	2	—	45	7
—	—	1700	—	—	—	—	—	—	—
		40078	828	206	19426	164	91	5374	1799

Verzeichnis der nach Afrika ausgesandten

№	Name.	Heimatland.	Station.
1	Hohls, Karl	Hannover (Lüneb.)	Hermannsburg
2	Struve	„ „	Neu-Hannover
3	Meyer, Friedrich	„ „	Entombe
4	Kohrs, Wilhelm	„ „	Etembeni
5	Schütze, Heinrich	„ „	Endumeni
6	Hohls, Heinrich	„ „	Hermannsburg
7	Müller, Heinrich	„ „	Sutherland
8	Filter, Heinrich	„ „	Lüneburg
9	Prigge, Christoph	„ „	Goedehoop
10	Klasen	—	—
11	Ahrens, Wilhelm	„ „	Itafa
12	Brunkhorst	„ „	Müden
13	Prybtz	Norwegen	Empati
14	Volker, Friedrich	Hannover (Calenb.)	Ekuhlengeni
15	Wendlandt	„ (Lüneb.)	Emlalazi
16	Wiese	„ „	Etembeni
17	Dr. Hardeland, August	„	Hermannsburg
18	Bartels, Christoph	„ „	Wartburg
19	Engelbrecht, Johann	Holstein	Ekombela
20	Fröhling, Friedrich	Hannover (Lüneb.)	Hermannsburg
21	Hansen, Jes Nikolai	Schleswig	„
22	Holste, Heinrich	Hannover (Lüneb.)	Alt-Müden
23	Kück, Johann	„ (Bremen)	Empangweni
24	Liefeld, Albert	Preußen	Emhlangane
25	Müller, Heinrich	Hessen (Schaumb.)	Hermannsburg
26	Moë, Georg	Norwegen	Ehlanzeni
27	Nolte, Adolf	Hannover (Lüneb.)	Entombe
28	Otte, Karl	„ (Göttg.)	Hermannsburg
29	Reinstorf, Heinrich	„ (Lüneb.)	Esihlengeni
30	Röttcher, Heinrich	„ „	Müden
31	Schröder, Heinrich	„ „	—
32	Wagner, Christian	Bayern	Entombe
33	Weber, Friedrich	Lippe	Bergen
34	Dedekind, Christoph	Hannover (Lüneb.)	Nazareth
35	Flygare	Schweden	Marburg
36	Jürgensen	Schleswig	—

Missionare: I. Sulu-Mission.

Jahr der Aussendung.	Jahr des Todes.	Bemerkungen.
1853	1883	Superintendent.
"	1884	Pastor einer deutschen Gemeinde.
"	1879	—
"	—	—
"	1877	—
"	—	—
1857	1879	Pastor einer deutschen Gemeinde.
"	—	ausgetreten 1891.
"	1857	starb auf der Seefahrt nach Ostafrika.
"	1863	—
"	1862	—
"	1870	—
"	1894	—
"	1861	—
"	—	ausgetreten 1862.
1859	1891	Superintendent, zurückgekehrt 1864.
1861	—	Pastor einer deutschen Gemeinde.
"	—	Superintendent im Pongolo-Kreis.
"	1887	Superintendent der Sulu-Mission.
"	1893	—
"	1896	—
"	—	—
"	—	ausgetreten 1863, Pastor in Nord-Amerika.
"	1898	Lehrer der deutschen Missionsschule, 1870 ward er Pastor in Panmure und war zuletzt Schulinspektor in Johannesburg.
"	—	entlassen 1877.
"	—	ausgetreten 1866.
"	—	Sup. der Sulu-Mission, ausgetreten 1887, ist Miss. der Norweg. Mission in Untumjambili.
"	—	entlassen 1885.
"	—	Sup. in Natal.
"	1890	abgegangen.
"	—	—
"	1890	Pastor einer deutschen Gemeinde.
1866	—	—
"	1883	—
"	—	1871 nach Deutschland zurückgekehrt.

Verzeichniß der nach Afrika ausgesandten

№	Name.	Heimatland.	Station.
37	Leisenberg	Hannover	Elim
38	Stoppel, Peter	Hessen-Kassel	Marburg
39	Blomeyer	Hannover	Emakabeleni
40	Branel, Georg	„ (Lüneb.)	Hebron
41	Hansen, Peter	Schleswig	Hermannsburg
42	Lilie, Johannes	Hannover (Lüneb.)	„
43	Neibeling, Johannes	Hessen-Darmstadt	Ehlanzeni
44	Rößler, J. Karl	Sachsen-Altenburg	Elim
45	Schmidt, Joh.	Hannover (Lüneb.)	—
46	Stallbom, Friedrich	„	Bethel
47	Behr, Gottlieb	„	Hermannsburg
48	Ahrens, Wilhelm	Natal	„
49	Böhmke, Klaus	Hannover	Ehlanzeni
50	Holst	„ (Lüneb.)	Hermannsburg
51	Baumgarten	„ „	—
52	Hörmann, Heinrich	„ (Osnab.)	Emtombeni
53	Schmidt	Elsaß	—
54	Deppe, Heinrich	Lippe	Marburg
55	Schröder, Heinrich	Hannover (Lüneb.)	Ehlobane
56	Stielau	Preußen	Kirchdorf
57	Bostelmann, Konrad	Hannover (Lüneb.)	Ehlomohlomo
58	Johannes, Christ.	„ „	Bergen
59	Oltmann, David	Oldenburg	Neu-Hannover
60	Drewes, Wilhelm	Hannover (Lüneb.)	Endhlovini
61	Gevers, Heinrich	„ „	Lüneburg
62	Schumann, Bernd Friedrich	„ (Ostfriesl.)	Emlalazi
63	Hohls, Heinrich	Natal	Enyezane
64	Schiering, Paul	Preußen	Bethanien
65	Wolff, David	Elsaß	Ekuhlengeni
66	Wiese, Heinrich	Hannover (Lüneb.)	Neuenkirchen
67	Drögemöller, Johann	Lauenburg	Neu-Hannover
68	Schulenburg, Heinrich	Hannover (Lüneb.)	Lüneburg
69	Dehning, Heinrich	„ „	Müden
70	Schulze, Wilhelm	Labrador	Hermannsburg
71	v. Fintel, Wilhelm	Natal	Empangweni
72	Ohlhoff, Karl	Hannover (Lüneb.)	Lilienthal

Jahr der Aussendung.	Jahr des Todes.	Bemerkungen.
1866	1876	—
"	—	entlassen 1884.
1867	1882	—
"	—	—
"	1868	—
"	—	—
"	—	—
"	—	—
"	—	pensioniert.
"	—	—
1871	--	Lehrer der deutschen Missionsschule, 1881 nach Deutschland zurückgekehrt.
1874	—	—
1875	—	seit 1879 Pastor zu Frankfurt in der Cap= Colonie.
"	1876	—
1877	—	Pastor in der Capstadt.
"	1897	—
"	1878	—
1880	—	—
"	1885	von den Sulu ermordet.
"	—	ausgetr. 1892, Pastor einer deutschen Gemeinde.
1882	—	—
"	—	ausgetr. 1892, Pastor einer deutschen Gemeinde.
"	—	desgleichen
1885	1894	—
"	—	ausgetr. 1892, Pastor einer deutschen Gemeinde.
1887	—	—
1887	—	—
"	—	Pastor einer deutschen Gemeinde.
"	—	—
1890	—	Pastor einer deutschen Gemeinde.
1891	—	"
1892	—	"
1896	—	"
1897	—	—
1898	—	—
1898	—	Pastor einer deutschen Gemeinde.

Verzeichnis der nach Afrika ausgesandten

№	Name	Heimatland.	Station.
1	Schröder, Heinrich	Hannover (Lüneb.)	Litevane
2	Backeberg, Christoph	" "	Berseba
3	Behrens, Heinr. Wilhelm	" "	Bethanie
4	Schulenburg, Christoph	" "	Harmshope
5	Zimmermann, Ferdinand	Sachsen	Rustenburg
6	Jensen, Thomas	Schleswig (Alsen)	Linokana
7	Kaiser, Heinrich	Hannover (Lüneb.)	Hebron
8	Lohann, August	Schlesien	Emmaus
9	Penzhorn, Christoph	Hannover (Lüneb.)	Saron
10	Tönsing, Friedrich	" (Osnabr.)	Manuane
11	Drewes	" (Lüneb.)	Emmaus
12	Fuls, Fr.	Mecklenburg	Leporro
13	Hansen, Claus	Schleswig	Emmaus
14	Köller, Franz	Lippe	Phalane
15	Malmström	Finnland	Matlare
16	Müller, Christian	Hannover (Lüneb.)	Rustenburg
17	Rabe, Heinr.	" "	Emmaus
18	Riechelmann	"	Mabotse
19	Röhrs	"	Kolobeng
20	Springhorn, Wilhelm	" "	Pella
21	Wehrmann, F.	" Osnabr.)	Manuane
22	Wenhold, Hermann	" (Lüneb.)	Kana
23	Hasselblatt	Esthland	Mosetla
24	Jordt, Hans Peter	Schleswig	Ebenezer
25	Schulenburg, Heinrich	Hannover (Lüneb.)	Ramaliane
26	Kochendörfer	Preußen	Rustenburg
27	Backeberg, Heinrich	Hannover (Lüneb.)	Berseba
28	Grotherr, Claus	" (Bremen)	Polonia
29	Lüneburg, Heinrich	Holstein	Mosetla
30	Peters, Heinrich	Hannover (Lüneb.)	Jericho

Jahr der Aussendung.	Jahr des Todes.	Bemerkungen.
1853	1862	—
1857	—	pensioniert
"	—	Erster Vorsteher der Betschuanen-Mission.
"	1891	—
"	—	pensioniert
1861	—	—
"	—	—
"	1897	—
"	1895	Superintendent der Betsch.-M.
"	1882	—
1866	1869	—
"	—	entlassen 1886
"	—	Superintendent des Moriko-Kreises.
"	1877	—
"	—	ausgetreten 1867
"	—	—
"	—	entlassen 1874
"	1880	—
"	—	ausgetreten 1871
"	1897	—
"	—	—
"	—	—
1867	—	1882 zurückgekehrt
"	—	Superintendent des Rustenburger Kreises.
"	—	—
"	—	Missionsarzt, 1875 zurückgekehrt
1875	—	ausgetreten 1891
1877	—	—
"	1897	—
"	—	—

Verzeichnis der nach Afrika ausgesandten

№	Name.	Heimatland.	Station.
31	Wickert, Adam	Hessen-Kassel	Mahanaim
32	Behrens, Wilhelm	Transvaal	Bethanie
33	Rodewald, Wilhelm	Hannover (Lüneb.)	Mococli
34	Fitschen, Johann	„ (Stade)	Morgensonne
35	Müller, Christoph	„ (Lüneb.)	Polfontein
36	Schepmann, Heinrich	„ (Osnabr.)	Berseba
37	Teichmann, Eugen	Polen	Polonia
38	Wurdt, Heinrich	Bayern	Morgensonne
39	Behrens, Georg	Hannover (Lüneb.)	Harmshope
40	Cassier, Heinrich	„ „	Bethel
41	Schindler, Karl	Sachsen	Pella
42	Gevers, Heinrich	Hannover (Lüneb.)	Molote
43	Misselhorn, Friedrich	„ „	Potuane
44	Penzhorn, Ernst	Transvaal	Saron
45	Jensen, Ferdinand	„	Limao
46	Bodenstab, Theodor	Hannover (Lüneb.)	Phalane
47	Meyer, Heinrich	„ „	Berseba
48	Behrens, Heinrich	Oldenburg	Mosetla
49	Niebuhr, Johann	Hannover (Lüneb.)	Potuane
50	Schulenburg, Wilhelm	Transvaal	Bethel
51	Holdt, Christian	Dänemark	Morgensonne
52	Richert, Heinrich	Hannover (Lüneb.)	Emmaus

Jahr der Aussendung.	Jahr des Todes.	Bemerkungen.
1877	—	—
1880	—	—
"	—	—
1882	—	—
"	—	—
"	—	—
"	—	ausgetreten 1891
"	—	ausgetreten 1886
1885	—	—
"	1898	ausgetreten 1895
"	—	—
1892	—	—
"	1897	—
"	—	—
1895	—	—
1896	—	—
"	—	—
1898	—	—
"	—	—
"	—	—
"	—	—
"	—	—

Sulu-Mission:

Hermannsburg	950
Ehlanzeni .	410
Etembeni	261
Emlalazi, Endhlovini und Endhlangubo	53
Müden	623
Enyezane und Emvujini .	40
Neu-Hannover	501
Empangweni .	500
Marburg	222
Elim . .	132
Emtombeni	103
Nazareth	118
Hebron	197
Bethesda . .	10
Roodsbergroad	212
Neuenkirchen .	28

*   *   *

Entombe	673
Ekombela .	631
Ehlomohlomo	23
Ekuhlengeni	282
Bethel	221
Summa	6190

Anm. Bethesda und Schoschong sind frühere Stationen.

Getauften.

Betschuanen-Mission.

Bethanie .	3997
Rustenburg	1850
Hebron .	2522
Saron	4672
Kana .	2700
Phalane .	563
Kroondal	749
Mosetla	2090
Potuane	496
Ebenezer	3244
Berseba	1820
Jericho	1735
Polonia	957
Molote	600

*   *   *
*

Schoschong	20
Linokana .	2012
Limao .	516
Harmshope	1512
Emmaus	1975
Pella . .	2127
Melorane	754
Ramaliane	3383
Polfontein	837
Manuane	2492
Mahanaim	1090
Mocoeli	323
Bethel	1844

Summa	46880

im Ganzen		
in der S.-M.		6190
in der B.-M.		46880
	Summa	53070